A Roadmap for Couple Therapy

부부 및 커플상담을
위한 로드맵

Arthur C. Nielsen 저

이홍숙 · 안성희 · 송수민 공역

박영story

나의 놀랍고 위대한 아내 쉴라와
눈부신 나의 세 딸 제니, 케이티, 신디
나를 지켜준 여성들에게

부부 및 커플상담을 위한 로드맵

부부 및 커플상담을 위한 로드맵은 부부 및 커플을 상담하는 상담자들에게 실질적으로 활용할 수 있는 포괄적이고 유연한 상담의 구조를 제공한다. 임상 및 연구 문헌에 대한 심도있는 검토와 더불어 저자의 40년 이상의 상담 경험을 바탕으로 부부 문제와 부부상담을 개념화하는 세 가지 주요 접근(체계적, 정신역동적, 행동적 접근)을 설명하고 각각의 장점을 최대한 활용하는 모델로 통합하였다. 여러 명의 저자들이 집필한 이론서에서 서로 다른 부부상담 이론을 각 장에서 소개하는 방식과는 달리, 이 책은 여러 관점을 동시에 제시하고 있으며 일관된 모델로 통합한다. 부부상담의 기본적인 기술과 고급 기술을 모두 안내하고 있어 초보 상담자와 숙련된 전문가 모두에게 도움이 될 것이다. 고통받는 부부와 커플들이 관계를 회복하고 활성화되도록 돕는 데 있어 상담자들에게 이 책은 귀중한 자원이 될 것이다.

"이 책은 부부상담에 관해 쓰여진 최고의 책 중 하나입니다. Nielsen은 지금까지 축적된 부부상담 개입에 대해 가장 철저하고 포괄적인 개요를 제시하여 부부상담의 과정을 가치 있고 일관된 체계로 통합합니다. 부부상담과 정신분석적 심리치료와 같은 개별적 접근 방식에 대한 저자의 깊고 넓은 지식에 기반을 둔 이 책은 부부상담을 처음 시작하는 초심자와 숙련된 상담자 모두에게 훌륭한 자원이 될 것입니다."

−Jay Lebow PhD, Family Process 편집자; 노스웨스턴대학교 가족연구소 임상교수;
Couple and Family Therapy: An Integrative Map of the Territory 저자.

"Arthur Nielsen은 통합적인 부부 상담에 관한 훌륭한 책을 저술했습니다. 이 책을 읽는 것이 즐거웠습니다. 탁월한 학문적 배경, 풍부한 임상 경험과 성숙함을 바탕으로 쓰여진 이 책은 부부상담을 할 때 도전해야 할 어려움과 복잡성이 잘 정리되어 있습니다. 또한, 상담자들에게 유용한 사례가 많이 제시되어 있습니다. 이 책은 부부 문제에 대한 현대 정신분석적 관점과 더불어 취약함을 가진 부부와 커플이 안정적이고 만족스러운 친밀한 관계를 회복하도록 도와줄 수 있는 가장 좋은 방법을 제시하고 있습니다."

−John Gottman PhD, 워싱턴대학교 심리학과 명예교수;
The Seven Principles for Making Marriage Work 저자.

"부부 및 커플상담을 위한 로드맵은 초심 상담자와 숙련된 전문가 모두에게 유용하다는 저자의 약속을 그대로 확인할 수 있는 훌륭한 책입니다. Nielsen 박사의 접근 방식은 실용적이고 현명합니다. 이 책은 쉽게 읽을 수 있고 설득력이 있습니다. Nielsen은 다양한 학파의 개념과 기술을 모아 적용이 가능한 용어와 치료 계획으로 통합하는 인상적인 위업을 수행합니다. 그는 정신분석적 접근을 하는 상담자를 위해 부부상담에서 특히 도움이 되는 부분을 안내하고 있지만, 내담자 부부의 효과적인 관계회복을 위한 더 광범위한 개입의 세트를 현명하게 제공합니다."

－Prudence Gourguechon, MD, 미국 정신분석학회 전회장,

Chicago, Illinois 정신분석연구소 교수.

"Arthur Nielsen의 책은 잘 쓰여지고, 풍부한 연구와 독창적인 생각을 담고 있습니다. 이 시대의 부부상담자가 실제로 사용하는 대안적 접근을 가장 훌륭하게 설명하고 있습니다. 그러나 정말로 나를 놀라게 한 것은 책 전체에 소개된 개입의 실제입니다. '부부상담에서 일어나는 특정 상황을 어떻게 이렇게 영리하게 다룰 수 있는가' 생각하게 만드는 개입이 소개됩니다. 이 방법을 내 상담에 사용해 보고자 합니다."

－Dan Wile, PhD, U.C. 버클리대학교 심리학과 임상과학프로그램 임상조교수;

Couples Therapy: A Nontraditional Approach 저자.

"Nielsen은 그의 방대한 이론적 지식과 다년간의 임상 경험을 바탕으로 저술한 이 책에서 부부상담자가 직면하는 많은 난해한 문제를 다루고 있으며, 부부 문제에 관한 다양한 이론적 개념에 대하여 심도있는 교차적인 이해를 제공함으로써 우리를 안내해 줍니다. 또한 부부가 문제를 해결하고 부부의 상호작용을 변화시키는 데 도움이 되는 대단히 실용적이고 창의적이며 유용한 개입과 팁을 제공합니다."

－Rhonda Goldman, PhD, The Society for Psychotherapy Integration 회장,

Illinois School of Professional Psychology at Argosy 교수;

Emotion－Focused Couples Therapy: The Dynamics of Emotion, Love, and Power 공저자.

"이 책은 부부상담에 대한 훌륭한 통합적 안내서입니다. Arthur Nielsen은 정신역동적 접근, 체계이론 및 행동적 접근 방식을 대화에 도입하여 상담자가 넓고 깊게 생각할 수 있도록 돕습니다. 이 책에 제시된 임상 사례는 매우 훌륭하고 여러 이론의 연구 및 모범 사례를 통해 알 수 있는 그의 이론적 지향은 인간적이면서도 강력합니다. 역작입니다!"

─Mona D. Fishbane, PhD, 시카고 가족건강센터 부부치료 훈련 책임자.
Loving with the Brain in Mind: Neurobiology and Couple Therapy 저자.

"우리 상담자들은 자신의 상담 접근 방식에 어떠한 특정 이론의 이름을 붙이고, 다른 경쟁적인 접근과의 차이점을 과장하여 의도적으로 유망한 접근에 합류하려고 하는 '상담계의 시장 전략'을 따르고 있습니다. Nielsen과 같은 지향을 가진 상담자들은 이기적인 방식에서 벗어나 개방적인 방식으로 함께 일하는 동료 상담자들이 상담 서비스를 개선하는 것을 목표로 합니다. 그는 통합된 접근을 통해 각 이론적 관점이 부부의 변화를 돕는 데 어떻게 기여할 수 있는지 신중하게 고려하였고 이 부분은 칭찬받아 마땅합니다."

─Paul Wachtel, PhD, The Society for Psychotherapy Integration 창립자 및 전 회장;
City College of NY and CUNY 대학원 임상심리학박사과정 객원교수,
Cyclical Psychodynamics and the Contextual Self 저자.

추천사

같은 상담자의 길을 걷고 있는 20년 지기 지인 선생님께서 부부상담 책을 번역하셨다는 소식과 함께 추천서를 부탁받았다. 며칠에 걸쳐 번역본을 정독하며 공부하는 재미에 푹 빠질 수 있었고 다시 한 번 부부상담의 이론과 실제를 정리해 볼 수 있었다.

사랑으로 시작된 부부의 결혼생활은 시간이 지남에 따라 매우 복잡한 내적·외적 갈등을 만들어 간다. 이 책은 가장 긴밀한 관계이고 서로에게 의지가 되면서도 가장 힘든 관계로 인식되는 부부관계를 개인 심리적인 접근과 관계의 상호작용 측면으로 나누어 흥미롭게 설명하고 있다. 곳곳에서 볼 수 있는 저자의 "부부"에 대한 비유와 메타포는 예리하면서도 유머가 넘쳐서, 깊은 이해와 함께 웃음을, 더 나아가 위로를 주기도 한다. 이러한 비유와 메타포는 독자들의 공감을 얻고, 부부 관계의 어려움을 다루는 동안 긍정적인 감정을 전달하는 데 도움이 될 것이다.

이 책에서 가장 많은 부분을 차지하고 있는 부부관계에 대한 정신역동적인 설명은 심리학을 전공한 전문 상담자나 일반 독자 모두 부부관계의 심오한 경지를 잘 이해할 수 있게 해준다. 개인 내면의 숨겨진 이슈, 욕망, 전이에서 투사적 동일시에 이르기까지 정신역동적 관점의 설명을 접하면 부부관계에 대한 미스터리가 풀리는 경험을 할 수 있을 것이다.

이어서 부부에게 필요한 행동적이고 교육적인 접근 방법을 제시하고 있는데 이는 실용적 가이드를 주는 면에서 매우 유용하다. 부부들에게 행복한 결혼생활을 유지하는 데 도움을 줄 수 있는 구체적인 전략과 방법을 알려주고 있어 독자들은 실제로 이러한 아이디어를 적용하고 자신들의 관계를 개선하는 데 도움이 될 것이다.

마지막으로, 부부상담사를 위한 구체적인 개입과 전문가들을 위한 지침을 제공한다는 점은 이 분야의 전문가들에게 매우 가치 있는 자료가 된다. 부부상담 분야에서 업무를 수행하는 전문가들은 이러한 실무적인 지침과 개입전략을 활용하여 더 나은 결과를 얻을 수 있을 것이다.

부부가족 상담을 하고 있고, 대학에서 관련과목을 강의하고 있는 나로서는 이 분야의 관련도서의 빈약함에 목말라 있었다. 현재 시중에 있는 책들이 오래된 책들이어서 부족한 부분을 채우고 좀 더 실용적이고 통합된 교과서가 필요하다고 느끼던 차였다. 덕분에 이 책을 만나면서 그 누구보다도 반갑고 기쁘다.

저자의 긴 경력과 풍부한 경험을 토대로 작성된 이 책은 부부 간의 관계에 대한 이해와 연결을 촉진하고, 문제해결에 도움을 줄 것으로 확신한다. 번역에 심혈을 기울이신 번역자들의 노력과 지식은 부부관계와 가족상담 분야에 좋은 영향을 미칠 것이다. 번역자들의 노고에 깊이 감사드린다.

이남옥 레지나(한국상담대학원대학교 부부가족상담심리전공 교수)

차례

1부 부부상담과 결혼생활에서의 도전

2부 부부체계 업그레이드

3부 정신역동적 업그레이드

4부 행동적/교육적 업그레이드

5부 개입 순서와 결론

감사 인사

지금까지 다양한 아이디어, 경험, 그리고 연구 성과를 함께 나누었던 현장의 많은 동료들과 연구자들에게 감사의 인사를 전한다. 또한 내 생각을 명료하게 다듬는 데 도움을 준 많은 학생들과 그동안 상담 성과뿐 아니라 어려운 문제와 실패에 대해서도 편하게 나눌 수 있었던 연구 모임의 시니어 부부 상담자들의 피드백에도 고마움을 전한다. 특히 여러 장의 초고에 대하여 세심하게 읽고 제안해준 James Anderson, Mona Fishbane, Charles Jaffe, Jay Lebow, William Pinsof, and Cheryl Rampage를 비롯한 동료들에게 특별한 감사를 드리고 싶다. 또한 부부 상담 분야의 전문가는 아니지만 개발 편집자 Chava Casper의 다년간의 관계에 관한 지혜와 세심한 편집에 대한 제안의 도움을 받을 수 있었던 것은 행운이었다.

나는 또한 책이 출판되기까지의 고된 과정에서 격려하고 도움을 아끼지 않았던 Routledge 편집자, Marta Moldvai와 Elizabeth Graber에게 감사 인사를 하고 싶다.

이 책에 소개되는 많은 나의 내담자 부부들에게 감사를 전한다. 여러분의 삶속으로 들어갈 수 있도록 허락해 준 것, 여러분의 가장 깊은 문제를 함께 할 수 있도록 나를 믿어준 것, 상담 역량을 갈고 닦을 수 있도록 도와준 것, 그리고 우리 상담자들이 힘들게 배운 것들을 다음 세대 상담자들에게 전수할 수 있도록 해준 것에 대해 감사하고 싶다. 여러분들이 잘 살아가기를 바란다.

그리고 마지막으로 나에게 결혼의 기쁨에 대하여 많은 것을 가르쳐준 아내 Sheila의 지원에 감사하고 싶다. 그녀의 글쓰기에 대한 열정은 나에게 큰 귀감이 되었다.

저자 소개

　저자 C. Nielsen 박사는 정신건강의학과 전문의, 정신분석가이며 부부 상담자이다. 그는 하버드대학에서 학부를 졸업하고, 존스홉킨스대학에서 의학박사 학위를 받았다. 예일대학에서 정신건강의학 레지던트 과정을 마친 후에, 필라델피아 아동상담소에서 가족치료 훈련을 받았고, 시카고 정신분석 연구소를 수료하였다. Nielsen 교수는 노스웨스턴대학 파인버그 의과대학의 임상심리학 및 행동과학과의 부교수이며 시카고 정신분석 연구소의 교수진으로 일하고 있다. 그는 부부상담을 가르치고 있으며, 노스웨스턴대학 가족연구소의 교수이기도 하다. 여러 해 동안 노스웨스턴대학교 학부생을 위해 개발한 "결혼학 개론: 사랑을 키우고 관계를 지속하기" 과목을 운영해 왔다. 그는 미국 정신의학회의 저명한 회원이며 정신의학, 정신분석 및 부부상담 분야에서 30편 이상의 논문을 저술하였다. 그는 일리노이주 Winnetka에서 아내 Sheila와 살고 있으며, 장성한 세 딸의 자랑스런 아버지이다.

제1부

부부상담과
결혼생활에서의 도전

01 개관

■ 왜 이 책을 읽는가?

첫째, 부부상담은 어렵기 때문이다. 그 이유는 다음과 같다.

- 상담자는 두 명의 내담자를 상담해야만 한다. 그들은 각기 다른 심리적인 상태와 역사, 문제를 가지고 상담에 오게 되며 상담에 대한 동기 수준도 매우 다르다.
- 부부상담 과정은 서로의 안녕을 바라는 근본적인 감정과 분노와 절망 사이에 나타나는 많은 감정의 혼합을 포함한다.
- 금전, 성, 자녀 양육과 같은 구체적인 문제나 사랑, 독립, 권력 같은 추상적인 주제가 자주 등장하고 이를 해결하기 위해 도전한다.
- 대부분의 상담자들은 이러한 부부의 문제를 다루는 적절한 훈련을 받지 않았고 개인 상담에 대한 훈련만으로 부부와 함께 이러한 문제를 다루기에는 부족하다.
- 부부상담에 관한 많은 이론적 접근이 존재하지만 상대적으로 다양한 이론 중 어떠한 접근을 선택할 것인가에 대한 안내는 부족하다.

둘째, 부부상담은 인생의 큰 위기와 복잡한 문제들을 다루지만, 고통받는 부부를 돕는 과정에서 깊은 만족감, 지적인 즐거움, 개인적인 보람을 얻을 수 있다. 이 책의 목표는 여러분이 책을 읽은 후 새로운 접근의 부부상담을 시도할 때 혼란과 스트레스를 줄이고 더 큰 보람을 느끼게 하는 것이다.

◼ 로드맵

이 책은 부부상담을 수행하기 위한 실질적인 로드맵(roadmap)을 제공한다. 부부상담의 기본적인 기법부터 고난이도 기법까지 모든 것을 다루며, 이는 초심자나 숙련된 임상가 모두에게 가치가 있을 것이다. 이 모델은 근 40년간 250쌍의 부부와 함께 한 나의 상담 경험과 연구 문헌의 검토, 상담계의 동료들과의 소통과 교류를 통해 만들어졌다. 이 책은 부부상담의 주요 접근, 즉 체계론적, 정신역동적, 행동주의적 접근을 통해 부부의 불화 문제와 이에 대한 상담을 개념화하고 상세하게 설명하고 있다. 그리고 각각의 접근들의 장점을 활용하는 유연한 모델로 통합할 수 있는 방법에 대해 안내하고자 한다.

부부상담에 관한 다른 교재에서는 다양한 저자가 부부상담의 다양한 이론을 장별로 소개하고 있는 것과는 달리 본 교재에서는 글을 읽는 독자들이 스스로 다양한 이론을 통합할 것을 요구하지 않는다. 본 교재는 유연하고 포괄적인 부부상담의 모델을 제시하여 모든 상담에 단일한 접근을 적용하기보다 다양한 임상적 상황에서 필요한 바를 충족시키도록 할 것이다. 이러한 직접적인 안내서를 통해서 상담자들은 불화를 겪는 부부와 상담하면서 겪게 되는 혼란과 강한 감정적 동요로 인해 치료적 방향성을 상실했을 때 보다 잘 대처할 수 있을 것이다. 이 책을 집필하는 동안 나의 생각을 다듬으려 노력하면서 상담 성과가 향상되었다. 나는 독자 여러분의 부부상담의 성과도 향상되리라고 믿는다.

◼ 부부상담의 중요성

다음은 위태로운 현실을 알려주는 통계자료들이다.

- 미국 여성의 80%는 40세까지 첫 결혼을 할 것이다(Copen, Daniels, Vespa, & Mosher, 2012). 남성과 여성의 약 90%가 결국 결혼을 할 것이다(Whitehead & Popenoe, 2002).
- 동거 커플과 한 부모 가정의 증가에도 불구하고 대다수의 젊은 세대들은 결혼하기를 원한다. 결혼은 동조성의 지표에서 지위를 얻는 위신의 지표로 진

화한 것이다(Cherlin, 2004, p. 855).

- 초혼 부부의 다섯 쌍 중 한 쌍은 5년 내 실패하고, 첫 결혼의 40-50%는 궁극적으로 이혼으로 끝나게 된다(Copen et al., 2012).
- 기혼자의 20%는 어느 시점에서 중대한 결혼의 위기를 보고한다(Bradbury, Fincham, & Beach, 2000).
- 치료를 원하는 내담자들이 가장 빈번하게 호소하는 것은 친밀한 관계에서의 "극심한 정서적 고통"의 문제이다(Swindel, Heller, Pescosolido, & Kikuzawa, 2000).
- 성공적인 결혼생활은 부부의 안녕감, 신체적 건강, 경제적 성공을 가져오고 (Doherty, et al., 2002; Proulx, Helms, & Buehler, 2007; Waite & Gallagher, 2000), 성공적인 관계는 행복에 대한 최고의 예측 인자이다(Lee, Seccombe, & Sheehan, 1991; Lyubomirsky, 2013).
- 부부 갈등, 불행, 이혼은 위에서 언급한 특성을 저하시키는 원인이 되고 다음 세대에 비슷한 문제들을 만들게 된다(Booth & Amato, 2001; Cummings & Davies, 1994; Hetherington, 2003; Wallerstein, Lewis, & Blakeslee, 2000).
- 부부 갈등은 넓은 범주의 불안장애, 기분 장애, 물질 사용 장애와 좁은 범주의 특정 장애와 연관되어 있다(Whisman & Uebelacker, 2006).
- 미국에 있는 절반 이상의 심리치료자들이 부부상담이 다소 두렵거나 부담이 되는 것을 알지만, 부부상담을 한다(Psychotherapy Networker, Nov-Dec, 2011).
- 긍정적인 측면에서 볼 때 부부 갈등으로 상담을 받은 부부 중 2/3는 결혼생활의 성공과 행복이 향상된 것으로 나타났고(Gurman, 2011; Lebow, Chambers, Christensen & Jonhnson, 2012), 상담 받지 않은 통제 집단에 비해서 훨씬 더 높은 효과성을 보였다(Lebow et al., 2012, p.14).
- 아직 부부상담은 더 발전해야 할 부분이 많이 남아있다. 상담을 시작한 부부 중 절반 이하의 사람들 만이 평균적인 결혼 만족 수준에 도달하였고 (Baucom, Hahlweg, & Kuschel, 2003), 치료에서 성과를 보였던 많은 부부가 재발하는 것을 볼 때(Jacobson & Addis, 1993), 부부상담은 앞으로 더 발전할 필요가 있다.
- 부부상담의 많은 이론적 접근 중 어떤 이론이 가장 효과적인가에 대한 합의

는 알려지지 않았다(Gurman, 2008a).

요약하면 부부에게 성공적인 관계 경험(relationship success)은 매우 중요하고 부부 관계는 부부 상담을 통해 개선될 수 있다.

■ 통합의 중요성

부부상담에 대한 나의 접근은 종합적이거나 "통합적인" 성격을 가진다. 다시 말해, 다양한 이론을 통합하여 어떻게 시너지 효과를 낼 수 있는지 알려준다. 통합의 이유와 장점은 다음과 같다.

- **용어의 통합.** 다양한 상담 이론에서 하나의 현상을 설명하기 위해 각기 다른 용어들을 사용한다. 결과적으로 이는 바벨탑 이야기처럼 임상가들 사이의 소통을 힘들게 하여 또 다른 이론을 통해 배울 수도 있는 것을 어렵게 만들었다.
- **상호 교류(cross-fertilization)의 증진.** 서로 다른 이론적 용어들이 사용되는 이유는 서로 다른 접근을 선호하는 임상가와 연구자들 사이에 소통이 부족했기 때문이다. Lebow(2014)가 지적한 대로, 현재 각 상담 분야의 전문가, 학술지, 학회 모임이 분리되어 정보의 공유가 힘들다. 특히 정신분석적 접근의 상담자와 행동주의, 사회심리적 관점에서 저술을 하는 연구자들 사이에 소통은 거의 찾아보기 어렵다.
- **치료적 공통요인의 발견.** 다양한 치료적 접근은 서로의 차이를 강조하지만 사실상, 효과적인 치료 요인은 공통적인 내용을 포함한다(Sprenkle, Davis, & Lebow, 2009). 통용되는 대부분의 부부상담 접근에서 공통적인 개입이 확인되었다(Christensen, 2010). (a) 커플의 갈등을 개인적인 문제로 설명하는 것에 이의를 제기하고 두 사람의 관계에 기반한 이원적인 개념화(dyadic conceptualization)로 대체하기(체계론적 관점) (b) 커플이 회피하고자 하는 개인 내면의 사고와 감정을 탐색하여 배우자의 내적인 경험을 인식하기(정신 역동적 관점) (c) 정서를 효과적으로 다루는 방법을 배우고 경험함으로써 정서에서 기인하는 부적응적 행동을 수정하기(정신역동, 행동 치료적 관점) (d) 생산적인 의사소통을 증진하기(행동 치료적 관점).

- **다양한 상담 접근의 사용.** 치료적 접근을 통합해야 하는 가장 중요한 이유는 다양한 상담 접근은 효과적인 변화를 위한 각기 다른 또는 특정 문제에 적용되는 기법을 가지고 있기 때문이다. Fraenkel(2009)이 논의한 것처럼, 상담자가 많은 내담자와 다양한 문제를 잘 다루기 위해 더 많은 상담 개입의 대안(options)을 가지는 것은 더 나은 성과를 가져올 수 있다. 행동치료적 접근에 정신역동적 접근을 접목한 후 탁월한 성과를 얻은 연구결과를 통해서 볼 때, 다양한 기법을 사용하는 것은 더 나은 성과를 가져오게 할 것이다 (Dimidjian, Martell, & Christensen, 2008).
- **다양한 이론 중 적절한 개입을 선택하기.** 상담을 통합하려는 마지막 이유는 무수히 많은 경쟁적 접근들 중에 선택지를 만드는 것이다. 다양한 부부상담 접근 사이에서 어떤 것을 선택해야 할 지 모른다면 상담자들은 혼란스러울 수 있다. 부부상담 과정에서 4~5개의 이론을 동시에 고려하면서 상담을 진행한다면 더 복잡하고 어려워질 것이다. Weeks, Odell, Methven(2005)의 부부상담자의 실수에 관한 연구에 의하면, 너무 많은 선택에 직면한 상담자들은 효과가 없을 때도 하나의 이론만을 고수하거나, 이론을 모두 버리고 그저 상담의 흐름을 따라가려는 실수를 범할 수 있다. 가치 있는 치료의 통합은 다양한 상담 접근 중 적절한 개입을 선택하고 연결하는 방안에 대한 지침을 제공하는 것이다.

심리장애에 관한 치료 방법, 개인적 여정, 이론적 접근.

여기에 제시된 부부상담에 관한 많은 권고 사항은 나의 다양한 경험과 자료를 바탕으로 만들어졌다. 내가 컴퓨터로 기록하기 시작한 1993년부터 부부상담에 대한 강의를 시작한 2003년까지 67쌍의 부부상담 사례의 비공식적인 자료를 정리하면서 부부상담에 관한 나의 관점이 성장하였다. 다른 부부상담 문헌에서 볼 수 있는 것처럼, 대부분의 내담자들이 개선되었고 일부는 재발하여 다시 상담을 받기 위해 돌아왔거나 이혼하기로 결정하였다. 대부분의 연구 결과에서도 볼 수 있듯이(Lebow et al, 2012), 그 후 내가 만난 커플들은 거의 대부분 백인, 중산층, 도시와 근교의 대졸 전문직이었으며, 20대 후반에서 60대까지 분포되어 있었다.

이 책은 나의 임상 초기와 그 이후의 부부상담 경험, 개인치료 내담자들이 호소한 부부 문제와 다른 임상가들이 상담했던 다양한 환경의 부부 사례에 대한 수퍼비전 경험에 기반을 두고 있으며, 이러한 임상 경험과 문헌 연구(Nielsen, 2003, 2005를 보라)를 통해 만들어졌다.

나는 소수의 동성애자 커플을 상담하였는데 그의 대부분은 내가 상담했던 이성애자 커플들과 같은 사회 계층에 속해 있었고 근본적으로 비슷한 문제들을 공유하고 있었다. 그들은 호모포비아를 비롯하여, 내면적인 어려움을 겪고 있었다. 내가 상담한 부부 사례 중 심각한 폭력, 약물, 알코올 문제를 가진 부부나 소수 인종, 빈곤층 내담자들은 많지 않았지만 내가 지도 감독한 학생들의 부부상담 사례에는 상당한 비중을 차지하고 있었다. 분명히 이러한 내담자들은 흔치 않은 도전적인 문제를 가지고 상담에 온다. 많은 사람들이 매우 빈곤한 환경에서 자라났으며, 가난, 인종차별, 유기, 학대로 고통받아 왔고, 지금은 그러한 흔적으로 인한 상처와 심리 장애로 고통받고 있다.

존경받는 학계의 대가 Gurman(2008b)과 Lebow(2014)가 논의한 것처럼, 통합적 상담 모델은 다양한 요인들의 효과를 검증해낸 선행연구의 성과로부터 인식론적인 강점을 취할 수 있다. 예를 들면, 정서중심치료와 다른 다양한 상담 기술 훈련을 통합적 치료모델에 적용하기 위해서는 그 가치가 입증된 것이어야 한다(Lebow et al., 2012). 이론적으로는 상담 기술의 혼용이 상담 성과를 저해하는 것이 가능하지만, 내 경험으로는 상담의 전체과정에서 볼 때 꼭 그런 것은 아니었다. 기존의 각 치료 모델들도 초기의 경쟁을 통해 서로 발전하면서 더 포괄적인 방식으로 전환되는 것으로 보인다(Lebow, 2014; Gurman, 2013).

나는 임상 경험을 통해 배운 것을 자신 있게 주장하지만, 그 안에 숨어있는 위험에 대해서도 인정한다. 오랜 시간 과학적 연구방법을 강의한 교수로서 지식을 과장하고 전문적 의견을 역설하는 것이 더 쉽다는 것을 알고 있다. 정신분석가 Marshal Edlson(1983)은 Freud가 "…은 의심할 여지가 없다."라는 말을 자신의 의견을 쓸 때마다 반복하였다고 말한다. 이는 Freud의 불확실성을 잘 보여준다. 그러므로 내가 생각한 것처럼, 언제나 모든 것이 잘 되어가지 않을 것이라는 점을 솔직히 인정한다.

더 긍정적인 방향에서 보면, 나는 불완전한 상담의 성과에 대해 잘 알고 있기 때문에 앞으로 상담을 잘하는 더 좋은 방법을 찾고자 탐구할 것이다. 따라서, 앞으로 부부 공동 상담 회기의 기본적인 구성 방식을 "업그레이드(upgrades)"의 개념으로 설명하려 한다. 이것은 이전의 나의 기존 상담 방식에 다른 접근을 더한 것으로 이를 통해 더 나은 상담 효과를 거둘 수 있었다. 이 치료약은 이전에는 치료할 수 없었던 질병을 고치는 새로운 약으로써 어떤 대안적인 접근보다도 효과적이었다. 이러한 새로운 개입을 추가한 후 상담 성과는 향상되었고, 새로운 개입의 가치에 대한 확신을 가지게 되었다.

이 책은 나의 통합적인 접근을 지지해줄 많은 추가적인 경험의 영향을 받아 구성되었다. 나는 운 좋게도 1970년대 예일 대학에서 정신의학 훈련을 시작하였다. 예일 대학은 이상행동과 정신 장애에 영향을 끼치는 중요한 요인으로서 생물학, 심리학, 사회적 시스템을 모두 인정하는 곳이었다(Engel, 1980). 그리고 그곳에서는 치료를 받기 전에 유능한 정신건강 전문가가 문제에 영향을 주는 모든 것을 평가하였다. 나는 이후 국립 정신건강연구소, 필라델피아 아동지도 클리닉, 노스웨스턴 대학의 정신의학과, 가족 연구소, 시카고 정신분석 연구소를 비롯한 뛰어난 기관에서 다양한 교육과 경험을 쌓아왔다.

나는 다음 경험들을 통해 부부상담에 대한 나의 생각에 큰 영향을 받았다. 나는 여러 번 Tavistock의 집단 관계 콘퍼런스(Bion, 1961; Colman & Bexton, 1975)에 참석하면서 집단의 과정(process)과 상세하게 공부했고, 투사적 동일시의 중요성에 대해 배웠다. 또한 이 책의 대상이 되었던 대부분의 부부처럼 교육 수준이 높고 선의를 가진 성인들이 서로의 상호작용과 집단의 프로세스(process)에 의해서 어떻게 퇴행하게 되는지 알게 되었다(Wachtel, 2014). 그리고 노스웨스턴 대학 학부에서 결혼학 개론 강의를 개발하고 가르치면서(Nielsen, Pinsof, Rampage, Solomon, & Goldstein, 2004), 성공적인 결혼에 대한 연구에 입문하였고 상담 현장에서도 관계 교육의 요소를 더하는 것이 얼마나 유용한지를 알게 되었다.

◾ 용어

이 책에서는 couples therapy나 다른 용어가 아니라 부부 상담(couple therapy)이라는 용어를 사용하기로 결정하였다.[1] 이 분야의 기존의 문헌에서 이러한 용어를 사용하고 있다.

나는 결혼(marital)과 배우자(spouse)라는 제한적인 용어를 가끔은 더 포괄적인 커플(couple)과 파트너(partner)로 교체하여 사용하고자 한다. 보통의 상황에서는 공식적인 결혼 여부가 큰 차이를 만들지 않는다고 이해하고 있기 때문에, 서로 헌신하는 친밀한 관계에 있는 사람들을 전반적으로 포함하고자 한다.

결국 나는 이 책에서 부부상담에 새로운 명칭의 이론이나 특정한 모델을 만들지 않기로 하였다. 현재 정서중심 부부치료, 정신역동적 부부치료, 인지 행동적 부부치료, 통합적 행동 부부치료, 통합적 문제 중심 메타프레임 치료(Integrative Problem－Centered Metaframeworks Therapy) 등과 같은 많은 부부치료 모델이 존재한다. 각기 다른 이름으로 인해 부부상담 이론들이 어떠한 한계를 가지는지 보아왔기 때문에, 통합적인 모델이지만 새로운 모델을 만들어내고 싶은 마음을 자제하였다. 이를 통해 모든 사람들이 내가 제안하는 포괄적인 기본 뼈대에 더 쉽게 다른 모델을 추가하여 사용할 수 있을 것이다.

■ 이 책의 개요

1부: 부부상담(Conjoint Couple Therapy)과 결혼 생활에서의 도전에서는 기본적인 부부상담의 구조를 설명한다. 두 명의 내담자와 한 명의 상담자로 이루어진 세 사람의 집단이 커플의 문제에 대해 대화를 나누면서 그 문제를 밝히고 개선해 나가기 위해 노력하는 것이다. 이것은 모든 부부상담을 위한 기본적인 토대이며 서로 대화하기 모델(Talk－To－Each Other Model)이나 부부상담 1.0이라고 불러왔다. 3장 "결혼생활에서의 도전"에서는 부부가 직면하고 극복해야 할 많은 도전에 대해 설명한다.

업그레이드(upgrade). 이어지는 내용에서 개선 또는 업그레이드에 대해 안내한다. 나는 그동안 더 나은 성과를 얻기 위해 효과적이고 필요한 것을 발견해 왔다. "업그레이드"라는 은유적 표현은 마음을 다루는 기술의 향상을 표현하기 위해 사용하였다. 마치 자동차를 기본 모델에서 최신 자동차로 바꾸는 것, 또는 컴퓨터의 운영체제를 현재의 최신 버전으로 바꾸는 것과 같다. 이 같은 경우에 필수적인 형태나 목표는 바뀌지 않더라도 기능적으로 더 복잡하고 개선된 수행을 할 수 있게 된다.

고민에 빠진 두 사람을 만나 대화를 통해 문제를 해결하도록 돕는다는 점에서 2016년의 부부상담자와 1960년대의 부부상담자는 다르지 않다. 부부상담은 자동차나 컴퓨터의 기술과 다름없이 1960년이래로 상당한 발전을 거듭하면서 더욱 복잡해지고 효과적으로 기능하게 되었다. 이 책에서는 부부 상담을 잘 하고 싶은 임상가들에게 활용가능한 업그레이드와 개선점을 설명하고 범주화하고 있다.

2부: 체계 업그레이드. 첫 번째 중요한 업그레이드에서는 부부의 역기능적인 상호작용을 의미하는 대인관계 프로세스(interpersonal process)에 초점을 맞춘다. 부부는 좋지 않은 모든 행동을 주고 받으며 점차적으로 고통과 무기력의 정도가 높아지는 "부정적인 상호작용의 고리(negative interaction cycles)"에 빠지게 된다. 부부상담을 할 때 경제적인 부분이나, 자녀, 성 문제로 씨름하기 전에, 커플의 부정적 상호작용의 고리를 먼저 다루어야 한다. 이러한 견해는 부부 문제의 체계론적 관점에 기초한 것으로, 부부의 역기능은 부적응적 상호작용의 결과이고 이는 각 배우자가 기여한 부분의 합보다 더 크다. 2부의 4장에서는 일반적인 초점의 전환이 논의되며 5장에서는 보편적인 역기능적 고리에 대해 더 세부적으로 다루게 된다.

3부: 정신역동적 업그레이드에서는 부부의 내적인 심리 역동을 탐색함으로써 부적응 고리를 분석하고 더 깊은 이해를 얻기 위한 방법을 검토한다. 여기에서 상담자는 부부의 숨겨진 내면의 이슈, 두려움, 욕구, 즉 파트너 각자의 주관적인 경험, 전이, 투사적 동일시가 드러나는 지점에서 그들의 역기능적 프로세스를 탐색하도록 돕는다. 이러한 작업을 통하여 부부는 새로운 이야기와 정서를 발견하고 희망과 이해를 얻고 친밀감을 가지게 된다. 이는 앞으로 논의해야 할 부부 불화와 논쟁의 부가적인 영역을 다룰 수 있는 사전 조건이 된다. 정신 역동적인 이해를 통해 부부는 수용과 용서로 초점을 전환하는 또다른 다른 업그레이드를 경험하게 된다. 따라서 부부는 과거의 잘못에 대해 끊임없이 불평하거나 서로를 변화시키려고 시도하기보다 더 희망찬 미래로 나아갈 수 있다.

4부: 행동적/교육적 업그레이드에서는 공감적 경청, 감정 조절, 문제 해결과 또다른 의사소통 기술을 가르치는 개입을 다룬다. 여기에는 상담 받는 부부가 긍정적인 경험을 하도록 격려하는 개입이 포함된다. 이러한 개입들은 행동주의, 인지행동주의, 정서 조절에 초점을 맞추는 이론적 접근을 가진 상담자들에 의해 개발되고 대중화되었다. 이들은 특히 "부부의 갈등대화"를 수행할 때, 상담자가 직접 관계를 잘 다루는 방법을 부부에게 가르치는 교육적 접근 방식을 강조하였다.

5부: 개입 순서와 결론. 이 책은 부부상담 개입의 순차적인 진행과 맺는 말로 마무리된다. 첫 장은 상담을 하는 것에 대한 전반적인 태도를 다루고 그 이후 이전에 제시되었던 상담 개입의 순서를 정하는 방법에 대해 논의한다. 마지막 장은 이 로드맵을 요약하고 부가적인 맺음말로 구성되었다.

1장 NOTES

1) 이 책의 저자는 커플 상담을 공식적인 상담의 용어로 선택하였으나, 역자들은 고민 끝에 부부상담이라는 용어가 보편적인 한국의 상황을 고려하여 couple therapy 를 "부부상담"이라는 용어로 번역하였다. 물론 부부상담이라는 용어로 번역하였지만 결혼 관계에 있지 않은 커플의 상담을 모두 포괄하는 개념으로 사용하였다. 최근 부부상담에 관한 서적에서 커플 상담의 용어가 등장하고 있으나 상담 현장에서는 주로 결혼하지 않은 연인이 상담 대상인 경우 많이 사용되는 것으로 보인다. 또한 partner와 spouse는 주로 배우자 또는 파트너로 번역하였으며 자연스런 번역을 위해 부부와 커플을 혼용하여 사용하였다.

02 부부상담 1.0

프레드와 베스[1]는 만성적인 결혼생활의 불화로 나에게 상담을 받으러 왔으며 아내의 정신과 주치의에 의해 의뢰되었다. 그들은 세련된 옷차림을 한 지적인 사람들이었으며 남편은 아내보다 더 캐주얼해 보였다. 그들은 30대 중반의 세 아이를 키우고 있는 부부로 남편은 엔지니어, 아내는 건축가로 일하고 있었다. 그들은 결혼 후 10년의 시간 대부분을, 특히 아이들이 태어난 이후 더 불행한 결혼 생활을 해왔다. 그들은 이따금씩 말 싸움을 하였고, 자신과 배우자, 그들의 결혼 생활에 대해 더 실망감을 느끼며 끝이 나곤 했다. 그들이 결혼생활 동안 함께 좋은 시간을 보낸 적이 거의 없었으며 때때로 성생활이 문제가 되었으나 이제는 그 조차도 거의 없었다. 두 사람은 절망하고 있었고, 죄책감과 혼란, 좌절을 느끼고 있었다. 베스는 이혼에 대해 생각하고 있었다.

상담 첫 회기에 베스는 자신이 중요한 사람이 아니라고 느끼게 만드는 남편에 대해 설명하면서, 그녀의 감정은 분노에서 고통으로, 자책에서 절망으로 바뀌었다. "이것은 꼭 이야기해야 해요. 사소한 것처럼 보일지 몰라도 정말 속상해요. 하지만, 나도 잔소리하고 싶지는 않아요. 아마도 이 상황을 받아들이고 불평하지 말아야 할 거예요." 베스는 자신이 남편에게 점점 더 화를 내게 되는 모습에 회의감을 느꼈고, 이것은 그녀의 어머니가 끊임없이 아버지에게 잔소리했던 것을 떠올리게 하였다. 프레드는 소심하고, 두려워하고, 초연하고, 결백한 것처럼 보였다. 그리고 그의 몸짓은 "이런 문제가 일어났는데 내가 무엇을 할 수 있겠어요?"라고 말하는 것 같았다. 그는 이 문제에 대한 아내의 말에 반박하지 않았지만 아내가 제기한 문제에 대응하지 않았다. 그는 아내의 비난을 들으면 아내가 자신을 더 이상 사랑하지 않고 그와 결혼한 것을 후회하는 것처럼 느껴진다고 말했고, 침착하고 차분하게 보이려 애썼지만 분명히 화나고 불안한 상태로 보였다.

베스는 남편은 집에서 자신에게 지나치게 불안하고 애정에 굶주린 사람이라고 말하고, 때로는 욕을 하며 자신을 부른다고 말했다. 그녀 역시 자신이 지나치게 불안정하다고 생각했기 때문에, 남편이 그녀에게 과도하게 반응한다고 대응하면 심하게 위축되었다. 이러한 남편의 "도망자" 반응은 만연한 갈등 회피와 결합되어 그들의 삶에서 중요한 외적인 문제들, 예를 들어 생활비의 사용, 가사 분담, 자녀양육 등의 문제들을 해결하기 어렵게 만들었다.

베스와 프레드는 나에게 도움을 청하는 전형적인 부부의 모습이다. 앞으로 이 책을 이끌어가면서 그들의 상담 사례를 살펴볼 것이다.

■ "지금 서로 대화하라(Just talk to each other!)"

내가 1975년 정신건강의학과 레지던트로서 부부상담을 시작하였을 때 프레드와 베스를 만났다면, 나는 그들에게 내 사무실로 와서 내가 중재하는 앞에서 서로 이야기를 해보자고 요청했을 것이다. 나는 구조화되지 않은 지금-여기의 접근 방식(here-and-Now approach)을 서로 대화하기 모델(Talk to Each Other Model: TTEO)이나 단순히 부부상담 1.0이라고 부를 것이다. 이것은 부부상담의 모델 T이며, 내가 상담하는 방식의 구조화된 뼈대(scaffold)를 제공하고 있다. 이 모델은 이 책의 다음에 나오는 결정적인 개선사항은 포함하지 않는다.

이 모델은 두 사람이 모두 부부문제를 지속시키는 체계의 한 부분이기 때문에, 부부가 함께 상담을 하도록 권한다. 정신분석이나 다른 훈련(피아노, 춤 테니스 레슨 등)과 마찬가지로, 이 상담 모델에서는 현재 현재 진행되고 있는 상호작용이나 연주방법에 대해 단순히 설명하는 것만으로 상황을 탐색하거나 변경시키는 것은 어렵다고 가정한다. 따라서, 상담자, 교사, 또는 전문가들이 내담자나 학생들의 행동을 관찰하고 그들의 강점과 약점을 평가해야 한다. 이러한 직접적인 관찰을 통해 지금-여기에서의 수행에 영향을 미치는 개입에 대한 정보를 얻을 수 있다.[2]

이 장은 모델의 핵심 요소에 대해 설명한다: 부부상담을 시작하기 위해 상담자가 필수적으로 알아야 하는 것들 예를 들어, 내담자의 대화를 촉진하기, 감정의 온도 조절하기, 중립성 유지하기 등에 관한 지침을 소개한다. 이것은 특히 개인상담의 경험은 있으나 부부상담에 익숙하지 않은 상담자들에게 도움이 될 것이다. 이러한 기초적인 설명으로 시작하여 이 모델의 진단적, 임상적 유용성을 논의하고 그 제한점에 대해서도 논의할 것이다.

■ 부부상담 1.0의 기초

부부가 상담의 주제를 선택하고 해결하도록 유도하라. 나는 대체로 상담 회기를 시작할 때, 부부에게 이야기하고 싶은 주제(topic)를 선택하도록 요청한다. 이 방식은 정서적으로 중요한 주제를 드러낼 가능성을 높이며 내담자 만족도와도 상관이 높다(Bowman & Fine, 2000). 이러한 방식으로 시작한다면 부부가 힘들어하는 문제를 알 수 있을 뿐 아니라 이를 통해 그들의 부적응적인 대화 방식을 알 수 있다.

나는 또한 진단을 위한 상담 회기 중에도 이 작업을 한다. 각 내담자에게 자신의 고민하는 문제를 이야기하도록 요청한 후, 가능한 한 상담자가 개입하지 않는 상태에서 그들이 논의하는 것을 관찰하는 시간을 가진다.

침묵하는 배우자를 관찰하고 탐색하라. 상담자는 공동 상담 회기 방식(conjoint format)을 통해 한 배우자가 이야기하는 것에 대해 파트너가 반응하는 것을 듣고 관찰할 수 있다. 이는 듣고 있는 배우자의 바디 랭귀지를 지켜보는 것을 의미하며, 말하는 사람에 대한 반응을 알려준다. 상담자는 듣고 있는 배우자가 상담자의 말에 대하여 어떠한 감정적인 반응을 하는지, 어떻게 이야기하는지 관찰한 내용을 확인하면서 보완할 수 있다.

서로 대화하기를 원치 않는 내담자들을 도와라. TTEO 모델을 사용할 때 상담자가 직면하는 첫 번째 문제는 대부분의 내담자들이 상대에게 직접 말하기보다는 자신들의 문제를 상담자에게 말하는 것을 선호한다는 것이다. 그들은 상담자에게 자신들이 문제를 어떻게 보는지, 그들의 배우자가 잘못되었거나 나쁘거나 정신적으로 아픈 이유에 대해 전달하고 싶어한다. 그들은 서로 성공적으로 대화할 수 있다면 상담실에 오지 않았을 거라는 "부인할 수 없는 진실"을 주장하면서 상담자에게 직접 말하고 싶은 이유를 합리화한다.

이와 관련된 문제는 무의식적으로 모든 것을 통제하기 원하는 상담자가 부부와 공모하여 그들이 평소에 파트너를 가르치기 위해 어떻게 말하는지 상담자에게 직접 말하도록 허용하는 것이다. 때로는 이러한 방법이 필요할 때도 있다. 그럼에도 불구하고, TTEO모델의 치료적인 이점을 취하기 위해서 상담자는 지속적으로 서로 소통하도록 부부를 격려해야 한다.

오직 상담자에게만 이야기하려는 부부를 위해 다음과 같은 근거를 제시하는 것이 좋다. "음악, 테니스, 춤을 배울 때처럼 상담자는 당신이 하는 것을 직접 볼 필요가 있어요. 그렇게 해야 두 분이 잘 하도록 도울 수 있어요. 나의 목표는 가능한 한 빨리 상담자가 필요 없도록 만드는 것입니다.", "가능한 한 빨리"의 문구는 마지못해 상담에 왔거나, 비용에 민감한 내담자들과 동맹 관계를 강화하는 데 도움이 된다.

감정의 온도를 관리하라. 이상적인 상담 회기는 부부가 정서적으로 중요한 주제에 몰입하고 서로 존중하는 분위기가 될 때 가능해진다. 이를 위해 서로의 감정을 표현하는 것은 필요하지만 자칫하면 파괴적인 영향을 줄 수 있다. 상담 시간의 분위기는 너무 뜨겁거나 너무 차가워져도 좋지 않다. 부부 상담 분야의 초창기에도 이러한 양극단의 감정에 대한 논쟁이 존재하였다. Virginia Satir(1967)는 친밀감을 형성하기 위해서 진솔한 감정을 격려했고 그와 반대로 Jay Haley(1976)와 초기 행동주의 부부 치료자들(Baucom, Epstein, Taillade, & Kirby, 2008)은 강렬한 감정은 부부의 협력을 방해한다고 주장하였다. 두 가지 접근은 모두 옳다. 상담에서 우리는 불을 지피는 개입과 열기를 식히는 개입이 모두 필요하다. 상담은 안전해야 하지만 지나치게 안전하지는 않아야 한다.

어떤 부부는 스스로 적절한 감정 온도를 찾아갈 것이다. 그러나 그간의 상담 경험으로 볼 때 이러한 부부는 흔치 않다. 부부의 언쟁은 더 커지고, 격렬해지지만, 소통이 잘 되지 않는 것이 일반적이다. 이 때 중재가 없는 한 부부의 관계는 통제불능 상태에 빠지고 부부의 고통은 더욱 악화될 것이다. 반면 관계의 악화를 두려워하는 또 다른 커플은 지나치게 조심하기도 한다. 이 책의 부부 사례인 프레드와 베스는 두 사람 모두 그런 상태였다. 아내 베스는 남편이 죄책감을 갖게 함으로써 조용하고 침울한 복종 상태로 만들었다. 다른 경우에는 부부 모두 상황을 더 위태롭게 만들고 싶어하지 않기 때문에 아무런 진전이 없다. 부부의 감정

온도를 조절하는데 도움이 되는 몇가지의 개입이 있다. 여기에서는 기본 지침을 제시할 것이고 책의 후반부에 더 많은 개입이 안내될 것이다.

부부 사이의 중립을 지키면서 진정시키기. The Psychotherapy Networker의 "어떤 상담자가 부부상담을 두려워하는가?: 당신의 안전지대를 확장하기."라는 기사에 의하면, 부부상담에서 상담자에게 가장 힘든 도전은 두 사람의 감정이 격화되었을 때 진정시키는 것이라고 한다. 상담 시간 동안 오직 한 내담자만이 상담실에 있기를 바라는 개인 상담자에게 이는 악몽일 것이다. 상담 도중 두 사람의 분위기가 심각해지고 파트너에 대한 극단적인 모욕이 계속될 때 상담자는 무엇을 할 수 있는가?

첫째, 상담자는 자신을 잘 조절해야 한다. 상담자는 계속되는 논쟁(비난 또는 고함치기)에 개입하는 것을 불편하게 여기지 말아야 하며, 정확하게 어떻게 해야 하는지 확신을 가지지 못하더라도 직접적으로 개입하는 것에 익숙해져야 한다.

보통 내담자가 상담자와 이야기하는 것을 선호하는 점을 활용하면 상황을 진정시키는 데 유용하다. 상담자는 부부의 상황이 통제 불능하고 감정이 고조된 상태라고 판단된다면 부부 사이에 직접 개입해야 한다. 그리고 개인 상담 모델로 돌아가, 공감적인 상담자로서 부부와 대화를 나누고 그들의 이야기를 경청하면서 그들을 진정시킨다.

때로는 병리적인 과정을 중단하기 위하여 나는 내 팔로 T-신호를 만들어서 타임 아웃을 요청해야 한다. 극단적인 상황이라면 부부의 사이에 서서 몸을 사용하여 "더 크게" 신호를 줄 것이다. 보통은 단순한 말 한마디로 이 과정을 중단시킨다. 이 때, 나는 그들에게 배우자에게 받아보지 못한 공감을 해주고 그들이 진정할 수 있도록 돕는다.

두 사람의 감정이 더 확대되는 것이 멈추었을 때, 내가 관찰한 것을 두 사람 앞에서 이야기하기보다는 각자에게 개별적으로 이야기하는 것이 효과적이라는 것을 알게 되었다. 물론 내가 말하는 내용을 두 사람 모두 듣게 되지만 교대로 두 사람을 만나는 것이 더 효과적이다. 다음의 두 가지 방식으로 대화에 접근할 수 있다. 그중 하나는 먼저 한 사람에게 그의 또는 그녀의 고통에 대해 이야기하고 이를 타당화하고 공감해주려고 노력하는 것이다. 이는 개인상담에서 내담자에게 공감을 제공하는 법과 거의 같다. 이렇게 할 때 내담자는 "귀기울여 듣게" 될 것이고, 화를 가라앉히고, 더 깊이 생각하며 내가 말하는 것에 대해 이해하게 될 것이다. 먼저 한 사람과 이렇게 이야기한 다음, 다른 배우자와 같은 작업을 한다.

다른 방법은 상담자가 한 배우자에게 직접 상대의 입장이나 힘든 점 등을 설명하는 것이다. 숙련된 부부상담자들이 익혀왔던 개입으로 이후에 더 자세히 설명하기로 하겠다. 상담의 대가 Susan Johnson(2008)은 이를 "치료사를 통한 대화"라고 불렀다. 상담자의 공감을 잘 수용하는 내담자에게 분명하게 말하되 흥분하지 않는 대변인의 모델을 보여주며, 내가 그 또는 그녀에게 정중하게 말할 때 상대 배우자가 잘 경청할 수 있기를 기대한다. 그 다음 상대의 반박이나 어려움에 대해 들어보고, 서로의 이해를 돕는 통역사처럼 첫 번째 배우자에게 이를 다시 이해할 수 있는 방식으로 전달한다. 동시에 상담자는 상대에 대해 덜 민감하게 대응하는 태도에 대한 모델을 보여준다.

중재를 멈추고 감정의 온도를 높여라. 부부상담의 또다른 어려운 점은 부부의 감정의 온도가 지나치게 낮아서 방어적으로 상담이 진행되는 것이다. 이러한 상황에는 정신역동적인 개인상담 전략을 사용하여 그들의 불안과 저항(자기 방어)를 다루는 것이 도움이 된다. 이 개입의 목표는 부부가 서로에 대해 진정한 감정을 표현할 수 있는 안전함을 느끼게 하는 것이다. 솔직한 감정을 표현할 때 일어날 수 있는 재앙에 두려움을 느끼는 내담자들에게 부드러운 격려와 질문을 시작하면서 감정 표현을 유도한다. 내담자들이 마음을 열기 시작할 때 그들이 예상한 두려운 결과가 실제 일어나지 않도록 도와야 한다.

결혼생활의 불행과 갈등에 시달리는 거의 모든 내담자들은 마음을 여는 것에 대한 두려움을 갖고 있다. 그들은 마음을 여는 것은 나쁜 상황을 악화시킬 뿐이라고 생각하며 대부분 이러한 경험을 해왔다. 이 때 그들은 당분간 속도를 늦추고 자신들의 방어벽 뒤로 후퇴할 것이다.

David Shapiro가 그의 저서 Neurotic Styles(1965)에서 지적했듯이, 상담자는 각 내담자의 개별적 방어 기제에 맞추어 접근해야 한다. Shapiro에 따르면, 위축된 내담자에게는 자신의 감정을 알아차리도록 지지해야 하고, 감정적이고 신경증적인 내담자에게는 자신의 생각을 표현하도록 격려해야 한다. 두 유형의 내담자에게 이러한 개입이 도움이 되며, 이는 감정과 사고의 적절한 조합이 요구되는 상담의 프로세스를 개선시킬 수 있다.

대부분의 커플은 서로 직접 격렬하게 상호작용하는 것은 피하고 싶어하지만 상담자가 함께 해주기를 바란다. 따라서, 이러한 저항을 다루기 위해서는 정신분석적인 접근을 통해 정보를 얻는 것 외에도, 상담자는 중립적인 입장에서 벗어나 부부가 서로에게 직접 소통하도록 지시할 수 있다. "서로 대화하라."는 지시는 지속적으로 자주 반복하는 것이 좋다. 부부상담을 배우는 개인 상담자를 위한 중요한 기술 중 하나는 말 그대로 부부가 3인칭으로 서로를 언급하는 대신 사실상 배우자를 향하게 하여 서로의 눈의 마주 보며 이야기를 나누도록 만드는 방법을 배우는 것이다.

상담자는 TTEO 모델의 핵심 기술인 지금과 여기에서의 만남을 강하게 유도하는 방법을 배워야 한다. "배우자에게 그렇게 말할 수 있습니까? 또는 다시 말할 수 있습니까?"라는 말은 내가 사용하는 가장 일반적인 가장 강력한 개입 중 하나이다. 한 배우자가 방금 상담자에게 말한 것과 똑같은 말을 상대에게 전하면, 의미있는 정서 접촉을 할 수 있는 더 많은 기회를 갖게 된다. 많은 내담자들은 배우자가 자신의 말을 듣지 않을 것에 대한 두려움이 사라질 때 바로 안도감을 가지게 된다. 만약 그들이 거절하더라도 작업을 지속해야 한다.

상담자는 상담 경험을 바탕으로 어떤 부부에게 언제, 어떤 방법으로 직접 서로 대화하게 할 것인지 판단하는 것이 필요하다. 상담자들은 너무 안전하거나 또 너무 위험한 그들의 상태를 관찰하면서 서로 이야기할 수 있는 정서적인 분위기를 촉진해야 한다.

기본적으로, 중립을 지키며 상담하라. 기본 TTEO 모델의 또 다른 필수적인 요구사항은 상담자가 지속적으로 부부 중 한 사람에게 치우치는 것처럼 여겨져 좋지 않은 상황으로 인식되지 않아야 하는 것이다(Lebow, Chambers, Christensen, & Johnson, 2012). 역설적이게도 부부는 상담자가 한 사람 편을 들까 봐 두려워하지만 동시에 상담자가 자신의 편에 서기를 바란다. 지금까지 성공적으로 상담을 종결했고, 대규모의 연구(Sparks, 2015)에 함께 참여했던 나의 내담자들에게 상담을 성공으로 이끌었던 요인에 대해 물었을 때, 그들은 전반적으로 중립을 유지했던 나의 능력을 언급했다.

상담초기 내담자들은 전이 현상의 하나로 상담자의 편견에 대한 두려움을 가질 수 있으며 이는 직접적으로 다루어져야 한다. 가끔은 아내들은 내가 남자이기 때문에 자신의 남편 편에 설 것이라고 믿는다. 한편 남편들은 내가 친밀함을 다루는 상담자라는 직업 특성 때문에 자신과 깊이 소통하지 않는다고 불평하는 아내의 편을 들 것이라고 생각할 수 있다. 어떤 사람은 나와 배우자가 비슷한 전문직 수준이기 때문에, 같은 고향 출신이기 때문에, 추천받은 경로 때문에 내가 상대방의 편일 거라고 짐작한다. 상담자는 그들의 외모나 인적 사항을 근거로 의심을 받을 수 있으며 내담자가 오해를 하는지 잘 알고 있어야 한다. 다양한 경우가 있겠지만 내담자들은 일반적으로 상담자의 편견에 대한 우려를 가질 수 있다. 이러한 불안은 조기에 분명하게 다루어져야 하고 이후에도 해결해야 한다. 이러한 불안을 느끼게 되는 근본적인 원인은 내담자들은 자기 자신에게 책임이 있고 무능력하다고 생각하고, 또한 상담자가 자신들을 법정에서처럼 판결할지 모른다는 두려움이 있기 때문이다. 따라서 편견에 대한 불안은 한 번에 모두 사라지기는 어렵다.

개인 상담에서 내담자를 공감하고 합의된 목표를 제공하는 것은 비교적 쉽다. 하지만 부부상담에서는 상담자가 두 사람 모두의 이익을 위해 상담을 하고 있다는 것을 알리기 위해서 끊임없는 도전이 필요하다. 개인상담에서 상담자가 내담자의 약점을 다루고자 할 때, 내담자는 상담자를 도움이 되는 사람으로 보기보다는 비판적인 사람으로 바라볼 위험이 있다. 부부상담에서 이러한 탐색이 이루어진다면, 상대의 비난을 부추겨 해당 배우자의 수치심이나 죄책감을 높일 수 있는 추가적인 위험이 존재한다. 상대 배우자가 "이봐요, 그게 내가 수년동안 당신에게 말했던 거예요, 멍청한 사람!"이라고 상담자의 말에 동의함으로써 확인 사실이 된다면 상황은 더 악화될 수 있다.

부부상담의 또 다른 특별한 어려움은 한 파트너의 증상이나 방어에 초점을 맞추는 데 너무 많은 시간과 회기를 할애하여 균형이 흔들리는 것이다. 이 때 다른 파트너는 상담의 초점이 너무 한 사람에게 맞추어졌다고 느낄 수 있다. 상담자는 중립적 입장과 치료적 동맹을 유지하기 위해서 상담의 연속적인 흐름을 끊어야 할 수도 있다.

필요하다면 한쪽 편에 서라. 때로 상담자가 한쪽 편을 들거나, 내담자의 관점에 도전하는 것이 상담자의 중립성이 깨지는 것을 의미하지는 않는다. 필라델피아 아동 상담소에서의 훈련을 통해서, 때때로 편들거나 동맹관계를 전환하는 것 즉 "불균형"해지는 것의 영향에 대해 잘 알게 되었다(Minuchin & Fishman, 1981). 따라서, 나는 부부에게 도전하고 질문하거나 상대 배우자의 어려움을 번역하여 전달한다. 이러한 상담자의 모든 일은 체계의 바깥에서 객관적인 의견을 말하는 "중립적인" 상담자의 이미지와는 거리가 멀다. 놀랍게도, 자신의 권리를 주장하기 어려운 배우자의 경우 자신이 말하지 않은 것을 상담자가 분명하게 말할 때 불안을 느낀다. 자신이 생각했던 것보다 실제로 더 깊은 관계를 원하는 것을 알게 되었을 때조차 마찬가지이다.

부부 중 한 사람의 편에 서는 것은 부부 사이의 틈을 이어주는 상담 서비스에서 예외적인 것으로 알려져 있기 때문에 이를 분명하게 드러내는 것이 좋다. 상담자는 이렇게 말할 수 있다. "나는 지금 폴의 편을 들 것입니다. 왜냐하면 폴이 당신이 생각한 것보다 당신의 기분을 잘 알고 있다고 당신을 설득시킬 수 있는지 확인하기 위해서 입니다."(Wile, 1981).

먼저 덜 호감이 가는 배우자의 편에 서라. 중립성 유지의 원칙에 몇 가지 중요한 예외가 있다. 하나는 "상담자가 호감을 덜 느끼는 사람을 먼저 다루기"라는 규칙이다. 부부 사이의 심리적인 작업을 하게 될 때, 상담자는 그들 중 한 사람에 대해 분명히 더 상처를 받았거나, 상대의 정신병리에 의해 희생된 배우자로 생각하게 되고 그렇게 느끼게 될 것이다. 그리고 때로는 부부의 문제가 약물이나 알코올 남용, 신체적 폭력 또는 명백한 심리 장애일지라도 더 심각한 배우자의 정신병리에 초점을 맞추고 부부 문제를 다루어야 한다.

한편 수 년 동안 나는 분명하게 공격적으로 보이는 배우자에게 일어나는 반응적인 역전이에 저항하면서 그들을 조력하는 개입의 장점을 익혀왔다. 이 전략은 부분적으로 체계론적 사고에서 비롯되었다. 징징대고, 우울하고, 단호하게 방어하는 배우자는 제일 힘이 없고, 따라서 가장 심한 증상을 보이며 가장 적은 카드를 가지고 있는 사람이다. 부부상담에서 삐걱거리는 바퀴는 심리적으로 필요한 윤활유를 얻지 못한 배우자이다.

체계론적 시각으로 보지 않더라도, 덜 우호적인 사람과 먼저 작업을 하는 원칙적인 근거는 실용성이며 상담 효과가 가장 빠르다. 일반적으로, 이들은 더 큰 상처를 받았고 방어적이기 때문에 더 많은 격려가 필요한 것이다. 종종 이들은 상담실 문 밖으로 한걸음 나가 있는 상태이기 때문에 상담을 더 지속하기 위해 지지해줄 필요가 있다.

특히 상담자 앞에서 상대 배우자를 학대하고 외상을 입히는 사람을 만난다면, 이 사람들에게 공감하는 것이 타당하다 할지라도, 이는 쉬운 일이 아니다. 이 때, 이 방식의 편들기를 하는 마지막 이유는 상담자가 부정적인 역전이 감정을 행동화하고(때때로 무의식적으로 또는 신체 언어로), 이로 인해 치료적인 중립성을 잃게 되는 반사적인 경향을 막을 수 있기 때문이다.

TTEO 모델이 제공하는 것

TTEO 모델에서는 정기적으로 계획된 대화의 장; 안전, 담아주기, 희망, 그리고 몇 가지 중재, 번역, 코칭을 제공한다.

대화를 위한 약속된 시간. 나는 자신들의 문제에 대하여 진지한 대화를 피하는 부부들을 만나왔다. 이들은 감정이 고조되는 것을 힘들어하거나 대화를 시도했을 때 해결된 것보다 더 많은 문제가 발생했던 경험이 있었다. 부부 갈등을 겪는 대부분의 부부들은 대화를 나눌 만한 적당한 시간이 없다고 생각한다. 그들은 잠깐 이야기 하기 좋은 기회가 있다면 문제를 일으킬까봐 말하지 않는 반면, 감정이 끓어오를 때는 누구도 상황을 악화시키는 위험을 감수하고 싶어하지 않는다. 다른 면에서 본다면, 편안하게 대화할 수 있고, 더 많은 시간을 대화로 보내고, "금기"시되는 대화 주제가 없다는 것은 행복한 결혼 생활과 관계가 있을 것이다 (Pines, 1997). 이러한 문제를 다루는 것은 특별하지 않은 것이라도 부부에게 도움이 될 것이다. 가장 기본적인 수준에서 부부에게 매주의 상담 약속은 개인 트레이너에게 매주 예약된 운동과 비슷하다. 가끔은 트레이너가 알려주는 운동기구나 운동에 대한 전문지식을 알려주는 것 보다 운동을 하는 것이 더 중요하다. 이 모델을 통해서 부부들은 결국 그들이 지금까지 피해왔던 것을 이야기하는 데 동의했으며 성공할 수 있었다. 이러한 작업을 신속하게 할 수 없다면, 두 사람 모두 전문적인 도움이 필요하다는 것에 동의할 것이다.

안전, 담아주기(containment), 희망 상담자는 약속된 과제를 제시하는 것 이상의 역할을 한다. 상담자는 일종의 "컨테이너"라고 부를 수 있는데 이는 내담자들이 안전한 상담 안에서 성숙한 문제 해결에 전념하는 경험이 풍부하고 이상적인 전문가로서 상담자를 바라보기 때문이다. 여기서 나는 상담에서 아직 해결되지 않은 문제를 다룰 때 성숙하고 신중하게 임하고자 하는 그들의 바람을 대변한다. 상담이 진행될 때 가끔은 내담자들에게 약간의 규제를 하는 것만으로도 충분하다. 더 많은 경우에 부부상담에서 공정한 플레이와 문제 해결을 위해 노력한다는 약속만으로는 불충분하기 때문에 위에서 설명한 상담 개입과 함께 적극적으로 안전한 분위기를 유지하기 위해 노력해야 한다.

심각한 우울증을 겪는 내담자들은 미래에 대해 끝없이 어두운 생각을 가지게 되고 자살을 유일한 탈출구로 보는 것처럼, 갈등을 겪는 부부는 자주 절망에 빠지고 이혼을 유일한 탈출구로 생각하게 된다. 상담은 대부분 느린 과정이기 때문에 상담 중 희망이 사라지는 것처럼 보일 때, 부부가 안심할 수 있도록 노력해야 한다. 지금까지 부부상담을 통해 실질적으로 얻은 성과와 나의 경험을 종합하여 다음과 같은 개입을 제시하고자 한다. 상담 성과를 가져오는 공통적인 변화 요인으로 희망의 중요성을 강조하는 다른 문헌을 통해서도 이러한 개입은 지지된다 (Frank, 1961; Alacon & Frank, 2011).

중재, 번역, 코칭. 축소된 TTEO모델에서는 상담자가 부부 중 한 사람의 말을 다른 사람이 이해하고 대화를 이어갈 수 있는 말로 번역해야 하는 경우가 있다. 일반적으로 상담을 찾은 부부는 두 사람이 감정이 격해졌을 때 이것을 조절할 능력이 없기 때문에 도움을 구하러 온 것이다. 부부의 깊은 문제가 드러나고, 이것이 어느 정도 "재구성(reframing)"되고 나서야 부부는 그들이 "실제 싸우고 있는" 내용을 이해할 수 있다. 또한 상담자는 처음에는 부부가 동시에 말하는 것을 제한하면서 스스로 말하도록 하고 자신의 욕구를 솔직하게 개방하여 표현하도록 돕는다. "당신은 남편이[아내가] 멀리 있다고 느꼈을 때 얼마나 외로운가요?[상처가 되나요, 슬픈가요 등], 그 사람에게 말하는 것이 어떻게 느껴집니까?" 하고 물어보면서 부부가 경계를 늦추도록 격려할 수 있다.

또한 이 모델에는 몇 가지 단순한 코칭 방법이 있다. 예를 들어 상담자가 때로는 배우자에게 다가가는 새로운 방식을 제안하거나, 배우자에게 자신의 두려움이나 소망을 표현하는 새로운 방식을 시도하는 것을 격려하고 생활상의 문제를 지혜롭게 처리하는 정보를 제공하는 것이다.

TTEO 모델의 치료적인 잠재력

TTEO 모델의 진단적인 유용성은 매우 분명하다. 우리는 직접 부부를 관찰하고 부부가 문제에 가까워지고 갈등을 해결하는 것을 지켜보게 된다. 마찬가지로 이 모델의 치료적 잠재력은 지금 여기에서 부부의 문제를 해결하도록 노력하면서 그들과 함께 작업을 하는 데 있다. 정신분석적 접근의 문헌에서는 대부분 단순히 내담자가 자신의 문제를 이야기하는 것만으로는 충분하지 않다고 강조한다. 내담자들이 상담실에서 상담자와 함께 깊은 "교정적 정서 체험"의 기회를 가져야 하는 것이다. 부부는 상담을 하면서 자신들의 문제에 대해 단순히 대화하는 것 이상의 것을 경험해야 하고 그들이 혼란에 빠졌을 때 이러한 대안적인 방법을 시도해야 할 것이다(Greenberg & Johnson, 1988).

부부가 상담을 당장 그만두고 싶어하지 않는다면, 대부분의 부부는 상대에 대한 불평을 말하거나 자신에게 유리한 판결을 내려줄 제3자를 찾고 싶어하는 것으로 보일 수 있다. 그러나 이것은 부부가 상담실에 오는 이유라 할 수 있으며, 이러한 본능적인 경향을 피할 수 있도록 개입하는 것이 도움이 된다. 따라서 내담자들은 공감적인 제3자에게 불평하고 싶은 욕구로 인해 개인치료의 함정에 빠질 수 있다. 즉 개인치료에서 상담자는 상담실에 오지 않은 상대 배우자의 입장을 이해하지 못할 수 있고, 내담자는 서로의 관계를 빠르게 개선하는 데 실패할 수 있다. 심지어 결혼 생활이 더 나빠질 수도 있다(Gurman & Bruton, 2014).

내가 하는 일의 가치에 대해 절망하고 의문을 가질 때마다(Wile, 2002), 나는 기본적인 원칙으로 돌아간다: 부부가 직접적으로 "접촉"하는 것보다 부부의 갈등을 개선하는 더 나은 방법은 없다. 따라서 나는 부부가 접촉할 수 있는 기회를 제공한다. 부부는 문제를 해결하기 위해 서로 간에 그리고 그들 자신과 대면해야 하고 그렇게 하도록 도울 필요가 있다.

■ 언제 TTEO모델이 가장 효과적인가?

나의 상담사례를 검토해 보았을 때, 순수한 TTEO 모델은 부부 두 사람의 불일치 문제를 해결해야 할 때 효과적이다. 심각한 성격적 병리나 확고한 역기능적 관계 패턴에 의해 영향을 받는 부부 문제의 경우에는 해당되지 않는다. 따라서 상담에서는 아이를 가질 것인지, 이사를 할 것인지 하는 것이나 아이 또는 다른 가족과의 문제를 어떻게 해결할 것인지에 대해 논의한다. 부부가 함께 참여하는 상담은 어려운 외부 상황에 직면하고, 합리적인 접근과 타협을 위한 안전한 장을 제공할 수 있기 때문에 자연스럽게 서로에 대해 이해할 수 있다. 현재의 갈등이 더 깊고 오래 지속되었던 문제와 연결된 것이 아니라면 빠르게 상담의 성과를 거둘 수 있다. 상담자는 이러한 부부문제를 다룰 때 구조화된 문제해결 접근에 대해 더 숙달하고 삶의 위기를 다루는 방법에 관해서 더 많이 공부함으로써 부부상담 1.0을 개선할 수 있다.

TTEO 모델은 부부가 자신의 감정을 토로하고, 삶의 어려움에 대한 작은 부분을 함께 나누는 것이 필요한 상황에서 효과적이다. 많은 사람들은 이러한 일이 닥칠 때 어려움을 겪고 사이가 멀어지거나 서로에 대해 불만을 터뜨린다. 예를 들면 불임치료, 항암치료, 새로운 도시로의 이주 또는 병든 부모를 돌보는 것에 관한 불확실하고 절망스러운 상황으로 고통받고 있는 부부들이었다. 이때 상담자의 역할은 부부가 문제를 해결하도록 도움을 주는 것이 아니라 자신들의 괴로움을 표현하고 힘든 시간 동안 서로를 지지하도록 돕는 것이다. 물론 당연히 감정해소와 문제해결의 두 가지 도움을 받은 성공적인 부부도 있었다.

■ 언제 TTEO 모델은 실패하는가?

부부상담 1.0모델이 효과적이었던 부부도 있지만 종종 효과가 없는 경우도 있었다. 지금-여기에서 문제를 해결하거나 서로의 소통을 개선하는 대신 부부들은 이전과 같은 오래된 일들을 반복하였다. 나는 때로는 이 문제를 지적하고 이 문제에 끼어들기도 했지만 많은 사람들이 모래에 글을 쓰는 것 같이 비슷한 고통스러운 논쟁을 계속해서 되풀이하였다.

이러한 경우, 현재 부부가 겪고 있는 외부 사건으로 인해 벌어진 표면적인 갈등은 평생 지속되어온 친밀감에 대한 문제에서 비롯되었다는 것이 밝혀졌다. 또한 부부상담 1.0은 부부를 우호적으로 화해시키기 위하여 지지, 희망, 공감의 접착제를 제공해왔지만 많은 부부들이 나에게 원한 것은 그들이 현재 문제에 머물 수 있도록 그들 옆에 있어 주는 것이었다. 이런 부부들은 상담실을 벗어나면 자신의 감정이나 서로의 배우자를 감당해내는 능력이 부족하였다.

부부상담의 효과에 관하여 잘 알고 있는 학자이자 상담자인 Alan Gurman(2008b)은 내가 경험해온 것들을 이렇게 요약했다.

"기본적으로 부부 간의 소통이 유연하고 자기자신을 잘 수용하는 부부는 상황적인 문제에 부딪힐 때 직접적이고 구체적인 문제해결의 안내를 통해 신속한 도움을 받을 수 있다. 그러나 상담을 찾는 대다수의 부부들이 가지고 오는 현재의 문제는 기원이나 지속되는 이유가 훨씬 복잡하며, 보다 광범위한 상담 기법을 사용하여 다양한 수준에서 개입하는 것이 필요하다."(p. 402)

■ 프레드와 베스가 함께하는 부부상담 1.0

우리는 부부상담 1.0을 통해서 프레드와 베스가 어떻게 관계를 회복하는지 직접 목격할 수 있는 출발점에 있다. 베스는 남편 프레드에게 격려하기보다 비난하였다. 그리고, 그들은 서로 멀어졌다. 때때로 남편은 반격을 하고 아내는 눈물을 흘리며 물러섰다. 그 다음 두 사람은 침묵하였고 상담의 효과에 대해 의문을 가지게 되었다. 매주, 그들은 다른 형태의 갈등에 휩싸였고 지속적인 개선을 이루지는 못하였다. 나는 중립적이고 공감적인 동맹 관계를 맺을 수 있었지만, 단지 표면적인 이슈만 이야기하도록 돕는 것은 부부의 자기 패배적인 프로세스, 만성적인 연결의 결핍, 또한 그들의 외부 문제를 해결하는 능력에는 큰 도움이 되지 않았다. 더 효과적인 것이 필요할 것이다.

다음 장에는 부부가 서로 대화하기 위해 중립적이고 희망찬 장을 만들 때 유용하게 사용된 변형(modifications)과 업그레이드(upgrades)에 대해 설명하고자 한다. 무엇이 결혼과 친밀한 동반자 관계를 힘들게 만드는가에 대한 생각들을 제시할 것이다.

2장 Notes

1) 예시로 든 모든 부부의 이야기는 각색된 것이고 내가 상담한 부부들의 이야기를 합성한 경우도 있다.

2) 이 책의 "지금 여기"의 치료 개입과 관련하여 Wachtel은 전통적인 행동치료에서 두려운 상황에 대한 "노출"을 강조하고 부적응행동을 강화하는 공포를 소거할 수 있는 기회를 제공한다는 점에서 "경험적"인 방식으로 볼 수 있다고 언급하였다. 비슷한 방식으로 정신역동적 접근과 게슈탈트 치료의 "실험"을 들 수 있는데 여기에서는 상담자와의 "친밀감 실험"을 통해 내담자를 격려한다(Nielsen, 1980). 부부 공동 상담(conjoient couple therapy)은 거의 공포의 대상이 된 배우자와의 친밀감과 갈등해결을 "실험" 할 수 있는 기회를 제공한다.

03 결혼생활에서의 도전

결혼생활은 어려운 도전(challenging)이며 그 이유는 여전히 대부분의 사람들에게 미스테리로 남아있다. 우리는 부부상담(Couple Therapy 1.0)에서 얻어진 성과를 향상시키기 위해서 친밀한 관계를 어렵게 만들어 사랑이 가상의 전쟁터로 변하게 되는 결혼생활의 위기와 장애물에 대해 이해할 필요가 있다. 이러한 도전은 세가지 범주로 요약될 수 있다. 과도한 기대와 "인간의 본성"과 미성숙으로 인해 발생하는 개인적 문제, 불가피한 차이나 비양립성, 갈등해결의 필요성 때문에 벌어지는 관계적인 문제 및 외부의 문제(스트레스 요인)이다.1) 이러한 범주들은 별개의 문제가 아니라 서로 중복되고 영향을 주고받는 것들이다. 예를 들면, 결혼에 대한 비현실적인 기대는 갈등관리를 어렵게 만드는 정서적인 미숙함과 관련된다. 그렇지만, 이러한 범주들은 실질적으로 유용하며 쉽게 알아볼 수 있다. 이 범주들은 이후 설명하게 될 상담 개입의 대상이 되는 것을 기억하기 바란다.

개인에 대한 도전(Personal Challenges)

■ 결혼에 대한 잘못된 기대

결혼을 어렵게 만드는 세 가지 유형: 1) "연애 결혼"에 대한 높은 사회적 기대치, 2) 비현실적인 낭만적 소망 3) 정서적 문제가 치유되기 바라는 무의식적인 소망

연애결혼에 대한 높은 사회적 기대치. 결혼생활에 갈등이 생기는 가장 확실한 이유는 아마도 사회의 기대치가 매우 높게 설정되었기 때문일 것이다. 저명한 결혼사학자인 Stephanie Coontz(2005)는 결혼에 대한 오늘날의 기대와 역사적인 태도에 대해 다음과 같이 이야기한다.

> 부부는 친밀한 감정과 비밀을 나누는 좋은 친구여야 한다. 부부는 터놓고 애정을 표현해야 할 뿐 아니라 문제에 대해서도 숨김없이 이야기해야 한다. 당연히 성적으로도 서로에게 충실해야 한다. 하지만, 이러한 사랑, 결혼, 섹스에 대한 기대의 패키지가 한꺼번에 실현되는 경우는 매우 드물다. 전 세계 역사를 볼 때 현대 미국이나 서유럽의 관습은 예외적이고 색다른 것으로 여겨진다. 역사상 결혼에 대해 이 같은 높은 기대를 가지는 것이 현실적이거나 바람직한 것으로 여기는 사회는 존재하지 않았다. (pp. 20, 23)

1장에서 인용한 많은 연구에서 행복한 결혼생활을 하는 사람들이 거의 모든 영역에서 더 나은 삶을 산다는 것을 보여주지만, 우리는 부부상담에서 완벽하지 않은 것도 수용하도록 도움으로써 많은 부부에게 혜택을 줄 수 있다.

비현실적인 낭만적 소망. 반세기 전 정신분석학자 Edmund Bergler는 "결혼의 어려움은 대부분 비합리적인 기대에서 비롯된다."고 저술하였다(1949, p. 167). 최근의 우리 시대의 뛰어난 부부 학자인 Alan Gurman은 부부 불행의 핵심은 "유토피아적 기대들" 때문이라고 하였다(2008b, p. 390). Bergler와 Gurman의 주장을 뒷받침하는 많은 연구들이 있다. Bradbury와 Karney(2010)는 부부는 무언가를 요청할 필요가 없고, 싸워서도 안 되고, 언제나 성적으로도 좋아야 한다고 믿는 부부는 잘 지내지 못하는 것을 발견하였다.

많은 부부들이 그들의 연애시절 시작되었던 로맨스와 행복은 저절로 유지될 것이고 결혼생활의 스트레스를 관리하는데 신경쓸 필요가 없다고 믿는다. 결혼초기의 낭만적 애착(romantic attachment)은 미래의 행복을 예측하지만, 사실에 근거하지 않은 배우자에 대한 지나친 이상화나 "첫눈에 반한 사랑" 또는 "하늘이 맺어준 인연" 같은 낭만적인 말을 믿는 것은 좋은 징조가 아니다(Pines, 1996;

Niehuis et al., 2011).

부부들은 자신이 속한 문화권의 로맨틱 코미디나 로맨스 소설의 줄거리를 지나치게 믿는다: 소설 속에서 연인은 계속되는 복잡한 난관을 극복하고 마침내 부부가 되어, 일몰을 향해 떠나가며 영원히 행복하게 살게 된다. 이러한 대본에서는 부부의 열정은 결코 시들지 않는다는 것을 당연시하고, 순수하고 희망적인 아래의 문구처럼 부부의 관계가 관심, 수고, 노력 없이도 계속 번성할 것으로 가정한다:

- "배우자는 나와 같아야 한다." 이는 갈등이 생기기 전에 이를 없애야 한다는 것을 의미한다.
- "우리가 함께하는 시간은 다른 일들, 특히 일과 아이들보다 우선 순위가 되어야 한다."
- "비록 나는 하루 종일, 직장에서 또는 가정에서 아이들이 주는 긴장과 스트레스를 견뎌야 하지만, 일이 끝난 후 배우자와 함께 있을 때는 스트레스가 없어야 한다."
- "나는 집 밖에서는 잘 참고 눈치도 봐야 하지만, 배우자 앞에서는 무엇이든 말하고 싶은 것을 말할 수 있어야 한다."
- "파트너는 나를 잘 알고 있어야만 하며, 나는 그에게 내가 원하는 것을 말할 필요가 없다."
- "사랑은 미안하다는 말을 하지 않는 것이다."(1970년 영화, 러브스토리처럼) 그러나 사실상 연구 결과에 따르면 사과하는 것은 성공적인 결혼생활에 필수적인 것이다. 앞으로 10장에서 살펴볼 것이다.

이러한 낭만적 오해와는 달리, 부부는 "사랑"은 수동이 아닌 능동 동사라는 것을 배운다. 사랑은 차이를 인정하고, 민감하게 소통하고, 자주 사과하고 배우자의 필요를 위해 적극적으로 관심을 기울이는 것을 의미한다.[2] 그럼에도 불구하고, 상담자는 이러한 결혼에 대한 비현실적 소망을 주의 깊게 다루어야 한다. 내담자에게 우리가 냉담하거나 비판적인 사람으로 여겨져 충족되지 않은 열망을 탐색하는 것을 포기하지 않도록 해야 한다.

"치유"를 모색하기. 어떤 사람들은 무의식적으로 스스로 해결할 수 없었던 감정적 문제를 치유할 수 있을 거라는 기대를 가지고 배우자를 선택한다. 이러한 결혼생활은 "치유를 위한 추구(search for healing)" 또는 "지연된 발달적 추진력(delayed developmental thrust)"이다(Hendrix, 1988; Lewis, 1997). 비록 이것이 절망적인 문제는 아니지만, 불행한 결혼의 주요 원인이 될 수 있다; 이를 설명하는 투사적 동일시에 대해 다루게 될 9장에서 더 깊게 설명할 것이다.

초기의 상담 이론에서는 어린 시절 자신에게 고통을 주었던 부모를 닮은 배우자를 찾아다니는 것으로 보이는 내담자들은 그들의 과거를 재연하여 과거와 다른 행복한 결말을 만들고자 하는 무의식적 소망을 가진다고 말한다. 예를 들면, 알코올 중독자의 아버지에게서 사랑받지 못하고 무시당했다고 느끼는 딸은 술 문제가 있는 냉담한 남자를 배우자로 선택할 수 있다. 불행하게도, 대리 아버지에게 사랑의 고백을 원했던 그녀의 소망은 충족되기 어려울 것이다.

이 모델은 프로이트의 Beyond the Pleasure Principle(1920)에서 언급된 "반복 강박" 중 하나이다. 반복 강박의 개념은 기쁨을 극대화하고 고통을 최소화하려 하려는 인간의 성향과는 다른 예외적인 것으로 여겨졌지만, 근래에는 반복 강박을 추구하는 인간의 자기 패배적 성향에 대해 과거 트라우마를 재연(restaging)함으로써 더 나은 결과를 만들려는 희망적 시도로 이해하고 있다. 배우자에게 고통스러웠던 과거의 누군가와 닮은 역할을 맡기려는 재연 시도(restaged attampts)는 오래된 욕구를 충족시킬 수 없는 것으로 밝혀졌다.

사람들은 결혼을 통해 과거의 트라우마를 재연하는 것뿐 아니라 자신의 약점을 채워줄 수 있는 배우자를 찾음으로써 자신을 치유하려 시도할 수 있다. 그러나 일반적으로 결혼 생활에서 결핍을 채우려는 시나리오는 불행하게 끝날 것이다. 자신이 갖고 있지 않는 능력을 누군가가 채워줄 수 있다고 생각하는 것은 단순히 팝스타가 그를 따르는 팬클럽에게 명성과 성공을 줄 수 있다고 믿는 것처럼 비논리적이기 때문이다. 이러한 결핍을 채우려는 노력은 역효과를 가져와 개개인의 능력을 키우는 것을 방해하게 된다. 따라서, 자신을 대변할 크고 강한 남자가 필요하다고 생각하는 여자는 자신의 주도적인 능력을 개발하려는 노력을 기울이지 않게 될 것이다.

친밀한 배우자를 통해 우리 자신을 치유하고자 하는 시도는 배우자에게 부담을 주고 부부관계를 어렵게 만든다. Terrence Real(2007)은 이렇게 말했다.

아마도 당신이 배우자와 결혼한 이유는 배우자가 당신에게 안정감을 주고 당신을 위해 성공하고, 당신에게 가치, 풍요, 지위 또는 친구를 제공하고, 술을 끊고 삶의 재미를 느끼게 하기 위해서이거나, 단순히 당신 자신에게 선물을 주기 위해서일 것이다. 이 모든 것은 경이롭고 당신에게 좋은 선물이 될 것이다. 하지만 그것은 의무를 가지게 하는 독이기도 하다. 배우자가 우리를 치유하는 "터무니없는 계획(the mad agenda)"으로 상대를 압박하는 것을 멈춰야 한다. (p. 76)

"결혼을 통해 치유(cure)" 하려는 시도는 실패할 뿐 아니라 역효과를 낳는다. 결혼에 대한 낭만적 소망과 마찬가지로, 상담자는 내담자가 결혼에서 원하는 것이 무엇인지, 트라우마의 재연을 위해서인지, 자기 완성을 위해서인지 확인하는 것이 중요하다. 이를 살펴봄으로써 외도에 끌리는 이유를 이해하고, 개인적으로 발달시켜야 하는 능력을 발견할 수 있다. 그리고 때로는 요구가 너무 강하지 않다면, 상대 배우자는 성장을 촉진할 수 있는 소중한 조력자가 될 수 있다.3)

"인간 본성"

진화 심리생물학에 의하면 다음에 나오는 인간의 경향성("인간 본성")은 보통 친밀한 관계에서의 문제를 야기한다.

- 우리는 내면의 심리 상태의 변화를 내적 요인과 외부 사건의 혼합된 결과로 여기기보다 외부 사건이나 사람들 탓으로 귀인하는 경향이 있다. 예를 들면, "아내가 내 진급 문제로 잔소리하기 전까지 내 일을 잘 하고 있었어."처럼 말이다. 외부 환경의 위험에 집중하는 인간의 타고난 능력("사자를 조심해!")은 죄책감과 수치심으로부터 자신을 방어하는 데 도움이 되었다. 그 때문에 위험에 집중하는 능력은 심리적으로 가치있는 방어로 강화되었지만, 죄책감과 수치심 같은 감정 상태를 견디는 능력은 발달하면서 학습된다고 볼 수 있다.
- 비난을 부인하거나 외재화하는 이면에는 무엇이 잘못되었을 때 너무 많은 책임을 지려고 하는 인간의 속성이 있다. 어떤 사람들은 외부로 책임을 돌리고

또 다른 사람들은 지나치게 자신을 탓한다. 과도한 죄책감을 느끼는 사람들은 우울해지고 자격이 없다고 느끼기 때문에 자신을 변호하는 데 실패할 수 있다.

- 우리는 "근본적 귀인 오류(fundamental attribution error)" 때문에 고통받는다. 사람들은 사건에 대한 책임을 상황적인 요인보다는 인간의 동기 탓으로 돌리는 경향이 있다(Ross, 1977; Gladwell, 2008). "나는 교통 체증 때문에 늦었어. 하지만 그녀는 내가 중요하지 않기 때문에 늦었을 거야!"의 예처럼 귀인 오류는 종종 자신의 잘못에 대해서 외부 상황을 탓하며 자신에게 관대한 경향을 의미하는 "행위자 관찰자 편향"에 의해 악화된다.

- 우리는 잘되고 있지 않은 일(근래의 허리 통증이나 깨진 약속 등)은 더 잘 알아차리고 주의를 기울인다. 하지만 잘 되어가는 것(건강한 무릎, 꼬박꼬박 월급을 받아오는 배우자)은 눈치채지 못하고 당연하게 여긴다. 이러한 인간의 구조적 결함은 진화론적으로는 생존에 도움이 될 수 있다. 이는 도넛을 보지 못하고 구멍을 보게 되는 것처럼, 좋은 것보다 나쁜 것을 더 잘 알아차리는 경향을 설명해준다(Baumeister et al., 2001; Reis & Gable, 2003).

- "부정적 감정에 압도되는 것(Negative sentiment override)"은 부정적인 상황을 한 단계 더 발전시킨다. 우리는 문제가 커지기 시작하면 그것을 더욱 부정적으로 인식하는 경향이 있다(Baucom, Epstein, Taillade, & Kirby, 2008). 이러한 편향으로 인해 배우자에 대한 부정적인 인식은 바뀌기 어렵다. "남편은 내가 그와 섹스를 하려고 할 때만 친절한 사람이야. 아니면, 상담 선생님이 하라고 했으니까 그렇게 한 거야.", "비관론자는 결코 실망하지 않는다"는 것이 사실이지만 최악의 상황을 예상하는 것은 자기 실현적인(self-fulfilling) 경향이 있다.

- 인간은 똑같이 되갚아 주거나 원한을 품는 것으로 사악한 기쁨을 얻는다. 아마도 이것은 사랑이 가상의 전쟁으로 변하는 주요한 경로일 것이다. 부부는 서로 실망하고 상처를 입으면서도 상대에게 지지 않기 위해 지속적으로 싸우게 된다.

- 우리는 자존감이 약화되거나 도덕적 선의를 의심받을 때, 방어적으로 반응하는 경향이 있다.

- 인간은 무의식적으로 방어하는 성향이 있기 때문에, 타인뿐 아니라 자신에

대해서도 잘못에 대한 책임을 부인할 수 있다.

- 결혼생활에는 강력한 성적 욕구와 관련된 많은 어려움이 있다. 많은 포유류는 일년에 오직 한 번 짝짓기를 하지만, 인간의 성적인 욕망은 더 보편적이다. 본질이 무엇이든, 사회화되지 않은 인간 영장류의 성적인 본능은 인류 역사의 대부분의 문화권에서 남성의 성적 욕망을 결혼으로 속박할 수 없는 것으로 간주하여, 남성이 한 명 이상의 아내 또는 아내 외의 여자와 성 관계를 가질 수 있도록 허용하였다. 혼외 관계를 맺는 것을 배신이라고 보는 견해는 비교적 최근의 일이다. 물론 이러한 금기의 강도가 약해지기는 했지만, 대부분의 사회에서 여성들의 혼외 관계에 대해서는 덜 수용적이다. 불륜에 대한 강한 부정적 반응이 더해질 때 인간의 성적 충동은 결혼 위기의 위험 요소가 된다. 결혼 생활의 문제는 성에 대한 관심이 저하되거나 성적 욕구나 취향이 일치하지 않을 때 발생할 수 있다. 성적인 욕망은 과도하게 추구되거나 금지되어 과도한 죄의식과 회피를 불러일으키고 결혼생활의 문제가 되는 다른 형태의 성적 병리에 이르게 하기도 한다.

- 인간의 성적 욕망은 "사랑에 빠지게 하는" 인간의 능력과 관련되며, 이는 강한 신경화학물질에 의해 촉진되는 것으로 밝혀졌다(Fisher, 2004). 이러한 생물학적인 특성은 초기에 유대관계를 형성하도록 만들지만, "사랑에 눈이 먼" 경우, 잘 맞지 않는 커플이 매칭되기도 한다. 또한 허니문 기간이 끝난 후 이러한 로맨틱한 감정이 감소되면, 커플은 애착을 유지할 수 있는 다른 방법을 찾아야 하기 때문에 종종 불안이 느끼게 된다.

◼ 성숙/미성숙

나는 "인간 본성"에 기인한 개인의 도전을 설명하면서, 동시에 정서적 미성숙에 대해서도 논의하였다. 우리가 반사적인(reflexive) 성향을 조절하지 못하는 것은 미성숙함을 보여주는 예라고 볼 수 있다. 배우자를 통해 "치유" 받으려는 소망과 같은 결혼에 대한 과도한 기대를 논의하면서 정서적 미성숙에 대해서도 언급하였다. 결혼생활에는 상당한 정도의 정신적 성숙이 필요하다. 이는 명백한 사실이며, 운전면허 제도를 운영하는 국가에서 결혼 면허를 부여하기 전 관계 노하우의 증거를 요구하지 않는 이유가 가끔 궁금하기도 하다. 성공적인 부부관계를 만들기 위해서 어떻게 성숙해야 하는가, 어떠한 미성숙한 모습이 결혼 생활의 문제를 초래하는가의 주제는 매우 광범위하며 이어지는 내용으로 계속 다루어야 할 것이다.

1930년대 Lewis Terman은 이 분야의 초창기 횡단 연구에서 "지나치게 민감하고 투덜대거나 쉽게 흥분하고, 자기 방식을 고집하고 자기 확신의 부족한 것"이 결혼생활의 불화와 관련됨을 보여주었다(Bradbury &Karney, 2010, p. 250 인용됨). 이후 종단 연구에서는 신경증(배우자의 행동을 더 부정적으로 해석하고 부정적 정서를 나타내는 경향) 정도가 높거나, 남편의 경우 충동성이 높게 평가되거나, "우호성" 또는 "성실성" 정도가 낮거나, 배우자의 칭찬과 사랑의 표현을 의심하는 등 자존감이 낮은 배우자와 사는 부부가 이혼 가능성이 높은 것으로 밝혀졌다(Bradbury &Karney, pp. 251-255). 상담의 목표는 단순히 약점을 찾아내는 것이 아니라 개인적 자질을 건설적으로 개선하는 것이다. 따라서 앞으로 결혼생활에 도움을 주고, 갖추지 못하면 문제가 될 수 있는 자질에 대해 간략하게 설명하고자 한다.

자기인식. 나는 결혼에 대한 학부 강의를 동료들과 함께 계획할 때 학생들의 효과적인 인간관계 증진을 돕기 위한 실용적 요소를 포함시킬 예정이었다. 우리는 강좌의 교육과정에 포함되어야 한다고 생각하는 내용에 대해 15명의 숙련된 부부상담자에게 설문조사를 실시하였다. 리스트 중 1위는 "자기 인식 향상시킬 수 있는 기회"였다. 왜 상담자들은 "자기 인식"을 첫번째로 뽑았을까? 당연히, 자기 내부를 살피지 않으면 자신의 문제가 외부에서 오는 것으로 느끼게 되기 때문이다. 자신의 문제, 감수성과 가치를 깨닫지 못하면, 인생에서 피할 수 없는 문제와 짜증나게 만드는 대부분의 것들이 외부 환경에 의해 일어난다고 보게 된다. 배우자를 포함한 타인들의 무신경하고, 형편없는 행동 때문이라고 생각하게 되는 것이다. 당신은 너무 쉽게 다른 사람을 비난하고 상황에 대해 지나치게 단순화할 것이며, 자신에 대해 현실적이고 공정하게 바라보기 보다 희생자로 바라볼 것이다.4) 비난하기, 과도한 단순화 그리고 자신을 희생자로 보는 것은 불행하고 실패한 결혼생활을 하는 부부에게서 나타나는 공통된 특성이다.

또한 자기 인식은 다른 긍정적인 능력과 덕목을 발휘하는 데 중요한 역할을 한다. 앞으로 이에 대해 탐색하고 논의할 것이다.

상대주의와 주관성. 이것은 타인은 세상을 나와 다르게 볼 수 있다는 것을 이해하는 것이다. "현실"의 많은 부분이 단순히 "진실"이 아니라 오히려 주관적인 것이며, 우리가 가진 현재의 욕구, 소망, 두려움 그리고 민감성에 영향을 받는다는 것을 알아야 한다.

개인적 책임감.5) 이것은 방어하지 않고 자신의 책임을 받아들이고 자신의 실수나 상처를 준 것에 대해 사과하고자 하는 의지이며, 사과한 후 뒤따르는 죄책감과 수치심, 취약함을 기꺼이 견디는 것이다. 이러한 자질 없이는, 사람들은 친밀한 관계를 잘 가꾸어 나가지 못할 뿐 아니라 사랑에 빠지고 이를 지속하고, 헌신하며 파트너와 친밀한 관계를 맺기 어렵다.

자존감과 회복탄력성. 스트레스 상황에서 자기비난이나 불안, 우울에 빠지지 않고, 술에 의존하지 않고 혼외 관계 또는 비효과적 민간 요법 없이도 스트레스를 관리하는 능력을 말한다. 마음의 안정을 찾기 위해 다른 사람을 힘들게 하지 않고, 또한 다른 사람에게 별다른 요구를 하지 않으면서 자존감을 유지하는 능력을 포함한다.

자기 주장과 성숙한 의존성. 이 범주는 자신의 요구, 불만 그리고 상처를 직접적으로 드러내고 소통하는 능력을 말한다. 이는 상대를 비하하거나, "이 방법이 유일한 합리적인 방법"이라는 식의 단순한 주장, 자기 방어적인 비난, 상대의 죄책감을 유발하는 것으로 자신이 원하는 것을 감추는 행동을 하지 않는 것이다. 많은 부부가 보편적으로 이 영역에 결함을 가지고 있다: 전국 표본 21,501쌍의 기혼자를 대상으로 한 Olson과 Olson(2000)의 연구에서 60%의 부부는 결혼에 '만족 또는 매우 만족'으로, 28%는 '불만족 또는 매우 불만족'으로 응답하였다. 그러나 이들 부부의 75%는 '파트너에게 내가 원하는 것을 요청하는 것이 어렵다'고 답했다.

성에 대한 편안함. 이것은 자신의 신체적 외모를 수용하고 성적 죄책감, 혐오감 또는 제한점에서 상대적으로 자유로운 것을 말한다.

자기 노출에 대한 편안함. 부부 간에 배우자 앞에서 옷을 벗는 것이 편해야 하는 것처럼, 이상적으로는 배우자에게 자신의 생각이나 감정을 편하게 드러낼 수 있어야 한다. 이렇게 자신을 표현하는 것은 연애의 가장 큰 기쁨의 하나이고 결혼생활의 당연한 결과물이기도 하다. Olson과 Olson의 보고에 따르면 연구 대상의 82%가 자신의 배우자와 "기꺼이 자신의 감정을 함께 나누기"를 원했다.

공감과 배려. 지금까지 언급한 대부분의 능력은 배우자 입장에서 생각할 수 있는 능력이나 눈앞의 문제에서 거리를 두는 능력, 배우자의 고통에 압도되지 않고 공감할 수 있는 능력, 그리고 타인의 인생 계획을 도우려고 시도하는 능력에 달려있다(Kernberg, 2011).

젠더 양극화를 피하기. Goldner(2004)가 간결하게 요약한 것처럼 성숙함은 성별에 따른 과도한 양극화를 만드는 내면화된 목소리로부터 자유로운 것을 포함한다.

> 젠더는 남성성과 여성성에 대해 다음과 같이 규정한다. 남성성은 자신의 의존성을 여성 타자에게 투사하여 외재화하는 전능감의 환상적인 상태를 의미하며, 이와는 반대로 모든 남성성이 거부하는 모든 것은 여성성으로 여겨진다… [이]러한 병리적인 젠더의 신념으로 인해 여성들은 자신이 될 수 없는 남성에 대해 인식하고, 우울하게 이상화하고 무의식적으로 부러워하게 된다. 마찬가지로, 남성들은 여성이 주관을 가진 독립적인 주체라는 인식을 거부함으로써 여성에 대한 의존성을 부정할 수 있다.…. 인간의 의존성과 자율성, 연결과 분리, 동일함과 차이 사이에서 심리적 긴장으로 인해 남성과 여성이 서로에게 투사하게 되는 결과를 낳게 된다. [젠]더로 인해 관계의 분리가 발생하는 것이다. '의존적 대상'으로 캐스팅된 여성은 남성의 정신적 또는 육체적 지배에 복종함으로써 자신의 주관성과 욕구를 남성에게 전가한다. 결과적으로 남성은 자신의 취약성과 의존성을 자신의 대상이 된 여성에게 투사하기 때문에 "자율적 주체"로서 위치를 유지한다. (pp. 350-351)

바람직한 성격 특성은 무수히 많다. 결혼생활의 조화를 촉진하는 안정 애착, 자기 분화, 동의하는 능력, 현실 수용 등의 이론적으로 유용한 특성들이나 팀워크와 사랑을 가꾸기 위한 성격적 특성을 요약한다면 더 많이 찾을 수 있을 것이다. 심리적으로 성숙했다는 신호는 "어린시절의 주문에서 깨어나는 것"이라고 말하기도 한다(Fishbane, 2013). 따라서 부모의 통제, 금지, 부담감, 실망, 비난, 다른 방해물로부터 영향을 덜 받게 되면서, 성인의 삶에서 일어나는 예측가능한 일들을 더 이상 부담스럽거나 해로운 것으로 보지 않게 된다.

이러한 성숙함의 많은 요소들은 바람직한 특성이며 결혼생활을 통해 검증되었다. 그러나 이 능력들은 결혼생활의 스트레스 때문에 상실될 수 있다. 따라서, 이러한 심리적 특성들이 사라지거나 눈에 띄게 줄어들면 부부상담의 효과적인 치유의 힘이 제한될 것이다. 뒷장에서 논의하겠지만, 성숙함의 요소들은 타고난, 불변하는 특성이 아니라 치료적 환경에서 강화되고 개발될 수 있는 역동적 능력으로 여겨진다.

관계에서의 도전(Interpersonal Challenges)

■ 비양립성을 관리하기

부부가 다양한 주제에 대하여 더 많이 동의할수록 결혼 생활에서 성공할 가능성이 높아진다는 것을 많은 연구에서 밝히고 있다(Pines, 2005). 하지만, 결혼 후에는 부부가 아무리 조심하더라도 서로의 불일치와 차이 때문에 그들의 화합을 위협당할 수 있다는 것을 알게 될 것이다. Olson과 Olson의 조사에 의하면 "우리의 차이는 결코 해결될 수 없을 것이다"의 의견이 79%이다. 심지어 사회성 같은 특정 요인에서 높은 일치를 보이는 부부도 같은 날 같은 생각을 하지는 않는 것이다.

부부 사이의 관계적 차이나 불일치의 영역은 사소한 것에서 핵심적인 것까지 다양한 스펙트럼을 갖는다. 예를 들면, 배우자에게 자기 양말을 바구니에 집어넣도록 하는 것부터 자신의 건강에 대한 책임을 지도록 설득하는 것까지 다양하다. 부부는 서로의 차이로 인해 얼마를 저축해야 하는지, 얼마나 자주 성관계를 가져야 하는지, 자녀의 훈육에 있어 얼마나 엄격해야 하는지, 집안을 얼마나 깔끔하게 유지해야 하는지, 약속시간을 얼마나 정확하게 지켜야 하는지에 대한 논쟁을 하게 될 것이다. John Gray(1992)의 「화성에서 온 남자 금성에서 온 여자」라는 책에서 알려졌듯이, 이러한 논쟁은 남자와 여자 사이의 뿌리깊은 차이점에서 기인하는 것으로 보인다. 이러한 차이가 생물학적인 것인지 혹은 사회화로 인한 것인지는 여전히 뜨거운 논쟁으로 남아있기는 하지만, 평균적으로 남성은 일에, 여성은 관계에 더 초점을 맞추도록 사회화된다. 따라서 이러한 분야에서 보편적으로 우선순위의 차이가 존재한다. 많은 부부들이 결혼생활 중에 또는 부부 상담의 많은 시간을 할애하여 어떠한 부부의 차이가 논쟁할 가치가 있는 것인지 어떤 차이는 수용할 수 있는 것인지 알아내기 위해 노력한다. 부부가 행복해지려면, 종국에는 서로를 변화시키려는 시도를 중단하거나 변화를 거부하는 것을 중단해야만 한다. 성공적인 관계는 차이를 인정하는 것뿐 아니라 희생을 요구한다. 이것은 사랑하는 사람이 발레공연에 가고 싶어하기 때문에 당신이 발레공연에 간다는 의미일 수도 있고, 또는 기꺼이 배우자가 원하는 것을 하도록 하기 위하여 당신의 직업적인 목표를 연기할 수도 있다는 것을 의미한다.

■ 갈등을 관리하기

결혼생활에서 어려움을 겪는 중요한 원인 중 하나는 권력을 공평하게 분담하는 방법과 서로의 차이를 포함한 불가피한 갈등을 해결하는 방법과 관련된다. Olson과 Olson의 연구에서 입증된 것처럼 대다수의 부부가 이 주제에 대한 어려움을 겪고 있다: 참여한 부부의 93%는 "리더십에 문제"가 있다고 보고하였고, 87%는 자신의 배우자를 "고집센 사람"으로, 83%는 그들을 "부정적이고 비판적"이라고 했다. 79%는 "나는 배우자와의 갈등을 피하기 위해 무엇이든지 노력한다"에 동의했고, 79%는 "우리의 차이는 결코 해결되지 않을 것 같다"고 느꼈다. 성공적인 부부의 관계를 가장 잘 예측하는 요인 중의 하나는 갈등을 얼마나 잘 관리하는지에 달려있기 때문에 위의 통계 결과는 우려스러운 부분이 있다. (Fincham& Beach, 1999; Gottman, Coan, Carrera, & Swanson, 1998; Stanley, Markman& Whitton, 2003).

많은 부부가 "의사소통 문제"를 호소하며 상담에 오지만 그들은 자신의 입장만을 반복적으로 전달한다. 그들의 진짜 문제는 배우자가 요구한 대로 움직이지 않고, 더 심한 경우는 이러한 태도가 고착되었거나 또는 보복을 위해 수동 공격적인 태도를 보이는 것이다. 때로 그들은 배우자의 이야기를 듣지 않는다. 그들은 공통된 합의점을 찾을 수가 없어서 서로에게 변화를 강요하거나 단순히 갈등을 회피하려고 시도할 수 있다.

공동 선장의 문제. 모든 집단과 마찬가지로 결혼생활에 있어 최적의 기능을 발휘하려면 목표를 정하고 분쟁을 해결하는 규칙이 필요하다. 이상적으로는 이러한 규칙은 공평하다고 인식한다. 하지만 어떻게 2명의 집단에서 우열을 정하겠는가? 나는 이것을 "2인의 정치" 또는 "공동 선장의 문제"라고 부르고 있다. 일부 문화권에서는 전통, 종교적 신념, 또는 성별에 따라 권력을 부여하여 이러한 문제를 해결하지만 현대의 부부 대다수는 이러한 해결은 받아들이기 어려운 것이다. 이러한 기본 설정이 없다면 부부는 2인 정치 체제에서 어떻게 문제를 결정할 것인가에 대한 구조적인 위기를 경험하게 된다. 이러한 위기는 부부상담자에게 우열을 가리는 심판을 요청하게 되는 강력한 원인이 되며 부부상담자가 부부 사이에서 샌드위치가 되는 이유이기도 하다. 이러한 일이 발생했을 때 나는 부부의 문제가 환상이 아닌 현실이며, 빙산의 위협을 받을 때 신속하게 행동할 권한이 있는 선장은 한 명인 이유를 설명한다. 공동 선장은 없다. 결혼 생활을 하는데 한 명의 선장이 더 낫다는 것이 아니라 두 사람이 선장이 되면 예상할 수 있는 어려움이 생긴다는 것이다. 공동 선장의 문제는 서로 팀 동료가 되는 것으로 해결될 수 있다. 서로 다를 수는 있지만 같은 팀에 속해 있다는 것을 결코 잊지 않는 팀 동료가 되는 것이다.

잘못된 "해결책". 역전을 위한 많은 역기능적인 방법이 존재한다. 부부 중 한 사람이 언제나 상대에게 순종하는 것은 만성적인 권력 불균형을 야기한다. 우위에 있는 배우자는 물리적 폭력이나 언어적 학대로 위협하여 지배하고 열위에 있는 배우자는 상대가 죄책감을 느끼게 하거나 여러 형태의 파업을 통해 지배한다. 두 사례 모두, 한 사람의 요구를 맞추기 위해 결혼생활이 편향되어 있으며, 도덕적으로 잘못된 것이다.

영향력 수용하기. 부부의 욕구가 서로 다른 상황에서 부부 중 한 사람은 결혼 생활에 헌신하지 못하게 된다. 배우자가 아프거나 우울하거나 또다른 어려움이 발생할 때 자신의 관심사를 접어두는 것을 거부하게 되면, 결혼 생활에 대한 믿음이 심각하게 손상된다(Johnson, Makinen, &Millikin, 2001; Gottman, 2011). 결과적으로 Gottman(Gottman&Levenson, 1999)의 연구에서 밝혀진 사실과 유사하게 부부관계가 손상되는 결과를 낳는다. 남편이 아내의 "영향력을 수용하기"에 실패했을 때 결혼생활의 불화에 영향을 미치게 된다.

조율(Attuning) Kohut(1971, 1977) 이후의 정신분석적 자기 심리학자들과 Gottman(2011)은 부부가 서로 "조율"하고 공감적으로 관계를 맺어야 하는 기회를 강조한다. 그리고 이러한 경험은 부부의 웰빙과 신뢰에 깊은 영향을 준다. 어떤 부부라도 인생을 살아나가면서 배우자에 대해 제로섬 게임의 적이 아니라 신뢰할 수 있는 사람 또는 상대의 안녕을 바라는 사람으로써 서로를 경험할 수 있는 "타석"에 설 수 있는 기회가 있다. 그런 시험의 순간은 위기 중에 소란스럽고 급작스럽게 다가오거나, 또는 조용하게 있는 그대로의 일상을 통해서 온다. "공동 선장"의 구조적인 문제가 부부 갈등을 더 어렵게 만드는 것처럼, 반응적인 조율(responsive attunement)의 수준은 부부가 그들의 차이를 다루어 나가는 능력에 영향을 미친다.

해결되지 못한 갈등의 부식 효과. 갈등을 잘 다루지 못하면 부부의 신뢰와 결혼 생활의 유대를 손상시킬 뿐 아니라 그것이 현실세계에서 부정적인 결과를 가져올 수 있다. 누가 배의 키를 잡을 것인지 끊임없이 싸우다 보면 결국 배는 빙산에 부딪히게 된다. 갈등을 회피하는 것은 문제를 해결하지 못한 채로 두거나(예: 합리적인 예산 세우기에 실패함), 일관성 없이 행동하게 되는(예: 아이들에 대한 제한을 설정하기) 결과를 낳을 수 있다. 부부가 다루지 못한 문제는 해결되지 않은 채로 남겨지고 시간이 지나면서 더 악화되는 경향이 있다.

갈등을 피한다는 것은 점점 더 서로를 회피하고 서로의 주요 관심사에서 멀어지는 것을 의미한다. 친밀한 접촉과 정서적 지지가 부족하게 되면 작업 수행 능력을 저하시킬 수 있다. 어떤 부부는 정신과적인 어려움이 발생하기도 하고 아니면 자신과 배우자에게 더 스트레스가 되는 부적응적 해결책에 의존하게 된다. 대부분의 부부는 삶이 서로 다르게 갈라지게 되면서 더 외로움을 느끼게 될 것이다. 이 시점에서 많은 부부들이 도움을 구하게 된다.

외부 환경에서의 도전

■ 일상적 스트레스와 사회적 압력

우리는 살아나가면서 수많은 외적인 위기를 만나고 이는 가정의 행복과 부부 사이를 이간질하게 된다. 가정과 일의 경계 설정, 공평한 가사분담, 재정 관리, 자녀 양육, 성생활의 만족감 등의 문제는 지속적으로 생겨나며 예견될 수 있는 것들이다. 다른 문제들은 특정한 삶의 이벤트와 관련된다: 첫째 아이의 탄생, 불임의 문제, 빈 둥지 증후군, 부메랑처럼 돌아온 자녀들에게 적응하기, 연로하신 부모 돌보기, 은퇴로의 전환 등이다. 현재의 사회 구조와 규범적인 기대 때문에 발생하는 또 다른 문제들도 있다: 점점 더 요구가 많아지는 직장생활을 하는 맞벌이 가족에 대한 정서적/시간적 요구, 원가족들이나 친한 친구들로부터 멀어지는 거리의 정도, 그리고 자녀들을 위해 풍부한 문화적 경험을 제공하고 싶은 부모의 기대, 또 다른 예측하기 어려운 질병, 실업, 강제적인 지역 이동 등의 심각한 문제들도 발생한다. 또한 우리의 문화에서 벌어지는 인종차별, 성차별, 동성애 혐오, "사회 구조적인" 실업, 적절한 보육시설에 대한 한계, 불충분한 정신건강 지원 등의 문제는 현재 우리의 문화에서 만연하게 벌어지고 있다.

이러한 문제를 어떻게 관리하고 해결해야 하는지 알려주는 모델이 부족하다. 또한, 현대의 부부들은 너무 많은 일들을 최소한의 시간에 하려고 하기 때문에 다중 역할 요구에 따른 스트레스를 경험한다. 결과적으로 Doherty(2003)가 이야기한 "시간 기근(time famin)" 때문에 끊임없이 고통을 느끼게 된다.

삶의 위기에 직면하여 건설적으로 이를 해결하기 위해서는 부부가 팀으로 함께 단합하여 해결하는 것이 가장 이상적일 것이다. 그러나, 스트레스 상황에 압도되면 후유증에 시달리기 쉬우며 상황이 더 악화될 수 있다.

- 스트레스 상황을 적절히 대처하는 문제에 대해 끝없이 논쟁하는 것은 점점 더 합리적 대처방식을 양극화시킬 수 있다. 예로, 청소년 자녀에 대해 더 엄격하게 지도해야 하는가, 더 관대하게 지도해야 하는가의 문제를 들 수 있다.
- 과제의 공평한 분담에 관한 실랑이
- 훨씬 통제하기 어려운 핵심적인 문제에 부부가 직면했을 때, 사소하거나 별 관련없는 문제 때문에 옆길로 빠지게 되는 경우가 있다. 예를 들어 부부 중 한 사람이 암 진단을 받았을 때 육아 문제로 싸우는 것을 말하며, 불안에 압도당한 부부는 진짜 문제인 공동의 적에게가 아니라 서로에게 그들의 좌절된 분노를 돌릴 수 있다.
- 부부 중 한사람이나 모두에게 새로운 문제를 일으키는 대처 방식: 갓 태어난 아기와 아내와의 밀착된 관계 때문에 소외감을 느낀 남편은 외도를 통해 친밀감을 얻고자 한다. 그러면 남편의 외도로 상처받은 아내는 조용히 술에 의지하게 된다.

- 부부가 직장에서 해고를 당하는 일 등의 큰 인생의 위기가 발생할 때 한 쪽이 심리적으로 불안하고, 우울하고, 의기소침해지면서 상대 배우자는 논쟁적으로 변하거나 번아웃이 된다.

이러한 외적인 스트레스 위기에 뒤이어 2차적 문제들이 발생하면, 어려운 상황이 더 나빠진다. 부부상담을 찾는 부부들은 전형적으로 실생활의 스트레스 요인과 그에 대한 부적응적 해결책이 복잡하게 혼합된 문제를 가지고 있다.

■ 부부의 긍정성과 정체성 유지하기

부부가 외적인 생활 스트레스에 맞서 싸우는 과정에서 서로 함께 할 수 있는 긍정적인 경험을 찾고 즐기고 싶은 욕구나 시간이 감소되는 부정적인 결과가 생길 수 있다. 이러한 경험들은 연애시절 즐겼던 것, 즉 대화, 맛있는 음식, 외부의 요구로부터 자유로운 시간, 친밀한 대화, 그리고 성적인 친밀감처럼 간단한 것일 수 있다: 실제로, Olson과 Olson의 연구의 대상자의 82%는 자신의 배우자가 "더 많이 자신과 함께 하는 여가시간과 에너지를 쓰기"를 소망하였다.

그들에게 심각한 외부 스트레스 요인이나 시간적 요구가 없을지라도, 결혼생활의 갈등과 좌절로 인해 긍정적 경험이 적을 수 있다. 작지만 반복적인 심리적 상처를 입게 되면 서로를 지치게 만들 수 있다. 배우자에게 여러 차례 부탁을 받은 후에도 그의 행동이 달라지지 않을 때, 요청했던 배우자는 종종 그가 자신을 마음속 깊이 사랑하지 않거나 배려하지 않는다고 결론을 짓게 된다. 물론 내 생각에는 그것은 사실이 아닐 것이다.

부부는 서로를 조금씩 "고문"할 수 있을 뿐 아니라, 상담에서 많이 사용하는 상징인 "결혼 애정 은행에 저금하기" 또는 "부부의 결혼 정원 가꾸기" 등의 긍정적으로 공유된 경험을 시도하는 것을 게을리함으로써 서로의 상처를 치유하고 보상하는 데 실패한다.

따라서, 결혼생활이 어려운 또 다른 이유는 많은 부부들이 "우리" 의식(부부의 정체성)을 가꾸어 나가거나 즐거움을 함께 하는 것은 당연하게 여기지만, 잘 되고 있는 것들은 문제가 생기기 전까지는 충분히 주의를 기울이지 않기 때문이다.

다음 장에서, 부부가 결혼생활에서 직면하는 많은 어려움을 상담하는데 지금까지 다룬 부부에 대해 이해를 활용하는 것 뿐 아니라 부부상담 1.0을 개선할 수 있는 방법을 안내하고 개요의 내용에 대해 자세히 설명할 것이다.

3장 Notes

1) Karney & Bradbury(1995)는 종단 연구 100개를 검토하여 성공적인 결혼 생활을 예견할 수 있는 예측 인자들의 범주들을 제안하고 검증하였다. 그들의 취약성-스트레스-적응 모델은 후에 Lavner & Bradbury(2010)의 유망한 연구로 입증되었다. 우리의 모델은 이책의 최약성 범주와 공통되는 부분이 있으며 스트레스 범주는 외부의 도전 주제와 동일하다. Gottman-식 갈등 대화에서 부부가 얼마나 잘 기능하는지 알려주는 적응이라는 용어는 나의 모델에서 갈등 관리 파트의 대인관계의 도전에서 다루어진다.

2) 많은 중매결혼이 성공적인 이유는 부부가 로맨스가 사라지는 것에 대한 환멸을 감당할 필요가 없으며 좋은 결혼 생활을 하기 위해서는 노력이 필요하다고 생각하기 때문이다. Daniel Jones(2014)는 중매 결혼한 부부에 대하여 서로를 알아가고 시간이 지남에 따라 사랑하게 되고 어떻게든 관계를 맺을 수 있을 것으로 기대한다고 설명한다. 이러한 일이 일어나지 않을 것처럼 보이지만 그렇게 지내는 경우가 빈번하다. 결혼생활이 사랑의 정점에서 시작하여 해가 갈수록 감사할 수 없는 고된 일로 악화되는 것을 불안한 불신으로 지켜보는 대신에 백지 상태에서 시작하여 운이 좋다면, 가장 가능성이 낮은 상태에서 따뜻함과 애정이 자리를 잡고 번성하는 동안 그들은 삶을 경외롭게 바라볼 수 있을 것이다.

3) 다른 사람에게 자신의 치유를 구하는 것의 장점과 관련하여 Lewis(1997)는 숙련된 상담자들이 치료의 근거로 삼는 연구를 인용한다. 불안정한 애착과 어려운 어린시절을 보낸 아이들은 배우자, 교사 또는 상담자와 함께 "교정적 정서 경험"의 혜택을 받는다면 자신의 자녀와 더 잘 지낼 수 있을 것이다(p. 32). 또한 그는 Cohn과 동료들(1992)의 연구에서 관찰된 "불안정 애착 아내와 안정 애착 남편의 상호작용에서… 아내는 안정 애착을 가진 것처럼 행동한다"는 것을 인용하였다(p. 32). 우리를 안정시키고 성장을 도울 수 있는 "더 나은 대상"을 찾으려는 시도는 계속되는 것이다.

4) 자기 인식의 중요성에 대한 우리의 비공식적 연구의 결과는 Curran과 동료들(Curran, Ogolsky, Hazen, & Bosch, 2011)의 여러 연구와 일치한다. 부모의 결혼(부정적 기억을 포함)을 설명하는 "통찰력"의 정도는 결혼생활의 행복도와 부모의 갈등에 자녀가 덜 관여한다는 것을 예측하였다. 유사하게, 애착 이론 관점에서 본 많은 연구들은 성인 애착 인터뷰 중 관계에 대해 풍부하고, 개방적이고, 일관성 있게 즉, 통찰력 있게 서술하는 능력은 정서적 건강과 건강한 관계를 예측한다는 것을 발견했다(e.g., Paley, Cox, Burchinal, & Payne, 1999).

5) 이런 능력의 중요성을 뒷받침하는 George Vaillant의 잘 알려진 종단 연구(1993)에서 초기성인기에 평가된 개인의 책임에 관한 방어 기제의 성숙도는 이후의 삶의 정서 및 관계에서의 건강의 강력한 예측인자라는 것이 밝혀졌다.

제2부

부부체계 업그레이드

04 대인관계 프로세스에 초점을 맞추기

문제의 순서는 문제의 증상적 표현이며 문제의 가장 구체적이고 접근가 능하며 변화 가능한 해결책을 제공한다(Breunlin, Pinsof, Russell, & Lebow, 2011).

누군가 당신을 사랑할 때, 그 사람이 당신의 이름을 부르는 것은 다릅니다. 그가 당신의 이름을 부를 때 당신은 안전하다는 것을 느끼게 됩니다. Billy(age 4)

부부상담 1.0의 첫번째 주요 업그레이드는 부부의 대인관계 프로세스(interpersonal process)에 초점을 맞추는 것이다. 일반적으로 부부의 병리적인 춤(pathological dance)은 상담자와 내담자 모두에게 중요한 관심이 되어야 한다. 저명한 연구자이며 부부상담가인 Susan Johnson은 병리적 춤을 이렇게 설명하였다: "초심 상담자들은 실생활의 문제나 상호작용의 내용에 매몰되지 말고 상호작용의 과정(process)에 집중하고, 상호작용 내에서 부부의 내적 경험이 어떻게 진화하는지 배워야 한다"(2008, p. 129). 숙련된 부부상담자들은 모두 이 점에 동의한다. 부부가 주고받는 많은 행동은 개별적인 상호작용을 통해 발생한 새로운 특성을 가진 것으로 보이며 이 특성은 개별적인 행동의 합 이상을 의미하기 때문에 이것을 체계이론 업그레이드라고 부르고자 한다.

이 장에서는 주로 "순환적 인과관계"의 과정에 대해 논의할 것이다: A는 B에게 영향을 미치고, 이후에 B는 A에게 영향을 주고, 다시 A는 B에게 영향을 주는 것을 말한다. 이를 체계적 관점으로 일반화해 볼 때, 우리는 단순히 A라는 사람이 무엇을 하는지 알고 싶은 것이 아니라 A가 그 행동을 할 때 다른 사람들이 어떻게 반응하는지, 그 반응이 미치는 영향이 무엇인지 알고 싶은 것이다. 예를 들어, A의 질병과 B의 실업상태는 부부 체계에 동시에 영향을 미칠 수도 있고, 이러한 스트레스 요인들이 차례로 해결되거나 악화될 수 있을 것이다. 다음 장에서 이러한 체계적 관점에 대해서 더 포괄적으로 알아볼 것이다. 또한 체계적 관점을 통해서 내담자의 조부모, 선생님, 동료, 성직자, 함께하는 상담자, 상담 수퍼바이저 등이 상담 과정에 미치는 영향에 대해 알게 될 것이다.

▌ 용어

부부상담자들이 부적응적인 부부 프로세스(couple process)에 대해 사용하는 개념은 다양하다. 단순히 "악순환"이라고 부르기도 한다. 나는 일반적으로 내담자 커플에게는 "병리적인 춤(pathological dance)"이라는 용어를 사용하고, 전문가를 대상으로 할 때는 "부정적 상호작용 고리(negative interaction cycle)"라고 부르는 것을 선호한다(following Greenberg & Johnson, 1988; and Greenberg & Goldman, 2008). "취약성 고리"(Scheinkman & Fishbane, 2004)는 일반인과 전문가에게 모두 유용하다. 이 책에서 이런 모든 용어들을 바꾸어 가며 사용할 것이다.

▌ 프로세스는 내용보다 중요하다

부정적 프로세스(Negative process)는 좋지 않은 결과를 예견한다. 이 사실은 내가 임상 경험을 통하여 독자적으로 발견한 것이지만, John Gottman의 "결혼 사랑 연구소(marriage love lab)" 연구와 병리적 프로세스에 초점을 맞춘 부부상담 연구(Lebow, Chambers, Christensen, & Johnson, 2012)의 결과들을 통해 지지되고 있다.

130명의 신혼 부부에 대한 Gottman과 동료들의 종단 연구에서, 커플의 문제

해결을 위한 대화를 통해 측정된 부정적 프로세스의 결과는 미래의 건강한 결혼 생활에 대한 확실한 예측 변수로 밝혀졌다: Gottman과 연구자들은 6년 후 후속 연구에서 비난, 경멸, 방어, 그리고 담쌓기의 행동(묵시록의 4명의 기수라고 지칭됨)은 결혼의 불화나 이혼을 예측하는 행동들이라는 것을 확인하였다. 또 다른 연구들에서도 비슷한 결과가 보고되었다(Karney & Bradbury, 1995; Lavner & Bradbury, 2010; Waldinger et al., 2004).

앞에 인용한, Olson과 Olson(2000)의 횡단 연구에서 부부의 대인관계 과정(interpersonal process)에 관한 응답 중 "행복한 부부"와 "불행한 부부"는 확연한 차이가 있다는 것이 발견되었다: "나는 우리 부부가 서로 대화하는 방식에 매우 만족한다"(90% 대 15%); "배우자는 내 이야기를 잘 들어준다"(83% 대 18%); "배우자는 나를 깎아 내리지 않는다"(79% 대 20%); "우리가 문제에 대해 이야기할 때, 배우자는 나의 의견이나 생각을 잘 이해한다"(87% 대 19%); "우리는 우리의 차이점을 해결할 수 있다"(71% 대 11%). 이러한 상관과 예측에 대해 어떻게 설명할 수 있을까? 그리고 부정적 순환 고리에 집중하는 다른 이유가 있을까?

부정적 프로세스는 부정적 태도로 이어진다. 베이슨(Bateson,1972)과 다른 연구자(Watzlawick, Beavin, & Jackson, 1967)들의 연구결과에 따르면 의사소통은 내용만 전하는 것이 아니라 말하는 사람의 태도도 전달한다는 것이 밝혀졌으며, 이를 통해 상호작용하는 프로세스가 중요한 이유를 알 수 있다. 말하는 사람의 태도에서 경멸과 복수심, 거부감이 전달될 때, 이를 듣는 배우자는 사랑과 결혼에 관한 근본적 믿음이 흔들리는 것을 느끼게 된다. 상담을 받고 있거나 불화가 있는 부부가 흔히 겪을 수 있는 경험일 것이다.

부정적 프로세스는 문제해결을 방해한다. 어떠한 성격을 가진 집단이라도, 집단이 잘 기능하기 위해서는 현재의 과제에 초점을 맞추어야 한다. 집단의 구성원들은 최적의 기능을 발휘하기 위해 서로의 차이점을 직시하고, 권력을 공평하게 나누고, 자신이 가진 내적 불안감을 서로에게 풀면서 해결하려는 충동에 저항해야 한다. 협상 전문가들이 강조하는 것처럼, 최선의 결정을 위해서는 피상적인 합의가 아니라 다양한 관점을 탐색하고 창의적인 해결책을 찾는 것이 필요하다(Fisher, Ury, & Patton, 2011, p. xiii). 그러나 차이점을 수용하고 권력을 공유하는 것은 쉽지 않으며, 이 때문에 많은 커플들이 문제해결을 방해하는 부정적 상호작용의 고리에 빠지게 된다.

프로세스에 초점을 맞추는 것은 주의가 필요한 문제를 감소시킨다. 부부는 일반적으로 상담에 올 때 여러 가지 문제를 들고 오지만, 모든 문제의 해결을 방해하는 요소는 동일한 것일 수 있다. 이것은 부부의 부정적 상호작용의 고리 때문일 것이다. 부부의 프로세스나 구조화된 상호작용의 방식을 개선하도록 돕는 것은 다양한 문제(contents)에 대한 갈등해결을 촉진한다. 일단 커플의 프로세스가 개선되면, 끝없는 문젯거리를 가지고 상담을 시작한 부부도 상담의 직접적인 도움 없이 많은 문제를 스스로 해결한다. 부부 소통의 프로세스에 초점을 맞추게 되면 불가능하게 여겨지던 상담이 눈에 띄게 진전될 것이다.

프로세스에 초점을 맞추는 것은 미래의 문제 해결을 돕는다. 상담이 끝난 후에도 부부 사이의 문제는 계속 발생하게 된다. 따라서 부부의 프로세스를 개선하도록 돕는 것은 부부에게 미래에 생길 수 있는 문제를 다루는 방법을 알게 하는 것이다.

부부 체계를 수정하는 것이 성격을 바꾸는 것보다 쉽다. 성격의 정의에 의하면 성격은 천천히 변화하는 것이다. 하지만, 집단의 프로세스는 놀라울 정도로 가변적이다; 11장에서 부부에게 화자−청자 규칙(speaker-listener rules)을 가르치는 것이 얼마나 빨리 부부의 대인관계 프로세스의 개선을 가져오는지 보여줄 것이다. 지난 수십년 간의 가족치료 경험을 통해 부정적인 부부의 프로세스를 바꾸는 것이 항상 쉽거나 간단하지 않다는 것은 알고 있지만, 일반적으로 가족의 구조와 프로세스에 초점을 맞추는 것은 상담의 진전을 위해 가장 빠른 길이다(Pinsof, 1995).

"그 순간을 해결하기"는 친밀감을 강화시킨다. Dan Wile(2002)는 "문제 자체보다는 그 순간을 해결"할 것을 추천한다. 즉, 상담에서는 문제의 내용보다는 프로세스("순간")를 우선시한다. 문제의 표면이나 외적인 부분이 아닌 지금−여기에서의 상황을 효과적으로 해결하는 것은 소원한 부부 사이의 친밀감을 개선시킬 수 있다. 상담을 통해 부부가 그 순간에 더 가까워지는데 성공한다면, 두 사람은 서로 연결되고, 귀 기울이고, 서로에게 중요하다고 느낄 수 있다.

부부의 부정적 프로세스는 근본적인 부부의 심리 역동을 탐색하는 지름길이다. 그 순간을 해결하는 것은 문제의 표면적 내용보다 과정에 대해 주의를 기울이게 할 뿐 아니라, 부정적 순환 고리의 요소들을 탐색하여 중요한 근본적 문제로 접근하도록 이끈다. 남편에게 왜 그렇게 애타게 집착하는지 묻는다면, 그 사람이 가진 버림받는 것에 대한 두려움을 이해할 수 있다. 아내에게 왜 그렇게 화를 내며 방어하는지 물어보면, 그녀의 수치심에 대해 알 수 있다. Freud가 꿈은 무의식에 이르는 왕도라고 알려준 것처럼 취약성의 순환고리를 분석하는 것은 역동적인 이슈의 핵심에 이르는 지름길이다.

공식적인 연구에서도 프로세스의 중요성을 지지한다. 앞선 논의를 통해서도 상담 프로세스에 초점을 두는 것이 상담에서 유용하다는 것에 대한 여러 이론적 근거를 제시하였다. 또한 이러한 접근을 지지하는 공식적 연구들이 있다(Cordova, Jacobson, & Christensen, 1998; Sullivan & Baucom, 2005, cited in Baucom et al., 2008). 따라서, 부부 상담사들은 먼저 커플 상호작용의 부정적 프로세스에 주의를 기울이는 것이 좋다.

예외 사항. 대부분의 부부상담에서 초기에 프로세스에 초점을 맞추어야 한다고 강조했지만, 구체적인 내용 없이 추상적이고 관념적으로 프로세스를 다루는 것은 불가능하다. 이상한 나라의 앨리스에 나오는 체셔 고양이의 웃음은 고양이 없이 존재할 수 있지만, 현실에서 부부의 "프로세스"를 구체적으로 다루기 위해서는 항상 어떤 구체적인 내용을 필요로 한다. 따라서 나는 상담 초기에는 부부에게 실행 가능하고, 감정적으로 크게 힘들지 않은 문제의 내용을 이야기하도록 유도하여 더 쉽게 부부의 프로세스에 초점을 맞추고 부부의 이해를 돕는다. 하지만 언제나 이러한 순서로 진행하는 것이 가능하지 않을 때도 있다. 예를 들면 외도와 같은 사건으로 신뢰가 깨진 커플의 경우, 가장 긴급한 주제를 가지고 상담을 시작해야 할 수도 있다. 이러한 예민한 주제는 부부 프로세스에 대한 탐색을 더 어렵게 만들 수도 있다.

우리는 부부 상담 1.0의 지침에 따라, 부부에게 가장 시급한 주제를 선정하고 해당 내용(가족 위기 상황)에 집중해야 하는 때가 있을 것이다. 이 때 부부의 관계적 춤을 강조하기보다는 그 문제를 직접 다루도록 해야 한다. 상담 개입에 있어 내용에 집중해야 할 때와 프로세스에 집중해야 할 때를 아는 것은 중요하며, 궁극적으로는 부부가 상호작용을 하는 구조에 주의를 기울이는 것이 더 생산적이라는 것을 유념해야 한다.

14장에서는 상담 초기에 긍정적 경험을 다루도록 격려하는 것의 중요성을 강조할 것이다. 이러한 접근이 효과를 거둔다면, 부부가 가진 과거의 긍정적 경험들(예: 데이트했던 밤)을 통해 부부는 대등하게 싸울 수 있는 능력이 향상되고 갈등 상황에서도 상대에 대해 호의를 유지하기 더 쉬워질 것이다.

■ 병리적인 부부의 춤(couple dance)의 단계

이 장의 목표는 부정적 상호작용의 고리에 대한 기초를 개관하는 것이며, 5장[1]에서 더 상세히 살펴볼 것이다. 일반적으로 부부 상담사들은 다음에 제시되는 사례들과 같이 점차 심화되는 부부의 병리적인 상호작용을 만날 수 있을 것이다.

종지 않은 시작. 병리적 부부의 프로세스는 보통 부부 중 한 사람이 불쾌하게 대화를 시작할 때 시작된다. 자신의 입장이나 욕구를 숨기고 갑작스럽고, 일방적이고, 적대적이거나 냉담한 방식으로 대화가 시작된다. "나 진술법(I-statements)"이나 정중하게 무언가를 요청하는 경우는 매우 드물다. 하지만, 내담자의 입장에서 보면 그들이 대화하기 원하는 주제는 쉽게 말을 꺼내기 어려운 것들이다.

방어적이고 일방적인 반응, 귀머거리인 척하기. 이러한 대화에 답하는 배우자는 자기 방어를 위해 상대에게 적대적인 비난, 욕설, 반박하는 말을 쏟아내고 자기 합리화를 하게 된다. 이 때 배우자를 인정하고 이해하고 공감하는 것은 쉽지 않다(가능한 방어의 상세한 목록을 보고 싶다면 Wile, 1993, pp. 88-99을 보라). 상대 배우자는 이러한 반응이 대부분 방어라는 것은 알지만, 이로 인해 부부의 소통은 지연되고, 상대가 방어하는 이유에 대해 생각하기 어렵다. 예를 들면, 수치심이나 죄책감 때문일 수 있다는 생각을 하는 것은 쉽지 않다. 그 대신에, 귀머거리인 척하는 배우자에게 목소리를 높이고 점점 더 유치한 언어로 자신의 이야기를 주장하고 강요하게 된다.

두 사람이 동시에 말하기 시작하면, 두 사람의 말이 무효화(invalidation)되면서 상대의 말을 듣는 것이 힘들어진다. 이러한 싸움은 일방적인 논쟁이나 상대를 모욕하는 방식으로 진행된다. 상대가 말하는 것을 허용하지 않고, 상대가 과잉반응한다고 말하거나 "교차 불평(cross-complaining)"을 할 수 있다: A는 자신이 어떤 것을 잘못했다고 인정하지만 B가 과거에 비슷한 상처를 주었다고 반박한다. 두 사람 모두 학대하기보다 학대당한, "행위자"라기보다 "피해자"로서 상대의 희생자라고 주장한다(Benjamin, 2004). 어떤 커플은 감정 폭발 후 냉전 상태가 되고, 서로에 대해 무신경하고 냉담한 것으로 오해하게 된다.

내담자들은 언제나 말하는 것보다 답하는 것을 힘들어 한다. 종종 자신이 비난받거나 자신의 약한 부분이 드러날 위험이 있는 미묘한 뉘앙스를 가진 문제에 대해 진술하는 것을 거부한다. 실제보다 더 적대적이고 일방적으로 표현하기 때문에 문제가 더 악화된다. 그들이 부부 문제의 순환적인 인과관계를 제대로 알고 있다 하더라도 자신의 면죄부를 위한 발언을 하게 되면 상황이 더 악화될 수 있다: "당신이 그렇게 바가지 긁지 않았다면 나는 더 많이 얘기했을 거야"라고 말이다.

부정적 상호관계, 악화, 그리고 양극화. 부부가 서로를 부정하며 맞설 때 ("부정적 상호관계"), 부부 싸움은 심각해지고 점점 더 양극화된다. 이 상태는 강력한 의견 불일치와는 다른 프로세스로 보이며, 오히려 물이 증기로 변하는 것처럼 질적인 "상태의 변화" 과정이라 할 수 있다: 상대에게 더 과장된 비난을 하고 누구도 상대의 말을 인정하지 않는다. 그들은 서로를 욕하고 상대의 약점을 지적하며, 재판장의 변호사처럼 반대의 목소리를 낸다. 어느 쪽도 멈추지 못하게 되고, 두 사람 모두 이해할 수 없는 상태에서 원래의 논쟁보다는 감정적인 소용돌이에 휘말리게 된다.

관계적 공간의 붕괴: 매듭(A (k)not.) 싸움으로 인해 부부는 혼란과 공황 상태를 겪게 되고 서로의 주관적 관점을 인정하는 것에 실패하게 된다. 부부 사이의 "관계적 공간(interpersonal space)"이 붕괴되는 것이다. Pizer & Pizer(2006)는 이렇게 상대를 인정하는 것에 실패한 상황을 "매듭(A (k)not)"이라 부르며, 물리적 매듭의 엉켜진 상태와 배우자에 대한 감정적 부인상태를 동시에 "not"이라는 단어로 전달하였다. 일단 부부가 서로를 한 사람의 개인으로 볼 수 있는 능력을 잃게 되면, 서로의 차이를 해결하는 것이 불가능하다는 것을 알게 되고 부부의 프로세스는 더욱 악화될 것이다. 그들은 이러한 매듭((K)not)에 묶여 있다는 것은 인식하지만 왜 그런 일이 일어났는지 납득하기 힘들고 어떻게 빠져나오는지 알지 못한다.

대화의 흡인력. 부부는 물러서거나 패배를 인정하는 것이 어렵기 때문에 그들의 논쟁은 더 확대된다. 부부 사이의 민감한 부분이 건드려지면 그들은 두 사람의 프로세스에 빠지게 된다(Gottman, 2011). 그들은 싸움에서 물러서는 것을 굴욕과 패배라고 생각하고 부부 싸움에서 마지막까지 자신의 말을 하기 원한다.

더 커지는 싸움, 인신공격의 시작, 관계 자체에 의문을 제기함. 현재의 부부 문제에 더하여 때로는 관련 없는 과거의 상처와 배우자의 성격적 결함까지 거론되며 그들의 싸움은 더 커지게 된다. "당신은 너무 비판적이야!", "아니야, 당신은 너무 예민해!"처럼 서로 부딪칠 때 또 다른 양상으로 악화된다. 이것은 Jacobson & Christensen(1996)이 말한 "비방"이라는 것으로 부부가 서로를 도덕적으로 또는 정신적으로 결함이 있는 것으로 낙인 찍는 것을 말한다. 이러한 상황에서 가끔 커플은 두 사람의 관계 자체에 대한 의문("당신은 나를 사랑한 적이 없어!)을 제기하면서, 이혼을 언급할 수 있다. 이제 부부는 서로의 심리적인 급소를 공격하게 된다: "당신은 당신 아버지처럼 도망가고 있어!", "당신은 어떤 작은 비난도 견디지 못해!" 그들은 이제 Wile(1993)의 단계에 의하면 가장 높은 "공격 단계"에 도달한 것이다.

> 1단계: 행동 비난하기("당신은 더 이상 나에게 말을 걸지 않아요!")
> 2단계: 감정 비난하기("항상 나쁜 것을 곱씹는 것보다 우리가 가진 좋은 것에 감사해야 해요")
> 3단계: 성격 비난하기("당신은 잔소리꾼이야!")
> 4단계: 비난 조의 해석하기("당신 상사에게 화났을 때 내 탓을 하는 것에 지쳤어요!")
> 5단계: 행동의 의도를 비난하기("당신은 나에게 죄책감을 느끼게 하려고 일부러 이런 문제를 만들고 있어요!") (p. 109)

Wile은 배우자의 의도를 지적하는 것은 특히 배우자에게 상처를 주고 화나게 만든다고 지적한다. 이는 배우자가 지금과는 다르게 행동하고 느껴야 한다고 말하는 것을 넘어서 배우자가 그것을 원하는 것은 나쁘다고 말하는 것이다. 이혼하겠다는 위협은 상황을 걷잡을 수 없게 만든다; 위의 분류체계로 본다면, 이들은 6단계에 해당할지 모른다.

최악의 두려움이 확인됨. 단계적 악화(escalation), 무효화(invalidation), 양극화(polarization)는 관계에 대한 가장 큰 두려움(부정적 전이)을 자극하고 확신시키는 것으로 나타났다. 부부가 상대가 가장 두려워하는 방식으로 행동하는 경향을 보일 때 이를 "핵심 부정이미지(Real, 2007)"라 부르며, 그들의 내면적 동기는 실제보다 더 부정적으로 해석(Markman et al., 2001)된다. 버림받을까 두려워하는 여성은 버림받았다고 느낀다. 자기 능력을 공격받을까 두려워하는 남성은 공격받았다고 느낀다. 더불어, 자신들이 부당하게 이러한 일을 당했다고 인식하면, 그들은 더 화를 내고, 위협하고, 더 방어하게 된다. 죄책감이나 수치심을 느끼기 쉬운 배우자는 자신들이 뭔가 비도덕적이거나 수치스러운 일을 저질렀던 것을 두려워하고, 이를 방어한다. 이러한 심각한 위협 상황에서 그들은 배우자를 떠나거나 자신의 정신을 놓아버려야 한다고 믿게 된다(Ringstrom, 2014, p. 52, citing Davies, 2003).

복수하고 싶은 마음이 나타나다. 상처를 받은 사람들은 다시 상대에게 상처를 줌으로써 자신의 선택 의지나 자존감을 회복하려 한다: "상처받은 사람이 상처를 준다(Hurt people hurt people)." 부부는 욕을 하고 서로를 점점 잔인하게 대하게 된다. 때로 배우자가 고집스럽게 자신의 관점을 고집하고 합리적인 논쟁에 굴복하지 않을 때에도, 더욱 교묘한 수단을 통해 보복이 이루어진다. 또한 그들은 따라갈 의사가 없다는 것을 알면서도 무엇을 하기로 동의하면서 수동 공격적인 태도를 취할 수 있다. 가장 심각한 상황에서 신체적인 폭력의 등장은 말다툼을 끝낼 뿐 아니라 자기회복을 위한 복수를 야기한다.

해결되지 않은 갈등은 처음보다 상황을 더 악화시킨다. 순환의 주기가 끝날 때가 되면, 부부들은 상처 입고, 분노하고, 좌절하고, 지치고 절망한다. 때때로, 부부 중 한 사람은 일방적으로 그 장면에서 달아난다. 때때로 감정이 고조되면서 폭력이나 폭력을 쓰겠다는 협박을 하게 되고, 이로 인해 부부싸움은 종결된다. 많은 경우 그들은 노력을 포기하고 초반에 자신들이 상상했던 것보다 더 나빠졌다고 느낀다.

소외, 절망, 민감화, 부정적인 감정의 압도. 부부에게 소외감과 또 다른 절망감이 뒤따를 수 있다. 이는 부부가 초기의 불만을 해결하지 못했을 뿐 아니라, 아무런 성과없이 고통스러운 상호작용이 끝났기 때문에 부부 관계에 대한 또다른 의구심이 생긴 것이다. 그들은 서로에 대한 호의를 잃어버리고, 자신을 더 부정적으로 보게 될 수도 있다. 시간이 지나면서, 민감한 부부는 조금만 화가 나도 부정적인 악순환에 빠지고 더 깊게 상처를 주며 더 맹렬하게 싸우고, 자신들의 관계를 점점 더 부정적으로 보게 될 것이다. 이러한 "부정적 감정에 압도되는 것"은 부부가 서로를 좋은 의도를 가지고, 좋은 영향을 미치는 사람으로 여기는 것을 더 어렵게 만든다. 이혼만이 유일한 탈출구처럼 보일 수 있다.

장기간의 적응과 악화. 부부 갈등이 깊어지고 잘 해결되지 않는 부부는 결혼생활의 행복과 화합에 필수적인 사랑, 존경, 결속이 점차 부식되는 것을 경험할 것이다. 그 후 그들은 시간이 흐르면서 관계를 손상시키는 방식에 적응하게 된다. 결혼 생활의 갈등이 잘 해결되지 않을 때, 그들은 육아나 일에 자신의 에너지를 집중하기도 한다. 부부 중 한 사람 또는 두 사람 모두 섹스에 흥미를 잃거나 혼외관계를 추구할 수 있다. "싸움"의 위험을 알고 있는 부부는 겉에서는 맞추려고 노력하지만, 시간이 지나면서 분노가 커지고 짜증이 나게 되면 사소한 일에도 자주 말다툼을 하게 될 것이다. 이러한 일이 반복될수록, 부부 사이의 유대감이 더 약해지고 서로에 대해 원망하고, 피치못할 의견 차이나 실생활의 문제에 대해 대화하는 것도 부담스럽게 느껴질 것이다. 이처럼 빠른 속도로 진행되는 부정적인 고리는 자주 만날 수 있다. 그러나, 상담자는 몇 달, 또는 몇 년에 걸쳐 진행되고 행복감, 연대감 및 긍정적인 부부의 정체성을 악화시키는 장기적인 악화의 프로세스를 인식해야 한다.

다른 것을 시도하기 그리고 해결하기. 물론, 모든 결혼생활에서의 싸움이 이렇게 나쁘게 끝나지는 않는다. 때때로 부부는 정신을 차리고, 사과하고, 방어를 낮추고, 배우자에게 더 공감하고 부드럽게 대하면서 자신들의 근본적인 문제에 접근하고 이해할 수 있게 된다. 이 때, 문제 해결과 타협이 가능해진다. 이는 영화나 TV 드라마 속 카타르시스적인 위기 장면에서 흔히 볼 수 있는 결말이다. Gottman과 Levenson(1999)이 지적한 바와 같이 화를 내는 싸움 자체가 필연적으로 해를 끼치는 것은 아니지만 이를 부드럽게 해결하지 못한다면, 부부는 고통스런 문제에 직면하게 될 것이다. "좋은 결혼생활"(Wallerstein & Blakeslee, 1995)에서 언급된 것처럼 실제로 결혼생활에 대한 더 큰 자신감과 자부심은 성공적으로 해결된 부부싸움의 결과를 통해 얻어지게 된다.

그들은 어떻게 다시 정신을 차리고 감정의 균형을 되찾고 완전히 망가지는 것을 멈출 수 있을까? 어떤 커플은 현재의 시급한 문제보다 두 사람이 멀어질까 봐 더 신경 쓰며, 이 위기를 통해 자신을 안정시키고 관계를 회복하려고 한다(Feldman, 1979). 또 어떤 이들은 정서적으로 충만할 때 더 강한 결속감을 느끼기 때문에, 화해에 앞서 더 많이 싸울 것을 강화하거나 장려하기도 한다(Goldner, 2004). 많은 부부들은 서로 멀어졌던 상황으로 돌아가는 것이 두려울

지라도 부부 관계를 회복한 후에는 안도감을 느낄 것이다. 그러나, 대부분의 부부는 싸움을 끝내고 상처를 치유하고 의견 충돌을 해결하는 더 나은 방법을 배우기 위해 상담실에 오며 우리의 도움을 필요로 할 것이다.

■ 부정적 상호작용의 고리를 변화시키는 개입

부부의 춤에 초점을 맞추고 적(enemy)으로 명명하기. 부부 프로세스를 개선하기 위해 부부 상담자가 가장 먼저 할 일은 프로세스(process)를 핵심적인 문제로 삼고 두 사람의 관심을 집중시키는 것이다. 부부 갈등을 다룰 때 내용(content)으로부터 과정(process)으로 초점을 전환시키는 것은 부부상담 TTEO 모델의 첫 번째이자 가장 중요한 업그레이드이다. 일반적으로 병리적 프로세스에 초점을 맞추면 그 자체로 과정이 개선된다. 다음의 세 가지 방법을 통해서 프로세스에 초점을 맞춘다: (a) 모호한 결혼생활 문제에 진단명을 부여하기("부부 체계의 문제"), (b) 이러한 부부 체계의 문제를 공동의 적으로 객관화하기, (c) 서로에 대한 비난을 줄이기(부부체계의 문제에서 시작된).

자신의 문제에 대하여 일단 의학적 진단과 치료 계획이 세워질 때 기분이 나아지는 사람이라면 결혼 생활 문제를 진단하는 것이 도움이 된다. 이는 악순환의 고리에 갇힌 부부에게도 적용된다. 내담자에게 부부의 병리적인 춤의 요소를 설명하는 것은 진단을 내리고 다른 사람들도 비슷한 문제로 고통받아 왔다는 것을 분명히 알리는 것이다. 이는 부부의 상황을 정상화시키는 한편, 연구자나 임상 전문가들이 부부 문제를 연구해 왔으며 도울 수 있는 방법을 알고 있다는 것을 말해준다.

부부의 춤에 이름을 붙이는 방법은 문제를 객관화시키고 부부가 함께 공격할 수 있는 적으로 만들 수 있다. Michael White(2007)는 이를 "외재화 대화"라고 불렀다. 상담을 받는 커플들은 그들의 춤에 이름을 붙일 것이다: 어느 부부는 회피하고 싶었던 수렁의 상태를 묘사하기 위하여, 더 많은 섹스를 원하는 남편의 욕망을 언급하면서 자신들의 춤에 대해 "늦/더 많은 엉덩이(moreass/more-ass)"라는 이름을 붙였다. 일단 적의 이름이 정해지면, 내담자들은 부적응적인 프로세스에서 한걸음 물러서서 "논쟁에 휘말리지 않는 자리(perch above the fray) (Wile,

2013a)"에 서게 되고 "거리두기"(Jacobson & Christensen, 1996)"가 가능해진다.

마지막으로 강조하고 싶은 것은, 병리적 춤을 다루는 것은 서로에 대한 비난을 줄이고 호기심과 성찰을 증가시키는 경향이 있다. 부부가 서로를 피해자나 악당으로 묘사하는 선형적 내러티브를 바꾸기 때문에 결국 비난이 줄어들게 되고 이는 부부의 사기를 높이고 서로가 협력하도록 만든다. 비난이 반복되는 것은 병리적인 춤의 속성임을 이해하게 됨으로써 자신에게 전적인 책임이 있지 않다고 확신하는 배우자들은 현재 상황을 납득하게 될 것이다.

부부 상담자는 자신감을 가져야 한다. 만약 상담자가 내담자들이 보이는 퇴행적인 비난과 극심한 방어가 개인 내면에 존재한다고 믿는다면, 이같이 해로운 부정적인 성격특성을 치료하기 위해 매주 한 번의 상담은 가망 없는 낙관론으로 생각될 것이다. 그 대신 이러한 행동을 병리적 프로세스의 기능으로 바라볼 때 희망을 가질 수 있다.

화학 반응의 비유를 사용하라. 나는 부부 체계에 대한 내 생각을 전달하기 위하여 화학 반응의 비유적 표현을 사용한다. 부부 체계는 부가적이고, 순환적이며 집단적인 속성을 가진다. 이를 설명하기 위해, 내담자의 사례를 2개의 분리된 비커에 든 무색 시약으로 비유한다. 이 시약은 혼합하면 급격하게 바뀌는 성격을 가지고 있어, 얼어붙을 수도 있고, 타는 것처럼 뜨겁고, 색이 달라지고 악취가 날 수도 있을 것이다. 시약 중 하나는 이렇게 생각할 수 있다. "이봐, 나는 문제가 없었어. 나는 다른 화학 물질과 닿기 전에는 차갑지도 않고 뜨겁지도 않고 빨강이 아니었고 냄새도 나지 않고 괜찮았어. 지금 나 자신조차도 알아볼 수 없게 된 갑작스런 변화는 그 빌어먹을 다른 물질 때문이야!" 이런 비유를 통해 어떻게 집단 프로세스가 개인 행동으로 환원될 수 없는 이유에 대해 알려 준다. 또한 배우자에게 희생당했다고 느끼고 자신의 고통에 대해 배우자를 탓하는 내담자에게 공감을 표현할 수 있다.

3장에서 논의된 것처럼 인간은 내적 상태의 변화를 이해할 때 내부 소인과 외부 사건의 조합보다는 외적 요인으로 인해 발생한 것으로 보는 것에 익숙하다. 부부가 병리적 프로세스에 갇히게 될 때 매우 혼란스러워지는 것은 반사적이거나 기본적인 인간의 특성 때문이다. "부부 체계에 대한 인식"(Gurman, 2008b)을 가지게 되면 희망적인 관점을 가질 수 있다. 이를 통해 더 정확한 부부의 대인관계 모델을 이해하게 되고 동시에 개인적 책임, 수치심, 죄책감을 감소시킬 수 있다.

" ~한다면, ~할 것이다. " 개입을 사용하라. 나는 부부의 현재 상황에 대해 화학 반응의 비유를 사용하여 일반적인 용어로 설명한 후, 체계론적 관점을 적용하여 지금까지 알고 있는 부부의 특정한 상호작용 고리를 다루기 시작한다. 이때 나는 Les Greenberg의 "~한다면, ~할 것이다(To the Extent That)"라고 부르는 개입을 사용한다. 나는 남편에게 "프레드, 집에서 도와 달라는 아내의 부탁에 귀 기울이지 않는다면, 당신이 혼자 일하기 원할 때도 아내는 당신이 말을 듣게 하려는 시도를 포기하지 않을 것입니다." 그 다음에는 아내에게 이렇게 말할 것이다. "프레드가 일에 집중하려고 할 때도 당신이 남편에게 접근한다면, 그는 부당하게 혹 사당한다고 느끼고, 당신의 요청을 뒤로 미루려고 할 거예요." 또는 나는 간단하게 다음과 같이 말한다. "당신이 더 …할수록 배우자는 더 …할 것이다. 그리고 당신이 더 …할수록……" 이 개입은 순환적인 커플의 프로세스를 추상적으로 설명하는 것보다 효과가 크다. 부부의 부정적 상호작용 고리를 구성하는 세부 요소들을 확인할 수 있기 때문이다.

부정적 고리의 "구두점"에 대해 설명하라. 상담에서 부정적 고리의 기초를 설명할 때, 나는 대부분의 사람들이 배우자의 부적절하거나 무신경한 행동을 말하기 시작하면서 그들의 이야기에 "구두점"을 찍는 것을 언급한다. 이 시작점은 일반적으로 원을 그릴 때 시작점으로 식별할 곳을 결정하는 것과 같이 임의적이라는 점을 지적한다. 예를 들면, 베스는 자신이 프레드에게 화난 이유는 그가 약속한대로 배관공을 부르지 않았기 때문이라고 말할 것이다. 아마도 프레드는 그가 배관공 부르지 못한 것을 마지 못해 인정하겠지만, 지난 2주 동안 그와 섹스를 하지 않아 베스에게 화났기 때문이라고 덧붙일 것이다. 그러면 베스는 남편이 배관공 부르는 것 같은 집안일에 대한 약속을 잘 지키지 않아서 남편과 부부관계를 할 기분이 나지 않았기 때문이라고 말할 것이다. 나는 두 사람이 모두 옳지만, 부부 각자의 구두점은 자기 입장이라고 단언할 것이다. 이와 같은 임의적이고 자기 중심적인 순환적 인과관계의 구두점은 "누가 그것을 시작했나"에 관한 수많은 논쟁이 얼마나 끝없이 무의미하게 계속되는 것인지 설명해준다.

은유적 표현을 사용하여 상대의 불쾌한 행동을 이해시켜라. 굶주린 저녁 식사 손님과 무반응한 웨이터 또는 물에 빠진 사람과 오지 않는 구조요원. 단계적 악화(escalation)는 일반적으로 투덜대거나, 잔소리를 하거나 죄책감을 느끼게 하고,

욕을 하면서 한 사람 또는 부부 모두 점점 더 큰소리로, 참을성 없이, 공격적으로 말하는 것으로 이루어진다. 이 모든 행동은 배우자가 무반응을 보일 때 발생하며, 배우자에게 영향을 주기에는 비효과적이다. 다음에 제시하는 은유적 표현은 부부에게 체계론적 용어를 쉽게 이해하도록 하여, 이러한 부부의 도움이 되지 않는 행동을 정상화시키는 데 도움을 줄 것이다. "반응 없는 웨이터를 애타게 부르는 배고픈 사람"은 내가 사용하는 은유 중 하나다. 처음에는, 저녁식사를 기다리는 사람은 정중하게 식사가 나오기를 기다리고, 그 다음에는 비언어적으로 신호를 보낸다. 그 다음 그 사람은 침착한 목소리로 이야기하고 마지막에는 고함을 지르며 요청하게 될 것이다.

때로는 물에 빠져서 라이프가드에게 도움을 요청하는 사람을 예를 든다. 물에 빠진 사람은 두려움이 커질수록, 라이프가드가 답하지 않는 시간이 길어질수록, 더 크고 필사적으로 외칠 것이다. 이러한 비유적인 설명은 물에 빠진 사람에게 드디어 배우자가 다가갔을 때, 그 사람이 고마워하기는커녕 차버릴 수도 있다는 사실을 이해시키는 데 도움이 된다(라이프가드는 이런 상황을 예상하도록 교육을 받는다). 부부 중 한 배우자가 다른 배우자에게 너무 늦게 반응한 것에 대해 화를 내는 부정적인 태도는 부부 상담에서 흔히 볼 수 있는 역설적인 결과이다.

또한 많은 사례에서, 부부를 "물에 빠져 죽어가는 사람들로" 묘사하는 것이 도움이 된다. 두 사람 모두 충분한 "심리적인 산소"를 얻지 못하고 필사적으로 살려고 발버둥 칠 때, 누구도 상대를 구조하는 것을 도울 수 없다. 사실상, 부부 중 한 사람이 응답하지 않는 라이프가드처럼 보일지라도, 두 사람 모두 물에 빠져 죽어가는 상황에서는 부정적 고리의 단계적 악화가 진행된다.

도망가기(flight)를 이해시킬 수 있는 은유를 사용하라: 소방관과 산불. 어떤 상황에서는 화를 내고 목소리를 높이는 것이 현명한 것처럼, 자리를 떠나 도망가는 것도 비슷한 방법일 것이다. 부부 중 한 사람이 말다툼 중 이를 중단하는 것은 "이 문제를 완전히 해결하려는" 다른 배우자를 화나게 만든다. 여기 도망가기를 더 이해하기 쉽고 수용할 수 있도록 돕는 은유적인 표현이 있다. 내가 좋아하는 표현은 산불과 맞서 싸우는 소방관의 예이다. 그들의 궁극적인 목표는 불길과 싸우는 것이지만 불길 속에 남아있는 것이 소용없거나 자기 파괴적일 때도 있다. 이러한 이야기를 한 후에 상담자는 도망치는 소방관의 관점과 (그들은 왜 상황을 절망적이라고 생각할까?) 번지는 산불(무엇이 추적자를 그렇게 뜨겁고 끈질기게

만드는가?)의 관점을 은유적으로 이해하도록 도울 수 있다

톱니바퀴와 카누의 은유를 사용하라. 악순환이 어떻게 작동하는지 설명하기 위해 내담자에게 (두 사람을 의미하는) 두개의 톱니바퀴와 기어 그림을 보여준다. 이 둘은 따로 제3의 출력 기어와 연결되어 있다. (이 기어는 부부관계의 건설적이거나 파괴적인 운동의 합을 나타낸다) 이런 시각적 이미지를 통해, 각 배우자의 바퀴가 최종 결과에 기여할 뿐 아니라 한 사람의 바퀴를 돌리는 것은 다른 배우자의 바퀴를 같은 방향으로 움직이게 하는 것을 보여준다. 이를 통해 두 사람 모두 현재의 결과에 대해 좋거나 나쁜 영향을 미치고 있으며, 또한 서로에 대하여 좋거나 나쁜 영향을 미치고 있다는 것을 알려준다. 때로 한 파트너가 부정적으로 상황을 몰아가거나 다른 사람이 만든 긍정적 변화에 저항하는 순간에 이러한 은유적 표현을 사용하여 더 건강한 부부 관계로 전환하는 데 도움을 줄 수 있다. 톱니바퀴 은유는 부부관계의 바퀴의 움직임에 긍정적 또는 부정적인 힘을 발휘할 수 있는 중요 외부인 - 확대 가족, 친구들, 직장 상사들 - 의 영향을 묘사하고 확인할 수 있게 해준다.

또는 카누를 탄 두 사람의 이미지를 사용하여 생산적인 방향으로 노를 젓는 것, 반대방향이나 다른 방향으로 노를 젓는 것을 결혼 생활에 비유할 수 있다. 이 은유는 부부 중 한 사람이 불공평할 정도로 집안 일(노 젓기)을 많이 하고 있다고 다투거나 부부 중 한 사람이 결혼 생활의 방향(조종하기)에 대해 너무 많이 통제하는지 논쟁하는 상황에서 특히 유용하다.

즉흥 게임을 하라. 부정적 프로세스에 갇혔거나 상담자의 언어적인 설명에 귀기울이지 않는 부부들에게 긍정적인 순환 고리가 어떤 것인지 체험할 수 있도록 나는 즉흥적인 게임을 제안한다. 즉흥 극장에서의 규칙은 모든 사람은 이전 사람이 말한 내용 다음에 다른 내용을 추가해야 한다. 이전의 내용에 대해 반박할 수 없고, 오직 덧붙여야 한다. 상담자도 게임에 참가한다. 우리는 동그랗게 둘러앉아 우리가 함께 만드는 이야기를 써 나간다. 분위기를 띄우기 위해 나는 엉뚱한 상황으로 시작하기도 한다, 예를 들면 "우리 모두는 목성에 있는 버스 안에 있다"거나 "옛날 옛적에…" 같은 말로 유도한 후 그들이 이야기를 시작하게 한다. 그리고 나서 나는 내담자들이 지금까지의 내용에 더하여 이야기를 만드는 규칙을 어길 때만 끼어든다. 그리고 그들이 서로에게 "네 말이 맞아 그리고…" 같은 말로 시작하도록 용기를 준다. 이 연습의 목적은 "같은 팀에 있는" 모두에게 긍정적

고리를 경험하도록 하는 것이다. 또한 상담자는 부부의 심리적 역동에 존재하는 흥미로운 자유연상의 내용을 알게 되는 부수적인 효과를 얻을 수 있다(예로, 불안정한 어떤 남자는 자신의 성공과 관련된 내용을 끊임없이 꺼낸다). 부부가 각자 상대가 지어낸 이야기에 내 것을 더하는 것이 가능하다는 것을 보여주고 나면, 나는 부부가 함께 하는 기쁜 일들을 계획하는 이러한 연습을 반복한다. 부부들은 이러한 연습을 통해서 긍정적인 고리를 경험하면서 그들의 분위기가 어떻게 달라지는지, 함께 하는 것이 어떻게 성과를 만드는지 느낄 수 있을 것이다.

"짧은 이야기를 길게 만들기"의 목적을 소개하라. 먼저 커플에게 그들을 매혹하는 동시에 고문하기도 하는 순환 고리에 관하여 간단히 설명한 후, 만일 우리가 Scheinkman와 Fishbane(2004)의 이야기처럼 "고리의 짧은 이야기를 길게" 할 수 있다면, 반복되는 부부의 순환 고리에 대해 더 깊은 이해를 얻을 수 있다고 설명한다. 비디오의 슬로우 모션처럼 부부의 상황을 천천히 보게 만들어 취약한 부부 과정의 고리를 해체할 수 있고, 문제가 어디에서 잘못되었는지 확인할 수 있다.

갈림길. 이러한 시점에서, 상담자는 부부의 부정적 상호작용 고리를 풀기 위해 치료의 두 방향 중 하나의 접근을 선택할 수 있다. 정신역동적 접근에서는 더 깊은 심리적 문제를 발견하고 분석하고자 한다. 교육적 접근이나 행동주의적 접근에서는 부부들이 힘든 대화를 나눌 때 덜 공격적이고 더 능숙하게 대화할 수 있도록 가르친다. 이러한 방법들은 이 책의 3부와 4부의 주제이다. 이러한 방법을 어떻게 선택하고 순서를 정하는가에 대한 질문은 5부에서 논의된다. 이제부터 이에 대해 간단히 설명하고자 한다.

정신역동적 접근: 두 배우자의 더 깊은 문제를 말하게 하라. 부정적인 순환 고리를 해체하고 전환시키기 위해 우리는 보통 생산적인 대화를 방해하는 내면의 욕구와 공포를 밝혀낼 필요가 있다. 반복되는 싸움을 지켜보며, 나는 진짜 이슈가 무엇인지 파악하려 하고 내담자들로 하여금 그들의 내면에 무엇이 있는지 알 수 있도록 돕는다. 그 내면의 이슈를 다루게 될 때 나는 두 사람의 통역사 역할을 하면서 나는 각 배우자의 핵심 문제에 대해 분명히 밝히려고 노력한다. Wile(2002)이 말한 것처럼, 상담자는 일반적으로 부부가 서로를 설명하는 것보다 각 배우자의 상황에 대해 더 잘 알려줄 수 있다. 나는 가능하다면 부부가 자신에 대해 말하는 것을 도우려고 애쓴다. 나의 목표는 그들이 상대방의 이야기를 외면하는 것을 줄

이고, 반복되는 부부의 논쟁을 더 깊은 부부 내면의 문제에 대한 대화로 대체시키는 것이다. 부부의 반복되는 부정적 고리의 역동을 해체하는 동안, 부부 사이 또는 그들과 나 사이에서 일어나는 공손하고 협력적인 대화를 모델링한다. 그리고 그들을 대변하려는 나의 시도에 대한 부부의 반응을 지속적으로 살핀다. 상담자 없이도 부부가 생산적으로 대화할 수 있을 정도로 부부의 프로세스가 개선되면 나는 중간에 물러나 그들이 자연스럽게 대화하도록 지켜본다.

정신 역동적 접근: 원가족에 대하여 질문하라. 내담자들은 부정적 고리에 따라 행동하는 부적응적인 방식이 그들의 유일한 선택이라고 믿는다. 상담자는 이런 행동에 대한 어린 시절의 기원을 질문하여 이러한 믿음에 대해 다시 생각할 기회를 줄 수 있다. 이를 통해서 내담자들은 그들의 대처 방식이 어린시절 배웠던 역할과 관련이 있다는 것을 알게 된다. ("누군가 화가 났을 때는 그 방을 떠나는 게 최선이다.") 그들이 누군가를 역동일시하는 것이나("나는 어느 누구에게도 그렇게 대하지는 않을 거야"), 또는 모든 가족들이 어떻게 하는지, 또는 어떻게 해야 하는지("지금은 고함을 지르겠지만 다음 날이 되면 모두 끝나 있을 거야.")에 대해 자신이 가진 신념의 유래를 이해하게 된다.

교육적 접근: 부부의 춤의 각 "단계"에 이름을 붙이고 대안을 가르쳐라. 부부의 춤 전체를 위한 이름을 지어낼 수 있는 것처럼 개별적인 부적응 단계를 구분하고 이름을 붙일 수 있다. 그리고 순환 고리가 진행되는 동안 더 건설적인 방법을 가르칠 수 있다. 예를 들면, 사실에 대한 논쟁 사건("나는 그래서 당신에게 계산서를 지불하라고 말했어요.") 그리고 더 많은 표 얻기 사건("우리 어머니도 당신이 애들에게 너무 엄하다고 생각해요!) 등의 눈길을 끄는 선동적인 제목을 붙인다. 동시에 나는 상대의 비난에 대응하는 좋은 방법을 제안한다. 이것은 3C라고 부르는 것으로 "침착하고, 호기심을 가지고, 배려하는(calm, curious, and caring)" 태도를 유지하려고 노력하는 것이다.

■ 프로세스를 다루는 상담의 기대 효과

고리의 대체. 부정적 상호작용 고리를 다루는 분명한 목적은 고리 대신에 갈등과 고민을 다루기 위한 "순차적 대체의 지침(sequence replacement guideline)" (Pinsof et al., 2011)에 따라 더 건강한 단계적 과정으로 바꾸는 것이다. 이것이 비록 우리가 바라는 수준에 도달할 수 없더라도 때로는 가능한 일이고 해야 할 일이다. 그러나 많은 부부들이 감당하기 힘든 스트레스를 받게 되면, 이전과 같은 오래된 방식으로 말다툼을 하게 될 것이다.

일부의 "순차적 대체"는 수동적 배우자가 문제를 책임지게 만들 수 있다. 예를 들면, 배우자 중 한 사람이 성 관계 부족 또는 헌신적인 양육 등에 대해 끊임없이 불만을 토로할 때, 상담자는 이런 불만은 상대적으로 수동적인 사람이 더 관여하기 전에는 멈추지 않는다는 것을 분명하게 알려야 한다. 이러한 개입은 부부의 프로세스를 상호협력하는 방향으로 변화시킨다.

부정적 고리의 감소. 어떤 커플들에게 부정적인 상호작용의 고리가 감소되는 것이 관찰된다. 여전히 부부의 고리는 반복되지만, 그들은 고리의 초기 단계를 잘 알게 되었고 특정한 핫 버튼에 덜 예민해졌기 때문에 상황이 나빠지기 시작할 때 속도를 더 늦출 수 있다.

회복의 증진. 상담후 얻을 수 있는 유익한 성과는 부부가 말다툼을 하거나, 퇴행적인 레파토리를 반복한 후 더 빨리 관계를 회복하고 상대에게 더 많은 연민을 가지게 되는 것이다. 그들은 부부 사이에 위험 신호를 더 잘 알게 되고 부정적 고리의 싹을 잘 자를 수 있는 방법을 알게 된 것처럼 이성을 찾은 후 싸움을 돌이켜보고 사과하고 관계를 복구할 수 있다. 앞으로 10장에서 이러한 회복을 촉진하는 방법에 대해 논의할 것이다.

■ 부부 상담 사례: 협박자와 소설가

톰은 35세의 은퇴한 프로 미식축구 선수로 33세 소설가인 아내 제니퍼와 상담실을 방문했다. 그들은 시카고를 떠나 이사하는 문제로 심각한 갈등을 겪고 있었다. 그들은 끊임없이 이사 문제로 "싸웠고" 이사하는 것에는 분명한 장점과 단점이 있었다. 톰은 자신이 논리적으로 주장했다고 생각했으나, 제니퍼는 격분하여, 혼란, 분노, 무력감에 빠져들었다. 그녀는 남편에게 푸시당하고 있지 않을 때에도 그의 의견을 듣고 싶은 마음이 생기지 않았다. 그 이유는 남편이 자신이 바라는 것에 대해서는 전혀 고려하지 않는다고 느꼈기 때문이다. 현재 이사에 대한 결정은 교착상태에 빠져 버렸고 두 사람 모두 결혼생활에도 회의를 품게 되었다. 제니퍼는 결혼 생활을 끝내는 것을 고려하고 있었다.

첫 상담에서, 그들은 서로 소통하는 것의 어려움을 이야기했다. 상담에서 서로 대화해 보도록 했을 때 나는 바로 부부의 문제를 알 수 있었다. 그들의 대화를 통해서 부부가 그들의 좌절과 교착상태에 대해 보고했던 것을 확인하였다. 또한 현재 갈등에 대한 장점과 단점에 대한 토론을 시도하였으나, 부정적인 상호작용 고리로 인해 문제해결은 불가능했다. 상담에서 한번은 부부의 대화시도를 할 가치가 있었고 대부분의 부부들이 그랬던 것처럼 역부족이라는 것이 증명되었다. 그러나 이로써 부부 문제에 대한 진단이 내려졌다. 상담실에서 보인 부부의 비협조적인 프로세스, 직접적인 개입이 통하지 않는 것, 이 모두를 볼 때 주의를 기울여야 할 것은 부정적인 상호작용의 고리임이 드러났다.

톰은 프로 선수 경력을 끝내고 경영대학원에 들어갔으며, 그의 태도에서 그의 이력을 읽을 수 있었다. 그는 매우 경쟁적이었고 논리적이고 완강한 방식으로 아내를 포함한 외부세계에 접근하였다. 그는 제니퍼에게 시카고를 떠나 이사하는 것의 장점에 대한 많은 자료를 보여주었지만 전혀 효과가 없었다. 아내가 이사하는 것뿐 아니라 그것을 상의하는 것조차 마음 내켜 하지 않는 것은 여전히 미스터리한 일이었다. 두 사람 모두 다른 지역으로 가야만 톰이 취업의 기회를 얻고 좋아하는 여가활동을 할 수 있다는 것을 알고 있었고 톰이 점점 더 우울해지는 것을 느끼고 있었다.

톰과 제니퍼는 대학에서 만났다. 그들은 공통적으로 스포츠에 관심이 많았고 좋아하는 활동과 신념을 함께 공유하며 친해지게 되었다. 제니퍼는 톰이 일할 때 보이는 확신 넘치는 스타일에 항상 매력을 느껴왔지만, (그는 저돌적이고 지배적이었던 그녀의 아버지를 닮았다), 그녀가 원하는 것과 다른 방향으로 압박할 때는 그에게 신경을 꺼 버렸었다. 이것은 침실에서도 마찬가지였다. 처음에는 그녀도 그와의 섹스를 즐겼지만 그녀가 원하지 않는 분위기에도 강요당하는 느낌이 들면서 점점 흥미를 잃어갔다. 이러한 문제는 톰을 좌절하게 만들었는데, 경기장에서는 관중들이 톰에게 환호를 보내는 것을 느꼈으나 침실에서 그의 아내는 자신에게 열광적이지 않다고 느꼈기 때문이다. 그는 점점 우울해졌고 이사에 대한 고집도 더 강해졌다.

이제 부부의 부정적 상호작용의 고리가 그들의 결혼생활의 다른 중요한 부분, 특히 그들의 성생활 등을 방해하는 것이 분명해졌다. 한 가지 이상의 문제를 동시에 해결하는 기회를 갖기 위해 상담의 초점을 부부의 병리적인 춤으로 바꾸고자 하였다.

　나는 다음과 같이 부부의 부정적 상호작용 고리로 초점을 전환하였다: 나는 톰에게 이렇게 말했다. "톰, 아내를 설득하기 위해 당신이 흠잡을 데 없어 보이는 논리로 너무 강하고 고집스럽게 당신의 주장을 한다면, 그녀는 압도당했다고 느끼고, 점점 더 화나고 혼란스러운 상태에 빠지게 됩니다. 중요한 논쟁에서 물러서는 것이 자신에 대해 무가치하고, 불안하고, 무기력한 사람으로 느껴지게 만들기 때문이지요. 결과적으로, 아내를 불러 대화를 할 수 있도록 만드는 데 두배의 노력을 해야 할 겁니다."

　여기에서의 상담 목표는 부정적인 고리에 개입하는 것이다. 부정적인 고리의 순서에 이름을 붙이고 이것이 어떻게 부부를 깊은 고립과 불행으로 이끄는지 보여주는 것으로 시작한다. 동시에, 부부가 춤을 반복하게 되는 정서적인 이유를 찾으려고 노력한다. 이를 위해, 나는 그들 두 사람 모두에게 공감하고 때때로 직접 이야기한다. "톰, 당신은 아내가 현재의 문제에 관여하기를 원치 않게 되면서 당신의 커리어나 일을 잘한다는 자부심이 흔들린다면, 평정심을 유지하기 쉽지 않을 것입니다." 그리고 가끔 간접적이고 우회적으로 한쪽 배우자를 대변하여 상대 배우자에게 이야기한다. "톰, 만약 제니퍼가 좀 더 직접적으로 말할 수 있고 당신의 감정을 상하게 하는 것을 덜 두려워한다면, 아내는 당신에게 이렇게 이야기하고 싶을 거 예요. 당신이 흥분하고 고집을 피우면, 아내는 자신의 요청이 받아들여지지 않았다고 느끼게 됩니다. 이것 때문에 아내는 화를 내고 자신이 화낸 것 때문에 더 불편해져서 입을 다물게 될 겁니다."

　예상대로, 부부의 악순환 단계에 이름을 붙이고 공감을 제공하는 개입은 대부분 즉각적으로 부부를 진정시키고 희망을 안겨준다. 이 개입을 통해 부부의 고리 때문에 반복되고 감추어지는 근본적인 문제들에 대해 탐색할 공간을 좀 더 만들 수 있다. 특히, 톰은 결정을 주저하는 제니퍼에게 좌절감을 느낄 수 있다는 것을 인정해주고, 자신의 좌절에서 벗어나기 위해 아내의 죄책감을 유발하고 통제하려는 톰의 시도를 차단하였다. 이로써 톰은 더 인내할 수 있게 되었고 아내가 결정을 망설이는 이유를 탐색할 수 있게 되었다.

두 사람의 분위기가 좋아졌을 때, 부부의 춤의 양상을 말해주는 은유를 발견할 수 있었다: 이는 "겁주기"로서, 상담 장면은 제니퍼에게 전적으로 공격자의 역할을 허용하는 유일한 경기장이었다. 제니퍼의 마음을 알게 된 후, 나는 농담조로 "위협자"라고 별칭을 붙인 남편과 소통할 때 제니퍼가 느꼈던 분노에 대해 말해보도록 요청했다. 이전에 그녀는 오직 소설 속의 권위적 인물에 맞서는 캐릭터를 통해서만 자신의 분노를 간접적으로 표현해 왔다. 지금 그녀는 괴롭힘 당하는 분노에 대해 직접 표현했다.

그녀는 분노를 표현한 뒤, 자신의 욕구 표현을 어려워하는 기원에 대해 성찰하기 시작했다. 부상 때문에 스포츠 선수생활을 끝내게 되었고, 고압적이었던 아버지는 딸에게 겁을 주어 소용이 없었던 수술을 받게 하였다. 그녀는 고압적인 아버지를 포함해서 다른 사람들에게 어떻게 순종하게 되었는지를 알게 되었다. 또한 그녀는 그 지역에 남아서 부모를 도와 가족의 책임을 다하기를 기대하는 그녀의 부모에 대해 상당한 내면의 갈등을 가지고 있다는 것을 알게 되었다. 제니퍼는 진정으로 부모님을 사랑했기 때문에 부모에게 말하는 것에 어려움을 겪었던 것처럼 톰에게도 소리 높여 이야기하지 못했다. 그녀는 부모님이 원하는 것과 다른 것을 선택할 때마다 부모님이 힘들어하는 것을 느꼈다. 그들의 결혼에 대한 짧은 이야기는 점점 길어졌고 점점 분명해지고 있었다.

프로 선수에게 크게 놀랄 일이 아니지만 톰은 "코치를 잘 할 수 있는" 능력을 가지고 있었기 때문에 거의 공동치료사의 역할을 해주었다. 제니퍼에게 용기를 심어주어 그녀의 가족에 대해 털어놓을 수 있게 하고 그녀가 무의식적인 소망 때문에 다시 다른 사람들이 이끄는 대로 맹목적으로 따르지 않도록 하였다. 톰이 더 참을성 있고 공감하는 사람이 되어 아내가 말할 수 있게 해주었던 것처럼, 그녀 또한 그의 말을 경청하게 되었다. 이제 긍정적인 방향으로 톱니바퀴가 움직이고 있었다. 이후 나는 톰이 자신의 더 깊은 내면의 문제와 커리어에 대한 포부를 표현하도록 도왔다. 그는 재산을 빠르게 탕진했던 다른 프로 선수들처럼 되는 것에 대한 두려움, 실업자가 된 것에 대한 수치심과 그가 시카고에서는 할 수 없었던 아웃도어 스포츠에 대해 평생동안 가져왔던 애정을 감동적으로 이야기했다. 이제 제니퍼는 그가 하는 이야기를 들을 수 있었고, 이사하고자 하는 그의 간청에 마음이 움직였다는 사실이 달라진 점이다. 더 근본적인 변화는 두 사람이 내 사무실에서 진정한 친밀감과 연결의 순간을 경험했고 가정에서는 부부의 성생활이 개선됐다는 점이다.

부부의 대인관계 프로세스가 급격히 변화하면서 톰과 제니퍼는 그들의 또 다른 문제를 해결하기 위해 함께 하는 팀이 되었다. 그들은 스스로 이사하기로 결정했고, 중요한 문제였던 이사의 결정으로 야기되는 어려운 문제, 즉 제니퍼 부모의 분노와 죄책감에 대해 함께 대처했다. 그들이 부부상담을 통해 해결하고자 했던 문제를 해결하는 것 외에도, 그들은 다른 영역(예, 어떤 집을 사야 하는가)에서의 갈등을 관리하는 능력을 개발하여, 그들은 의견이 불일치하는 미래의 상황에 대처할 준비가 된 것처럼 보였다. 그들과 상담할 때 느꼈던 우울한 분위기는 함께 삶을 공유하는 진정한 기쁨으로 바뀌었다. 일년 후 그들이 추수 상담을 위해 시카고에 와서 내방했던 때도 여전히 이러한 개선점은 유지되고 있었다.

이것은 전형적인 성공 사례이다. 상담실을 찾는 점점 멀어지고 있는 부부를 돕는 방법은 그들이 서로에게 이야기할 수 있는 안전한 토론의 장을 제공하는 것 외에도 상담 초기에 그들이 가지고 있는 부정적 상호작용 고리에 주의를 기울이는 것이다. 그 다음 그들의 상호작용 고리에 이름을 붙이고 그것의 몇 가지 뿌리를 찾는다. 일단 상호작용 고리의 근원이 드러나면 부부는 이를 수용하고 서로에게 좀더 호의적이고 협조적으로 행동하게 된다. 또한 친밀감과 갈등 해결 능력이 동시에 향상된다. 톰과 제니퍼에게 이 모든 일이 일어났고 그들은 알아차리기 어려운 힘에 의해 막혀 있었던 중요한 행동의 프로세스에 대해 이해하게 되었다.

우리는 다음 장에서 다양한 종류의 부부의 춤에 대한 구조적 특성과 이를 변화시키는 최적의 개입에 대해 살펴볼 것이다.

4장 NOTES

1) 나는 다음의 저자들 덕분에 부부의 춤에 대한 통찰력 있는 설명을 할 수 있었다.
Christensen & Jacobson (2000); Gottman et al. (1998); Greenberg &
Goldman (2008); Greenberg & Johnson (1988); Markman, Stanley, &
Blumberg (2001); Real (2007); Scheinkman & Fishbane (2004); and
Wile (1993, 2002).

05 부부의 춤 살펴보기

4장에서는 병리적인 부부의 프로세스에 초점을 맞추는 것이 중요하다는 것을 논의하였다. 이 장에서는 더 일반적인 부부문제, 보편적인 부부의 춤(dances)과 이에 맞는 적절한 개입에 대해 더 자세하게 알아보고자 한다. 병리적인 춤이란 부적응적이거나 역기능적인 상호작용이 악순환되는 상태를 말한다. 부부의 역기능 문제(couple dysfunction)는 부부가 갈등에 직면했을 때 협력하여 문제를 해결하는 것에 실패했을 때 그대로 드러난다. 또한 부부가 문제를 직면하는 것을 피할 때에도 드러난다. 먼저 심각한 부부 갈등에서 자주 등장하는 분노와 비난의 주제에 대해 다루고자 한다.

■ 분노, 복수, 수동-공격

가치 있는 동시에 위험한 감정 "분노". 분노는 다른 불쾌한 감정들처럼 용납할 수 없는 상황에서 무엇을 할 수 있도록 우리를 동기화시키는 신호이다. 분노는 우리가 가고자 하는 길을 가로막는 장애물을 극복하려는 동기를 증진시키는 임무를 가지고 있다. 또한 우리의 욕구를 건강하게 주장하고, 우리 자신을 옹호하기 위해 우리를 움직이게 만드는 힘이 있다. 관계의 문제에서 분노의 감정은 상대에 대한, 또는 서로 간의 불화를 표현할 수 있도록 만든다. 하지만, 분노는 우리를 곤란에 빠지게 하고 그로 인해 비효과적인 행동을 하게 만든다. 상담자는 부부가 자신이 가지고 있는 분노의 근원을 이해하고 이를 공유할 수 있도록 개입하고,

동시에 충동적이고 파괴적인 방식보다는 그들이 이러한 새로운 깨달음을 적응적으로 사용하도록 돕는다. 분노를 행동화하기보다는 있는 그대로 표현하도록 한다 (Greenberg & Goldman, 2008; Wile, 1993).

나는 상담 초기에 분노에 대한 나의 견해를 분명하게 설명한다. 일반적으로 내담자들은 분노에 대해 나쁘다고 보거나 분노를 드러내는 것은 어쩔 수 없다고 여기는 경향이 있기 때문이다. 또한 내담자의 원가족 내에서 분노가 어떻게 다루어졌는지 탐색하는 것도 도움이 된다.

자제하기: 중국의 손가락 함정 놀이(Chinese finger traps)와 풀리지 않는 구두 끈. 부부와 상담할 때 그들의 분노와 불만을 건설적으로 이해하고 소통하기 위해 작업하면서 강조하는 것이 있다. 우리가 바라는 것을 얻지 못하고 좌절할 때 상대를 비난하고 싶은 근본적인 충동을 조절하는 방법을 배우는 것이 필요하다는 것이다. 결혼 생활을 할 때 저절로 어떤 것을 얻는 일은 자주 일어나지 않는다. 그림에 있는 중국의 손가락 함정 놀이로 예로 들어 보자. 손가락을 빼려고 할 때, 여러분의 직관적인 생각과는 반대 쪽에 그 비밀이 숨어있다. 여러분은 그것을 빼려는 마음을 자제하고, 그 대신에 인내심을 가지고 서로를 향해 움직여야 한다.

풀리지 않는 구두 끈을 예로 든다면, 혼란스런 문제에 직면했을 때 반사적인 행동을 자제해야 한다는 것을 다시 알 수 있다. 여러분은 한쪽 끝을 당기려는 반사적인 충동에 다시 한번 저항해야 한다. 이는 매듭을 더 풀기 어렵게 만들기 때문이다.

그림 5.1 중국의 손가락 함정 놀이(Chinese Finger Traps)

내담자의 분노를 표현하도록 돕기. 어떤 내담자는 분노에 대하여 정반대의 문제를 가지고 있다. 그들은 상대에게 맞서는 것이 두려워 자신의 분노를 억압하고 자신을 화나게 하는 대상의 주변을 서성인다. 이 때 상담자는 내담자가 자신의 감정을 안전하게 느끼고 덜 억압하도록 도와야 한다. 이후 내담자들은 자신의 불만을 분명하게 효과적으로 표현할 수 있게 된다. 상담에서 다음과 같은 개입으로 이러한 내담자를 도울 수 있다. 내담자들이 화가 났을 때 통제력을 잃어버릴까봐 두려워했는지 탐색하고, 자기 주장을 했던 과거 경험을 돌아보고, 어린시절 원가족들은 어떻게 화를 처리했는지 살펴보고, 상담자가 직접적으로 솔직한 대화의 모범을 보이는 것 등이 도움이 된다.

상처에 대한 반응으로서의 분노. 우리는 힘든 장애물을 만났을 때뿐만 아니라 감정적으로 상처를 받았을 때도 분노를 경험한다. 정신분석학자 Heinz Kohut (1977)은 자존감, 정체성, 또는 "자기(self)"에 대해 상처를 받았을 때 뒤따르는 "자기애적 분노"를 강조하였다. 이러한 상황에서 상담자는 그들의 분노를 표현하거나 조절하도록 돕는 것뿐 아니라 상처의 본질을 공감하고 명료하게 이해하는 것이 필요하다.

감정에 대한 방어로서의 분노. 분노의 감정을 심리적 상처에 대한 이차적인 반응이라고 본다면, 분노의 표현은 상처를 은폐하기 위해 방어적으로 사용되는 것일 수 있다. 사람들은 분노 뒤에 자신의 슬픔, 수치심, 연약함을 숨기는 것을 더 편하게 생각한다. "나에게 그런 식으로 대하다니 당신은 어떻게 그럴 수 있어?"라고 공격하는 것이 "당신이 나를 기다리게 만들었을 때 나는 당신에게 중요하지 않은 것 같았어"처럼 부드럽게 속마음을 이야기하는 것보다 안전하게 느껴진다. 우리는 내담자에게 가려져 있는 자신의 연약함을 표현할 수 있도록 도와야 한다. 상담을 통해 그들의 공격성을 완화시키고, 내면의 소리가 상대에게 전달되도록 해야 한다.

자기 방어를 위한 복수로서의 분노. 분노를 표현하는 것은 가해자를 상처주기 위해 쓰일 뿐 아니라 심리적 평형을 회복하려는 시도일 수 있다. 상처 입거나 굴욕감을 느낀 "자기(self)"는 권력, 주체(agency) 또는 자기 가치를 다시 느끼기 위한 방법으로 복수를 모색할 수 있다. "당신은 도망갈 수 없어! 당신이 어떻게 당하는지 두고 볼 거야!"처럼 자기애적인 자기방어를 위한 복수는 필연적으로 부부의 프로세스를 악화시키고 이로 인해 파트너의 역공격과 비협조적인 태도를 불러오게 된다.

수동-공격성과 "매우 위험한(radioactive)" 임무. 분노의 감정은 수동-공격적인 행동을 통해 부적응적으로 드러날 수도 있다. 일반적으로 부부 중 한 사람이 배우자를 지배하거나 통제하려고 행동하게 되면 다음과 같은 방식으로 대응하게 된다. 베스가 프레드에게 끈질기게 어떤 것을 요구할 때, 프레드는 마지 못해 이에 동의할 수 있지만, 시간에 맞추어 성실한 태도로 그 일을 수행하는 것은 쉽지 않을 수 있다. 예를 들면, 프레드는 의식적으로는 수리공을 부르는 일에 응할 수 있지만, 그는 지속적으로 그 일을 망각함으로써 무의식적으로 불복종하려는 마음을 드러낼 수 있다. 이러한 행동은 일을 하지 않는 것으로 피해를 입혔기 때문에 "수동적"이라 할 수 있고, 이미 약속한 대로 일을 잘 마쳤을 거라는 배우자의 믿음에 손상을 주었기 때문에 "공격적"이라고 할 수 있다. 순응하지 않는 배우자와 맞서는 사람의 경우 좌절과 분노가 더 커지면서 이러한 악순환의 고리가 더 확대되는 경향이 있다. 배우자에게 맡긴 일이 끝나지 않았을 뿐 아니라 그에 대한 믿음도 사려졌기 때문이다. 이때 무시당한 배우자는 반복적으로 요구하면서 더 몰아붙인다. 따르지 않는 배우자는 반복되는 요청을 비난으로 여기고 이에 대해 부당하다고 생각한다. 결과적으로, 상대에게 "폭발 직전의" 감정을 느끼게 되고 그 일을 수행할 가능성은 훨씬 줄어들게 된다. 이렇게 결과가 나타날 때 요구하는 파트너는 더 격분하게 되고, 지속적인 어려움이 따르게 된다.

상담에서 수동-공격성을 다루는 것은 매우 어려운 일이다. 수동-공격성은 다양한 무의식적인 동기를 가지며, 겉으로 드러나지 않기 때문에 내담자들은 쉽게 자기 탓이 아니라고 부정한다. 나는 상담에서 부부의 무의식적인 공격성에 다루고자 할 때(적어도 합의된 일에 대해 양가적인 태도를 보일 때), 개인적인 예(고양이 털의 사례)를 나누는 것이 도움이 되는 것을 경험하였다. 이 사례를 통해서 수동-공격성에 대한 심리를 설명하고, 자신의 행동을 인정하는 것이 세상이 끝나는 것은 아니라고 강조한다.

여러분의 삶에서 내담자의 사례와 비슷한, 간단한 일이 거대한 정서적인 파장을 일으키는 이야기를 찾아라. 그 다음 당신의 사례에서 수동-공격적 순환 고리의 자세한 내용을 채우고 이를 부부와 함께 탐색하라.

상담에서 비순응적인 태도를 보이는 내담자의 경우, 외부의 사정(예기치 못한 직장의 요청)이나 우울증으로 인한 것일 수 있기 때문에 주의해야 한다. 우울한 사람은 일반적으로 자신의 관심사가 아니거나 부담이 되는 일에는 동기가 낮아지기 때문이다. 이러한 상황은 한 사람의 수동-공격적인 태도에 원인이 있기보다는 부부가 협력적으로 현재의 문제를 처리하는데 방해가 되는 것을 찾아내는데 실패했기 때문에 부부갈등이 깊어지는 경우가 더 많다. 나의 경험에서 볼 때, 배우자의 요청에 협조하지 않는 대부분의 경우는 어쩔 수 없는 현실적 제약과 수동-공격적인 행동화가 혼합되어 발생하는 경우가 많다.

고양이 털 사건

아내 쉴라와 나는 오랜 세월 이어온 취침 습관을 가지고 있다. 침대보를 접는 것을 당연히 나의 일로 여겨왔고 오랜 시간 이어져 왔다. 우리가 새로운 고양이를 키우게 되었을 때, 쉴라는 침대보를 접은 후 위에 수건을 깔아 달라고 나에게 부탁하였다. 고양이가 침대에서 잤을 때 털이 묻는 것을 방지하기 위해서였다. 이것은 합리적인 요청이었지만 내 야간 임무에 추가된 새로운 일이었다. 그럼에도 불구하고, 나는 그 일을 계속해서 "잊어버렸다"는 것을 깨달았고, 아내는 그 일을 잊을 때마다 나의 소홀함을 비난했다. 이런 일이 일어난 이유를 생각해 보면, 나는 의식적으로는 아내의 부탁에 따르고자 했지만 실제로 내게 쏟아지는 비난에 비례하여 아내가 부탁한 일을 하는 것이 지연되는 것 같았다. 실제로 아내가 가벼운 가사일을 요청했을 때 짜증이 났던 일을 생각해보면, 왜 이런 일들이 생각보다 시간이 더 걸리는지 그 이유를 알 수 있었다.

█ 비난

부부상담에서 자주 등장하는 비난의 문제는 분노처럼 고통스럽고 비생산적인 특성을 가진다. 배우자에게 책임을 떠넘기는 과도한 비난은 순환적 인과관계를 알지 못했을 때, 현재의 어려움이 외부에서 오는 것으로 귀인하려는 경향에서 비롯된다. 또한, 다른 사람을 비난하는 일이 이렇게 흔한 이유는 우리 자신의 수치심과 죄책감을 감소시키기 때문이다. 우리는 나 자신을 비난하고 자존감에 상처를 주는 대신 상대에게서 잘못을 찾는다. 이러한 현상은 사람들이 수치심을 느낄 때, 자신의 책임을 인정하는 것에 왜 그토록 저항하는지 정확하게 설명해준다.

투수를 비난하기. 어떤 내담자가 배우자에게 느끼는 죄책감, 수치심, 또는 다른 불편한 감정 때문에 그를 비난하며 방어할 때 나는 이에 대해 공을 계속 놓쳤을 때 투수를 비난하는 가상의 타자를 비유하여 설명한다. 누구나 그렇게 하면 안 된다는 것을 알지만, 종종 정서적인 보살핌을 받기 원하는 상처받은 배우자에 대해 "너무 의존적인" 사람이라고 비난하곤 한다. 많은 부부들은 자신에게 배우자의 정서적인 지지가 필요한 경우는 당연하다고 느끼지만 반대의 경우에는 체면을 차리고 방어하게 된다. 이처럼 도망자(Distancers)들은 대부분 추적자(pursuer: 투수)가 자신을 그냥 내버려 두면 모든 일이 잘 될 거라 생각하고 행동한다. "투수를 비난하기" 비유를 염두에 두고, 비난하는 배우자가 자신의 책임을 분담하는 것을 수용하도록 돕는 상담적 개입으로 가보자.

미루기로서의 비난. 나쁜 일이 일어났을 때 타인을 비난하는 것은 책임을 피하게 해줄 뿐만 아니라 문제에 직면하고 개선하려는 노력을 회피하는 마법 같은 방법일 수 있다. 내가 만났던 어느 부부에게 있었던 일이다. 눈보라가 치는 날, 아내가 뜻하지 않게 집 열쇠를 떨어뜨려 잃어버리는 일이 생겼고, 아내의 잘못을 따지는데 과도하게 많은 시간을 허비하였다. 실제로 그 다음에 해야 할 일에 대한 심각한 문제에 직면하는 것을 회피하는 방법이었을 것이다.

까다로운 10대 청소년을 다루는 것처럼, 일상적인 삶에는 어떻게 해결해야 하는지 알 수 없는 역경과 불확실성이 존재한다. 이러한 삶을 살아나가면서 많은 부부들은 누가 언제 무엇을 했는지, 현재의 상태에 대해 누가 책임을 져야 하는지에 대해 언쟁하고 있다. 이 수많은 말싸움은 다음에 해야 할 일에 대한 도전을 미루는 헛수고에 불과하다. 상담자는 이 같은 방어적인 교착상태에 끼어들어 설명을 해주고 이들을 공감하고 상황에 대처하기 위한 실질적인 방안을 제공해야 한다.

적절한 책임을 묻기. 때로는 책임을 묻는 것이 도움이 된다. 우리는 실수를 돌아봄으로써 앞으로 같은 일을 반복하지 않을 수 있다. 중대한 관계에서의 배신(예: 외도)이 발생하는 경우, 신뢰를 회복하고 부부의 유대를 회복하려면 가해자는 책임을 인정해야 하고, 진심으로 사과해야 한다.

■ 목소리의 톤

부부가 격렬하게 싸우게 될 때, 비꼬고 조롱하며 경멸하는 상대의 적대적인 말투에 항의하는 일이 흔히 일어난다. 이러한 항의의 이유는 다음과 같다. 첫째, 주제를 바꿈으로써 화자가 하는 말의 내용을 회피하는 방어적인 방법으로 볼 수 있다. 때로 상대의 어조에 대해 불평하는 배우자는 거친 말투 때문에 불만의 내용은 이야기할 필요가 없다는 비논리적인 주장을 하기도 한다. 그것은 분명히 그들의 배우자에게 분노와 불신을 강하게 표현하는 방식일 것이다. "내가 어떻게 말했는지 당신이 신경이나 쓰나요? 오늘은 당신이 천 번째 전기 요금을 내는 것을 잊어버린 날이에요!"

그러나 목소리 톤의 이면에는 진실이 있다. 화난 목소리 톤은 경멸하는 것이 아니라면 강력하게 협조하지 않겠다는 태도를 전달하는 것이다. 목소리의 톤은 문제해결을 위한 대화에서 불만족스러운 결혼생활이나 미해결된 갈등을 예측하는 것으로 알려져 있다(Kim, Capaldi, & Crosby, 2007). 따라서 부정적인 말투에 대한 불만을 다룰 때 단지 상담의 주제를 바꾸려는 가벼운 전략으로 여기지 말아야한다. 상담자는 배우자가 문제를 회피하고 있다고 느끼는 좌절된 내담자와, 상대의 어조를 통해 전달되는 거친 태도에 의해 공격받는다고 느끼는 내담자의 경험을 모두 타당화시켜 주어야 한다.

■ 술은 진실을 말하게 한다.(In Vino or in Anger Veritas?)

때때로 분노의 감정은 술을 마신 것처럼 자신이 실제로 생각하고 느끼는 것을 더 쉽게 말하도록 만든다. 실제로 사람들이 긴 시간 동안 자신을 괴롭혔던 것에 대한 분노의 목소리를 낼 때 이러한 일이 발생한다. 또한, 과열된 부부싸움 끝에 한 사람이 낙담한 나머지 이혼을 언급하거나, 복수를 위해 의도적으로 악담을 하는 것이 이를 설명해주는 예이다. 이 경우 나는 청자(listener)에게 방금 화자(speaker)가 한 말을 다음과 같이 "번역"해보도록 제안한다. "나는 그것이 정말로 당신이 말하려는 것이 아니라고 생각해요. 나는 당신이 단지 화가 났거나 상처받았다고 생각해요." 화자가 지금까지 고함치듯이 한 말은 자신의 말을 확언하고 강조하기 위한 과장된 노력으로 보는 것이 좋다. 부부상담자들은 과장된 사실에서 진실을 찾을 수 있도록 도와야 한다.

이제 지금까지 이야기한 분노, 비난, 말투, 분노 이면에 있는 본질을 생각하면서 부부의 춤에 대해 알아보자.

■ 부부의 춤 분류

지난 4장에서는 부부의 부정적인 고리에 관한 조감도를 제시하였다. 이제 더 자세하게 알아보도록 하자.

부부상담에 관한 문헌에서 가장 자주 논의되는 패턴은 다음과 같다. (a) 두 사람이 항상 시끄럽고 크게 말싸움을 하는 경우(갈등하는 부부 또는 적대적인 부부: conflictual couples or adversarial couples), b) 한 배우자가 상대를 추적하며 조종하려 하고 반면 상대 배우자는 거리를 유지하며 너무 가까워지거나 상대의 영향을 받는 것에 저항하는 경우(추적자-도망자 부부, 요구-철수형 부부: pursuer-distancer couples or demand-withdraw couples)1) (c) 한 배우자가 상대를 괴롭히거나 지배하는 경우, 이러한 권력의 학대에 대해 고통을 느끼고 체념하며 복종하는 경우(지배-복종형 부부: dominating-submitting couples) (d) 두 배우자 모두 서로를 피하고, 그들이 가진 문제를 회피하는 경우(갈등 회피형 부부 또는 상호 회피형 부부: conflict-avoiding couples or mutually-avoiding couples) (e) 결혼생활의 문제를 제3자, 종종 자녀 중의 한 명에 대한 문제에 집중함으로써 결혼생활의 문제를 회피하기 위해 부부가 결탁하는 경우(삼각관계 부부: triangulating couples) (f) 부부 중 단 한 명, 즉 "확인된 환자(identified patient)"만이 문제가 있다고 단순화하여 방어적으로 동의하는 경우(확인된 환자 부부: identified-patient couples).

이 유형에서 다른 유형으로 바뀌거나 독특한 형태나 다양한 조합의 유형을 보이는 부부들도 있을 것이다. 격렬하게 싸우고 마치 별처럼 사라지는 부부도 있고, 서로 다가가고자 하는 시도를 포기한 부부는 격하게 대립하는 유형에서 갈등을 회피하거나 냉담한 유형으로 바뀔 수 있다. 이러한 역기능적 유형을 보이는 다양한 부부가 상담을 찾게 될 것이다. 상담자들은 이러한 부부의 패턴이 와해되었을 때, 갈등 회피적인 부부가 더 이상 피할 수 없는 문제에 직면해야 할 때, 학대당하고 복종했던 아내가 이혼하자고 협박할 때, 또는 상대 배우자를 배려하고 자기역할을 잘하는 배우자가 지쳐갈 때 그들을 만나게 된다.

■ 역할과 배우는 다르다

다양한 부부의 춤의 체계적 특성과 다양한 역할에 대한 심리를 살펴볼 때, 부부의 춤에서 역할은 실제 그것을 수행하는 사람과는 다를 수 있다는 것을 명심해야 한다. 일단 개개인이 어떤 역할을 하게 되면 개인의 성향과 상관없이 예측 가능한 문제를 만나게 된다. 예를 들어, 유기불안을 가진 배우자는 상대와 더 가까워지는 것을 원하지만, 대화를 꺼리는 배우자를 만난다면 누구나 같은 마음이 될수도 있다. 우리가 앞으로 논의할 대부분의 부적응 행동은 Rohrbaugh(2014)에의해 정의된 아이러니 프로세스(Wachtel & Wachtel, 1986)라 할 수 있다.

> 아이러니 프로세스(ironic process)는 문제를 해결하기 위해 좋은 의도를 가지고 지속적으로 시도하지만, 그 피드백에 의해 문제가 지속되거나더 나빠지는 것을 말한다. 예를 들어 한 배우자가 다른 배우자에게 먹고마시는 것을 줄이고, 담배 피우는 것을 줄이라고 충고하는 것은 상대가그 행동을 더 많이 하게 만들 수 있다. 또한 부부 갈등을 회피하고 부정적인 감정을 숨기기 위해 조심하는 것이 오히려 상대 배우자의 스트레스를유발시킬 수 있다. (p. 436)

추적자 역할에 고착된 사람은 어떤 행동을 해도 상황이 악화되는 것을 경험할것이다. 더구나, 이러한 악순환에 빠진 대부분의 내담자들은 자신의 역할을 벗어나려고 노력한다. 추적자는 배우자를 괴롭히지 않으려고 애썼고, 도망자는 경청하기 위해 노력하였다. 이렇게 변화하는 것을 막는 구조적인 특성을 논의한 뒤,악순환의 고리에서 자유로워지는 상담개입에 대해 안내하고자 한다.

■ 상호비난의 고리: 적대적인 부부 유형(Mutual Blaming Cycles: Adversarial Couples)

상호비난의 고리는 상당히 단순하다. 부부는 화를 내며 서로를 공격하고 상대를 비난한다. 때로는 "좋아요, 내가 어제 그렇게 한 것은 인정해요. 그렇지만, 당신도 지난 주에 그렇게 했잖아요!"처럼 상호 불평(cross-complaining)하는 모순된 논리를 보인다. 또한 상호 불평은 상대의 비난을 막기 위해 관련 없는 상대의 잘못을 들추어내게 할 수 있다. "미안해요."라고 간단하게 말하는 것이 더 효과적일 때에도, 자신의 책임을 전가하거나 줄이는 데 필요한 작은 사실에 대해 끝없이 논쟁하는 것을 볼 수 있다. 이러한 악순환을 심화시키는 핵심적인 문제는 두 사람 모두 상대가 귀를 닫고 있기 때문에 더 맹렬하고 강하게 요구한다는 사실을 외면하는 것이다. 이러한 상황에서 상담자는 두 사람이 모두 일리가 있다는 점을 알아차리고 악순환의 고리를 끊고 근본적인 문제해결로 나아가야 한다.

부부 중 한 사람이 필사적으로 배우자를 공격하는 것은 배우자가 변화할 필요가 있다고 확신할 때 시작된다. 때로 우리는 이러한 내담자의 절망을 탐색하면서, 그들의 그릇된 신념이 배우자의 행복 또는 트라우마 회복을 위해 꼭 필요하다는 믿음과 어떻게 연결되었는지 확인할 수 있었다. 이를 통해 서로에 대한 상호 비난에는 분노에 찬 비판과 도움을 구하는 외침(cries for help) 두 가지가 모두 들어있다는 것을 알게 될 것이다. 물에 빠진 사람에 대한 비유를 떠올려보자. 상담자의 도움으로 내담자들은 비판 뒤에 숨겨진 도움을 구하는 외침(Cry for help)을 상대에게 표현할 수 있다.

대부분의 부부 상담에서 상호 비난과 "부정적인 상호 교환"(Gottman & Levenson, 1999)의 에피소드는 갈등을 회피하는 기간과 교대로 나타난다. 갈등 회피의 기간 중 부부는 거리를 두고 상처를 달래지만, 여전히 남아있는 외부의 문제들 때문에 서로의 예민한 신경을 자극하게 되고 부부 갈등은 필연적으로 다시 발생하게 될 것이다.

부부 중 한 사람이 건강한 소통을 하기 위해 노력하더라도 상대 배우자는 부정적인 상호작용 고리의 관성때문에 이러한 시도에 저항할 수 있다. 상담자가 부부 중 한 사람에게 싸움을 줄이고 배우자를 더 수용할 수 있도록 개입했을 때, 상대 배우자는 이에 대해 반기지 않는 태도를 보일 수 있다. 이런 일이 발생할 때, 단지 가해자를 가르치려고 하는 것은 역효과를 낳게 되기 때문에, 그 사람에게 배우자의 변화를 환영하는 것이 왜 어려운지 이해하고 인정하도록 격려해야 한다: 변화가 너무 늦은 것처럼 보이는가? 그녀는 그 변화가 영원할 것이라고 믿지 않는가? 이렇게 변화하기 위해 수년동안 노력한 후에도 여전히 화가 나 있을까? 이러한 가능성에 대해 토론하고 이를 검증한다면, 부부가 변화에 대처하는 데 도움이 될 것이며 시간이 지남에 따라 서로 비난하고 공격하는 악순환을 멈추게 될 것이다.

■ 추적자-도망자 고리(Pursuer-Distancer Cycles)

74개의 연구(N = 14,255)에 대한 최근의 메타 분석에서 추적자−도망자 고리는 일반적인 유형으로 나타났다. 또한, 불화가 있는 부부와 그렇지 않은 부부 집단에서 모두 추적자−도망자 유형은 부부 불화와 역기능 문제에 관련된 것으로 밝혀졌다(Schrodt, Witt, & Shimkowski, 2013). 이 유형에서 추적자는 상대 배우자가 더 개방적이고 친밀해지길 원하고, 자신의 요구를 들어주기 바라지만 "관계능력(Fishbane, 2010)"이 부족하다. 그 이유는 도망자가 부부 두 사람에 대한 보상을 통제하기 때문이다(Rusbult & Van Lange, 2003). 도망자와 대화하거나 일을 분담하려고 설득하려는 추적자의 노력은 사태를 악화시키고, 도망자의 회피는 추적자의 쫓아가려는 욕구를 자극하여 "쫓아가기, 멀어지기, 더 가까이 쫓아가기, 더 멀어지기"를 반복하게 만들어 문제는 더 크게 확대된다. 서로에 대한 비난이 계속될 때, 추적자와 도망자는 더 단단히 자신의 입장을 고수하게 되고 점점 더 분노하고 절망하게 된다. 결과적으로 두 사람은 근본적인 문제에 대해 대화를 나눌 수 없게 되고, 이로 인해 추적자는 고집세고 비판적으로 변하고 도망자는 다가서는 것에 대한 불안이 커진다. 추적자는 시급한 대화가 필요하다고 생각하고, 도망자는 대화는 고통스런 역효과를 낳는다고 생각하는 각자의 일리있는 입장이 존재한다.

궁극적으로 부부가 대화를 하는 것은 필수적이지만, 상담자는 상담 중에 반사적으로 추적자를 편드는 초심자의 실수를 피해야 한다. 이를 통해 대화는 상황을 악화시킬 뿐이라는 도망자의 결론에 기여하는 것도 최소화할 수 있다. 여기서 내가 강조하고 싶은 것은 "말하고 싶어하고 다가가고 싶어" 하는 사람은 부부 시스템의 문제를 만드는 데 기여하지 않는다고 가정하는 것에 신중해야 한다는 것이다. 자신의 배우자가 마음을 터놓기 바라며 배우자를 쫓아다니는 사람들은 사실상 그들이 이야기할 때 듣고 싶어하지 않는다.

대화에 대한 태도의 차이. 추적자-도망자 논쟁의 뿌리는 대화를 통해 얻는 이득에 대한 입장 차이에 있을 것이다. 어떤 내담자들은 최근의 힘들었던 일을 돌아보기 원하는 반면 다른 사람들은 과거는 지나간 채로 남겨 두는 것이 가장 좋다고 생각한다. 현재의 문제가 얼마나 시급한지, 직장에서 스트레스가 많았던 하루를 마무리하는데 필요한 휴식에 대화가 방해되는지 또는 어떤 특정한 갈등에 대해 이야기하는 것이 도움이 될 것인지 대해 부부의 의견은 다를 수 있다. 이 모든 경우에 부부가 서로의 차이에 대해 함께 대화하는 기회는 드물기 때문에, 상담자는 그들이 대화하도록 도울 필요가 있다.

친밀감 대 거리감. 추적자–도망자 춤의 패턴은 흔히 더 많은 시간을 이야기하고 함께하고 싶어하는 배우자와 혼자 있거나 배우자와 떨어져 있는 시간을 원하는 배우자로 구성된다. 이는 평범한 문제이고 서로 반대되는 요구를 가진 두 사람이 있는 것이다. 그때 그때 사람들의 취향은 다를 수 있기 때문에, 함께 하는 것과 고독을 추구하는 성향이 비슷한 커플에게도 이것은 공통적인 문제가 될 수 있다. 평생 다른 성향을 가진 부부에게는 더욱 어려운 문제가 될 것이다. 부부가 그 순간의 또는 평생의 차이를 받아들이고 타협할 수 없는 한, 두 사람은 모두 불행할 것이다.

대화하지 않는 것에 대해 대화하기. 부부 사이에는 말하고 싶지 않다는 것을 표현하는 것이 허락되어야 하며 때로는 이로 인해 더 친밀해질 수 있음을 상담자는 알고 있어야 한다. 하루가 끝날 무렵에 한 파트너가 피곤해서 TV를 보고 싶어하는 때, 흔해 빠진 이야기를 나누는 것도 가능하지만 이런 대화는 필요하지 않거나 대화로 인해 문제가 더 악화될 수도 있다. "대화하지 않는 것"이 병리적인 것은 아니라는 입장은 전형적으로 말을 잘 하지 않는 남편이 원하는 말일 수 있다. 때때로 수다스런 아내들도 대화가 상황을 더 나쁘게 만든다는 것을 동의할 것이다. 이러한 진실을 말할 수 있게 되면 상담자는 대화가 어떻게 상황을 악화시켰는지 탐색할 수 있는 자리에 서게 된다. 대화의 회피를 단순히 병리적인 것으로 보는 것보다 이를 통해 숨겨진 논리를 찾을 수 있게 된다.

가짜 대화: 너무 많은 대화는 너무 적은 대화와 같다. 추적자는 지속적으로 배우자와 대화하고 유대감을 갖기 원한다. 그들은 배우자가 자신과 함께 하고 싶어하지 않고 언제든 도망갈 수 있다는 두려움 때문에 숨도 쉬지 않고 계속 독백을 쏟아낸다. 이것을 듣는 사람이 괴로워할 때, 추적자들은 잠시 멈추어 자제하면서 정중하게 말을 듣거나, 상대방이 "스스로 말할 때"까지 기다린다. 이러한 가짜 대화에서 무반응이 돌아올 때, 추적자는 가까워질 수 있다는 희망을 잃게 되고 도망자는 이러한 대화는 소용없다고 확신하게 된다. 상담자가 개입하지 않는다면 부부의 상황은 더욱 악화되고 두 사람은 점점 더 좌절감을 느낄 것이다.

잔소리와 폭발. 추적자들은 "자기야, 소금 좀 건네 줘"라는 말처럼 원하는 것을 바로 요청하기 보다는 잔소리를 하거나 징징거리고 죄책감을 느끼게 하는 경우가 많다. 어떤 추적자들은 일시적으로 폭발하는 경우도 있다. 추적자의 잔소리하기, 징징거리기, 죄책감을 느끼게 하기와 폭발하는 행동은 때로 도망자에 대한 처벌로 여겨지기 때문에 원하는 결과를 가져오기도 한다. 불행히도 이러한 간헐적 강화는 관계를 손상시키는 행동을 지속하게 만든다(Bradbury & Karney, 2010; Jacobson & Christensen, 1996).

추적자-도망자 고리의 잔소리에 대해 다루고자 할 때, 상담자는 상대의 반응이 오지 않을 때 더 심각해질 수 있는 상황을 설명하는 것으로 시작한다. 예를 들어, 웨이터를 호출하는 손님, 응급 구조원을 부르는 물에 빠진 사람들을 예로 들면서 잔소리의 불편한 느낌을 완화하는 것이다. 이러한 방식은 각 개인의 문제보다 부정적인 고리의 문제를 해결할 때 잘 맞는 치료적인 규칙일 것이다. 상담자는 체계론적인 용어를 사용하여 추적을 정상화한(normalizing) 후, 추적자와 도망자의 더 깊은 문제를 탐색할 수 있다.

수동-공격 고리. 앞에서 논의한 것처럼 수동-공격 고리는 추적자-도망자 고리의 변형이다. 추적자의 부적응적인 추적 행동은 오히려 배우자가 응하지 않게 만들고 더 멀어지게 만든다. 그들은 요구하는 일이 잘 되지 않을 때 폭발직전의 상태가 된다.

과잉기능-과소기능 고리(Overadequate-underadequate cycles). 부부가 가정에서 역할 분담을 할 때, 추적자 배우자는 자신의 몫이나 자신이 원하는 것 이상으로 더 많이 일하게 된다. 그들의 생활을 유지하기 위해 카드 값을 지불하고, 설거지를 하고, 아이들을 돌보는 일을 더 하게 되는 것이다. 과소기능 배우자

(underperforming partners)는 "배우자는 내가 아무것도 제대로 하지 못한다고 생각한다"고 여기고 자신이 해야 하는 일을 회피하고, 가정일을 하려는 노력을 멈출 수 있다. 과잉기능 배우자(overfunctioning partners)는 사소한 일까지 챙기는 불안한 사람이 되거나 상대가 하지 않은 일을 지속적으로 담당하게 될 수 있다. 간헐적으로 추적하기와 잔소리하기가 반복될 수 있으며, 그들은 마지 못해 자신의 역할을 받아들이게 된다. 때때로 추적자-도망자 고리는 앞으로 나올 확인된 환자 고리(the identified-patient cycle)와 중복된다.

하나 이상의 순환 고리. 도망자들은 추적자의 요구를 만족시키지 못하기 때문에, 추적자 배우자도 도망자에게서 멀어져 이들 부부는 다른 영역에서도 소통에 실패하게 된다. 친밀한 대화를 원하는 아내가 부부관계를 원하는 남편과 결혼하는 것이 보통의 패턴일 것이다. 여기에 서로를 강화하는 추적자-도망자 고리의 두 가지 유형에 대해 소개하고자 한다.

회의적 태도와 비타협적 태도의 고리. 도망자가 변화를 시도할 때, 첫째 단계에서 종종 추적자의 회의적인 태도와 부딪힐 수 있다. 이전에는 비순응적이었던 배우자가 부탁한 일을 잘 수행했을 때, 추적자는 "얼마 가지 않을 거야. 내가 세 번이나 알려주었기 때문에 겨우 했을 거야. 아니면 닐슨 박사가 하라고 했겠지"라고 생각할지도 모른다. 추적자들은 배우자에게 가까이 다가가고 싶은 소망을 표현하지 못한 채, 복수하고 싶은 마음과 변화의 진정성에 대한 의심으로 인해 도망자를 비난하고, 무자비하게 공격할 수 있다. 추적자들의 이러한 행동은 도망자들로 하여금 부당하다고 느끼게 만들어, 그들이 맡은 일을 잘 하고 싶거나 배우자에게 다정하게 다가가고 싶은 욕구를 사라지게 만들 수 있다.

상담 개입. 이 때가 우리 상담자들이 개입해야 하는 시점이다. 우리는 그들에게 희망을 제시하고, 서로가 상대의 행동을 이해하도록 돕고, 변화에 시간이 걸리는 것이 정상이라고 알려주어야 한다. 추적과 도망의 뿌리깊은 패턴을 지속하는 것보다, 부부가 마음을 열고 복잡한 마음 속에 있는 내면의 모습을 서로에게 보여주도록 격려함으로써 부부를 "붙잡아야" 한다. 상담자는 악순환을 반복하게 만드는 부부 체계에 대한 문제를 확인한 후에 추적자와 도망자 두 사람의 악순환을 지속시키는 깊은 심리적 문제를 탐색하는 단계로 나아가야 한다.

추적자의 이슈. 추적자가 배우자에게 바라는 것은 맡겨진 일을 수행하는 것과 정서적인 친밀감을 공유하는 것이다. 대부분의 부부상담 책에서는 두 가지 방식의 요청을 합하여 하나로 다루는 경향이 있다. 일반적으로 두 가지 요청은 함께 이루어지기 때문에 일리는 있으나 이 둘을 구분하는 것은 중요하다. 왜냐하면 추적자는 배우자에게 중요한 것을 부탁했지만, 상대는 단지 설거지를 돕는 것이라고 생각할 수 있기 때문이다. 이것은 더 자주 설거지를 해달라고 요청하는 것과 마찬가지로 더 많은 섹스를 요구하는 경우에도 해당하는 것이다. 이러한 상황에서 추적자가 분노하는 것은 단지 가사분담에 응하지 않는 것이나 또는 성관계를 할 수 있는 기회를 잃는 것이 아니다. 추적자는 배우자가 자신과 함께 있고 싶어하는지, 자신이 기대어 의지할 곳이 있는지 의심하게 될 때, 즉 애착의 문제가 생겼을 때 더 큰 고통을 느낀다. 지속적으로 배우자에게 거부당한다면, 그 사람이 나를 좋아하지 않거나, 위기에 처했을 때 내 편이 될 리 없다는 결론을 내리게 된다. 추적자들은 배우자에게 잔소리를 반복하고 간헐적으로 폭발하게 될 때, 그들이 결코 닮지 않겠다고 맹세했던 부모와 비슷한 행동을 하는 자신에게 실망하여, 자존감이 낮아지고 더 혼란스러워진다.

우리는 추적자가 가지고 있는 관계에 대한 애착 욕구가 충족되기 힘들다는 것을 쉽게 알 수 있지만 도망자의 경우도 비슷하다는 것을 기억해야 한다. 9장에서 투사적 동일시에 관해 살펴보겠지만, 의존적 욕구를 감추고 있는 남편은 아내가 지나치게 애정을 바란다고 느낄 때마다 아내로부터 달아나고자 한다. 그러나 그는 결혼 생활에서 관계적 욕구가 채워지지 않았기 때문에 여전히 자신이 애정에 굶주리고 있다고 느끼게 된다. 애정에 목마를수록 그는 아내의 채워지지 못한, 수용되지 못한 욕구를 찾아내고자 하는 마음이 커지게 되고, 이는 부부의 악순환 고리를 심화시킬 것이다.

상담을 받은 후, 추적자들은 그들이 배우자를 비난하는 이유를 알게 될 것이다. 그들은 배우자에게 그들이 원하는 일(카드 결제나 창고 청소)을 하는 것뿐 아니라 더 따뜻한 돌봄을 기대했던 것이다. 상담자가 이러한 요구를 더 부드럽게 표현하도록 내담자를 돕게 될 때, 그들이 원했던 지지적인 반응을 이끌어내는 것이 가능해질 것이다. 한 연구에 따르면, "비난자 순화(blamer softening)", "친밀감 개방"은 부부상담에서 긍정적 변화와 관계가 깊은 것으로 나타났다 (Greenman & Johnson, 2013). 추적자가 부드럽게 자신을 표현하게 되면 거리를 두던 배우자가 따뜻하게 다가와 다시 관계를 형성하게 된다. 이로 인해 추적자들은 관계에서 자신감을 회복하게 된다. 결과적으로 부부의 따뜻한 온기는 서로 떨어져 얼마나 많은 시간을 보내는지에 대한 논쟁을 사라지게 만들 수 있다. 이는 실제로 두 사람이 더 많이 시간을 함께 보내기 때문이 아니라 자신의 배우자가 달아날 것 같은 느낌을 더 이상 받지 않게 하기 때문이다.

상담에서 추적자가 가지고 있는 요청에 대한 어려움과 양가감정을 탐색하고, 그들에게 더 효과적으로 요청하는 방법을 가르치는 것은 유용하다. "언제나 나를 기다리게 만드는 것은 당신에게 어떤 문제가 있는 것 아닌가요?!" 이러한 대화처럼 도망자가 도덕적으로 결함이 있다고 암시하기보다는, "나는 정말 당신이 그리워요. 하지만 어떻게 당신이 나에게 다가오도록 하는지 모르겠어요."처럼 자신의 요청을 더 우호적인 말로 바꾸도록 가르칠 수 있다.

도망자의 이슈. 도망자들이 배우자에게 다가가도록 개입할 때 단지 그들이 "친밀감을 두려워한다"고 단정하기보다는 그들의 걱정에 대한 구체적인 내용을 아는 것이 중요하다. 도망자가 회피하는 것은 비난하는 배우자에게 다가가는 것이 가망이 없어 보일 때 물러서는 것으로 이해할 수 있을 것이다. 이를 비유적으로 표현한다면 우박이 쏟아지는 폭풍에서 자신을 보호하기 위해 껍질 속으로 머리를 넣는 거북이를 예로 들 수 있을 것이다. 도망자는 공격을 당한다고 느끼며, 적을 성공적으로 물리칠 수도 진정시킬 수도 없다고 생각한다. 이들은 싸움을 지속하는 배우자보다 더 절망감을 느낀다. 도망자에게 탈출은 논리적이고 바람직한 행동으로 여겨지며, 실제로 도망자는 "나를 다른 곳으로 보내주세요 스코티!" 하며 하늘을 향해 간절히 도움을 구한다. 스타트랙의 주인공이 위협적인 외계인을 만났던 때 했던 것처럼 말이다(Markman, Stanley, & Blumberg, 2001). 전형적인 도망자 유형들에게 "다른 곳으로 보내주세요."는 이해가 되는 표현이며, 상담자는 이들에게서 피하고 싶은 모습을 관찰할 수 있을 것이다. 이러한 장면을 볼 때, 우리는 도망자가 배우자에게 다가가는 데 느끼는 절망감을 이해하기 위해 더 깊은 작업을 해야 할 필요가 있다.

절망과 수치심. 도망자들은 지나치게 애정을 갈구하고 불가능할 정도로 완벽주의적인 배우자를 기쁘게 할 수 없다는 신념을 가지고 있다. 많은 도망자들은 "나는 그 사람이 불평을 그만두도록 하기 위해 아무것도 할 수 없어요. 무슨 소용이 있겠어요?"라고 말한다. 도망자들은 배우자를 만족시키지 못한 것에 수치심을 느낀다. 그들이 자신의 수치심을 표현하도록 돕는 것은 자신이 사랑받는지 의심하는 그들의 배우자에게 공감받을 수 있도록 만들 것이다.

방어적인 무시. 때때로 도망자는 상황을 개선할 수 없다는 무능력감으로 인해 그들의 배우자에게 은근히 방어적인 무시를 하게 되고, 이는 비언어적인 몸짓이나 가끔은 언어적인 반격으로 전달된다: "아무도 당신을 사랑할 수 없을 거야!", "당신은 너무 사랑에 굶주려 있어!" 우리는 도망자들에게 부부의 관계개선 가능성에 의구심을 가진 것을 말로 표현하게 하고 이를 공감해주면서 도망자의 어려움의 원인을 분리시킬 수 있다. 그들이 어려워하는 문제는 어린시절에 다른 사람들을 기쁘게 하지 못했던 경험과 함께 배우자를 만족시키는 방법을 알지 못하는 것, 관계 개선에 필요한 감정을 차단해 버리는 악순환의 고리 자체일 수 있다.

부족한 지식과 기술. 많은 부부들이 배우자가 "더 많은 친밀감"을 요구할 때, 실제 그들이 무엇을 원하는지 잘 알지 못한다. 이때 솔직하고 자상한 방식으로 각자의 삶의 작은 부분들을 공유함으로써 이러한 소원이 이루어질 수 있다는 사실을 알고 많은 부부들이 안도한다.

잘못된 느낌. 도망자는 배우자가 바라는 것을 이해하고 변화하고자 노력하더라도, 추적자의 관심을 끄는 것이 단순히 의지만으로는 부족하다는 문제가 발생한다. 도망자는 자신의 고통 때문에 배우자가 원하는 방식으로 정서적인 따뜻함을 전달하는 것이 쉽지 않다. 아내에게 맞추기 위해 작은 것까지 아내에게 확인하는 남편의 모습처럼, 배우자가 요구하는 것에 맞추려고 노력하는 도망자의 모습은 마지못해 하거나 지나치게 조심하는 것처럼 보일 것이다. 추적자는 이러한 배우자의 모습에 대해 충분히 믿음을 가지거나 가치 있게 보지 못하고 배우자를 좌절하게 만든다. 따라서 배우자에게 접근하기 시작하는 과도기 단계에서 상담자는 도망자들이 낙관적인 상태를 유지하도록 도와야 할 뿐 아니라 추적자들이 약간 실망하더라도 이를 지켜보도록 도와야 한다.

관계를 차단하는 고통. 도망자들은 대부분 배우자의 마음이 힘들 때 지나치게 고통스러워하기 때문에 견디기 힘들어한다. 추적자들이 알고 있는 것과는 달리 도망자들은 배우자의 감정적 고통을 너무 동일시한다. 또한 그들은 고통을 감당하는 방법을 알지 못하고 이러한 대리 고통을 줄이기 위해 도피한다. 도망자들에게 더 적극적으로 다가가는 법과 이어 뒤따를 수 있는 고통스런 감정에 대처하는 법을 가르치기 위해서는 깊은 친밀감을 유지하는데 필요한 관계적 경계를 단단히 구축하는 것으로 시작해야 한다.

죄책감과 수치심. 도망자들은 비난당하는 상황에서 자존심을 지키는 것이 쉽지 않기 때문에 달아날 수도 있다. "투수를 비난하지 마라"는 은유적 표현으로 시작하는 것이 도움이 되며, 이를 통해 도망자들이 배우자가 자신에 대해 부정적으로 이야기하는 것을 듣는 것이 얼마나 힘든지 공개적으로 말할 수 있도록 도울 수 있다. 비판에 지나치게 민감한 도망자들에게는 배우자의 부당한 공격 기저에 깔린 더 깊은 문제를 찾는 방법을 보여주는 것이 도움이 된다. 또 다른 도망자들에게는 자기 비난을 줄이고 자신들 내면 속의 악마를 마주하도록 도울 필요가 있다.

Wile(2002, p. 302)은 첫 아이의 출생 후 단단히 화가 난 한 남자의 사례를 들어 이 점을 설명하였다. 그는 아내의 "신생아를 질투한다"는 단순한 공격에 대해 반감을 가졌다. 그의 감정은 그런 뉘앙스가 아니었고 그렇게 부정적이지 않았다: Wile은 그는 아내가 자신에 대해 비난하는 것에 화가 났고, 아내의 말이 옳을지도 모른다는 생각이 들어 자신이 아기를 더 좋아하지 않는다는 사실에 실망하였다. 그리고 엄마와 아기 사이에서 자신이 소외된 것 같고, 자신과 아내의 관계가 깨어진 것 같아 화가 났다. 그리고 가끔은 그들이 아이를 가지지 말았어야 했다는 마음이 들어 놀라기도 하였다.

역할 반전. 우리는 사람들이 친밀감과 거리감 두 가지를 모두 두려워하고 회피와 추적 사이를 순환할 수 있다는 점에 주목해야 한다. 예를 들면 어떤 사람은 배우자와 사이가 가까울 때 비난받거나 통제 받는다고 느낄 수도 있지만 부부가 떨어져 있을 때 죄책감이 들거나 책임감을 느끼게 된다. 이 때 그들은 추적자와 도망자의 역할을 반대로 하고 있는 것이다. 다른 경우, 부부가 갈등적인(너무 가까운) 패턴과 회피적인(너무 먼) 패턴 사이를 순환한다(Feldman, 1979). 이러한 형태의 춤은 때로 모순되는 잠재적 문제와 두려움을 해결해야 하기 때문에 상담이 더 어렵게 보일 수 있다.

🔲 지배-복종 고리(Dominating-Submitting Cycles)

어떤 배우자들은 자신의 강압이나 위협, 괴롭힘에 굴복하는 배우자를 통해 권력을 얻는다(Fishbane, 2010). 이러한 권력은 건설적인 "관계 능력(relational power)"과는 달리 감정과 관계를 상하게 하는 큰 대가를 치르게 된다. 부분적으로, 일시적으로는 배우자가 복종하는 것처럼 보이지만 이는 그들의 배우자가 갈등을 끝내기 위해 그들에게 동의하기 때문이다. 협상전문가들은 "강한" 협상가가 "약한" 협상가를 소외시킬 위험이 있다고 강조한다. 부부의 경우 "강한 협상" 또는 지배의 대가는 결과적으로 수동-공격적으로 배우자의 요구에 응하지 않거나 부부관계의 단절, 복종형 배우자의 우울증 등의 정신과적 증상을 야기할 수 있다(Fisher et al., 2011). "복종형" 배우자들은 자신의 힘과 자기존중감을 유지하기 위해 외부인(친구, 친척, 자녀들 그리고 상담자)과 연합을 형성할 수 있다. 이는 결혼생활의 유대를 더욱 약화시키고 또 다른 문제들을 만든다. 이러한 대부분의 일이 비밀스럽게 이루어지며 이후 지배형 배우자들의 의심과 불신을 키운다.

지배형 배우자들은 아마도 그들이 가장 얻고자 하는 진정한 사랑이나 존경은 얻지 못할 것이다. 그들이 강요하는 어떠한 올바른 행동도 상대에게 이해 받지 못하기 때문이다. 상대의 긍정적인 반응은 웃으라는 명령에 따르는 웃음보다 더 의미 없는 것이다. 설상가상으로 지배형 배우자가 폭력이나 분노 폭발을 통해 권력을 얻었다면, 그들은 앞으로 벌어질 일을 두려워하는 "살얼음판을 걷는 것" 같은 관계가 될 것이다. 학대하는 지배형 배우자들 또한 자신은 배우자의 도발적 행동 때문에 폭발한다고 믿고 있기 때문에 끊임없이 불안에 시달릴 수 있다(Stosny, 2005). 이러한 지배형 배우자들의 고통은 지배와 통제의 욕구를 증가시킬 것이고, 지배-복종의 고리는 심화될 것이다.

지배형 배우자들은 상담실보다는 신문에서 더 자주 등장하는 폭력적인 유형뿐만 아니라, 배우자를 지배하는 방식을 의식하지 못한 채 전통이나 논리로 이를 감추는 배우자(대개 남성) 유형이다. "협박자"인 톰은 병리적인 자기애적 성격장애를 가진 것은 아니라 하더라도, 끊임없이 아내에게 강압적인 권력을 행사하였다. 이를 좀 부드럽게 표현한다면, 이들은 책임을 지는 리더 역할을 맡는 것을 좋아하는 사람들이다; 상대 배우자가 이것을 타당하게 생각한다면, 우리는 건강한 "리더-추종자 고리(lead-follow cycles)"라고 불렀을 것이다(Greenberg & Goldman, 2008). 병리적 양상을 띠는 톰과 같은 지배형 배우자들은 자신의 방식이 "옳은 길"이거나 "지금껏 해왔던 방식"으로 생각하며, 다른 사람들도 그렇게 해야 한다고 믿는다. 이런 "특권 의식을 가진 배우자들"은 종종 일방적인 의사결정을 정당화시키는 문화적 규범을 통해 강화된다(Knudson-Martin, 2013). 그들은 자신이 수입이 더 많기 때문에 돈을 어떻게 쓸지 결정하는 것이 옳다고 주장한다. 그들은 잔인한 농담을 하고서도 "단지 농담이었어" 하면서 배우자가 "너무 예민하다"고 단정지으려 한다. 그들은 이러한 잘못된 비방을 통해 배우자를 평가 절하함으로써 불안정한 자존감을 높이려는 시도를 한다.[2]

다른 예를 든다면, 섹스에 관심이 적은 배우자가 부부관계의 횟수를 정하는 것처럼 "파업에 들어간" 배우자는 과도한 통제를 행사하게 된다. 때때로, 심리장애나 신체 장애가 있는 사람은 가족들이 자신의 불안한 심리와 특별한 요구 사항에 대해 의문의 여지없이 받아 주기를 바라고, 가족구성원들이 자신이 바라는 대로 맞추어 주기 원하는 강압적인 배우자가 될 수 있다. 물론, 장애를 가장하거나 과장해서 배우자를 통제하려는 사람들은 처음부터 이런 힘을 가지지 못했을 것이다. 그러나 이러한 패턴은 종종 지배력을 행사해 왔던 배우자와의 균형을 바로잡기 위한 은밀한 전술로 사용된다. 이 유형의 부부를 부르는 "지배형 – 은밀한 지배형 부부"라는 새로운 용어를 만들어야 할지도 모른다.

지배 – 복종 고리를 상담에서 다룰 때 가장 중요한 도전은 불합리하고 불공평하게 보이는 부부 관계의 모습에 대해 호기심과 중립성을 유지하는 것이다. (심각한 가정 폭력의 사례는 중립성 유지에서 예외이지만 호기심은 지속되어야 한다) 권력을 휘두르는 배우자에게 맞서서 피해자를 옹호하고 싶은 유혹을 느끼겠지만, 이러한 직접적 대립은 지배형 배우자의 삶의 방식을 위협하는 급진적인 상담자가 하는 말로 일축될 것이다. 상담자들이 복종형 배우자를 돕고자 한다면, 지배형 배우자에게 그들의 잘못된 행동을 가르치려는 말을 하지 않는 것이 좋을 것이다. 한 배우자가 일방적으로 그들의 권력을 행사할 때, 특히 현실과 도덕의 기준을 넘어설 때는, 그들에게 이러한 권력의 대가에 대해 알려주어야 한다 (Rampage, 2002).

"통제"하고 "지배"하기 좋아하는 사람들은 어떻게 진실된 마음을 얻는지 모르기 때문에 그들이 강압적으로 얻을 수 있는 가짜 관계와 인정에 안주한다. 비록 따뜻하고 친밀하지 못한 결혼생활에 대한 불만을 토로하는 추적자 – 도망자 고리 안에 있는 추적자들보다는 낫겠지만, 지배형 배우자들도 냉랭한 분위기 속에서 살아간다. 때때로, 나는 "황제와 나이팅게일 새" 우화를 이야기하며 그들에게 부족한 서로에 대한 따뜻함에 대해 설명한다. 우화 속의 황제는 자신의 소중한 새를 새장에서 풀어주고 나서야 새가 지저귀는 소리를 들을 수 있었다. 마찬가지로,

그들이 "건강한" 진짜 부부가 되기 위해서는 배우자의 강요와 상관없이 복종형 배우자가 다가오거나 멀어질 수 있고 사랑하거나 사랑하지 않을 수 있어야 한다 (Newman, 1996; Winnicott, 1960). 이런 분위기에서 복종형 배우자들은 지배형 배우자에 대한 자신의 판단을 신뢰할 수 있을 것이다. 노래하는 새장에 갇힌 새의 은유는 복종형 배우자가 경험하는 우울과 생명력 상실을 설명하는데 도움이 된다.

상담자는 지배형 배우자의 비효과성을 지적하면서, 그들이 배우자나 자신의 다른 삶의 부분을 통제하기 위해서 왜 힘들게 노력하는지 탐색하는 것을 도울 수 있다. 무엇 때문에 그들이 느끼는 공포가 과잉통제로 이어지는가? 톰의 이야기에서 그는 업무 향상과 여가생활의 만족감을 통해 자긍심을 얻지 못할 때, 우울증에 대한 공포를 가지게 된다는 것을 떠올려 보자. 지배형들은 그들이 이해할 수 없는 시스템에 대해 의식적으로는 수용하기 어려운 것으로 보인다. 이러한 지배형 배우자의 행동은 그들의 무의식적인 동기를 살펴볼 때 더 잘 설명될 수 있을 것이다. 예를 들어, 자신의 아내를 평가절하하고 못살게 괴롭히는 남자는 아버지에게 구타와 굴욕을 당했고 지금은 그 패턴을 무의식적으로 반복하고 있는 것이다.

도망자와 상담을 할 때, 상담자들은 지배자에 대해 단순화하는 것을 피해야 한다. Wile(2002)은 설득력 있는 예를 제시하였다. 남편에게 "당신은 아내를 통제하고 있습니다"고 말하기보다, 그는 "당신의 입장이 안타깝네요! 석사 학위를 받기 위해 다시 학교로 돌아가려는 아내를 가지 못하게 설득하려는 당신의 노력은 그녀를 멀어지게 만들고…. 당신은 아내가 학교로 돌아가는 것이 당신과 멀어지는 돌이킬 수 없는 첫 단계라는 생각에 사로잡혀 있어요."라고 강조한다(p. 6).

먼저 통제하는 배우자와 동맹을 맺은 후에, 우리는 복종형 배우자들의 심리탐색을 시작할 수 있다. 여기서, 우리는 그들이 분노의 감정에 다가서고 요구하는 것이 편해지도록 돕는 개입을 안내할 것이다. 또한 심리교육을 통해 각자의 고민을 털어놓는 법, 어려운 대화를 나누는 방법을 가르치는 것이 도움이 될 것이다. 복종형 배우자들은 다음 장의 주제인 전형적인 갈등 회피자의 속성을 가지고 있다.

■ 갈등 회피, 상호 회피의 고리(Conflict-Avoiding, Mutually-Avoiding Cycles)

상담을 받으러 오는 부부 중에, 두 사람 모두 갈등을 두려워하거나 정서적으로 어려운 주제를 다루는 것을 부담스러워하는 하는 사람들이 있다. 이러한 커플은 두 사람 모두 도망자(Distancer)일 수 있다. 이 중 어떤 부부는 "가성 친밀감(pseudomutual)"을 가진 것으로 보이고 그들의 환상이 더 이상 지속되지 않을 때까지 모든 일이 잘될 거라고 상상한다(Shaddock, 1998).

이런 부부들은 두 가지 문제 때문에 우리를 찾아온다. 두 사람은 다루기 어려운 주제에 대해 이야기하는 것을 피하기 위해 서로 공모하기 때문에, 두 사람의 협력과 신중한 판단을 필요로 하는 자녀 문제, 재정, 친척 문제 등의 중요한 사항을 더 이상 피하기 어려울 때까지 미루며, 부적절하게 다루게 된다. 상호 회피적인 부부들은 무기력이나 권태감 때문에 상담을 찾기도 한다. 평온한 생활에 평지풍파가 일어나는 것을 두려워하기 때문에, 그들은 불행감을 느끼고 어떤 것도 시도하지 못한다.

하지만 이러한 결혼생활은 단순히 배우자의 인격적 한계나 두려움의 결과가 아니다. 모든 부정적 상호작용 고리와 마찬가지로, 시스템의 속성에 의해 부부의 행동은 제한되며 부부의 춤은 저절로 지속될 수 있다. 제인은 짐이 현재의 문제를 다루기 어렵다고 여기는 것을 보았을 때, 그녀 또한 그런 식으로 문제를 보고 회피하게 될 것이다. 두 사람은 상대가 회피하는 것을 보고 더 경계하게 된다. 그리고 그들이 피하는 문제들은 다른 문제들도 접근하기 어려운 것으로 보일 가능성을 높일 것이다. 대화는 위험할 거라는 배우자의 생각을 확인하면서 이러한 회피 패턴은 날이 갈수록 굳어진다. 이들은 고통스런 침묵이 감도는 레스토랑에 앉아, 어떠한 진지한 대화를 시작하는 것도 두려워하는 부부들이다.

더 나아가, 서로가 계속해서 어려운 대화에 도전하는 것을 피하고 자신이 원하는 것을 암시적으로만 전달한다면, 상대의 욕구에 대한 오해와 두려움이 더 커지게 될 것이다. 한 남편은 상담이 시작된 후 드디어 아내에게 자신이 아내의 닭고기 양념 레시피를 얼마나 싫어하는지 말하게 된다... 지난 30년의 어긋남은 30년 동안의 분노를 불러일으켰다.

갈등 회피형 부부가 골치 아픈 문제에 대해 더 이상 미루기 힘들어 질 때, 두 사람은 대화를 시도하게 된다. 결과적으로 대립하는 대화에 능숙하지 못한 그들은 소통을 잘 하지 못하고 서로에게 상처를 주게 될 것이다. 이러한 부정적인 경험을 하게 되면 공개적으로 논의하는 것은 피해야 한다는 공통된 신념이 강화될 것이다.

결혼생활이 활기를 잃어갈 때, 부부 중 한 사람은 다른 곳에서 즐거움과 친밀감을 찾을 수 있다. 어떤 사람은 일이나 여가활동에서 활기를 찾을 것이고, 결국 상대 배우자는 소외감을 느끼며 부부 상담을 제안할 것이다. 또 다른 남편이나 아내는 혼외 관계를 찾아 밖으로 눈을 돌릴지도 모른다. 그들은 외도 중에 또는 그 후에 이 사실을 알게 될 것이다.

상호 회피형 부부들은 상담의 필요성을 인정할 수밖에 없는 때가 되었을 때에도 진짜 문제를 꺼내는데 시간이 걸리고 판도라의 상자를 열어 일을 악화시킬까 봐 여전히 두려워할 것이다. 그들은 불만에 대해 듣고 싶은 마음과 아무도 불평을 말하지 않았으면 하는 마음 사이에서 갈등하고 있기 때문에 주저하며 모호하게 말할 것이다. 또한 많은 내담자들이 자신의 목소리를 낼 수 있는 권리에 대해 양가적인 태도를 보일 것이다. 그들은 상담 시간을 지루하게 느낄 수 있지만, 다가오고 있는 위험에 대한 위기감 또한 느낄 것이다. 지나치게 통제적인 강박증을 가지고 있는 개인 내담자처럼 상호 회피형들은 종종 상담을 취소할 핑계를 찾고 상담 회기가 끝날 때가 되어서야 자신들의 깊은 문제를 꺼내는 경우가 있다.

그들이 어려운 문제를 이야기하지 않으려고 했던 것처럼, 상담자의 말을 잘 듣지 않는 경우가 많다. 그리고 어떤 내담자들은 항상 문밖에 한 발을 내딛고 있는 것처럼 보인다. 만약 상담자가 그들을 화나게 하거나 원칙에서 벗어나면, 그들은 보통 바로 상담자에게 말하지 않을 것이다. 이 같은 방어 전략을 파악한 상담자는 이를 예상하고 부부상담에서 논의할 주제로 만들어야 한다. 이 때 2장에서 설명한 "뜨겁게 만들기(heating things up)" 개입을 도망자 부부들에게 사용할 수 있다. 또한 분노와 여러 감정을 표현하는 것에 관한 원가족의 태도와 경험을 탐색하는 것이 도움이 될 것이다.

사실상 우리가 상담하는 모든 부부들은 몇몇 혼란스러운 문제나 생각, 감정을 회피하려 하지만 상호 회피적 부부들은 특별한 역동을 가지고 있다. 그들은 다른 방법을 통해 고통을 회피할 것이다. 갈등하는 부부가 어떻게 분노의 감정을 숨기는지 떠올려보자. Wile(1993)은 이와 관련하여, 부부는 이미 비밀리에 어떤 부분을 타협해 왔기 때문에 타협이 필요한 논의를 피할 수 있다는 흥미로운 점을 이야기했다. 그들은 결혼 생활의 조화를 위해 개인적으로 희생했던 것을 서로에게 공유하지 않는 것이다. 그는 이것을 다음의 예로 설명했다:

> 도로시가 늦게까지 일하는 것을 좋아하지 않는 짐은 그녀에게 일주일에 한번 늦게 퇴근하는 것이 가능하다는 것에 동의하라고 요청했다. 그리고 퇴근이 늦을 것 같으면 그에게 전화하고 저녁식사를 먼저 준비해 달라고 요청했다. 이러한 제안은 이미 타협한 것에 타협을 더한 것에 문제가 있다. 이미 도로시는 계속 양보해왔다. 그녀는 늦게 퇴근하는 것이 불편했고 결과적으로, 필요했던 것보다 야근을 덜하려고 노력해 왔다. 이제 새로운 "공식적인" 타협 때문에 그녀는 늦게까지 머무는 일이 훨씬 줄어들었다.
> 도로시는 짐에게 질식할 것 같은 느낌을 받았고… 감정적으로 멀어지게 되었다. 짐은 아내가 거리를 두는 것을 받아들이고 더 소박한 것에 만족하는 반응을 보였다. 그는 결혼에 대해 바라던 기대를 개인적으로 타협하였다. 비록 정서적 친밀감은 사라진 것처럼 보이지만, 그는 최소한 아내가 항상 집에 있고 자신의 음식을 준비할 것이라는 어느 정도의 동료애나 신뢰를 확인할 수 있었다. 심지어 이것조차 사라지게 되었을 때, 상황은 매우 나빠진 후였다. (pp. 73-74)

이러한 은밀한 타협은 흔하게 일어나는 일이다. 그리고 "수용"에 대한 장에서 설명하겠지만, 어떤 타협은 결혼생활을 하기 위해 필요한 것이다. 실질적인 요점을 정리하면 부부가 이러한 비밀 타협을 하고 나면, 그들은 추가적인 양보를 더 해야할 가능성이 있는 솔직한 대화를 피할 가능성이 높아진다는 것이다.

■ 삼각관계의 고리

부부가 문제에 대한 직면을 회피하는 또 다른 방법은 그들이 가진 주된 문제가 외부 사람으로 인해 발생했다는 것에 동의하는 것이다. Minuchin(1974)은 이것을 "우회"라고 정의했으며 집단 역동의 관점에서 볼 때, 집단의 관심을 끌고, 불만을 터트릴 대상이 될 외부 희생양을 찾아 내부의 갈등, 어려움, 불안을 회피하려는 심리이다. 부부 관계를 안정시키기 위해 부부 두 사람과 외부의 문제 또는 자녀와 같은 외부인이 "삼각관계"를 만들어온 것이다. 부부가 자녀 중 한 명을 자신들 문제의 원인으로 볼 때, 이러한 문제를 발견하고 치료하는 것은 가족치료 분야의 발달에 중심적인 역할을 하였다.

예를 들어 어떤 부모는 때때로 아들이 객관적으로 좋은 성적을 받는데도 불구하고 학교에서 더 잘하지 못한다고 불평할지 모른다. 이 불평은 남편이 자신의 직장에서 충분히 잘하고 있는지에 대해 느끼는 스트레스와 잠재적인 갈등의 대체물일 수도 모른다. 다른 부부의 경우에는 성생활의 부재와 같은 문제를 단순히 10대 자녀의 귀가시간 제한과 같은 공통의 적으로 대체하지는 않을 것이다. 하지만, 이 부부들도 이러한 "적"을 다루는 문제에 대해 성과 없는 논쟁에 빠질 수도 있다.

또 다른 부모의 경우 희생양이 된 자녀가 돌발적 문제행동을 하도록(act out) 부추길 수 있다. 의식적으로는 부정할지라도 대리적으로 그러한 행동을 즐기고 있기 때문이다. 이는 부모와 비행청소년 자녀들의 "초자아 결손(superego lacu-nae)"에 관하여 언급했던 Adelaide Johnson(1949)의 개념이다. 몇 년 전, 나는 예일 뉴 해븐 정신의학과 응급실에서 그런 어머니 한 분을 보았다. 엄격해 보이는 중상류층 여성이 임신 후 자살 충동을 느끼게 된 14살 딸과 함께 있었다. 딸의 조숙한 성적 행동에 대한 반감을 표하면서 그 엄마는 딸의 방에서 발견한 포르노 로맨스 소설을 내게 열심히 읽어주며 이렇게 소리쳤다 "나는 이런 일에 대해서 정말 어떤 것도 할 수 없을 것 같아요: 18살이 되기 전에 임신한 나의 셋째 딸을 어떻게 하면 좋아요?"

어떤 상황에서는 아이들에게 부모의 격려가 필요하지 않을 수도 있다. 이들은 고통스러운 부모의 갈등을 방해하기 위해 공격적으로 변하거나 심리적 증상이 생길 것이다(Minuchin, 1974). 이것은 가족 치료 세션에서 부모가 서로에 대해 부딪히기 시작하자마자 아이들이 자신들에게 주의를 집중시킬 때 쉽게 관찰될 수 있다. 어떤 아이들은 부모의 불화를 멈추게 하기 위해 문제를 일으키지는 않지만 자녀들에게 불만을 토로하는 증상의 피해자가 될 수 있다(Fosco, Lippold, & Feinberg, 2014). 또 다른 자녀들은 여전히 부모의 결혼생활의 불화 때문에 고통을 받을 것이다. 부모와는 상관없이 그들 자신의 문제를 갖고 있는 자녀들도 있을 것이다.

내 경험으로는 이러한 상황의 원인은 치환(displacement) 방어기제, 타당한 걱정거리, 공존하는 결혼생활 문제의 모든 조합이 가능하다. 결과적으로, 열린 마음을 유지할 필요가 있다. 그리고 자녀의 문제를 부모 문제의 희생양으로 먼저 추정하는 시스템 이론을 너무 이르게 적용하는 것은 지양할 필요가 있다. 부부가 문제로 인식된 자녀(child identified as the problem)와 함께 상담자를 찾아올 때, 열린 마음을 가지고 이것을 치환 또는 삼각관계로 해석하는 것을 늦추는 것이 가장 좋다. 오히려, 상담자들은 치료 동맹을 수립하는 최선의 방법으로서 제시된 문제를 있는 그대로 받아들이는 것부터 시작해야 한다. 그 다음, 부모가 효과적인 양육 계획에 합의할 수 있도록 도우면서, 자녀의 증상이나 그릇된 행동을 설명할 수 있는 개인이나 집단의 역동을 탐색할 수 있다.

때때로, 이런 상황에서 "부부 사이의 문제"가 존재하지만, 우선 자녀에게 초점을 맞추는 것은 타당한 것으로 판단될 것이다. 자녀에 관한 문제는 부부 문제를 해결하는 데 필요한 에너지를 약화시키고, 단지 직면을 피하려는 방어 수단이 아니기 때문이다. 많은 경우에, 자녀의 심각한 문제는 부모가 가진 다른 문제들과 마찬가지로 자녀 양육에 협력하는 것에 실패하면서 발생한다. 부부가 양육 문제를 논의하면서 그들이 프로세스(process)를 경험하도록 돕는 것이 일반적으로 더 도움이 될 수 있다.

양육 계획에 대해서 상담할 때, 우리는 결혼 생활의 이슈들, 예를 들어 결혼생활에서 발언권을 가질 아내의 권리, 또는 아내와 아이들의 울타리 안으로 남편이 들어오는 것을 기꺼이 허용하는 마음 등에 대해 간접적으로 다루게 될 것이다. 이들의 상담은 자녀의 문제 행동이 감소하고 숨겨진 부부의 문제가 드러나게 되면, 명시적인 부부 상담으로 전환될 것이다. 부부의 문제가 드러나지 않는다면 우리에게 감사하고 상담을 종료할 것이다.

첫 부부 상담에서 공개적으로 부부 문제를 인정하는 경우에도 자녀와의 삼각관계를 인정하는 경우는 흔치 않은 일이다. 대개 부부는 아이들은 잘 지낸다고 말하고, 아이들은 그들의 결혼생활을 유지하게 하는 즐거움의 하나라고 말한다. 그들은 자녀 양육 문제를 토론할 때도, 다른 부분의 차이에 대해 이야기하는 방식과 유사하게 말한다. 희생양 만들기(scapegoating)를 방어로 생각하기보다 갈등의 한 영역으로 여기는 것이다. 그럼에도 불구하고, 우리는 부부의 상담에서 아이들이나 다른 사람들(직장 상사, 친척, 이웃들)과의 삼각관계가 형성되기 시작하는 순간들을 만날 수 있다. 따라서 우리는 그러한 치환(displacement)의 방어기제와 희생양 만들기를 경계해야만 한다.

이러한 상황은 부부 사이의 갈등을 줄이기 위해 다른 사람에 대한 공통적인 불만을 가지는 것으로 나타날 수 있다. 만약 이런 일이 지속적으로 일어난다면, 상담자는 다음과 같이 그것을 부부가 집단적인 방어를 하는 것으로 해석해야 한다. "나는 두 분이 사라 숙모가 말했던 것 때문에 그녀에게 매우 화가 났음을 알고 있습니다. 하지만, 방금 나눈 힘든 대화를 지속하는 것보다 두 사람이 숙모를 비난하는 것에 동참하는 것이 더 편안한 것인지 궁금합니다"

상담자들 역시 삼각관계의 대상이 될 수 있다. 이 경우에 부부는 서로의 문제에 대해 상담자 또는 상담에 대해 비난하기 위해 온다. 그들은 상담 후에 더 나빠졌다고 불평한다. 그리고 가끔은 실제로 더 나빠지기도 한다. 이 때 상담자가 직접적이고 민감하게 대처하지 않는다면, 이런 종류의 삼각관계는 상담을 조기 종결로 이끌 수도 있다.

■ 확인된 환자 고리(Identified-Patient Cycles)

이들 부부는 자신들의 불행을 외부의 희생양 탓으로 돌리지 않고, 대부분의 원인을 배우자 중 한 사람의 정서 조절의 실패나 또는 심리장애의 탓으로 돌린다. 이들은 초기에는 진단을 받아들이지만 두 사람 모두 책임을 회피하는 갈등 상태의 부부처럼 극적으로 다른 입장을 취하게 된다. 예를 들면, 배우자가 술을 너무 마셨거나, 바람을 피웠거나, 온라인 포르노에 중독되었거나, 성에 대한 관심이 감소하고, 우울 또는 분노 폭발을 인정한 경우에 해당한다.

때때로 어떤 내담자는 상담자가 문제행동을 "수정"해야 한다는 지시를 내리자마자 상담을 중단하고, 어떤 확인된 환자(identified-patient) 내담자는 자신의 문제에 대해 해결하고자 하는 필요성을 느끼면 상담자의 지시에 따를 것이다. 그러나 그들은 시간이 지남에 따라 더 양가적인 마음을 가지게 된다. 일반적인 사례 중 하나는 아내가 회의적인 남편에게 자신과의 친밀감 개선을 위해 상담을 하도록 설득하고 그를 개인 상담에 의뢰하는 경우이다. 불평하고 추적하는 (pursuing) 아내가 오지 않은 상태에서 개인 상담을 시도했을 경우, 상담은 따분하고 진전이 없으며 조기 종결되고 만다. 배우자 중 한 사람의 탓으로 문제에 대한 낙인을 찍는 상황에서는, "정신적으로 건강한" 배우자가 제기하는 불만으로 상담을 시작하는 것이 가장 좋으며, 이러한 상담 전략은 광범위한 연구를 통해 지지되고 있다(Gurman, 2011).

확인된 환자(Identified-Patient) 부부가 상담에 올 때, 일반적으로 그들에게는 순환 고리가 보이지 않는다. 이 때 부부 공동 상담회기를 통하여 결혼 생활의 문제가 IP 배우자의 증상에 기여하는 영향을 평가할 수 있다. 이는 부부 공동상담 회기를 통해 얻을 수 있는 가장 중요한 장점이다. 이러한 증상들은 결혼 생활의 문제들을 알리는 지표일 것이다. 그들은 부부 두 사람 중 한 사람이 바뀌어야 한다고 생각할지 모르지만, "기능하는(well-functioning)" 배우자가 어떠한 고통을 겪고 있는지, 또한 그가 어떻게 회복 과정을 늦추고 있는지 알지 못할 수 있다.

예를 들면, "분노 조절 치료"가 필요한 '이유가 밝혀지지 않은' 분노 폭발의 이유는 일반적으로 충족되지 않은 욕구와 더 이상 참을 수 없는 숨겨진 불만이 빙산의 일각으로 드러나는 것이다. 우울증, 과도한 음주, 기타 증상 행동도 마찬가지이다. 부부 중 한 사람만을 대상으로 그 시스템의 증상을 치료하려는 시도는 상담의 동력이 부족하고 성공가능성이 낮다. 왜냐하면 내담자의 증상 유지에 기여하거나 개선을 도울 수 있을 수 있는 모든 사람을 참여시키지 못하기 때문이다 (Gurman & Burton, 2014).

증상이 있는 배우자 한 사람만이 상담을 받을 때, 그 사람이 도움이 필요한 유일한 사람이 아니라고 판단되면 갑자기 또는 일방적으로 상담을 끝내는 것은 놀라운 일이 아니다. 이러한 내담자는 아마도 외도의 결과로써 배우자를 달래기 위해 마지 못해 개인 상담을 받는 척한 것이 분명해진다. 대부분의 경우, 더 건강해 보이는 배우자가 처음부터 상담에 참여했다면 상담이 더 효과적이었을 것이다. 상담을 통해 그의 의견과 불만에 대해 더 많이 탐색하게 되었고, IP 배우자는 더 깊이 상담에 참여하고 지속해서 참여할 더 큰 이유를 찾게 된다.

이들 부부가 함께 상담해야 하는 마지막 이유는 상처받은 배우자의 신뢰를 악화시키는 행동적 증상이 남편이나 아내 없이는 충분히 치료될 수 없기 때문이다; 두 사람 모두 상담에 참석할 필요가 있으며, 상담을 통해 자신들의 상황을 이해하고 진실한 사과를 주고받으며, 함께 더 나은 계획을 수립할 수 있다.

IP 배우자는 강한 불안이나 부정적인 전이 때문에 타인에 대해 신경증적인 두려움을 느끼는 상황이 되었을 때, 부부 공동상담의 즉시적 개입을 통해 그가 느끼는 두려움에 근거가 없다는 것을 알게 된다면 상담의 진전이 빨라질 것이다. 이때, 전이 문제의 대상이 되었던 배우자는 내담자를 만난 지 얼마 안되는 상담자보다 교정적인 정서 체험을 더 잘 제공할 수 있을 것이다.

상담자가 부부를 함께 만날 때, 우리는 그들에게 IP 배우자의 증상이 어떻게 결혼 생활의 문제와 프로세스에 연결되었는지 보여주기 위해 부부를 안전한 상황 밖으로 끌어내야 할 것이다. 이 때, 상담자는 부부보다 앞서 부부의 증상을 너무 빠르게 찾아내는 것이 위험할 수 있다는 것을 알아야 한다. 외부의 적에게 문제가 있다고 확신하는 삼각관계 부부의 경우, 이러한 과잉 단순화 방어에 도전하기 전에 먼저 치료 동맹을 잘 맺어야 한다.

부부상담을 시작할 때 부부공동 상담(conjoint format)의 형태를 추천했지만, 성공적인 부부 상담으로 발전하기 위한 집중적인 개인 심리치료의 가치를 낮추고 싶지는 않다. 많은 부부가 자녀 문제를 중심으로 상담을 시작해서 자신들의 결혼생활 문제로 넘어가는 것처럼, 부부 문제 때문에 상담을 시작한 많은 부부들은 오래 지속되었던 개인적인 문제에 대해 더 깊은 집중 상담의 필요성을 발견할지도 모른다.

📗 부정적 상호작용 고리의 "유착성(Adhesiveness)"

부부는 자신들의 부정적 고리를 벗어나는데 큰 어려움을 겪는다. 상담자가 부부의 프로세스를 변화시키려고 애쓰지만 변화에 대한 저항이 존재한다. 이를 설명하기 위해 일부 상담자와 연구자는 체계의 항상성에 대해 제안하게 되었다. 그러나 이는 부부 고리의 관성이나 저항을 설명하는 데 유용한 모델이라고 볼 수는 없다. 가장 분명한 문제는 이러한 고리에 갇힌 사람들은 매우 불행하고 여기서 빠져나오고 싶어한다는 것이다. 게다가 이것은 정서적 온도의 항상성이 유지되는 안정적인 고리가 아니라, 고통스러운 이혼의 전조로 여겨지는 단계적 악화(escalation), 소진(burnout)의 특성을 가진다. 이것은 체계론적 방어 모델을 통해 설명이 가능한 삼각관계와 IP(identified-patient) 부부에게도 해당한다.

이런 고리에 사로잡힌 부부들이 여전히 "유착성(adhesiveness)"(Gottman, 2011)을 경험하는 것은 사실이다. 이는 부부가 병리적인 춤을 지속하는 것이 상황을 더 악화시킬 것을 알면서도 춤을 그만두지 않으려 하는 것을 말한다. 병리적인 춤이 자기 영속적 경향을 보였을지라도 (그녀가 X를 할수록, 그는 더 Y한다, 그녀가 X 할수록⋯), 나의 견해로는 이러한 유착성과 병리적 춤의 관성(및 단계적 악화)의 이해를 위해 "체계론"의 사이버네틱스 특성을 적용하는 것이 가장 좋은 설명이 되지는 않는 것 같다. 그보다, 고리의 유착성은 다음 장의 정신역동에서 다루게 될 배우자의 근본적인 개인 심리적 문제와 함께 특정한 춤의 사이버네틱스적 특성에서 유래한 심리적인 압박과 도전에서 발생한다.

이러한 춤에 갇혀 빠져나올 수 없는 부부는 무언가 큰 위험에 처해있다는 것을 느끼지만, 이것이 무엇인지 말하는 것이 힘들다. 이는 무의식적인 심리적 문제에 관한 것이다. 앞으로 살펴보겠지만 부정적 상호작용 고리의 방해로 인해 부부가 서로를 존중하고 지지하려는 심리적 욕구가 충족되지 못하는 경우, 고리의 유착성과 파괴성의 정도를 알 수 있다.

5장 NOTES

1) 부부 유형에 대한 문헌과 명명법을 검토한 Betchen(2005)은 추적자- 도망자 유형 이 "잔소리-위축 역동", "거절-침입 유형"; "사랑에 빠진(lovesick) 아내와 냉냉한 (coldsick) 남편"; "퓨즈-절연체 역동"; "가까운/먼 양극화"; 그리고 자신이 명명한 "달 아나는 파트너와 침입하는 파트너" 등의 명칭으로 다양하게 명명되었다고 지적한다.

2) Greenberg와 Goldman은 그들의 저서 Emotion-Focused Couples Therapy (2008)에서 참을성이 없고, 지배적이고 통제적인 배우자는 부부 고통의 주요 원인으로 애착 불안보다는 "정체성 문제"(통합/자존감)라고 부르는 것에 더 흥미를 가질 것이라고 언급하였다. 그들은 "정체성"이 위태로운 상태를 "영향 고리(influence cycles)"라고 부르며 "지배-복종" 고리를 그 중 하나로 포함시켰다. 이것은 애착 문제만으로 모든 부정적인 상호 작용 고리를 파악하는 것보다 더 넓은 개념이다. "지배"하려는 시도에 는 다른 불안도 포함될 수 있다. 예를 들어, 한 여성 은행가는 돈 문제에서 남편을 지나치게 통제/지배했는데, 이는 자존감에 대한 걱정 때문이 아니라 그녀가 어렸을 때처럼 다시 가난해질지도 모른다는 불안감 때문이었다.

제3부

정신역동적 업그레이드

06 숨겨진 이슈, 두려움, 욕망에 초점 맞추기

많은 상담자들이 결혼문제와 부부상담을 정신역동적 접근으로 다루고 있다.[1] 나를 비롯한 여러 상담자들이 상담실무에 다음과 같은 내용을 적용한다.

- 부부가 가지고 있는 부정적인 상호작용을 이해하고 변화시키려면 개인적으로 가지고 있는 심리적 이슈가 드러나도록 해야 한다.
- 상호작용에서 드러나는 자신과 타인에 대한 무의식적 도식에 대한 현대정신 분석적 사고방식과 연구결과를 고수한다.
- 인간의 비정상적이고 부적응적인 행동도 무의식적인 동기, 두려움, 방어의 렌즈를 통해 살펴본다면 일리가 있는 행동이라는 점을 강조한다.
- 신뢰, 의존성, 자율성, 수치심, 죄책감, 정체성, 정직, 친밀감은 그 정도가 다양하며 그 안에 걱정과 갈등이 있다는 것에 주목한다.
- 인간의 상호작용에는 성과 공격성, 사랑과 미움이라는 고도로 발전된 형태가 있다는 것에 초점을 둔다.
- 발달에 중요한 영향을 미치는 아동기의 경험과 이후의 삶에서 얻어지는 친밀한 관계경험이 성격구조를 구축하며 기대, 동기, 적응방법을 만들어 간다는 점을 강조한다.
- 부부의 근본적인 이슈와 걱정거리들은 방어적으로 감추어져 종종 간접적인 방법으로 드러나곤 한다. 즉, 임의적인 생각이나 무심코 한 말들(연합), 꿈, 병리적 행동들, 타인과의 상호작용 패턴(전이)에서 그것이 드러난다고 믿는다.

- 상담자가 내담자에게 정서적 반응을 하는 것(역전이)은 관계적 패턴을 평가하는 데에는 가치가 있지만 잠재적으로는 상담의 장애물이 된다고 본다.
- 치유적인 상담은 자기인식(통찰)이 늘어나고 타인과 관계를 맺는 방식에서 보다 긍정적인 경험을 하는 것이라고 믿는다.
- 상담에서 자기발견과 변화의 경험을 하기 위한 안전한 환경을 만드는 데 있어서 상담자는 결정적인 역할을 하며 그중 일부는 상담자-내담자 관계 자체가 포함된다.

정신분석적 심리학은 프로이트의 기초 위에 세워졌지만 새로운 아이디어를 받아들이기도 하고 시대에 맞지 않는 부분은 버리기도 하면서 그 이상으로 발전해 나갔다. 정신분석이 비과학적이라거나 구식이라고 여기는 오해와는 달리(참고: Park & Auchincloss, 2006), 대부분의 정신분석적 아이디어는 광범위한 연구를 통해 지지되고 있다(Westen, 1999). 다음의 다섯 개의 장에서 나는 현시대의 정신분석적 사고방식이 어떻게 부부상담에 적용되는지를 다루어보고자 한다. 첫 번째 장에서는 대다수의 부부들이 경험하는 난국의 표면 아래에 놓여있는 몇 가지 이슈에 대해 논의하면서 가장 기초적인 수준에서부터 시작하도록 하겠다.

부부가 병리적인 상호작용으로부터 벗어나도록 돕기 위해서는 우리는 부적응적인 프로세스 그 자체(한 사람이 잔소리를 하면 다른 사람은 물러서게 되어 더 많은 잔소리를 유발하고 더 거리를 두게 됨)에만 초점을 맞추지 말고 무엇이 이 부적응적인 폭주 열차를 달리게 하는지에 초점을 두어야 한다. 이는 부부의 근본적인 민감성, 희망, 두려움 같은 것이다. 대부분의 사례에서 우리는 이런 순환고리가 좌절이나 인간의 기본적인 욕구를 무시함으로 인해 생긴다는 것을 알 수 있다. 끝이 없어 보이는 갈등을 겪고 있는 부부들과 상담을 하면 할수록 그들이 특정 상황에서 구체적 불평불만, 즉 토스트를 태웠다든지 돈을 너무 썼다든지 하는 것에는 초점을 덜 맞추는 반면 사랑, 돌봄, 감사, 친밀함, 이해, 두려움, 거절당한 경험, 버려짐, 지배, 무능감과 같은 인간이 가지는 기본적 욕구를 훨씬 더 많이 주장한다는 것을 알 수 있었다. 이것이 정신분석적 심층심리학이 [부부상담 1.0의 상호적 대화 모델]에 가장 우선적이고도 명백하게 기여(업그레이드)한 점이다.

이처럼 기저에 깔려있는 두려움과 욕구에 초점을 맞추는 접근은 "정서"를 부부상담의 중심에 두는 학자들, 특히 Leslie Greenberg와 Susan Johnson의 동료들과 같은 맥락이라고 생각한다(Greenberg & Goldman, 2008; Greenberg & Johnson, 1988; Johnson, 1996, 2008). 이들은 정서중심 부부치료(Emotionally Focused Couple Therapy: EFT) 또는 부부를 위한 정서중심치료(Emotion-Focused Therapy for Couples: EFT-C)로 잘 알려진 학자들이다. 그러나 상담을 하면서 나는 숨겨진 이슈, 두려움, 욕구에 대해 이야기하는 것이 더 이롭다는 것을 알게 되었다. 그리고 다음 장에서는 감정보다는 의미와 전이에 대해서 이야기할 것이다. 그런 것들이 개인적인 의미, 동기, 느낌, 자신과 타인에 대한 인지도식 등이 섞여 있는 상태를 숨겨 놓기 때문에 상담자들은 부부가 표면적으로 하는 상호작용의 기저에 깔린 것을 들여다보며 찾으려고 하는 것이다.

■ 딕과 티나: 크리스마스의 유령

딕과 티나는 결혼 전부터 내가 상담해 주었던 커플이다. 최근 결혼을 하고 나서 티나가 임신을 했다고 하면서 다소 모호한 문제를 들고 다시 나를 찾아왔다. 나는 아이를 어떻게 키울 것인지에 관한 여러 가지 이슈를 다루면서 도움을 주고자 했다. 딕은 자기가 기성 종교를 싫어하는 "확고한 무신론자"였기 때문에 문제가 좀 있을 것이라고 생각하고 있었다. 딕이 이성적인 태도로 스스로를 잘 통제하면서 말을 시작하긴 했지만 기성 종교에 대한 불만사항을 자세히 이야기하면서 점점 목소리가 커지고 긴장했기 때문에 내게 역전이가 일어났고 나와 티나에게 험악하게 굴었던 이전 회기가 떠올라 상담이 쉽지 않음을 느꼈다.

놀랍게도 딕이 기성 종교에 대해 마구 비판하는 것이 티나에게 화를 일으키지는 않았다. 티나는 교회에 출석하지 않은지 여러 해 되었고, 자신이 신을 믿는 것인지 아닌지 확실히 잘 모르겠다고 하였다. 그녀는 그들의 아이들도 종교문제는 자기들 스스로 결정해야 한다고 생각했다. 그렇게 말하긴 했지만 그녀에게 크리스마스는 가족이 즐겁게 함께하는 매우 드물고 특별한 경험이었고 그러한 전통이 끊기게 될까봐 걱정이라고 하였다. 심지어 작년에는 딕이 크리스마스 트리를 하지 말자고까지 했기 때문에 딕은 크리스마스를 명절로 지내는 것조차 반대하는 것처럼 보였다.

티나가 타협적이고 개방적 태도로 감정을 담지 않고 대화하려고 했음에도 불구하고 딕은 더욱 더 부정적으로 반응했고 크리스마스 명절과 관련된 모든 것에 대해 반대하고 허용하지 않겠다고 하였다. 갑자기 티나가 눈물을 터트리면서 매우 실망한 어린 소녀 같은 목소리로 "난 그 모든 것을 요구한 적도 없었다구요!"라고 말했다.

그들은 이런 적이 여러 번 있었고 항상 티나는 울고 딕은 화내며 혼란스러워하는 교착상태로 끝났다고 했다. 불과 몇 분 전까지 그들은 쾌활하고 만족스러운 부부의 모습이었는데 그렇게 갑자기 지배적 – 굴복적인 감정이 일어났다는 것은 상당히 놀랍고 충격적인 것이었다. 그들의 일반적인 성숙도와 상식수준을 고려해 봤을 때 더욱 그랬다.

부정적 상호작용의 순환고리를 해체하는 치료적 활동으로서 내가 시도했던 것은 표면 아래에 놓여있는 것을 발견하고 그렇게 함으로써 이 커플의 유대관계에 놓여있는 분열을 치유하기 시작하는 데 목적이 있었다. 티나와 딕의 경우에 이 방법은 다소 직선적인 것이었다.

꿈과의 연결고리를 찾으라고 프로이트가 우리에게 가르쳐 준대로, 나는 딕과 티나에게 이 고통스러운 언쟁 밖으로 나와 마음 속에 있는 것을 이야기하자고 말했다. 예상했던대로 크리스마스와 관련된 딕의 고통은 종교 자체보다 훨씬 더 심한 것이었고 과거에 지나갔던 크리스마스에 대한 많은 고통스러운 기억과 관련이 있었다. 선물은 마음에 들지 않았고 (또는 아예 선물이 없었다), 폭력적인 대치상황에 있었던 부모는 지나치게 술을 많이 마셨다. 무엇보다 가장 고통스러웠던 것은 그의 부모님이 오래 지속되었던 결혼생활의 균열을 끝내 극복하지 못하고 딕이 10살 때 이혼하였다는 것이다. 이를 통해 딕이 이룬 새로운 가정에서 크리스마스 축제를 재현하는 것을 원치 않는 이유를 어렵지 않게 알아낼 수 있었다. 이 연결점을 의식화함으로서 과거의 크리스마스 유령이 디킨즈의 에벤에셀 스쿠루지에게 한 것처럼, 딕과 티나가 앞으로 다가올 크리스마스에 행복한 가족의 한때를 만들어내는 것에 무엇이 방해가 되었었는지 생각해보도록 해주었다.

극심한 절망감을 전달하였던 티나의 눈물 아래 감춰진 것은 무엇이었을까? 티나의 이야기를 들으면서 딕이 보여준 강력한 부정적 태도에 대해 거부반응이 일어났던 나 자신을 돌이켜보며 다음과 같은 가설을 세우게 되었다. 크리스마스 축제가 그녀에게 매우 중요한 것이긴 해도 티나가 가지고 있었던 절망은 크리스마스의 특정 내용에 관한 것만은 아닐 것이며 결혼생활에 대한 절망일 수도 있었다. 이 상담실의 지금 – 여기에서조차 장차 엄마가 되고 싶어 하는 티나의 바람을 딕이 빼앗으려 하는 것처럼 보였던 것이다.

그래서, 살짝 넘겨짚을 요량으로 가장 행복하고 열정적이었던 상황을 떠올려보고 누군가 그걸 망쳐버렸다고 할 때 어떤 마음인지를 티나에게 물었다. 이 질문에 답을 하면서 티나는 한번도 말하지 않았던 아버지의 교통사고에 대해 이야기를 꺼냈다. 아버지는 장래가 유망한 운동선수였는데 그것은 티나가 아이를 갖는 것에 대해 자부심을 갖고 기쁨으로 출산을 기다리던 것과 비슷했다. 아버지가 당했던 교통사고는 아버지의 꿈을 박살냈고 오랫동안 아버지의 인생과 그 가족에게 그림자를 드리웠다. 아버지는 사고 후 완전히 회복되지를 못했고 몇 년에 걸쳐 간간이 찾아오는 허리통증과 심한 두통으로 고생을 많이 했다. 티나가 "아버지가 좀 쉴 수 있도록" 자신의 열정을 꺾은 적이 자주 있었다고 말했던 것은 아버지의 불행 때문이었다. 티나의 아버지는 만성적으로 화가 많고 시무룩한 사람이었고 누구든 말할 대상이 생기면 자신의 불행에 대해 화풀이를 하였다. 티나가 이전 상담에서 아버지에 대한 이야기를 하지 않았던 분명한 이유는 성격이 나쁘고 고통에 찌들어있던 아버지를 배제하고픈 무의식적 노력이었다는 것을 이제 알게 되었다. 초대받지는 않았지만, 티나의 아버지는 지금처럼 딕이 지나치게 부정적으로 반응할 때마다 딕으로 위장하여 출현했던 것이다. 이런 일이 일어날 때 그녀의 약한 부분이 건드려졌다. 그녀의 깊은 두려움은 비관과 죄책감의 수렁으로 빠져들었다. 상담실에서도 좋았던 기분을 망치게 되었고, 명절에 대해서도 앞으로 태어날 아기에 대해서도 좋은 기대를 가질 수 없게 된 것이다.

■ 숨겨진 이슈들

부부가 직면하는 "생활 사건"은 정서적으로 근본적인 "이슈"나 더 나아가 무의식 내의 "숨겨진 이슈"와 연결될 수 있다. 이럴 때 생활 사건들은 점차적으로 깊은 심리적 트러블을 일으키게 되는데 이를 설명하기 위해 Markman과 그의 동료들(2001)은 [그림 6.1]에 나와 있는 그림을 사용하였다.[2] 이 그림에서 돈, 성관계, 아이들과 같은 표면적 이슈들로 이루어진 온천지대는 그 아래 켜켜이 숨겨져 있는 더 뜨거운 힘, 즉 통제감, 헌신, 수용과 같은 것으로부터 달구어진 것이다.

딕과 티나의 경우, 다음과 같이 요약될 수 있다.

- 생활사건: 임신
- 이슈: 어떤 부모가 될 것인가, 어떤 종류의 가족이 될 것인가
- 숨겨진 이슈(딕): 고통스러웠던 어린시절의 장면이 생각나는 것을 피하고 싶다.
- 숨겨진 이슈(티나): 고통스러웠던 어린시절의 장면이 생각나는 것, 누군가 자기의 삶을 망칠 때 받았던 고통으로부터 피하고 싶다.

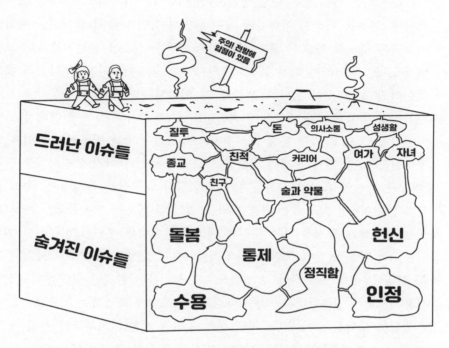

그림 6.1 숨겨진 이슈들(Hidden Issues)

많은 커플들이 세탁기를 새로 사거나 하는 외견상으로는 하찮은 일로 어떻게 해서 싸우게 되는지를 이 그림이 잘 설명하고 있기 때문에 나는 이 밑그림을 사용하여 가정경제의 안정이나 재정에 대한 통제, 소비의 책임감과 같은 깊은 불안감과 분노를 다룰 수가 있었다.[3] 표면적 사건에서부터 정서적으로 중요한 숨겨진 이슈로 내려온다는 것을 이해하는 것이 중요하다. 겉보기에는 사소한 일들로 싸운다는 것이 두 사람의 논쟁에 가장 큰 부분을 이루기 때문이다. 이에 대해 Gottman과 Gottman(2010)이 다음과 같이 기술하였다.

"갈등상황을 녹화한 900개의 비디오와 집에서 일어난 갈등상황에 대한 실황 인터뷰 1,000개를 분석한 결과, 대개의 경우 많은 부부들이 궁극적으로는 아무것도 아닌 일로 보이는 것에 대해 싸움을 하고 있다는 결론을 내릴 수 있었다(p. 144)."

정신역동적 견해에서 보면, 부정적 상호작용의 순환을 악화시키는 것이 무엇인지 알 수 있게 하는 가장 좋은 방법은 "숨겨진 이슈"가 "가동된다"는 것을 보도록 하는 것이다. 부부는 이러한 이슈들에 아주 우연히 잠깐 마주칠 뿐이지만 이러한 깊은 이슈들은 주목할 필요가 있는 것들이다. 싸움은 상처를 순환적으로 주고받거나 반작용으로 방어하는 과정에서 고조되기도 하고, 지금 이 순간 자신의 배우자가 들어야만 하는 것이 있다고 생각할 때 심화되기도 한다.

이러한 상황에서 예외의 경우를 고려하지도 않고 과거의 상처에 대해서도 언급함이 없이 손에 쥐고 있는 문제에만 전적으로 초점을 맞춘 일반적인 조언은 대체로 잘못된 것이다. 진짜 문제는 시간이 흐르면서 사건과 사건에 걸쳐있을 것이고, 상대방은 자신의 요구가 실현될지에 대해 강한 의구심을 가지게 될 수도 있다.[4] 자기 남편이 "한번도 집안 일을 도와준 적이 없다"면서 전구를 잘 갈아끼우지 못하는 남편에게 불평을 하는 부인과 이야기를 한다면 부인에게 적절한 언어를 구사하도록 다음과 같이 조언을 하려 할 것이다. "한번도 도와주지 않았다"라는 말을 절대 쓰지 않도록 해서 그 상황으로만 사건을 국한시킨다든지, 나-전달법을 사용해보도록 권유한다든지 말이다. 그러나 그렇게 조언하는 것으로는 그녀의 결혼생활을 도와줄 수가 없다. 지금 문제가 되는 것은 가사분담과 가정 내 권력, 그리고 상호조력 등을 포함한 거대한 빙산의 일각일 뿐이기 때문이다. 이 사례에서는 부인이 가정 내 이슈에 몰입하는 것을 막지 말고 그 대신에 그것을 노출시키고 이름을 붙여보도록 작업하여야 한다. 한번 이슈가 노출되고 나면 이렇게 숨겨져 있던 이슈에 대해 정당하고 비방어적으로 이야기할 수 있는 좋은 방법에 대해 자유롭게 조언할 수 있게 된다.

숨겨져 있는 불만보다 겉으로 드러나 있는 불만 즉, "당신은 나를 사랑한 적이 없어요. 당신은 자기만 아는 사람이예요!"라고 말하는 상황을 생각해 보자. 어떤 특별한 사건이 그런 선언을 하게 했는지 알아보는 것이 중요함에도 불구하고 그러한 일반적인 공격은 항상 너무 포괄적이고 사랑을 표현하는 부분에 있어서도 큰 도움이 안된다고 여기는 것은 잘못 생각하는 것이다. 그보다 나는 이렇게 생각한다. 많은 사례를 아우르는 핵심문제가 있고 그것이 내담자가 자신의 주제를 발견해 나가는데 도움을 준다고 말이다. 이는 pp. 65–66에 제시된 사례를 논의하였던 Greenberg와 Goldman(2008)도 동의했던 내용이다. 이런 식으로 개입을 하면서 부적응적인 비난을 하는 대신 배우자의 욕구를 채워주지 못했다는 절망감을 깊이 있게 표현하는 것으로 바꾸어 주어야 한다. 어떤 욕구가 채워지지 못했던 것인지 알아내려 노력해 보지만, 옷을 옷장에 걸지 않는다든지 생일파티가 완벽하지 않았다든지 하는 것처럼 구체적이지는 않다. 이러한 총체적인 공격 뒤에 숨어 있는 정서를 타당화하는 것을 첫걸음으로 시작해서 보다 깊이 있는 탐색을 해나가야 한다. 너무 과도한 반응을 하거나 치명적 결함이 있는 방법을 써서 무엇을 원하고 있는지를 너무 일찍 불러내는 것은 기술적인 실수를 저지르는 것이다.

■ 방어적으로 사용되는 핵심 이슈들

때때로 존경, 사랑, 친밀감과 같은 깊은 대인관계 문제가 발생하긴 하지만 놀랍게도 그것이 핵심적인 "숨겨진 이슈"는 아니다. 오히려 그런 대인관계 문제들은 불안이나 고통을 야기하는 다른 긴급한 문제를 숨기는 역할을 한다. 어떻게 먹고 살아야 되는지, 말 안 듣는 사춘기 자녀들을 어떻게 지도해야 하는지, 아무것도 모르겠는 상황에서 부부는 의무나 사랑, 존경과 같은 비생산적인 상호비난의 악순환에 빠지고 이것이 실제로 해결해야 하는 문제가 야기하는 불안으로부터 멀어지게 한다. 이것은 Bion이 "기본적인 가정을 두고 싸우는 집단(basic assumption fight group)"이라고 말한 것으로, 서로 적대적인 상황에 있을 때는 불안을 유발하는 과업에 주의를 기울이지 못한다는 것이다(Bion, 1961). 어떤 부부는 아이의 죽음을 애도한다든지 나날이 쇠약해지는 부모를 어떻게 대해야 하는지에 대해 죄책감을 느낄 수 있지만, 이러한 심오한 정서적 어려움에 직면하는 대신 누가 더 사랑이 많고 책임감이 있는지에 대해 서로 싸움으로써 깊은 정서적 문제를 숨길 수 있다. 더 깊은 정서의 문제가 현실적이지 않거나 관심을 둘 필요가 없어서가 아니고 심각한 대화를 피해 가기 위해서 쉽게 꺼낼 수 있는 것을 가지고 싸움을 한다는 것이다. 그러한 상황에서 상담자가 분석하거나 해석해야 하는 "숨겨진 문제"는 훨씬 더 어려운 문제에 직면하는 것에 대한 '불안'이다.

숨겨진 문제와 그 문제가 가진 특별하고도 주관적인 의미는 많고 다양하지만, 많은 부분이 다음 두 섹션의 주제인 인간의 두려움 또는 욕망으로 분류될 수 있다.

■ 두려움

내가 여기서 논의하는 두려움이라는 재앙은 결혼생활에서 흔히 발생하는 문제이다. 비행기에 대한 두려움, 질병에 대한 두려움, 공공장소에 혼자 외출하는 것에 대한 두려움, 죽음에 대한 두려움 등은 부부 간 불화의 대상이 될 수 있으며 부부의 유대가 약해지면 나타나고 더 나빠질 수 있다. 여기에서는 부부갈등이 있을 때 또는 부부가 함께 살 때 느끼는 일반적인 두려움에 초점을 맞추어 설명할 것이다. 내담자는 어떤 행동을 하면서 그러한 두려움과 그것이 어떤 역할을 하는지에 대해 방어적이고 인식할 수가 없기 때문에 상담자의 임무는 두려움과 그에 수반되는 방어를 인식하고 이를 알아차리도록 촉진하는 것이다.

이 논의를 시작하면서 나는 일반적인 오해에 대해 말하고 싶다. 일반적인 말의 표현과는 달리 "친밀함에 대한 두려움"이나 "가까워지는 것에 대한 두려움"과 같은 것은 없다. 둘 다 내가 논의하고자 하는 두려운 재앙에 해당되며 그 중의 하나이기도 하고 몇가지가 조합된 것이기도 하다. 이것은 "사람들은 단순히 친밀감을 두려워하는 것이다"라고 생각하는 상담자는 불안이 가지고 있는 진정하고도 개별적인 의미와 본질을 발견하지 못하기 때문에 불안을 더 깊이 탐색하지 않는다. 따라서 이것은 의미론이 아니라 실용적인 부분을 말하는 것이다.

그와 비슷한 이유로 우리는 사람들에 대해 "통제가 안 되는 것을 두려워하는" 사람이라고 말하지 말아야 한다. "상황"이 "통제 불능"일 때 불안해하는 사람들을 이해하려면 그 표현을 보고 우리가 구체적인 "두려움"이나 "사물"을 인식했다고 생각하면서 우리 자신을 안심시키면 안된다. 개인적인 예를 들어보면, 우리가 젊었을 때 아내와 나는 소유물을 정리하는 일에서 큰 기쁨을 얻었다. 몇 년 후 우리 아이들의 성향은 그와 매우 대조적이었다. 계속해서 공존할 수 있는 이 영역에 대해 우리가 가장 잘 이해할 수 있었던 것은 우리가 하려고 했던 것이 통제 그 자체가 아니라 우리의 원가족 구성원들 중 몇몇이 예측하기 어려울 정도로 통제 불능이었던 어린 시절의 세계에서 일종의 통제 환상처럼 작용했다는 점이다. 우리 둘 다 각자 믿고 있는 종교의 대제사장처럼 행동했고 그 종교는 마법처럼 위험을 사라지게 할 수 있는 것이었다. 어른이 되어 과도하게 "통제"하는 것처럼 보이는 사람들은 마치 엄마들이 자녀가 다칠까 지나치게 걱정하거나 남편이 아내가 바람을 피울까봐 지나치게 괴로워하는 것처럼 단순히 일반적인 "무질서" 상태를 두려워하는 게 아니라 수많은 재앙을 두려워하고 있는 것이다.

유기/거절/사랑의 상실. 버려짐, 거절, 무관심을 경험함으로써 사랑하는 사람을 잃게 되는 것은 애착이론과 EFT 부부상담자가 강조하는 핵심적인 위험상황이다. 이는 부부와 작업할 때 가장 흔히 볼 수 있는 근본적 두려움이다. 집단에서 배제되거나 혼자 고립되는 것이 사회적 처벌이 되는 이유는 버림받거나 거절당하고 고립되고 사랑받지 못했을 때 생겨났던 고통의 가시가 그들을 다시 찌르기 때문이다.

사랑받지 못한다는 두려움은 버려짐에 대한 두려움(또한 버려짐으로 이어질 수도 있는 무가치한 존재라는 두려움도 포함됨)보다는 다소 광범위하지만 일반적으로 가장 큰 두려움은 사랑하는 사람을 잃을 수도 있다는 예상에서 비롯된다. 이 두려움은 배우자가 이혼에 대해 두려움을 느낄 때 크게 나타난다.

버려진다는 것에 대한 두려움은 사랑의 대상에게 자신이 보이지 않는 대상으로 여겨지는 것에 대한 두려움으로 자주 나타나며, 이는 어린 아동들에게는 잠재적으로는 생명을 위협하는 애착에 대한 위험이 되기도 한다. 보이지 않는 것 같은 존재 또는 인식이 되지 않는 존재가 된다는 두려움은 우리가 경험하는 것에 대해 다른 사람들이 타당화하고 기억하고 들어주고 공감해주지 않았을 때 느끼는 고통 뒤에 숨어있는 것이다. 이것을 "자기대상"의 기능이라고 하며 정신분석적 자기심리학자들은 이것이 우리가 생명력과 기능을 유지하는데 필수적인 것이라고 하였다.[5]

수치심과 굴욕. 수치를 느끼는 것에 대한 두려움은 수많은 부정적 상호작용의 고리에 힘을 실어주는 핵심적인 이슈이다. 대부분의 사람들은 비판을 받아들이거나 실수를 인정하거나 타인에게 상처를 준 것에 대해 사과하는 것을 어려워한다. 자신에게 중요한 것을 비난하는 사람, 즉 배우자에게는 특히 더 어려운 법이다. 이러한 이유로 수치심은 갈등을 관리하고 부부의 화목을 유지하는데 방해가 되는 것이 당연하다. 실제로 부부상담자들도 내담자가 가지고 있는 사랑받지 못한다는 인간의 근본적인 두려움과 "거절"당할 것 같은 두려움에 대해 도움을 주기만 해도 상담의 성과를 낼 수 있다고 하였다(Eggerichs, 2004).

수치심은 우리가 마음 속으로 바라는 모습에 부응하지 못했거나 우리의 진실성과 정체성 또는 자존감이 약해지고 타인에게 공격을 받고 있을 때 느끼는 감정이다. 우리가 자기 자신을 바라보는 방식에 대해 내적으로 위협받을 때, 그리고 사회적 집단 안에서의 지위가 외적으로 위협받을 때 느껴지는 양날의 검과 같은 감정이 수치심이며 이것이 애착의 고통에 수반되어 불러일으켜질 수 있다. 죄책감과 같은 수치심은 사회집단의 기능에 도움이 되지만 대부분의 내담자들은 수치심을 유익한 것으로 보지 않는다. 오히려 그들은 수치심을 아주 적은 양으로도 사람을 죽일 수 있는 독약처럼 여기고 두려워한다. 수치심을 세계의 전부인 것처럼 느끼기 때문에 그런 것이다. 마치 "내가 실수를 했구나"가 아니라 "난 실패자야!"라고 느끼고, "내가 화를 냈구나"가 아니라 "난 끔찍한 남편이야!"라고 생각하는 것이다.

수치심을 두려워하는 사람들은 대개 자기비난을 가장 두려워한다. 자기비난은 완벽주의적 기준에 자기자신을 붙잡아놓으면서 특히 이상적인 성인의 성역할 안에서 자신에게 기대되는 것이 무엇인가에 관해서는 더욱 더 자기비난을 가한다. 자신의 배우자 또는 사회가 자신에게 그러한 완벽함을 요구한다고 보는 만큼 그들의 수치심은 더욱 더 독이 되는 것이다.

수치심에 대한 민감성은 대부분 자기의심에 관한 것이지만 타인이 자신의 결점을 공개적으로 폭로할 것이라는 과도한 두려움으로 나타나는 경우도 많다. 이것이 우리가 갱스터영화에서 볼 수 있는 심리학이다. "존경을 받지 못한" 악당은 자신의 자존감을 위협한 사람을 폭력적으로 때려눕힘으로써 즉시 반응을 보인다. 하인츠 코헛이 자기애적 분노라고 표현했던 이러한 공격적 반응은 커플의 갈등에서도 일어나는 일이며 특히 신체적 폭력으로 옮겨갈 때 나타나는 현상이다(Stosny, 2006). 이는 비난하는 사람을 침묵하게 하면 비난과 수치심이 사라질 것이라는 신념에 근거한다.

수치심에 대한 두려움은 논쟁에서 절대 지지 않아야 하고 항상 옳아야 하며 언제나 최후에 결론을 내는 말을 해야 하는 사람들의 핵심기제이다. 논쟁의 내용 자체가 경쟁에서 지거나 상대방에게 굴욕감을 느끼는 것보다 더 중요하지는 않다. 이러한 심리는 어린시절 지나치게 수치심을 느꼈거나 누구와 경쟁해서 이겼을 때에만 가치를 인정받았던 경험에서 비롯된 지배와 복종의 순환고리에서 나오는 것이다. 지나치게 지배적인 배우자의 상대 배우자는 종종 싸우기를 포기하고 그렇게 한 것에 대해 수치심을 느낀다. 수동공격적인 사람들 또는 자신에게 동정심을 갖는 사람들하고만 친한 사람들은 무자비한 지배의 희생자가 되었어도 어느 정도 자기존중감을 회복할 수는 있겠으나 그러한 관계에는 비싼 대가를 치러야 한다.

질투. 질투는 자기 자신보다 타인이 더 좋아할 만한 사람이라는 것을 마주하는 고통스러운 두려움이며, 방금 설명했던 두 가지의 두려움, 즉 당신의 배우자가 다른 사람에게 가려고 당신을 떠나는 "버려짐"과 당신의 경쟁자보다 열등하다는 "수치심", 이 두 가지가 혼합된 것으로 볼 수 있다. 이러한 삼각관계에서 세 번째 꼭지점은 사람(자녀, 또다른 친인척관계, 또는 잠재적 연인)일 수도 있고 활동(취미, 스포츠, 또는 일)일 수도 있다.

죄책감. 죄책감은 수치심과 가까운 친척이다. 보살핌이나 사랑이 부족한 사람이라거나 부도덕한 사람으로 여겨지는 것을 두려워하는 배우자는 죄책감을 갖는 것을 매우 싫어한다. 수치심과 마찬가지로 죄책감은 질문을 받는 사람의 내부 기준에 달려 있다. 사람들은 배우자에 대한 관심이 부족하다거나 어떤 윤리적인 기준(예를 들어 누군가 당신을 말로 공격했다고 해서 사람을 때리는 것은 용납되지 않는다)을 간직하지 못했다고 해도 죄책감을 느끼지는 않을 것이다. 수치심과 죄책감을 구별하는 일반적인 방법은 다음과 같다. 내면화된 도덕적 기준을 위반했을 때에는 죄책감을 느끼고 자신의 이상적인 자아가 정하는 구성요소에 따라 살지 못했을 때에는 수치심을 느낀다. 그러나 많은 경우, 사람이 나쁜 일을 한 후에 죄책감을 느끼고 ("내가 나쁜 짓을 했다") 그런 일을 한 사람이 수치심을 느끼는 것처럼 ("나는 나쁜 사람이다") 이 두 개념은 서로 공존하면서 구별하기가 쉽지 않다.

무엇을 해야 하는지, 어떻게 생각해야 하는지를 말해줌으로써 "통제"하는 것. 모든 언어적 표현은 듣는 사람에게 영향을 미치려는 노력으로 인식될 수 있으나 대체로는 부드럽게 전달되기 마련이고 강압이라고는 느끼지 않는다. 통제당하는 것을 기본적으로 싫어하는 이유는 원래 자신이 하던 것과는 다른 방식으로 무엇을 하라거나 어떻게 생각하라거나 하는 소리를 듣기 싫어하기 때문이다. 은행에 가서 엄청난 복권을 가져오라는 말을 듣기 싫어하지는 않는 법이다.

통제당하는 것을 싫어하는 또 다른 이유는 비하하는 것처럼 느껴지기 때문이다. 하기 싫은 일을 하라는 말을 듣게 되면 Y 대신 X를 해서 괴로운 것에 더해서 자기보다 더 힘센 사람에게 끌려다니는 부끄러움과 굴욕을 경험하게 된다. 어느 정도까지는 우리 모두가 통제당하는 것에 민감하다. 왜냐하면 우리가 어렸을 때 우리를 돌봐주는 사람들이 하라는 대로 말을 들어야만 했기 때문이다. 양육자가 자율성을 지나치게 억압했던 경험이 있는 사람들은 성인이 되어서 권위불화가 생기거나 영향력을 수용하는 데 있어 어려움이 있다. 어떤 사람들은 그와 반대로 너무 지배적으로 행동하거나 학대를 가함으로써 오래 전에 겪었던 굴욕을 되갚으려고 할 수도 있다.

특히 가정에서 권위에 민감한 또 다른 이유는 온종일 직장에서 권위에 복종한 결과 집에 와서는 한숨을 돌릴 자격이 있다고 느끼는 데 있다. 우리의 상사나 동료들의 요구에서부터 한숨 돌릴 뿐 아니라 우리는 내면의 감독관으로부터도 한숨 돌리고 싶은 것이다. 우리 내면의 감독관은 우리 자신으로 하여금 자기 자신이 책임감 있게 열심히 일하는 사람이라고 여기며 살기를 바란다. 사람들의 요구에서 벗어나 휴가를 누리기 원하는 것은 부모역할을 전업으로 하는 사람들에게도 똑같이 적용된다. 그들은 배우자가 집에 돌아왔을 때 아이 보는 것을 교대해 주거나 도와주기를 바라는 것이다. 하루가 끝날 때까지 해야 하는 일이 뭐가 남았는지, 각자가 얼마큼 쉬는 시간을 가질 수 있는지에 대해 충돌이 일어날 수 밖에 없다.

통제되는 느낌에 대해 과민하게 반응하는 이유는 뭔가를 하라고 하는 요청뿐만 아니라 특정 방식으로 생각하라고 하는 요구 또는 압력에 의해서도 생겨난다. 이러한 위협은 종종 (심리적) "융합" 또는 "자기의 상실"에 대한 두려움으로 볼 수 있는데, 심각한 인격장애와 신체적 또는 성적 학대를 당한 성인들에게서 흔히 나타나는 현상이다. 이에 대한 한 가지 설명은 학대받은 아동이 학대하는 부모와의 유대관계를 지키기 위해 현실과 감정에 대한 자신의 관점을 왜곡해야만 한다는 것이다((Fonagy, 2000). 그들은 성인임에도 특정 대인관계 상황에서 매우 취약하고, 다른 관점을 가지고 있는 타인들이 그러한 상황을 어떻게 보고 있는지 이야기하는 것에 매우 과민하다. 그런 사람들은 명확한 사실이 존재하지 않은 채로 그 일을 경험한 각각의 사람들이 말하고 기억하는 것이 제각각 다른 그런 모호한 상황에서 너무나 불안해질 수 있는 것이다. 그들은 고통스러운 사건이나 논쟁이 유발된 "진실"에 대해서, 그리고 논쟁 중에 "실제로 일어난 일"에 대해서 배우자와 끝없이 싸울 수 있다. 사실에 대한 논쟁거리는 앞서 언급했던 비난을 받아들이기 어려운 점을 포함해서 수없이 많긴 하지만, 내가 여기서 강조하고 싶은 것은 많은 내담자들이 누군가가 자신의 생각을 지배하거나 마음을 통제하는 것에 어려움을 겪는다는 것이다.

감정이나 마음을 통제하지 못하는 것. 감정을 경험하는 것을 두려워하는 사람들은 강박적이거나 지나치게 조심스러워하거나 지루해하거나 또 어떤 의미에서 무감정인 것처럼 보일 수도 있다. 그들이 두려워하는 참상은 감정이 감당할 수 있는 수준을 넘어갈 것이라는 데 있다. 그것이 분노이든 의존이든 성적 흥분이든 그 어떤 것이건 간에 말이다. 그런 사람들이 상담에서 그리고 결혼생활에서 보여주는 핵심문제는 살아있는 감정에 접근할 수 없다는 것이며 자신의 요구를 표현하는 것도 어렵고 배우자의 욕구를 알아차리는 것도 어렵다.

극단적인 경우, 사람들은 "신경쇠약"이나 코헛이 말한 "파편화"를 보이면서 마음이 통제되지 못하는 상태를 두려워하기도 한다. 이럴 때 그들의 배우자는 그들이 연약하다고 느끼며 그들을 벼랑 끝으로 몰고 가는 과업은 완수할 수 없을 것이라고 생각한다.

타인의 요구에 압도되거나 과중한 부담을 지게 되는 것. 어떤 사람들은 타인이 정서적인 요구를 해오면 지나치게 고통스러워한다. 그들은 애착의 대상이나 자기대상이 되어주어야 하는 결혼 생활에 어려움을 가진다. 그들의 배우자는 그들을 "이기적"이거나 "무정한" 사람이라고 부르겠지만, 우리 상담자들은 다른 사람을 돕는 것이 왜 그렇게 부담스럽고 괴로우며 보람이 없다고 느끼는지 더 잘 탐색할 수 있다.

과거의 트라우마를 떠올리는 것. 프로이트는 자기 환자들이 고통스러운 과거의 경험을 떠올려보라는 지시를 잘 따르지 못하는 것에 대해 주목한 바 있는데, 우리 또한 우리 내담자들에게서 같은 망설임을 볼 수 있다. 이러한 침묵의 주된 이유는 강하고 고통스러운 감정이 나타날 것에 대한 두려움에 있다. 분노, 슬픔, 불안, 우울, 외로움, 또는 복수에 대한 집착같은 것들이 앞다투어 나올까봐 두려워한다. 두말할 필요 없이, 이러한 두려움은 그러한 두려움의 근원과 세부사항을 탐색하지 못하게 방해한다.

명백하게 부정적인 결과. 불화가 있는 부부들에게 가장 위험하고 확실한 두려움은 신체적 폭력일 수 있다. 또한 이혼 이야기가 거론될 때 경제적 안정을 잃을까 봐 두려워하거나 아이들을 볼 수 없게 될지도 모른다는 두려움이 있을 수 있다. 이러한 두려움들은 앞서 언급했던 순수한 심리적인 위험과는 다른 것이며 말로 표현되는 것이 아니기 때문에 "숨겨진" 두려움이 될 수 있다.

두려움의 조합. 두려움은 무수히 많은 방식으로 결합되거나 상호작용할 수 있으며 사람들은 서로 반대되는 두려움 사이에 갇혀버리기도 한다. 외로움에 대한 두려움은 위험을 무릅쓴 친밀감에 대한 두려움과 결합되어 "욕구-두려움 딜레마"라고 칭하는 현상으로 나타난다. 이는 심각한 성격장애를 가진 내담자들에게서 매우 흔하고 강렬하게 나타나는 현상이다. 그들에게는 편안하고 유지 가능한 정서적 거리라는 것이 없다. 너무 멀어지면 애착이 형성된 인물에게서 나오는 자기 대상의 기능을 잃게 되고 너무 가까우면 지배당하는 느낌을 갖거나 수치심을 느낀다.

치료과정에서 나타나는 어떤 두려움은 무서운 마음 상태가 특수하게 혼합된 모양새로 가장 잘 나타나기도 한다. 예를 들어 신용카드 미납요금에 대해 과도하게 걱정하는 것은 어렸을 적 그녀의 아버지가 실직했을 때의 트라우마로 다시 돌아갈지도 모른다는 두려움 때문에 발동이 걸린다는 것을 알 수 있다. 빈곤뿐 아니라 부모의 불화, 부모의 알코올중독, 부부싸움을 하며 과도하게 스스로를 비난하는 것, 다른 아이들처럼 예쁘게 옷을 입지 못했다는 수치심도 마찬가지이다.

■ 욕망

부정적인 상호작용의 순환고리는 충족되지 못했거나 드러내지 못한 소망, 욕망, 욕구 때문에 가동되기 시작한다. 숨겨진 이슈를 탐색하는 핵심 목표는 부부가 서로에게 정말로 필요한 것이 무엇인지를 포함해서 서로 무엇 때문에 싸우는지를 분명히 드러나게 하는 데 있다. 앞서 언급했듯이 부부가 부적응적인 순환고리의 과정을 그들이 느끼는 고통의 원인으로 확인하고 난 후에는 더욱 희망을 갖게 된다. 또한 서로의 인간적인 기본욕구를 더 잘 충족시킴으로써 이러한 시스템 오작동을 어떻게 복구시킬 수 있는지 보여주었을 때 더욱 희망을 가질 수 있게 된다(Shaddock, 2000).

거울이미지. 어떤 욕망과 욕구는 본질적으로는 앞서 언급했던 두려움의 거울이미지이다. 애착이나 사랑을 갈망하게 되면 그것이 결핍되는 상황을 두려워할 것이다. 우리 모두는 수치심이나 죄책감을 느끼기보다는 인정받기를 원하며, 지나치게 통제당하는 것보다는 어느 정도의 자율성을 좋아한다. 좀 더 일반적으로 말한다면, 우리는 "안전함"을 느끼고 싶어한다. 그것은 우리가 두려워하는 위험이 없는 그런 상황을 말하는 것이다.

적극적으로 함께 하려는 욕망: 함께 춤을 추는 것. 인간의 욕망 중에는 힘든 일이 없었으면 좋겠다는 바람만으로는 설명되기 어려운 쾌의 상태라는 것이 있다. 이것은 특히 연합, 조정, 또는 '함께 건설해 가는 것'에 대한 욕구를 말한다. 함께 춤을 추고, 함께 살아가고, 사랑하는 배우자와 성관계를 하고, 자원과 노력을 공유하고, 아이를 함께 키우고, 저녁의 석양을 함께 바라보고, 생각을 나누는 것이 그런 일들이다. 감정의 공유라는 필수요소가 들어가야 그런 소원을 이룰 수 있다. 배우자란 평행선같이 단순히 삶을 같이 가는 존재가 아니라 즐거움을 나누고 성공을 지원해주기를 바라는 존재이다. 이러한 욕구는 "애착"이 필요하기 때문에 생기는 것이 아니라 정확하게 정의 내리자면 위협받거나 화가 났을 때 지지해주기를 바라기 때문에 생긴다. 이 둘은 서로 관련이 있지만 같은 것은 아니다. 이는 자기심리학에서 말하는 "쌍둥이"에 대한 자기대상적 요구이며, 동질감에 대한 느낌이자 자신과 같은 생각을 가진 동반자와의 친밀감을 의미하는 것이다. Weingarten(1991)이 확장한 개념인 "함께 의미를 창조하는 자"로서의 친밀감과 동일한 근거를 가지는 개념이다.

배우자가 존재하기 때문에 생겨나는 만족감의 원천은 그들이 단지 존재하는 것 이상으로 무언가가 있기 때문에 생겨나는 것이다. 물리적으로 배우자가 존재할지라도 두 사람이 함께 기여하거나 공동으로 노력을 투입해서 뭔가를 하지 않으면 그러한 욕구는 불만족 상태로 남아있다. 이상적으로는 각각의 배우자가 독립적인 주체가 되어야 한다는 것은 단지 우리의 결승점이어서가 아니며, 이는 대상이 아닌 주체를 의미하는 것이다(Benjamin, 1995). 이렇게 함께 만들어 나가는 결말을 얻지 못한 것에 대한 사람들의 좌절감을 이해하고 나면, 즐겁게 같이 지내는 시간이 부족하다고 불평하거나 이혼 때문에 함께 공유한 삶을 잃게 될까 두려워 하는 것을 더 잘 공감할 수 있게 된다.

알아주기를 바라는 욕망. 우리는 대체로 남들이 우리가 어떻게 느끼는지, 무엇을 좋아하는지, 무엇을 바라는지, 어떻게 지내는지를 알아주기를 원한다. 즉 우리가 누구인지를 알아주기를 바란다. 성공했을 때 남들이 알아주어야 더 기분이 좋은 법이다. 실패했을 때는 누군가 위로해 주어야 덜 고통스럽다. 우리에게 공감과 친밀감이 필요한 이유는 알아주기를 바라는 욕망 때문이다. 알아준다는 것은 배우자가 서로의 삶에 존재하는 각본과 꿈에 대해 투자해준다는 전제조건이 되며 사랑이 존재하는 결혼의 중심요소가 된다(Kernberg, 2011).

배우자가 우리의 욕구를 충족시켜주지 못할 때 공감받고 싶은 욕망. 우리를 실망시키는 배우자는 대개 그들이 초래한 고통에 냉담하거나 동정심이 없다. 이것이 트라우마를 더 악화시키게 된다. 마치 판정에 이의를 제기한 운동선수가 항의한 것 때문에 추가적으로 더 처벌을 받게 되는 것과 같다(Ken Newman, personal communication, November, 1987). 이렇게 이중으로 실망하게 되는 패턴은 가해자가 자신이 야기한 좌절감을 인정하지 않음으로써 죄책감과 수치심으로부터 도망가고자 할 때 생겨나기가 쉽다(Ringstrom, 1994). 부정적인 상호작용의 순환고리가 이어지는 동안 내담자가 경험하는 고통의 강도는 이차적으로 공감이 어느 정도로 되었느냐에 따라 설명될 수 있고, "순화"의 회복시키는 힘 또한 배우자가 어떻게 하느냐에서 나온다.

방해받지 않는 혼자만의 시간에 대한 욕망. 함께 지내는 시간이 많았으면 좋겠다는 바람과 따로 떨어져서 보내는 시간이 많았으면 좋겠다는 바람이 서로 상반되어 이것을 해결해달라고 요청하는 부부들이 자주 있다. 이 장 초반에서 말했듯이 지배당하거나 통제당하는 느낌 또는 심히 침해당하는 느낌과 관련된 고통이 있다. 여기서 나는 따로 떨어져 있고 싶은 충동에 대해 보다 긍정적인 이해를 덧붙이고 싶다. 이것은 Robert White(1959)가 "효능(effectance)"이라고 부른 타고난 동기에 대한 것이다. 최근에는 Lichtenberg, Lachmann, and Fosshage(2011)가 이를 "탐색"이라는 개념에 포함시켰다. 독립성을 갖고 혼자 있거나 또는 바깥활동(취미를 갖거나 친구들과 어울리는 것)을 하고 싶어하는 욕구에 대해 보다 긍정적인 관점을 갖게 되면 너무 가까이 있으려고 하는 배우자 곁에 있는 것을 반사적으로 피하는 데 도움이 되기도 한다.

배우자를 상처주고 싶은 욕망. 배우자를 다치게 하고 싶다는 것은 대체로 자신을 다치게 하려는 시도에 따르는 결과이거나 "자기애적 분노"에서 비롯된다. 이것은 매우 현실적인 것이지만 대개는 숨겨져 있다. 많은 정신분석학자들이 강조한 바와 같이 이러한 의도를 성숙함, 자기 인지, 결혼생활의 조화로움에 유용한 전제조건으로 여기는 사람들을 돕는 것은 중요하다. 내가 상담했던 한 여성내담자는 남편이 곁에 없을 때 "애착 불안정성"이 생긴다는 것을 잘 인식하고 있었으나 그럴 때마다 보복하듯 분노를 분출했다는 것을 깨닫고 난 후에야 불안발작을 가라앉힐 수 있었다. 그녀가 가지고 있던 적개심은 직접적으로 표현되지 못했고 목소리의 톤으로 나타났기 때문에 그녀의 남편을 더욱 멀어지게 만들었던 것이다. 복수를 하고 싶은 "어두운 측면의" 소망을 받아들이도록 돕는 것은 친밀하게 함께 있고 싶은 마음뿐 아니라 결혼생활 자체에도 도움을 주는 것이다.

이러한 사례는 애착이론이 융통성 없이 부부상담에 적용되었다고 비판한 부부상담자인 David Schnarch(2011)의 의견에 기초가 될 수 있다. 그는 이런 식의 접근이 "사람들이 가능한 한 최선을 다하고" "오로지 선한 의도를 가지고 있다"는 것을 가정할 수 있을 때 할 수 있는, 너무 "디즈니식"이거나 "좋게만" 보는 접근이라고 보았다. 배우자에게, 상담자에게, 심지어 자기자신에게도 숨겨 놓은 목적이 있을 때는 상처를 줄 수 있는 것이다. 이러한 복수심을 공개적으로 드러내게 되면 배우자를 도와주는 것이기도 하다. 배우자는 이제 지겹다고 느낄 때 자신이 "과도하게 반응"한 것이 아니라 은밀한 공격에 대응하고 있음을 알 수 있기 때문이다.

결혼생활에서 상처를 받고 복수하고 싶다는 소망이 생기는 것은 정상적이라고 얘기해줄 때 내가 자주 사용하는 이야기가 있다. 어떤 청년이 매우 믿고 따르는 멘토에게 이혼을 생각해본 적이 있느냐고 물어보았을 때 멘토가 이렇게 말했다고 말이다. "이혼요? 절대로 생각해본 적 없죠. 그러나 살인은 많이 생각해봤어요!"

무조건적 사랑과 이상적 배우자에 대한 소망. 이상적인 배우자에게 무조건적인 사랑을 받고 싶다는 소망은 결혼생활을 어렵게 만든다는 것을 앞서 논의하였다. 이는 우리가 필요할 때마다 무엇을 이야기하건 간에 잘 들어줄 수 있는 배우자에 대한 단순한 욕망이다. 우리는 상사나 자녀에게는 화를 잘 참아야 한다고 생각하지만 우리의 절친이나 사랑스러운 지지자로 여겨지는 사람에게는 잘 참지 않는다. 배우자가 기대에 미치지 못하면 상처는 더 커지게 되며 마치 카이사르가 "부르투스, 너마저?"라고 했던 것과 비슷한 상황이 되는 것이다. 지나치게 완벽하고 절대 동요하지 않는 배우자를 원한다면 어느 정도의 애정 어린 반응을 해주는 배우자와 살아도 언제나 좌절하게 될 것이다.

숨겨진 이슈, 두려움, 욕망과 작업하기

위에서 다룬 숨겨진 이슈, 두려움, 욕망과 어떻게 작업을 하는지를 이제 이야기하고자 한다. 이러한 것에 힘을 실어주는 근원을 탐색하여 부정적인 순환고리를 끊고 진정시키는 개입을 통해 부부의 유대감을 회복시키고 강화시킬 수 있다.

우리의 목표는 두 사람이 자신과 배우자에게 숨겨진 두려움과 욕망을 인식하도록 하는 데 있다. 이것이 각자의 욕구를 어떻게 하면 더욱 효과적으로 충족시킬 수 있는지, 욕구가 충분히 충족되지 못했을 때 나빠진 관계를 어떻게 회복시킬 수 있는지 알도록 도와준다. 또한 이전에 맺었던 단순하고 부적응적인 관계를 대체할 더욱 근사하고 세부적인 관계 지도를 그릴 수 있도록 도와줄 것이다. 이렇게 개선된 지도를 가지고 배우자와 같이 의논하면서 이제는 병리적 춤을 추던 관계를 중지하고 상대방을 이해가능한 적으로 여길 수 있게 될 것이다. 개인 정신분석적 정신치료의 전통 안에서 공부했던 상담자는 통찰을 장려하는 기법들, 즉 공감적 몰입, 저항 줄이기, 양가감정의 수용, 행동의 해석(재구성), 과거 탐색 등에 친숙할 것이다.

부부의 유대를 공고히 하는 좋은 방법은 (a) 서로의 소망과 두려움을 더욱 효과적으로 소리내어 말할 수 있도록 돕는 것, (b) "부드럽게" 대하지 못하는 배우자의 마음을 탐색하고 이에 대응하여 부정적인 반응을 바꾸도록 돕는 것, (c) 새롭게 얻은 통찰력과 강화된 유대감을 활용하여 향후 생길 수도 있는 부정적 순환고리를 예방하고 통제하도록 돕는 것이다.

이러한 목표와 방법은 서로 밀접하고 복잡하게 연관되어 있으므로 여기서 별도로 논의하는 것은 지나치게 복잡하고 장황해질 것 같다. 대신에 이 섹션에서는 대부분의 사례에서 여러 가지 기능을 수행하는 실용적인 제안을 다루는 데 그 목적을 두려 한다.

■ 공감적으로 시작하고 공감을 유지하는 작업을 하라

여기에서 내가 지지하는 모든 개입은 공감적 입장에 기반을 두고 있다. 상담자로서 우리는 각각의 내담자의 입장에 서 보려는 노력을 해야만 한다. 상상력과 기억을 두드려 깨우고, 우리 앞에 앉아 있는 부부들과 비슷했던 경험들을 우리의 삶에서 찾아보려 애써야 한다. 때때로 잠시 멈추어 각각의 배우자가 되어서 그들과 결혼했다면 어떨 것 같은지를 생각해보는 것이 도움이 된다. 크리스마스에 대해 딕이 강압적으로 티나를 질책했던 것을 들으면서 내가 얼마나 불편했었는지를 알아채고선 티나가 느꼈을 절망에 접촉할 수 있었다는 것을 기억하기 바란다.

■ 숨겨진 이슈에 초점을 맞춤으로써 부정적인 프로세스를 중단하라

부부상담 1.0에서는 상담자가 부정적인 프로세스가 악화되어갈 때 그 중간에 끼어드는 것으로써 진정을 시킬 수 있다. 단순히 언어적으로 중지시킬 수도 있지만 공감, 이해, 대안적 설명을 함으로써 지금 부부가 보여주고 있는 고통스러운 감정과 행동을 말해줄 수 있다. 현재 논의 중인 업그레이드된 버전에서는 공감과 호기심의 강력한 조합을 지속해서 보여주고 있지만 이번에 더욱 초점을 맞춘 것은 부정적 상호작용의 순환고리 아래에 존재하는 동기에 보다 날카로운 공감적 주의집중을 한다는 것이다. 부적응적 단계들이 각각의 배우자에게 더 구체적이고 더 이해하기 쉽고 더 공감적이 되도록 우리는 숨겨진 소망과 두려움을 찾아내야 한다.

개인 정신분석적 심리치료에서는 내담자의 방어를 탐구하는 것이 우리로 하여금 더 깊은 이해로 이끌어주었다. 이와 비슷하게 부부상담에서 매우 중요한 초기 작업은 즉각적으로 개입하여 각각의 배우자가 스스로 내린 결론을 중지시키고 각자 가지고 있는 깊은 소망과 두려움을 분석하는 과정을 탐색하는 것이 된다. 이는 순환적이고 자발적인 과정으로, 일반적으로는 상담자의 엄청난 양의 공감과 호기심, 재구성으로 시작된다. 안전감을 더 많이 느낄수록 내담자들의 감정은 순화되고 개인 내적 역동에 대해 탐구하려는 시도는 더욱 더 깊어질 수 있다. 항상 그렇지는 않지만 일반적으로는 배우자의 상호 공감적 반응도 동반되곤 한다.

■ 방어와 이차 감정을 재구성하라

공감을 촉진하고 통찰력, 안전감, 호기심을 증가시키는 강력한 방법은 "재구성" 또는 내담자가 한 행동의 의미를 다시 서술하는 것이다. 상담자들은 기분 나쁘고 방어적인 행동을 보다 공감적으로 기술함으로써 그 행동에 잠재되어 있고 기저에 존재하는 동기를 재구성(해석)한다. 재구성을 통해 배우자는 이전에는 매우 부정적으로 여겼던 행동을 "인지적으로 재평가" 한다(Fishbane, 2013). 재구성이 효과적일 때 두 사람 모두에게 "딱딱했던" 감정과 행동(독선적인 분노, 완고하고 냉담한 것)이 "부드러운" 것(슬픔, 불안)으로 바뀌어진다.

아마도 부부상담에서 가장 일반적인 재구성은 감정의 "이차 감정" 및 그에 수반되는 행동일 것이다. 이것은 말 그대로 이차적으로 발생하는 것이며 앞서 일어났던 일차감정을 숨기기 위한 역할을 한다(Greenberg & Goldman, 2008). 극도로 화가 났다는 것은 "상처받은" 마음 또는 이해받고 싶은 마음을 억누르는 것에서부터 나온다고 볼 수 있다. 배우자가 마치 듣지 못하는 사람처럼 굴거나, 정서적으로 포기하거나 자존심을 공격해도 꼼짝도 안할 때 상대 배우자는 절망감 속에서 소리를 지르거나 잔소리를 하거나 욕을 하는 것으로 분노가 나타나는 것이라고 재구성을 할 수 있다. 쏘아 붙이듯이 모욕을 주는 것 또한 상처를 입은 후에 "동점"을 만드는 복수를 한 것이라고 재구성할 수 있다. 이렇게 하는 목적은 분노나 좌절의 정당한 표현을 금지하는 것이 아니고 상처입은 배우자가 과도하게 감정을 경험하는 방식으로 불만사항을 보여줌으로써 자기 자신과 자신의 감정을 평가절하시키기 보다는 자신의 감정을 그저 "보고"하도록 도와주는 데 있다.

이것을 보는 또 다른 방법은 하나의 감정이 더 깊은 감정을 가릴 수도 있고 드러낼 수도 있는 것이라고 말할 수 있겠다. 깊은 감정은 내담자의 진짜 감정에 더 가깝지만 더 위험한 것으로 평가되는 것이다. 내담자들은 흔히 다른 감정, 즉 더 고통스러운 감정이 나타날 위험이 있을 때 "불안"하다고 말한다(Freud, 1926). 주지화를 통한 방어가 내재된 감정을 은폐하고 약화시키는 역할을 하는 것처럼 "감정화(emotionalization)"는 한 감정을 사용하여 다른 감정을 은폐한다. 상처받은 자존심을 은폐시키는 분노 또는 분노에 대한 방어로서의 죄책감 등 바꾸어서 표현하는 것이 얼마든지 가능하다.

이차 감정은 다른 감정을 방어적으로 숨길 뿐만 아니라 이전에 경험했던 일차 감정에 대한 즉각적인 반응인 경우가 많다. 어떤 사람들은 대화에 참여해달라고 요청받았을 때 화를 내는 경우가 있는데 자기가 대화 중에 예전처럼 또 바보같이 굴까봐 두려워서 화를 내는 것이다. Fruzzetti(2006)와 Johnson(2008)이 언급했던 또 다른 예시는 다음과 같다. 부드러운 일차 감정("그 사람이 그리워요")을 경험하는 사람은 또한 그 일차 감정을 모호하게 하는 감정이나 생각의 강한 반응 또한 경험한다는 것이다("그와 사랑에 빠지다니 이런 멍청이가 있나! 나는 여자로서 최악이네! 가치없게 느껴져!" 또는 "그는 정말 멍청해. 내가 원하는 게 뭔지도 모르고 정말 나를 화나게 하는군. 너무 이기적인 사람이야!").

배우자의 눈물이나 동요에 돌을 던지거나 연민을 보이지 못하는 반응 또한 자기중심적이고 무관심한 배우자이기 때문에 보이는 행동이 아닌 감정이 너무 북받쳐서 외적으로는 말을 할 수 없는 모습일 수 있다. Gottman과 그의 동료들(1998)이 발견한 것을 인용하는 것이 도움이 될 듯 한데, 겉으로 보이기에 꿈쩍도 안하던 배우자들이 오히려 심박수가 증가하고 주관적 고통을 크게 느낀다고 한다. 우리는 내담자들이 자신의 이차 감정과 방어적 행동이 가지는 목적, 즉 그들의 두려움이 드러나지 않도록 숨긴다는 것을 이해하도록 돕고 싶다. 자신이 필요한 것을 표현할 때 안전감이나 희망을 느끼지 못하기 때문에 사람들은 전쟁터에 돌격대를 투입하는 것이고, 타인이 필요한 것을 표현할 때 그에 반응하는 것에도 안전감을 느끼지 못하기 때문에 자신의 성에 들어오지 못하도록 성문 앞의 다리를 거두어 들이는 것이다. 시간이 지남에 따라 각각의 배우자들에게서도 방어가 감소할 것을 예상해볼 수 있으며, 이는 개인 정신역동적 심리치료에서의 목적(Gehrie, 2011)과 결과(Perry & Bond, 2012)와도 동일하다.

■ 비현실적인 소망을 재구성하라

이차 감정과 방어를 재구성할 수 있는 것처럼 비현실적인 소망도 재구성할 수 있다. 외견상 비현실적이라고 보이는 소망을 요구하거나 주장하는 사람들은 말하지 않아도 자신이 무엇을 원하는지를 타인이 직관적으로 알 수 있어야 한다고 생각한다. 이러한 사람들은 항상 자신의 신념이 본질적이고 합리적이라고 믿으며 행동하려고 한다. 내가 예전에 체계이론적 관점에서 이에 대해 말한 적이 있는데,

화가 많고 "비호감"인 배우자는 반응이 없는 배우자와 함께 물에 빠진 사람과 비슷하지만 이는 현대 정신역동적 사고방식의 교리이기도 하다. Wile(1981)이 다음과 같이 요약한 바 있다.

> 문제가 많은 사람들은 어린시절의 충동을 만족시키려 하기 때문에 문제가 일어난다고 보는 것이 전통적인 견해이지만 실제로 많은 경우 이들은 일반적인 성인의 만족감을 얻지 못해서 문제가 일어나는 것이다. 일부의 상담자들만이 비이성적인 반응들을 정말 파괴적이라고 보고 있는데, 이러한 비이성적인 반응들이 관계에 대해 중요한 정보를 제공한다는 것을 알아야 한다. 짜증을 내고 토라지고 배우자가 자신을 낭만적으로 갈망해주기를 원하는 것은 소외감과 불만족감을 보여주는 유일하게 살아있는 지표가 될 뿐이며 이로 인해 둘 다 고통을 겪을 수 있다. 따라서 적절한 치료적 작업을 통해 이렇게 숨겨진 이슈를 드러나게 해야 하는 것이다. (pp. 2-3)

배우자가 자신의 마음을 읽어주기를 기대하는 것은 비현실적이다라고 설명하는 것은 Wile이 표현했던 "통찰을 강요로 바꾸기(p. 55)"와 같다. 그보다는 왜 내담자가 이것을 유일한 선택지라고 생각했는지를 궁금해하며 더 깊게 파는 것이 더 공감적이고 생산적이다. 이렇게 함으로써 우리는 열린 의사소통을 방해하는 것이 무엇인지를 더 많이 알게 될 것이다.

▉ 다음과 같은 몇 가지 좋은 질문을 하라

어떤 질문들은 더 깊은 문제를 발견하는데 매우 도움이 된다. 다음의 질문들은 내가 거의 매일 자주 사용하는 것들이다.

- "방금 건드려진 것이 무엇인가요?"
- "당신이 느끼는 감정의 강도를 이해할 수 있게 저를 좀 도와줄 수 있을까요?"
- "당신의 눈물이 말을 할 수 있다면 뭐라고 할 것 같은가요?"
- "두려움에 대해 말을 할 수 있겠습니까?"

- "~할 때 무엇을 바라고 있었을까요?"
- "존이 방금 이야기했을 때 어떻게 느꼈어요?"
- "사라가 어떻게 느낄지 알고 있었나요?"
- "전에도 이런 강한 감정을 느낀 적이 있었나요?"
- "당신의 성장과정에서 이와 비슷한 일이 일어난 적이 있었나요?"

■ 배우자 사이에서 초점을 앞뒤로 전환시켜라

통찰력을 키우기 위한 방편으로 개인상담자들이 알고 있는 모든 전략들은 부부상담에도 유용하다. 그러나 부부가 함께 있을 때에는 배우자가 할 수 있는 반응들 중 역효과가 나는 말("당신이 그것에 대해 안전하지 않다고 느끼는 것을 난 항상 알고 있었다구!")을 차단해야만 한다. 그러한 반응들이 안전한 탐색을 방해할 수 있기 때문이다. 이를 수행하기 위한 한 가지 방법은 두 사람 사이를 오가며 각 개인의 숨겨진 이슈를 분석하는 프로젝트를 번갈아 해보는 것이다.

■ 당신의 내담자가 하고 있는 것보다 더 좋은 시도를 하라 (i.e., 소망과 두려움을 분명히 표현하라)

요즘의 부부상담가들은 내담자들이 원하는 것 이상으로 더 좋은 성과를 내기 위해 노력할 때가 많다. 즉, "자신의 목소리를 찾아주고" 배우자에게 "차별화된", "관계에 대한 주장"을 하도록 한다(Fishbane, 2010; Greenberg & Goldman, 2008; Real, 2007; Wile, 1981). 내담자의 의사소통은 종종 양가적이거나 근거가 부족하고, 분노, 눈물, 죄책감으로 포장되어 있기 때문에 그들은 그 이야기들이 비논리적이고 미쳤고 과도하다고 생각해버리기 일쑤이다. 상담자는 내담자가 깊은 속마음에 가지고 있는 걱정들을 더 명확하고 자세하게 표현할 수 있도록 도와줄 수 있고 그 말을 배우자가 들을 수 있도록 해야 한다.

이러한 목표를 염두에 두고서 Wile(1981)은 내담자가 해왔던 것보다 좀 더 좋은 위치에 있을 수 있도록 "더블링"이라고 부르는 기술을 사용한 바 있다. 그는 내담자 곁으로 이동하여 직접 이야기했다. 정중하게 이야기를 시작하면서 "이것이 첫 번째 시도에요"라고 말한다. "샐리, 내가 앤디의 입장을 당신이 이해할 수 있는 방식으로 말할 수 있는지 한번 봅시다." 그리고선 그가 내담자의 입장을 공정하게 대변하고 있는지를 지속적으로 체크한다. 상담자가 전달해주는 배우자의 입장이 타당하고 이해된다고 느끼기 때문에 이러한 개입은 공감을 일으키게 되며 공감 이상의 반응이 나온다. 상담자가 이러한 태도로 내담자를 대변하는 주된 이유는 그들 스스로는 그렇게 하지 않기 때문이다. 배우자가 방해를 해서 그렇기도 하지만, 자기자신에 대한 정교한 이해가 부족하여 자신의 생각을 소리내어 말하는 것이 힘들기 때문이기도 하다. 그들은 자신의 생각을 간결하게 설명하는 것을 힘들어한다. 내가 "숨겨진" 이슈에 대해 논의했던 것처럼 Wile(1981)은 "잊혀진" 이슈라고 이름지었고 그것을 다음과 같이 설명하였다.

> 모호한 방식으로 자신의 감정을 이야기하는 사람들은 자신의 감정을 표현하고 싶은 마음도 있지만 마음을 표현하면 어떤 일이 벌어질지 모른다는 두려움 사이에 갇혀 있는 것처럼 보인다. 의식적이든 무의식적이든 그들이 가지고 있는 해결책은 논쟁의 여지가 있는 생각을 반쯤 위장한 방식으로 표현하고 다른 사람들이 그것을 알아차리든 못 알아차리든 그냥 내버려두는 것이다. 자신이 말하는 내용이 눈에 띄지 않기를 바라기도 하지만 누군가가 그것을 알아봐 주기를 바라기도 한다. (p. 114)

그런 내담자들은 무의식적으로 배우자 뿐 아니라 자신에게도 자신의 욕구를 숨긴다. 예를 들어 베스가 프레드에게 집안일을 하지 않은 것에 대해 격분해서 말할 때 큰 갈등이 일어났고, 프레드가 자신에게 자주 말했던 "이해할 수 없는 나쁜 여자"가 되는 것에 두려움을 느꼈다. 프레드가 장기출장을 가기 전에 항상 이런 불평불만이 일어난다는 것을 그녀는 알지 못했다. 이러한 이슈들에 대해 지적했더니 프레드와 베스 둘다 순화되었고 서로에게 더 가까워졌다. 상담자는 이렇게 상충하는 욕망을 알고 있고, 그들의 배우자를 덜 두려워하며, 솔직한 대화의 이점을 알고 있기 때문에 내담자의 입장에 대해 말할 수 있는 보다 좋은 위치에 있는 것이다. 그리고 우리가 내담자를 대변할 때 내담자도 우리가 말하는 것을 듣고 우리가 명료하게 표현한 것을 통해 도움을 받는다. 부부상담 1.0에서는 부부가 서로의 이야기를 잘 듣도록 도와주는 데 목적이 있었지만 여기에서 우리는 내담자들이 자기 자신에게 귀를 기울이도록 돕는 작업을 하고 있다.

요약하자면, 내담자가 할 수 있는 것보다 내담자의 사례를 더 잘 알 수 있도록 만들어주는 것은 강력하고도 다각적인 도구라고 할 수 있다. 이는 부정적인 순환 고리를 끊게 하고, 타당화를 제공하고, 행동을 해석하고 재구성하며, 이전에는 숨겨져 있었던 소망과 걱정을 명확하게 내놓을 수 있게 한다.

■ 설명하는 방식으로 해석을 하라

해석은 "왜냐하면"이라는 말을 통해 왜 그 일이 일어났고 어떻게 연결되는지를 설명함으로써 자기이해를 향상시키고자 하는 개입방법이다. 다음의 대화를 보도록 하자. "지난 밤에 정말로 성관계를 하고 싶었지만 먼저 성관계를 하자고 말하는 것은 낭만적이지 않다고 믿기 때문에 말도 못꺼내 봤군요. 먼저 성관계를 하자고 말하는 것은 낭만적이지 않다고 하셨는데요, 직접 성관계하자고 말했다가 거절당하게 될 것이 두렵기도 하고 결과적으로 성관계를 못할 뿐 아니라 사랑받지 못하고 창피함을 느끼게 될거라고 자기자신에게 말한 것이 아닐까요." 또 다른 해석은 이보다 짧을 수 있다. "조지와 나누었던 많은 대화로 인해 상황이 악화되었기 때문에 당신이 대화를 피하려고 하는 것은 당연한 거예요."

Les Greenberg(2013년에 나누었던 개인적 대화)는 부부상담에서 해석을 하기 위해 "당연하지" 개입이라고 하는 쓸모있는 공식을 제안한 바 있다. 예를 들어, "당연히 우울하죠. 저녁시간을 함께 보낼 수 있다는 희망을 갖고 있었는데 그게 무산되었으니..." 여기에서 "왜냐하면"이라는 말은 "당연하지"라는 말로 더 공감적 표현이 된다. Greenberg의 표현은 상담자의 위로 어린 걱정과 타당화를 전달하면서도 인과적 설명도 함께 전달한다는 장점이 있다.

해석은 또한 좀 더 추측성 질문으로 구성되는 것이 좋다. "오랫동안 혼자라고 느끼는 데서 그처럼 큰 분노가 나오는 것일까요?" 이러한 형식을 사용하면 내담자가 세부사항을 수정할 수도 있고 해석의 작업에 참여할 수도 있다.

▨ 저항을 이해하고 줄이도록 노력하라

대체로 해석을 할 때 공감을 전달할 기회가 생긴다. 방어를 설명할 때 다음과 같이 할 수 있다. "당신이 상처받았거나 외롭다고 느낄 때는 부드럽게 상처를 받았다고 표현하는 것보다 화를 내는 것으로 표현하는 것이 당신으로 하여금 더 통제감을 느끼게 하는가 봅니다." 공감적인 설명을 해주는 것은 내담자가 자기지각에 얹어놓은 제약을 줄여줄 수 있는 강력한 방법이다.

방어를 작업하는 또 다른 방법은 방어가 일어날 때 곧바로 그에 관여하도록 주의를 기울이는 것이다. 정신역동학자 Paul Gray(1994)가 말한 "과정을 면밀히 모니터링하기"와 비슷한 것인데, 내담자가 사고에 제한을 가하거나 자신에게 한계를 둘 때 그 순간을 강조함으로써 자기인식을 극대화하도록 도와줄 수 있다. 예를 들어, 상담자가 다음과 같이 말할 수 있다. "Tom, 당신의 부인이 시부모님을 만나러 가는 여행에 대해 걱정한다는 이야기를 꺼냈을 때 방금 주제를 바꾸었어요. 그게 당신을 흔들어 놓은 것인가요?"

▨ 반복과 암시적 은유를 통해 강렬함을 높이라

내담자들로 하여금 더 깊은 고민에 접근할 수 있도록 돕는 또 다른 방법은 정서를 불러일으키는 기술문을 한번 이상 반복하게 하는 것이다. 말하자면 "당신이 멀리 있을 때 나는 너무 외로워요. 당신이 멀리 있을 때 나는 너무 외로워요. 당신이 멀리 있을 때 나는 너무 외로워요."라고 말하는 것이다. 상담자는 또한 암시적이고 은유적인 언어와 시각적 이미지를 사용함으로써 강렬한 감정을 불러일으킬 수 있다. "그녀가 당신을 비난할 때 마치 허리케인에 휘말린 사람처럼 공격받는 듯 보였어요. 너무 무섭고 화가 나서 생각이라는 걸 할 수가 없었을 것이고 그저 빨리 안전한 곳으로 도망가고만 싶었을 것 같습니다."

■ 내담자가 다각적인 모습을 갖도록 하라

내담자가 가지고 있는 숨겨진 이슈들이 드러나도록 도우려면 그들의 양면성과 복잡성을 인식하도록 하는게 좋다. 양면성을 드러내서 말하게 하면 내면에서 무슨 일이 일어나고 있는지를 더 정확하게 표현할 수 있고 자신의 배우자와 자기자신에게 더욱 공감할 수 있게 한다. 아래에 제시된 다양한 개입방법들은 Wile (2012)이 내담자들에게 자기인식을 하도록 다방면으로 지원하는 방법에 대해 설명한 것이다.

[얼마나, 얼마나 개입법]은 다음과 같이 말하는 것이다. "좋아요, 카렌. 그래 그래, 베리, 진실을 말해줘라고 얼마나 자주 말합니까? 그건 당신이 정말로 느끼는 게 아니야. 내가 가장 걱정하는 건 당신이 정말로 나를 상관안한다는 거야라고 얼마나 자주 말합니까?" 이 질문은 카렌이 화를 내는 반응을 하는 것과 그녀가 마음 속에 가지고 있는 취약한 감정을 구분할 수 있도록 해준다. 나는 이 감정이 무엇인지를 자세히 들여다보도록 그녀를 초대한다. 만일 그녀가 화내는 반응에 대해 들여다보기 원한다면 그렇게 할 수도 있다.

[찰나의 순간 개입법]은 내가 카렌을 대신하여 다음과 같이 말했던 것이다. "베리, 상담선생님이 방금 당신의 감정에 대해 말씀하신 것이 어쩌면 사실일 수도 있겠다고 잠시 잠깐 생각했어요. 그러나 난 속으로 이렇게 말했어요. 아니! 난 희망을 품고 있다가 실망만 하는 건 싫어. 내가 잘못 생각한 것이라면 오히려 나을 것 같아."

Wile은 내담자가 다양한 옵션 중에서 선택할 수 있도록 객관식 질문을 하거나 적절한 경우 "위의 항목 중에서는 없음" 또는 "위의 모든 항목이 해당됨"을 고를 수 있도록 하는 방법도 설명하고 있다. 예를 들어, "당신이 느끼는 것은 (a) 마리아가 이 문제를 제기하는 것이 속상하다 (b) 마리아가 이 문제를 제기해서 당황했다 (c) 이제 꺼내놓고 나니 편안하다 (d) 이 중 그 어느 것도 아니다"라고 말할 수 있다. Wile이 사용하는 다른 개입법과 마찬가지로 이러한 객관식 질문들은 내담자로 하여금 양가감정을 갖도록 허용한다. 기분이 어떤지를 물어볼 때 얼어붙어버리는 내담자들에게는 이 형식으로 물어보면 좀 편안해하기도 한다. 우리가 제공하는 모든 방법들을 내담자가 다 싫어할지라도 우리는 어떻게든 상담을 진행해나갈 수 있다.

우리의 내담자들이 복잡하고 다면적이라는 것을 인식한다면 우리와 우리의 상담에 대해서도 양가감정을 가질 수 있다는 것에 조금 더 여유가 생길 수 있어서 다음과 같이 말할 수도 있다. "이번 회기에서 쓸모 있었던 것은 무엇일까요? 좀 별로였던 것은 뭐가 있었을까요?"

■ 과거를 탐색하라

억제된 강렬한 욕망이나 과도한 대인관계의 두려움과 같은 심각한 문제들은 대체로 현재의 관계 이전에서부터 시작된다. 따라서 부모와의 경험, 부모의 결혼생활도 탐색해보아야 하고 이전의 결혼생활이나 장기적 관계 또한 탐색할 만한 가치가 있는 영역이다. 명절이나 휴가, 가족모임에서 부모님과 시간을 보낼 때 어떤 경험을 했는지 이야기하면서 숨겨진 이슈가 더 잘 이해되기도 한다.

■ 타인과의 유대를 치유하고 재건하라

부정적인 상호작용의 순환고리가 작동하도록 만드는 동기, 소망, 두려움을 명확히 하는 것을 넘어서, 이 정보들을 부부 사이에 손상된 유대감을 치유하고 재건하는 데 사용할 수도 있다. 자신의 배우자가 속마음에 감춰둔 이슈를 인식하고 받아들일 때 이 치유라는 것이 일어난다. 이는 부부 공동 치료의 확실한 강점이라 할 수 있으며 이에 따라 부부는 순화(soften)되고 서로에게 정서적으로 가까워지게 된다. 순화와 친밀감이 증가할수록 취약성의 순환고리에 대응하고 이를 진정시킬 뿐 아니라 교정적 정서체험이 되기도 하는 것이다.

Greenberg and Goldman(2008)은 다음의 단계들이 발생할 것이라고 정리한 바 있다.

1. 배우자 A가 핵심 경험을 공개한다.
2. 배우자 B는 A가 가지고 있는 근본적인 경험을 인식하고 이제 A를 다른 방식으로 보게 된다.
3. 이것이 A에 대한 B의 반응을 변화시킨다.
4. A는 B의 새로운 반응을 인식하게 되고 이것이 A 안에 새로운 구조가 성립되도록 돕는다.

이는 단지 교정적 과정의 절반 정도에 해당하는 것이다. 대체로 상담에서 충족되지 못한 욕구와 취약성이 배우자 두 사람 모두에게서 발견되기 때문이다. 부부가 서로를 새로운 방식으로 인식하고 경험하게 되면 두 사람 모두에게 외적 상호작용과 내적인 경험에 변화가 촉진된다.

서로에게 "스며들고" 더 따뜻해지고 친밀해진 배우자는 이제 매우 다른 사람이 된다. 이전의 그들은 친밀감을 구걸해야 하는 추적자와 쫓겨다니는 도망자였고 상담자가 관계의 기술을 가르쳐야만 했던 사람들이었는데 말이다.

부부가 취약한 상황에서 이러한 "만남의 순간"(Lyons−Ruth, 1999)과 친밀감을 경험하면서 단순히 지적인 통찰이 아니라 서로의 경험에 완전한 변형이 일어날 가능성이 있다. 모든 회기들이 TV에서 보여주는 상담 장면처럼 드라마틱하지는 않지만 시간이 지나고 회기가 거듭되면서 신뢰와 연결감 속에서 숨겨진 이슈를 드러내고 상처를 주는 행동을 재구성하는 치료적 과정에서 진실한 변화가 피어난다. 이것이 성공의 긍정적 그림이며 EFT와 EFT−C치료의 결승선도 이와 같다. 부부가 순화되고 서로 친밀한 애착을 가질 때 이런 일이 일어난다. 이것이 Wile의 협력적 부부치료(Collaborative Couple Therapy)에서 말하는 "해결된 순간"이며, Michael White(2009)의 구조화된 이야기 부부치료에서 중요한 개념인 "증인되기(witnessing)"이다.

▌ 가끔은 더욱 친밀한 접촉을 하도록 격려하라

부부가 더 큰 공감, 더 큰 신뢰, 더 큰 연결감을 향해 나아감에 따라 서로 더욱더 친밀하게 대화하는 것이 가능해지고 이것이 도움이 된다. 적절한 순간 상담자가 다음과 같이 말할 수도 있다.

- "베스, 당신이 그렇게 느낄 때 프레드에게 원하는 게 뭔지 말해볼 수 있을까요?"
- "티나, 딕을 바라보면서 그가 얼마나 보고 싶었는지를 말해줄 수 있나요?"
- "톰, 제니퍼의 눈을 바라보면서 그녀가 슬픔을 느낄 때 당신이 얼마나 그것에 압도되는지를 말해줄 수 있겠습니까?"
- "사라, 수잔이 떠나버릴 거라는 생각 때문에 얼마나 두려운지 수잔에게 말해줄 수 있나요?"
- "로저, 테드를 바라보고 말해보세요. 그가 이야기하는 것을 들어줄 때처럼 사랑과 관심을 표현해볼 수 있겠습니까?"

어떤 경우에는 두 사람이 서로 이야기하고 포용하도록 상담자가 한 발짝 물러나 있어야 하는 때도 있다.

■ 진정시키기 위해 때로 후퇴를 하라

여기에도 잠재적 위험이 있다. 깊은 상처를 발견하게 되면서 심지어는 후회, 화, 복수, 불신과 같은 고통이 불러일으켜지는 정서도식 안에서 길을 잃게 되기도 한다. 이럴 때는 현재의 감각으로 되돌아오는 것이 매우 어려워지면서 회기가 끝날 때쯤 기분이 엄청나게 나빠질 수 있다. 상담자는 감정의 온도를 식히기 위해 이전에 논의되었던 전략들을 사용하거나 앞으로 논의될 심리교육과 정서조절을 투입하면서 천천히 가는 것이 좋다.

■ 배우자를 공감하지 못하는 것을 확인하라

더 많은 치료적 작업이 필요한 장면이 있다. 한 배우자가 자기개방을 하면서 욕구를 표현하는데도 상대는 전혀 움직이지 않는 경우이다. 상담자가 자기개방을 한 배우자를 지지하면서 상대 배우자에게 다음과 같이 말해 볼 수 있다. "겁을 먹어도 괜찮다고, 또는 슬퍼해도 괜찮고 약해져도 괜찮다고 상대방에게 말해줄 수 있을까요?" 이러한 질문으로 상대 배우자가 공감할 의지가 없거나 상담자의 제안을 따르지 못한다는 것을 알 수 있다. 더 나쁜 경우, 어떤 배우자들은 복수심에 불타 의기양양한 모습을 보일 수도 있다. 상대 배우자에게 숨겨져 있는 이슈는 자기가 몇 년 동안 계속 말해왔던 것이라고 하면서 짜증을 내고, 그것과 관련해서는 할 수 있는 게 아무것도 없다고 말한다. 당연히 그의 배우자는 이렇게 분노와 좌절을 가감없이 말하는 것에 대해 방어적으로 반응할 것이다.

상대 배우자가 상담에 따라오지 못하고 공감도 못할 때, 이처럼 순화를 막는 제약조건이 상담 중에 혹시 있는지 살펴보아야 한다. 이것은 개인상담이 아닌 부부상담만이 가질 수 있는 명백한 장점으로서, 참여하지 않는 배우자가 가지고 있는 경직성 때문에 상담에서 이루어지는 개인적 성장만으로는 관계향상을 이루어내기에 충분치 않다.

공감을 하지 못하도록 가장 많이 방해를 놓는 것은 취약성에 대한 두려움이다. 상대방을 놓아주는 것이 너무 위험하다고 느끼는 것이다. 많은 부부들이 느끼기에 공감을 해주면 자신에게 고통을 안겨준 상대배우자의 죄를 용서해주는 것과 같다고 생각한다. 이해하고 지지해주면 미래에 똑같은 문제가 더 많이 생겨날 것이라고 느끼는 것이다. 타인을 돌보는 사람으로 사회화된 일부 내담자들은 (대체로 부인이 그렇지만 때로는 남편이기도 함) 공감을 표현하게 되면 필연적으로 자신을 잃고 타인의 요구와 속박으로 이어질 것이라고 믿게 된다(Scheinkman & Fishbane, 2004).

또 어떤 배우자들은 상대배우자가 표현하는 고통스러운 감정을 "알아차리는 것"을 두려워하기 때문에 공감하는 것을 멀리한다. 듣는 사람에게 도전이 되는 것은 배우자에게 공감을 보여준 결과로서 떠안게 되는 감정을 관리해야 된다는 사실이다. 이러한 감정을 관리할 수 없을 것처럼 보이는 배우자와 마주하게 될 때 상담자는 방해물이 무엇인지를 탐색해야만 한다.

너무 성급하게 조언을 구할 때도 공감적으로 잘 연결되지 못한다. 대부분 남자들이 이런 경우인데, 배우자의 상처받은 마음을 이해하고 걱정한다는 것을 보여주는 것이 별것 아니라고 과소평가하는 경향이 있다. 그런 배우자들은 문제를 해결하려는 시도가 좌절될 때 과도하게 상처입게 된다. 배우자를 도와주려는 자신의 노력이 실패했다는 느낌은 "아무 것도 도움이 안되더라"는 생각을 하게 하고 따라서 공감의 정반대인 거절하는 태도를 보여주게 되는 것이다.

또는 그 순간에 보여주어야 하는 공감이 자신에게 너무 압박감을 주기 때문에 공감하지 못하는 경우도 있다. 이런 일이 생길 때 상담자는 한발짝 물러나 배우자에게 공감을 해줄 수 있기 위해 선제조건으로 필요한 관심과 구원의 욕구를 충족시켜서 고통을 덜어주어야 한다.

마지막으로 공감반응을 하지 못하게 하는 흔한 장애물은 너무 도덕적으로 생각하거나 상상력이 빈약한 이유에서 나온다. 특정 사건에 대해 자기가 저지른 일에 왜 자기가 화를 내냐고 하거나 그 일이 그렇게까지 고통받을 일이냐고 생각하는 그런 경우를 말한다. 이런 현상은 정서적 삶에 접근하는 것에 어려움이 있는 지나치게 이성적인 배우자에게서 더욱 자주 발생한다. 전자의 상황에서, 자기가 저지른 일이라고 해서 고통이 없을 수는 없으며 실제로 수치심이나 죄책감 때문에 더 괴로울 수 있다고 상담자가 말해줄 수 있다. 후자의 상황에서는 공감을 촉진시키는 방법으로서 똑같은 상황이 아니더라도 비슷하게 고통을 느꼈던 사건을 떠올리도록 상담자가 도와줄 수 있다.

■ 부정적인 순환고리를 방지하고 차단하는 계획을 수립하라

부부의 통찰과 유대감을 높이기 위해 노력한 후에는 향후 발생할 수 있는 불화를 예방하기 위해 서로를 위한 "사용 설명서"를 어떻게 활용할지 계획을 세워볼 수 있다. 상담자가 다음과 같이 질문할 수 있다. "아내가 어떻게 행동해야 당신에게 덜 위협적으로 느껴지는지 아내에게 말해줄 수 있나요?", "남편이 당신의 비난을 상당히 무서워한다는 것을 알았으니 남편이 당신 말을 잘 듣게 하기 위해서 좀 더 안전하게 할 수 있는 방법이 무엇일까요?" "아내가 직장 때문에 짜증난다고 말할 때 좀 더 불편하지 않게 들으려면 무엇을 하면 됩니까?"

■ 샐리와 조지: 숨겨진 이슈에 대한 작업

다음의 사례는 이 장에서 제시한 몇 가지 핵심사항을 보여준다.

조지는 8개월 정도 부부공동치료를 받은 후에 우울증이 조금 나아지긴 했으나 결혼생활에서는 아직 수동적인 모습이 남아있었다. 그의 아내 샐리는 에너지가 넘치는 사람이었고 큰 아울렛 매장에서 자신감 넘치게 쇼를 운영하기도 했다. 그녀는 조지가 먼저 무엇인가 하기를 원했다. 이러한 소망은 성관계를 하자고 먼저 다가와주기를 바랄 때 특히 더 강렬해졌다.

샐리가 몹시 화가 났을 때 상담을 시작했었는데 그 때 그녀는 자신이 돌봄을 받지 못하고 사랑받지 못한다고 여기며 쓸쓸하게 울기도 하고 조지를 매섭게 공격하기도 했다. 이렇게 하는 것이 조지를 상처받은 채로 꼼짝 못하도록 위축시켰기 때문에 상황을 훨씬 악화시킨 셈이었다. 샐리는 결혼 초부터 있었던 이러한 고질적인 문제 때문에 조지와 이혼의 위기가 있었다. 그와 동시에 샐리는 조지가 결혼생활 중에 해주었던 모든 지원에 대해 고마워하고 있기도 했다. 30대에 대학교육을 마칠 수 있도록 격려해주고 등록금을 대주었으며 밤늦게까지 일할 때 살림을 해주기도 했기 때문이다. 이렇게 감사하는 마음도 있었지만 또한 죄책감을 자극하기도 했으므로 샐리는 한계에 다다른 것이다. 부부상담은 자기를 더 좋아하도록 조지를 변화시키고 싶은 그녀의 마지막 희망이었다.

조지의 측면에서 보면, 그가 샐리를 잃는 것은 끔찍한 일이었다. 조지는 그녀를 삶의 중심으로 여겼고 결혼생활에서 그녀가 보여준 실행 능력을 특히 존경했다. 샐리와 조지는 내가 보기엔 추적자와 도망자의 모양새로 점점 더 확고해지면서 서로를 깊이 사랑하면서도 서로의 욕망을 충족시킬 수 없어서 짜증을 느끼는 그런 전형적인 부부였다.

상담 초반부에는 조지와 함께 작업하면서 주도권을 잡는 것을 꺼리는 그를 이해하려고 했다. 알고 보니 그는 자신이 원하는 것을 직접적으로 요청하는 것을 어려워했고 평생동안 자기보호전략으로 사용했던 것은 수동적으로 행동하면서 좌절을 피하는 방법이었다. 우리는 이러한 이슈에 대해 중요한 열쇠를 찾아냈다. 그가 어렸을 때 아버지가 퇴근하면 항상 우울해했고 피곤에 쩔어 있어서 야구놀이를 하거나 또는 같이 놀자는 약속에 많은 실망이 있었고 여러번 노력했지만 잘되지 않았다. 뿐만 아니라 최근의 경험에서도 어린시절에 경험했던 거절의 기억와 비슷한 것을 연결시킬 수 있었다. 그가 수년간 일했던 회사에서 해고(즉, 거절)당한 후에 새로운 일을 찾고 있었을 때 거절에 대한 현실적인 공포감을 느꼈던 것이다. 샐리는 남편을 이해하고 나서 좀 더 부드러워졌고 이것이 조지가 구직을 하는 데 있어서 좀 더 자신을 확장시키는 데 도움이 되었다는 것이 밝혀졌다. 결국 그는 새 직장을 찾았고 모두가 안심하고 행복해했다.

조지의 우울증이 완화되었고 이 부부가 가지고 있었던 경제적인 불안감이 한층 누그러졌다. 그들은 네 명이나 되는 자녀들의 대학등록금을 어떻게 마련할지에 대해 특히 불안해 했었는데, 결과적으로 더 기본적인 것에 대해 걱정하는 것을 막는 아주 일반적인 다툼이 줄어들었다. 이러한 초기의 치료작업은 샐리가 보는 앞에서 조지와 개인상담을 하는 방식으로 이루어졌다. 그의 소망과 두려움을 밝혀내는 데 초점을 둔 지지적이고 통찰 지향적인 과정이었다. 샐리는 그것이 무엇인지 경청하기 위해 거기 앉아 있었던 것이다. 이제는 조지에게 "무책임하고" "사랑스럽지 않다"고 비하하는 공격이 크게 줄었고 보다 연민의 말로 그녀의 말이 재구성되었다.

조지가 결혼생활에 적극적으로 임하고 추격자와 도망자의 순환고리 양상처럼 수동공격적으로 행동했던 것이 줄어들자 부부의 상호작용이 바뀌었다. 예전에는 샐리가 집안일을 좀 해달라고 부탁했을 때 조지는 계속 꾸물거렸고 샐리가 부탁한대로 재빨리 일을 해줄 마음이 솔직히 없었다. 이제 그는 샐리에게 수치심을 덜 느끼기 때문에 더 반응적이고 "자신이 받는 영향력을 받아들이려고" 한다. 화가 덜 나고 마음이 편안해짐에 따라 그는 예전에 샐리에게 짜증을 내고 복수하는 것으로 비밀스럽게 만족감을 느끼고 있었던 것을 받아들일 수 있게 되었다. 이는 두 사람 모두에게 있어 행동변화에 따라 증가한 통찰력과 성숙함의 좋은 예시가 된다.

이 정도 되면 많은 아내들은 자신의 남편이 성격 좋고, 적응력도 뛰어나며(아내가 영화를 보자고 하든 식당에 가자고 하든 기쁘게 따라주는), 자기와 결혼한 것에 대해 좋게 생각한다고 여기며 만족스러워할 것이다. 그러나 샐리는 조지가 아직 무엇인가를 함께 하는 활동을 먼저 시작하지 못하는 수동적인 태도가 있다고 불만스러워했다. 샐리는 남편과 함께 있을 때 대체로 편안하지 않아서 아이들과 함께 있는 것을 더 좋아했다. 배우자가 상담자와 개인상담처럼 대화하는 것을 "목격하는" 것의 명확한 장점은 여기에 있다. 조지에게서 상당한 진전이 있었음에도 불구하고 그녀가 완전히 공감적이고 현재에 머무르는 것을 망설인다는 사실을 그녀와의 대화에서 관찰할 수 있었다는 것이다. 이것을 염두에 두면서 샐리의 입장에서는 결혼을 어떻게 바라보고 있는가를 탐색하는 방향으로 상담이 진행되었다.

나는 먼저 샐리가 원하는 것, 즉 조지가 좀 더 적극적으로 행동하기를 바란다는 것을 큰 소리로 인식하고 공감해주었다. 조지와 몇회기 정도를 개인상담으로 했었기 때문에 이 작업을 조금 더 쉽게 이끌어갈 수 있었다. 상담자가 주제를 건네고 대화가 오가도록 해야 한다는 부담감을 느끼기 마련이기 때문이다. 나는 샐리에게 당신 남편이 이것을 지속할 의지를 많이 가지고 있는 남편이라는 걸 쉽게 알 수 있다고 말했다. 또한 이 장의 첫머리에서 묘사했었던 딕과 같이 지배적인 배우자와 결혼생활을 한다는 것에 어떤 단점이 있는지도 말해주었다.

상황이 더 나아지기를 바라는 샐리의 바람을 확인했기 때문에 그녀가 자신이 가지고 있는 욕구를 받아들이는 것이 왜 그렇게 고통스러운지를 탐색하는 것이 보다 수월해졌다. 캠핑을 가거나 성관계를 하는 것처럼 그들이 함께 즐길 수 있는 활동을 공유하는 것보다 조지가 먼저 액션을 취했으면 하고 바라는 소망은 그녀가 가지고 있던 다음과 같은 반의식적 신념에서 나온 것으로 밝혀졌다. 남편이 그런 활동을 시작하고 계획한다는 것은 그녀가 느끼기에 남편이 자신을 "너무나 사랑한다"는 것이며 그녀의 가치를 높게 평가하고 "영원히 마음 속에 둔다"는 의미였다. 이것은 샐리가 어렸을 때부터 평생의 소원이기도 했다. 그녀의 부모님은 그녀가 힘들 때 애착을 보여주며 지지해주곤 했으나 그녀가 조지에게 바랐던 것과 같은 강한 확신을 준 적은 없었다. 샐리는 "매혹적"이고 "정말로 특별한" 사람처럼 간절히 원하는 대상이 되기를 갈망했던 것이다.

샐리가 마음속에 있는 욕망을 보다 부드럽고 명확하게 말하는 것을 들었기 때문에 조지는 공감을 할 수 있었고 뭔가 더 잘할 수가 있게 되었다. 그는 아내가 그리도 원했던 포옹을 해주기 시작했고 딸이 진학할 대학을 검색하는 과업을 일일이 묻지 않고 감당할 수 있게 되었다. 반응성이 좋아지면서 그가 가지고 있던 비현실적인 소망도 드러나기 시작했다. 그가 생각하는 유능한 아내란 "하루 한번 포옹"이 필요한 애완견과는 달리 스스로 자족할 것이라는 생각이었다. 이 통찰은 유머와 더불어 상황을 가볍게 만들어주었다. 샐리가 장난스럽게 "멍멍!"하면서 남편에게 다가가기 시작한 것이다.

성관계도 개선되었다. 조지가 먼저 다가와 주는 것을 더 좋아했던 이유는 샐리가 마음속에서 가지고 있던 욕망에서 나온 것 일뿐 아니라 성생활에 대한 오래된 죄책감에서 나온 것이기도 했다. 우리가 그것에 대해 터놓고 얘기하고 조지도 침실 안에서의 불안정감과 죄책감에 대해 받아들이게 되면서 그러한 죄책감이 줄어들었다.

대체로 남편들은 (샐리가 마음 속에 가득 가지고 있었던 "표준화"된 남편들) 아내가 가지고 있는 욕망의 힘에 대해 배우고 나면 더욱 적극적인 모습을 보인다. 그러나 조지는 그렇지 못했다. 그는 샐리의 지시를 따르며 언제나 행복해했고 만족했으나 성관계를 갖거나 대부분의 활동에 대해서는 계속적으로 무관심하고 느리고 망설였다. 성공적으로 종결된 이 부부상담에서 샐리가 마침내 그것을 수용했다. 남편이 좀 더 적극적으로 행동하기를 바라는 소망은 자신의 욕망에 대한 오래된 의구심에 뿌리를 두고 있음에도 불구하고 상당히 정상적이고 합리적인 것이었다. 그러나 이제는 떠나보내고 애도해야 하는 것이다. 그녀의 소망이 계속 다시 떠오르곤 했기 때문에 이렇게 하는 데에는 시간이 꽤 걸렸다. 샐리가 실망하는 것에 대해 우리가 공감을 해주었고 결국은 받아들이게 되었다. 자기가 떠나보낸 것에 대해 애도하면서, 샐리는 남편과 마찬가지로 두 사람이 얼마나 인생의 동반자를 잃고 싶지 않았는지를 더 잘 이해하고 둘이서 얼마나 즐거운 시간을 보냈는지를 떠올리는 데 도움을 받았다.

■ 상담에는 드러내는 것 이상이 필요하다

숨겨져 있는 이슈를 해결하지 못한다면 변화는 일어나지 않는다는 것을 지난 경험으로 알고 있지만 단지 깊은 걱정거리에 접근한다는 것만으로는 그게 더 나은 방향이라고 보기는 어렵다. 좀 더 "모여진" 것이 필요하다. 다음 장에서는 앞서 제시한 숨겨진 이슈, 두려움, 욕망에 관해 정신분석학에서 좀 더 발전된 부분에 대해 살펴보려고 한다.

6장 NOTES

1) 이들 중 가장 중요한 인물들은 Bergler(1949), Dicks(1967), Donovan(2003), Gerson(2010), Hazlett(2010), Leone(2008), Livingston(1995), Ringstrom(1994, 2014), Sager(1994), Scharff and Scharff(2008), Shaddock(1998, 2000), Siegel(1992, 2010), Zeitner(2012)이다. Greenberg(Greenberg & Johnson, 1988; Greenberg & Goldman, 2008), Johnson(Greenberg & Johnson, 1988; Johnson, 1996, 2008), Real(2007), Scheinkman and Fishbane(2004), Wile(1981, 1993, 2002, 2013a)이다. 이들은 또한 정신분석가도 아니었고 자신들 스스로도 정신분석학적 관점에서 글을 쓴다고 여기지도 않았지만, 심층심리학적 관점에 매우 중요한 기여를 했던 사람들이다.

2) 그림에 대한 저작권을 고려하여 동일한 내용으로 새롭게 그린 그림이다.

3) 정신분석가인 Edmund Bergler(1949)는 "사소한 일에 앙심을 품는" 것을 강조한 첫 번째 인물일 것이다. 이는 무의식적으로 깊이 관여하고 있는 이슈를 말하며 "사소한 일이라는 것은 단지 깊은 무의식적 갈등에 대한 말뚝과 같은 것(p. 66)"이라고 했다.

4) 현대의 상담자들은 비슷한 결론을 내리고 있다. 부정적인 순환고리를 야기하는 하나하나의 행동에 대한 불평불만보다 더 큰 것이 있다는 것이다. 이것을 "주제"라고 불렀는데, 사랑, 존경, 친밀감을 둘러싼 갈등 등이 그의 좋은 예시가 된다(Jacobson & Christensen, 1996).

5) 정신분석학적 자기심리학에 낯선 독자들은 Heinz Kohut(1971, 1977, 1984)과 다음과 같은 학자들이 강조한 것에 대해 공부하면 좋을 것이다(e.g., Stolorow, Brandshaft, & Atwood, 1987). 이들은 타인과 긍정적인 관계를 맺고 싶어하는 인간의 자기대상적 욕구는 성격형성에 매우 중요하며 인생 전반에 걸친 것이라는 점을 강조하였다. 이러한 대상과의 상호작용은 공감, 동반자, 이상화, 보호를 제공해 주는 것이다. 자기대상이라는 용어의 뜻은 자기를 안정화시키고 원기를 북돋워주는 "대상(사람)"을 말한다. 이를 결혼관계에 있는 파트너십을 심리학적으로 이해하는 데 적용해서 자기심리학자들은 사람들이 자신의 배우자로부터 긍정적인 (자기대상적) 지지를 구하려 한다는 점을 강조한 바 있다. 이러한 지지가 부족할 때 정서적인 증상인 권리주장하기, 자기애적 분노, 활력소실, 전반적인 정신적 붕괴(해체) 등이 따라오게 된다고 하였다.

07 서로 다른 주관적 경험에 초점 맞추기

관계가 좋지 않은 커플들은 종종 "진실"에 관한 갈등에 휘말리곤 한다. "그건 실제 일어난 일이 아니예요..."라거나 이와 비슷한 말을 자주 하는 것이다. 결혼생활을 잘 하는 사람들에게는 사실 자체가 중요한 일("세금 신고가 내일까지네. 빨리 서류를 보내야 되겠어")은 그리 자주 있는 일이 아니며, 주관적인 현실이 진실보다 훨씬 중요해질 때가 더 자주 있다는 것을 알아차리는 능력이 잘 발달되어 있는 것을 볼 수 있다.

　　　　　　　－ J. Lewis가 Timberlawn 가족에 대한 연구에서 나온
　　　　　　　　　　　　　　　　　결과를 요약한 것임(1997, p. 76).

　이전 장에서 우리는 숨겨진 이슈를 드러내는 것이 어떤 가치를 가지고 있는지 탐구하였다. 특히 두려움과 욕망은 부정적인 상호작용이 반복되도록 하여 결혼생활을 불행하게 만든다. 딕과 티나의 사례에서 보았듯이, 두 사람 사이에 갈등을 불러일으키는 사건에는 타인과는 다르게 개인이 고유하게 가지고 있는 특유의 의미가 있다는 것을 알 수 있었다. 딕과 티나는 명절에 대해 다른 의미를 가지고 있었기 때문에 크리스마스를 축하하는 일로 심히 부딪쳤던 것이다. 어떤 것의 의미가 무엇인지 대체로 우리 스스로는 잘 모른다(무의식적이거나 거부된 것이거나 또는 "정형화되지 않은" 것이기 때문에). 또는 그것을 보편적인 것으로 여기기 때문일 수도 있다(어릴 때 배운 것이라서, 또는 문화적으로 주어진 것에 내재된 것이라서, 또는 다르게 생각하는 사람을 한번도 만나본 적이 없기 때문에). 따라서 이러한 불일치는 두 사람을 당황스럽게 한다. 이 장에서 서로 다른 주관적 경험의 문제를 보다 자세히 살펴보도록 하겠다.

Timberlawn 가족연구에서 인용한 첫 번째 문장은 이 주제가 부부의 행복에 얼마나 중요한지를 보여주고 있다. 수많은 커플과 수많은 갈등을 연구한 결과, Lewis와 동료들은 "역량 있는" 커플들이 각자가 서로 다른 주관적 경험을 존중하는 능력이 월등함을 알게 되었다. 이 커플들은 "진실"을 놓고 싸우는 일이 별로 없었다. Gottman(2011)이 수행한 광범위한 관찰연구에 의하면, 대부분의 커플들이 관계를 잘 할 수 있는 역량이 무너지면서 논쟁을 하는 것은 사건의 "지각"에서 발생하는 차이 때문에 시작되며 서로 반대방향에서 바라본다는 것이다. 서로가 다른 관점을 가지고 있음을 인정할 때조차도 단 하나의 올바른 관점이 있다고 주장하며 무의미하게 다투는 경우가 많았다. 이렇게 되면 두 사람 모두 상대방의 말을 듣기 위해 멈추지를 않고 각자의 입장에서의 진실(대체로는 분명하다)이 받아들여질 때까지 양극화는 계속된다.

Rob Reiner의 영화 "The Story of Us(2000)"에서는 별거 직전에 있는 부부가 아이들을 캠프 버스에 데려다 주려고 서두르는 장면이 등장한다. 주택을 실어나르는 트럭의 뒤를 따라가면서 속도가 늦어지게 되었는데, 엄마는 불안해하며 그 트럭을 임무수행을 방해하는 장애물로 여긴 반면, 운전을 하고 있던 아빠는 오락거리로 여기며 가족 간의 유대감으로 여긴다. 두 사람 모두 옳다. 주택견인차는 동시에 장애물일 수도 있고 오락거리일 수도 있다. 그러나 두 사람은 각자의 관점이 인정되지 않았을 때 상처를 입고 침묵으로 빠져들었다. 이러한 양극성-아내는 늘 일하고 남편은 늘 즐거운-은 다른 상황에서도 나타났으며 이들 부부문제의 핵심이었다.

인간의 주관성이 가지고 있는 기초적 의미

사건에 대해 개인이 고유하게 느끼는 공감과 의미 외에도 우리 각자는 독립적 개체로서 인정받고 싶은 인간의 근본적 바람을 가지고 있다고 말하는 사람들이 있다. 정신분석학자 Jessica Benjamin(1995)은 그것을 "주체(subject)"라고 했다. 이 주체라 하는 것은 독립적으로 행동하고(행위의 주체) 사고할(주관성) 권리를 가지고 있다. 이와 반대로 "객체(object)"는 타인의 연극에 나오는 등장인물일 뿐이다. 건강한 관계일 때 우리는 타인이 주체로 활동하는 것을 허용하기 때문에 그는 우리의 행동에 대해 정직한 반응을 하는 독립적 행위자로서 "쓸모 있는"(의미있는 또는 가치있는) 존재가 된다(Winnicott, 1960; Newman, 1996; Ringstrom, 2014).

그런 관계는 위험하기 때문에 사람들은 대체로 대안적 현실이 존재한다는 것을 배제하면서 파트너를 통제하려고 한다. 상담실에서 그들은 상대방에게 "바보들이나 그렇게 하려고 할거야!"라고 말한다. 이렇게 되면 늘 이야기하던 것보다 더 위태로운 뭔가가 있음을 명확히 느끼게 된다. 그들은 "주체"로서의 권리가 위협받는다고 느낀 나머지 그러한 위협에 반격을 하거나 도움을 받는 것을 중단함으로써 강하게 반응하게 되는 것이다.

■ 정신화의 손상과 심리적 동등성

한창 싸우고 있는 중이기 때문에 방어적으로 상대방의 심리적 존재를 부인하는 사람들이 있는가 하면, 어떤 사람들은 자신의 심리적 손상 때문에 보다 전반적으로 상대방의 심리적 존재를 인정하지 않는다. 정신분석학자 Peter Fonagy (2000)와 그의 동료들이 말하기를, 어떤 내담자들은 "정신화"하는 능력, 즉 타인의 마음을 이해함으로써 이 논제와 관련된 대안적 현실의 가능성을 헤아릴 수 있는 능력이 손상되어 있다고 하였다. 이러한 공감적 결핍은 경험하는 것과 실재하는 것 사이에 차이가 존재한다는 것을 받아들이지 못했기 때문에 생겨난 것이다. 이처럼 마음 속에 생각되는 것이 사실이라고 정하는 마음 상태(psychic equivalence)는 심각한 성격장애를 가지고 있는 사람들에게 흔히 나타나며 파트너와 관계를 맺는 능력을 심히 해친다. 또한 부부관계에서 일어나는 일들에 대해 대안적인 설명을 탐색하도록 상담자와 함께 작업하는 것에도 지장을 준다(Ringstrom, 2014).

■ "당신 둘 다 옳아요"로 개입하기

서로 다른 주관적 경험 때문에 갈등을 겪고 있는 커플들과 상담했던 경험이

"당신 둘 다 옳아요"라고 부르는 개입을 생각해내는 데 도움을 주었다. 각자는 상황을 볼 수 있는 올바른 방법은 하나뿐이라고 믿지만 사실 둘 다 동시에 옳을 수 있다는 것을 상담자가 지적해준다. 이러한 포스트모던적 지점을 만들어낼 때, 나는 두 사람이 같은 영화를 보고 어떻게 다르게 반응할 수 있는지를 말해준다. 두 사람은 다른 장면 또는 다른 등장인물에 초점을 맞추었기 때문에 다르게 반응하는 것이다. 더 기억에 잘 남도록 하는 방법은 Rubin의 꽃병([그림 7.1])을 보여주는 것이다. 이 꽃병은 동시에 꽃병으로도 볼 수 있고 두 얼굴이 마주보고 있는 것으로도 볼 수 있다.[1]

그림 7.1 Rubin의 꽃병

■ "인생은 겉으로 이름붙여진 것과는 다르다"의 개입

때로 나는 이러한 주관적 경험의 차이가 주는 도전에 대해 "인생은 겉으로 이름붙여진 것과는 다르다"라고 말한다. 대부분의 사람들이 알고 있는 것 이상으로 우리들의 일상생활에서는 로샤잉크블럿검사가 계속 이루어진다. 우리의 지각과 판단은 마음 속의 관심사와 삶의 형태를 반영하는 정신적 사건이다. 신문의 헤드라인에서 "십대의 성경험 증가!"라고 나오면 부모들은 깜짝 놀라겠지만 십대 남자아이들에게는 환호할 일이 될 수도 있는 것이다. 부부 사이에 벌어지는 논쟁의 대다수는 결코 객관적으로는 해결될 수 없는 의미 없는 언쟁으로 길게 늘어질 뿐이다. 프레드가 늦게까지 일하는 것이 "가족을 잘 부양하는 자"로 만드는 것인지, "무심한 남편"으로 만드는 것인지는 귀가시간만으로는 결정할 수가 없는 것이다. 프레드와 베쓰는 절대적 기준을 참고하지 않고 각자가 얼마나 다른 선호도를 가지고 있는지를 파악해야 한다.

다른 예시를 들어보겠다. 나의 내담자였던 사라는 2년 전에 아들을 사산한 후에 큰 고통을 겪었다. 딸을 출산한 후에 그 아이를 둘째 아이라고 불러야 하는지에 대해 시어머니와 길고도 열띤 말다툼이 일어났다. 사라는 둘째 아이라고 부르기를 원했고 시어머니는 첫째 아이라고 부르기를 원했다. 의미를 따지는 이 논쟁을 해결할 만한 객관적인 방법이 없었기 때문에 나는 다음과 같이 해석하였다. 이 논쟁은 시어머니가 사라의 고통스러운 기억을 받아들일 수 있겠는지를 위장하는 전쟁이거나, 아니면 사라가 지금은 살아있는 아기를 낳았기 때문에 너무나 기뻐하는 것처럼 거짓된 자신을 보여줄 필요가 있기 때문에 벌어진 논쟁이거나 둘 중의 하나이다. 예상했던 것처럼, 이 논쟁은 가짜로 행복한 표정을 지어야만 했던 비슷한 경험을 떠올리게 했다.

■ 이름을 붙이는 것에 대한 몇 가지 일반적인 주장

현재 진행 중인 많은 논쟁들은 정의 혹은 이름짓기를 둘러싼 전쟁이라고 볼 수 있다. 이는 종종 상이한 문화적 경험과 가치에서 비롯된 것이다. 부부 및 커플 상담사들은 "깔끔함", "책임감", "재미", "사랑", "꼼꼼함"의 정확한 정의가 무엇인지에 대해 논쟁이 이루어지는 것을 자주 목격한다. Peter Fraenkel(2011)은 시간과 관련된 것을 몇 개 더 추가하였다. 부부관계를 하는 정확한 주기, 운전을 하는 정확한 속도, 여가를 즐기는 시간이 일하는 시간 전에 있어야 하는지 후에 있어야 하는지에 대한 것 등이다. 어떤 것이 "사려깊은 것"인지 "무심한 것"인지에 대한 대다수의 논쟁은 서로 다른 주관적 정의에 따라 정해지게 되는 것이다. Brent Atkinson(2005)는 다음과 같이 말했다.

상대방의 행동이 정당하게 서로 다른 우선순위에서 비롯되었다거나 정서적 안정을 유지하게 위해 나온 것이라고 보기 보다는 자신의 관점 안에서 상대방의 행동을 해석하려고 할 때 관계는 기울어지기 시작한다. 자신의 시각만으로 볼 때 상대방은 무심하고 이기적이고 배워먹지 못하고 게으르고 통제하려고 하는 사람으로 보이기 때문에 다음과 같이 이야기한다. "나는 당신이 나한테 하는 것처럼 당신을 대하지 않아!", "나는 그런 사소한 일로는 화를 내지 않는다구!" (p. 227)

많은 사건들이 객관적이고 윤리적으로 절대성을 가진 꼬리표가 붙어있지는 않다는 것을 일단 인정하고 나면, 비판적으로 침묵하고 있었던 태도를 멈추고 그 대신 일상생활의 사건들을 각자 다르게 경험하고 구체적으로 어떻게 반응하는지를 탐색하게 되며, 둘 간의 차이점을 어떻게 다룰 것인지 함께 협력하는 방법을 논의할 수 있다.[2]

Fraenkel의 세 가지 R

부부의 차이점에 대해 작업할 때 다음과 같이 Fraenkel(2011)의 세 가지 R을 따르면 쉽게 순서를 기억할 수 있어서 유용하다. 그 세 가지는 1) 드러내기(Reveal): 차이점을 드러내기, 2) 가치재정립(Revalue): 양측 모두 다 가치와 진실이 있다는 것을 알아차리기. 내가 사용하는 "당신 둘 다 모두 옳다" 개입과 비슷함, 3) 수정하기(Revise): 타협점을 찾아내기이다.

이벤트 자체가 논쟁거리가 될 때

사건의 주관적인 의미가 외재하는 현실에 의해 결정되는 것이 아니라 하더라도 외재하는 현실과 객관적 사실이 아예 없다는 의미는 아니다. 때때로 실제로 일어났다고 믿는 것에 대한 "사실관계"를 놓고 부부가 격렬하게 싸우는 경우도 있다. 공통적인 것 하나를 들어보면, 무엇인가를 말했느냐 아니냐를 두고 싸우는 것이다. "내가 그렇게 하라고 했지!"라고 하면 "아니, 그런 적 없는데!", "난 말했거든!" 이런식으로 끝도 없이 이어지는 것이다. 여러 차례 주거니 받거니 하는 것을 들은 후에 나는 두 가지 가능성을 제안하면서 논쟁을 중단시킨다. (a) 말하는 사람은 확실히 말을 했겠지만 듣는 사람은 그 순간 다른 생각을 하고 있었을 수도 있고, 지금 생각해보니 상대방이 뭔가를 말하려고 했다는 것을 기억해낸 것일 수도 있다. (b) 듣는 사람이 물리적으로는 거기에 있었지만 정신이 다른 데가 있을 수도 있어서 의사소통에 참여하고 있지 않았을 수도 있다.

그러나 때로는 부부 중 한쪽이 명백하게 사실을 허위적으로 제시하고 있다는 인상을 받을 때가 있는데 이는 어떤 제삼자가 보기에도 합의가 되는 현실이다. 이러한 경우에는 Daniel Patrick Moynihan 상원위원의 유명한 발언을 인용하고 싶다. "당신은 당신 자신의 의견을 말할 권리가 있으나 당신 자신만의 사실을 말할 권리는 없다." 부부 중 한쪽이 합의된 현실과 자신만의 소망을 거의 구분하지 못할 때, 그리고 그것을 독단적이고 연극적이고 경직된 태도로 되풀이할 때, 대체로는 자기를 보호하려는 뻔한 노력으로 그렇게 하는 것이지만 상대방을 화나게 하고 불안하게 만든다. 세부사항이 손에 잡힐 듯 드러나고 자신의 논지를 붙잡아놓을 수 있는 확실한 사실이 없을 때는 이러한 감정들이 더욱 격화되기 마련이다.

이러한 부부와 작업할 때 나는 우선적으로 정확히 어떤 일이 일어났는가에 대한 법정논쟁으로부터 그들을 떨어뜨려놓으려 애쓴다. 사실을 나쁜 쪽으로 변질시켰던 이유는 자신에게 유리하도록 정서적 점수를 획득하려고 하거나 수치심을 피하려는 노력의 일환이었다고 재구성해주는 것이다. 한쪽은 이것을 과장된 부정행위의 한 형태로 간주하겠지만, 기저에 존재하는 메시지를 듣는 것이 훨씬 더 중요하다는 것을 보여주기 위해 재구성화를 시도하는 것이다. 내 목적은 성난 배우자를 충분히 다독여서 서둘러 작업할 필요가 있는 사람과 상담할 시간을 확보하여 사실관계로부터 놓여나도록 하는 것이다.

때로 그러한 방어를 극히 싫어하는 배우자들도 만날 수 있다. 이는 현실에 대한 아동의 내적 감각을 위협하는 행위로서 사실을 그와 비슷하게 왜곡하였던 부모가 준 결과이다. 이러한 배우자들은 사실을 지나치게 고집하는 것처럼 보일 것이며 상대방을 좀처럼 너그럽게 봐주지 않는다. Virginia Goldner(2013)가 지적한 것처럼, "진실의 검투사"들은 마치 어린아이들처럼 "정말 상처받았어"라고 순수하고 공감적인 위로를 하기보다는 "나도 봤거든!" 하면서 사실관계를 요구하고 타당화하려고 한다.

정서에 관한 서로 다른 태도

Gottman, Katz, & Hooven(1996)가 수행한 연구인 [메타 정서: 가족이 어떻게 정서적으로 의사소통하는가]에서는 정서적 삶에 대한 전반적인 접근방식에 대해 논의하였다. 사람들은 자기자신과 자신의 배우자가 가지고 있는 특정 정서(예를 들면 수치심, 죄책감, 슬픔)에 더 어려움을 느낄 뿐 아니라 일반적으로 정서에 대해 서로 다른 태도를 가질 수도 있다. 이러한 신념을 메타 정서라고 부르며 사람들을 이에 따라 두 가지 타입으로 나눌 수 있다. 한 가지 타입은 정서에 거리를 두는 유형으로서, 자신의 정서를 통제할 수 있다고 믿으며 강력한 정서를 만났을 때 단순히 "긍정적 생각의 힘"을 사용해서 "그냥 버텨"야 한다고 믿는 사람들이다. 그들은 매우 감정적인 사람들을 통제할 수 없는 존재로 본다. 다른 한 가지 타입은 정서를 코칭하는 유형으로서, 정서라는 것은 내적인 GPS와 같아서 행동을 이끌어주는 데 도움이 될 수 있다고 믿는 사람들이다. Gottman과 그의 동료들은 부부 사이에 존재하는 메타 정서의 불일치가 잘 다루어지지 않았을 때 80%의 이혼율을 정확하게 예견하였음을 밝힌 바 있다.

커다란 스트레스 상황일 때는 정서에 거리를 두는 유형의 사람들이 유리할 수 있다(예를 들어 전투 시에는 감정을 누르고 할 일을 해야 하는 것이다). 그러나 대부분의 부부관계에서는 정서를 "우리에게 뭔가 할 얘기가 있는 것"으로 보는 것이 더욱 생산적이다.

"공손해야지", "불평불만 하지마", "좋게 말할 거 아니면 아무 말도 하지 마"라고 강하게 주장하는 내담자는 매우 큰 도전을 주는 내담자이다. 상담자는 이러한 고착된 메타 정서의 신념체계에 대항하여 상담자가 매우 힘겨운 썰매타기를 하게 될 것을 예상하여야 한다. 내담자가 가지고 있는 희망, 두려움, 문화적 신념 그리고 그것을 지속시키는 것이 무엇인지를 알아내도록 도와주어야 할 것이다.

■ 과거의 상처를 이야기하는 것에 대한 서로 다른 태도

과거의 상처를 이야기하는 것이 좋은 점이 있다는 것에 동의하지 않는 태도가 정서를 노출할 것이냐 억압할 것이냐에 대한 상반된 태도와 밀접하게 관련이 있다. 지난 토요일 밤 무심하게 대했던 사건에서부터 바람피운 사건에 이르기까지, 과거의 상처를 배우자와 이야기하는 것에는 많은 논쟁의 여지가 있으므로 다음과 같은 형태로 이야기하면 좋겠다. 그 상처는 실제로 발생했고 잊을 수 없는 것이며 상처받은 그 사건은 이제 정말로 과거가 되었으므로 용서하고 용서받음으로써 우리가 미래를 향해 나아갈 수 있다고 말이다. 이 주제에 대해서는 용서에 관한 장에서 다시 다룰 것이다. 지금은 이러한 흔한 유형의 논쟁이 앞서 이야기했던 논쟁과 마찬가지로 어떤 절대적인 원칙을 들먹인다고 해서 해결될 일이 아니라는 점에 주목하고자 한다. 고통스러운 사건을 환기하고 돌아보는 것은 분명 가치 있는 일이지만, 그것을 놓아주고서 회복하고 삶을 즐기는데 초점을 맞추는 것 또한 유익할 수 있다는 것이다. 두 가지 접근 모두 장점이 있다. 구체적 시점에서 두 사람이 언제 사건을 돌아보고 언제 앞으로 나아가야 할 것인지를 작업해야 할 것이다.

마이크와 신디: 서로 다른 경험들

마이크는 그의 아내 신디에 의해 상담에 의뢰되었는데, 매우 수줍어하고 떳떳하지 못한 상태로 내게 왔다. 신디는 남편이 어떤 여자에게 에로틱한 이메일을 보낸 것을 발견하고 남편을 상담에 보냈다. 나는 재빨리 신디를 상담에 참여하도록 재구조화하였다. 그들은 자녀가 넷이었는데 첫째가 태어나고 난 후에 신디는 자녀양육에 헌신하고자 직장을 그만두고 전업주부가 되었다. 마이크는 점점 더 직장에서 할 일이 늘어나고 있었다. 신디의 성적 흥미가 감소되어감에 따라 마이크는 살짝 화가 났으나 곧 적응했다고 한다. 그들의 가정은 Minuchin(1974)의 [구조적 가족치료: 엄마와 아이들의 세대 간 동맹과 홀로 남겨지는 아버지]에서 자주 그려지는 모습과 점점 비슷해져갔다. 나는 이처럼 친밀감이 결핍된 상태에 점점 체념하게 된 마이크가 에로틱한 이메일을 통해 가짜바람을 피움으로써 가족치료를 시도한 것이라고 생각했다. 나는 마이크를 도와 그가 저지른 사건에 대해 사과를 하게 하고 그가 얼마나 외로움을 깊이 느끼는지, 얼마나 성적으로 좌절되었는지, 얼마나 가정에서 보잘 것 없다고 느끼는지를 설명하게끔 했으며 신디는 그것을 듣고 마음이 누그러졌다. 오랜 시간에 걸친 구조적인 문제가 개선되었고 신디에게 있었던 불안에 사로잡힌 죄책감이 줄어들었다. 그럼에도 불구하고, 어느 날 어떤 사건 후에 상담에 왔는데, 신디가 말하기를 거의 시작점으로 되돌아갈 뻔한 사건이었다고 했다.

무슨 일이었을까? 마이크가 전장에서 녹초가 된 듯이 일을 끝내고 집에 돌아왔는데 신디가 집에서 키우는 강아지 버티와 놀고 있었다는 것이었다. 신디가 마이크에게 다음과 같이 말했다. "당신이 개를 좋아하지 않는다는 것 알아요. 그렇지만 버티가 정말 귀여운 강아지라는 것에는 동의할걸요" 이에 마이크가 영혼 없이 농담을 하였다. "오, 당신은 사랑을 주는 개가 필요한 것이군!" 그리고 그들은 싸우기 시작했다. 이 일화는 어떤 사건(아내가 개와 놀고 있던 것)이 두 사람에게 다른 의미를 불러일으켜서 다시금 부정적인 궤도에 진입하게 되는 세부적인 과정을 보여주고 있다.

상처가 된 부분은 신디가 정말로 버티를 사랑했고 버티가 사랑을 주고 그녀에게 반응하는 방식을 정말 좋아했다는 것이다. 신디와 마이크는 이전에도 이 사실을 알고 있었다. 이 사건에는 신디의 어린시절이 반영되어 있었다. 신디는 어릴 적 넉넉하지 못하고 정서적으로 건조한 가정에서 자랐고, 개를 키우자고 절대 말할 수 없다는 것을 항상 알고 있었다고 말한 적이 있다. 보다 일반적인 경우로는 신디가 무언가에 열광할 때 그녀의 엄마는 대부분 그런 열정에 반응해주지 못했다. 시간이 지나 어른이 된 내가 과연 아이들을 사랑해줄 수 있을까? 어쩌면 개를 무서워할지도 몰라 등등에 대해 확신이 없었음에도 그녀는 아이들을 위해 따뜻하고 사랑스러운 가정을 만드는데 헌신하였다. 그녀가 이룬 이 가정에는 한번도 꿈꿔보지 못했던 강아지가 포함되어 있었다. 아이들과 버티는 그녀가 부어주는 사랑과 열정을 똑같이 그녀에게 돌려주었던 것이다.

신디가 선택적으로 무시하려고 했던 것은 마이크에게도 필요했던 사랑과 열정을 박탈해버림으로써 그녀가 무의식적으로 엄마의 행동을 재현하고 있었다는 점이었다. 마이크가 바람피운 일 이후에 신디는 마이크에게 무관심하고 아이들과 개에게 사랑을 지나치게 쏟으며 무의식적으로 복수를 하고 있었던 것이다. 그녀는 혼외연인을 가지고 있는 사람처럼 보일 수 있었는데, 적어도 마이크에게는 그렇게 보였을 것이다. 마이크는 그 일을 잊고 싶어했지만 그를 위해 나는 다음과 같이 해석하여 설명해주었다. 그 장면은 아내가 전 남자친구를 지나치게 칭찬하는 것을 지켜보는 남편의 모습과 비슷한 것이라고 말이다. 신디는 상처받은 채로 남아있었지만 두 사람 모두 이에 동의하며 웃었다.

우리는 마이크의 무심한 듯한 말에 대해서도 탐색을 계속했는데 그는 전적으로 피곤한 탓으로 돌리고 싶어했다. 나는 그들에게 우리가 예전에 몇 번이고 이야기했던 것을 상기시켰다. 마이크가 가족활동의 언저리에서 느꼈던 것이 무엇인지, 그것이 다른 사람에게도 마찬가지일 것이라는 데 마이크도 동의하였다. 세션 중 이렇게 친밀한 "만남의 순간"이 이루어지는 동안 그런 이야기를 듣게 되니 신디도 마이크에게 가지고 있던 보복적인 분노가 누그러졌다. 이는 또한 마이크가 불쾌한 말을 하는 것이 자신의 감정에 일부러 상처를 주기 위해 계산된 것이라고 믿고 있었던 신디의 생각에 도전을 주는 것이었다. 나는 마이크가 "그냥 아무 이유없이 폭발했던" 또 다른 상태를 재해석하도록 그녀를 도와주었다. 이 사건은 신디가 마이크에 대해 "성질이 고약하고 분노조절훈련이 필요하다"고 생각해서 상담에 보냈던 또 다른 중요한 이유가 되었다. 이와 비슷한 여러 가지 상황에서 서로 다른 경험을 한다는 것을 분석해보는 것이 신디가 대안을 볼 수 있도록 도와준 셈이다. 관계에서 일어난 실망이 마이크가 폭발하게 되는 방아쇠를 당긴 것이다. 마이크도 피상적인 방어("난 좀 피곤했을 뿐이야") 뒤에서 나와 사랑과 애정에 대한 욕구가 좌절되었음을 조금 더 인식하게 되었다.

다음 장에서는 전이라는 탁월한 관점에서 부부의 정신역동을 살펴보도록 하겠다. 이는 두 사람의 서로 다른 경험에 대해 이해하고 작업하는 또 하나의 방법이다.

7장 NOTES

1) 덴마크의 심리학자 Edgar Rubin이 이 착시현상을 만들어낸 것이 아니라 그가 수행한 조망에 대한 연구를 통해 이 그림이 유명해졌고 이로 인해 자신도 이름이 알려졌다.

2) 많은 연구를 통해 밝혀진 사실은 부부의 다양한 특성이 서로 다른 커플보다는 비슷한 커플이 더 잘 지낸다는 것이었다(Hamburg, 2000; Pines, 2005). 한 가지 분명한 설명은 이 커플들이 같은 경험에 대해 근본적으로 다른 반응을 보임으로 인해 일어나는 의견불일치가 훨씬 더 적은 경향이 있다는 것이다.

08   전이에 초점 맞추기

부부의 부정적인 의사소통의 순환에 대한 심리를 더 깊이 파고들 수 있는 또 다른 방법은 두 사람의 전이를 살펴보는 것이다. 정신분석학 이론에서 말하는 전이의 개념은 사람들이 때로 사건을 왜곡해서 보기 때문에 전이로부터 자유로운 사람이 객관적으로 경험하는 것과는 달리 현재 소망하는 것이나 두려워하는 것 (대체로는 무의식적인)에 의해 변형된 사건으로 경험한다는 것에 있다. 이러한 소망이나 두려움은 타고난 동기, 과거의 경험, 현재의 정서적 욕구의 조합에서 비롯된다(Cooper, 1987; Greenson, 1967). 어린시절에 돌봐주었던 사람과의 경험, 형제들과의 경험,[1] 또래들과의 경험(대개는 청소년기 때), 전에 사귀었던 친밀한 연인들과의 경험은 모두 전이의 중요한 원천이 된다.[2]

■ 소망과 두려움의 전이현상

전이는 공포전이(transference fears)(또는 부정적 전이)와 소원전이(transference wishes)(긍정적 전이)의 두 가지 타입으로 나누어질 수 있다. 이 차이를 무시하고 단순히 "전이"라고 지칭하는 것은 지양되어야 한다. 예를 들어 "부정적인 부모전이"는 그 사람의 아버지와 관련된 두려운 상황을 의미하는 것이다.

소원전이와 공포전이는 우리가 이전에 논의하였던 욕망과 두려움의 관계에 해당된다. 여기서 내가 덧붙이고 싶은 점은 모든 사람들이 관계와 관련된 강력한 욕망과 두려움을 가지고 있긴 하지만 우리 각자에게는 더 다급한 욕망과 더 심란

한 두려움이 있다는 것이다. 이러한 다양성에 대한 설명은 그 사람이 살아온 발자취에서 찾을 수 있다. 한 나라의 역사에 현재 확실히 걱정거리가 되고 있는 것이 반영되어 있듯이 말이다. 강도의 차이는 기질의 차이(우리들 중 어떤 사람들은 더 순하고 까탈스럽지 않은 성격으로 태어난다)와 생물학적인 상태(기아, 수면부족, 우울)에서 비롯된다.

소원전이는 종종 충족되지 못한 욕망에서 비롯되며 따라서 실망했던 기억과 연결되어 있고 때로는 공포전이와 동반되기도 한다(Stern, 1994; Weiss & Sampson, 1986).

■ 왜곡의 다양성

투사적 검사와 마찬가지로 어떤 전이는 사실을 단순히 왜곡해서가 아니라 선택적으로 초점을 맞추었기 때문에 나타난다(Goldklank, 2009). 이는 당연히 전체적인 그림을 왜곡하거나 축소하는 것이다("내가 얼마나 의존적인 사람인지 충분히 알고 있기 때문에 그이가 실패할까봐 신경쓰는 거예요" 또는 "안전하고 보호받는다고 느끼고 싶으니까 우리 관계에 있는 분명한 문제를 무시하고 그 사람의 강점에 집중하고 있는 겁니다"). 또 어떤 전이는 과거의 경험이 단순히 일반화된 결과로 생기는 것이 아니라("엄마한테 도와달라고 했을 때 실망을 준 것처럼 그이도 나를 실망시킬 게 뻔해요") 현재의 사건을 왜곡해야 할 필요가 있기 때문에 발생하기도 한다("내가 죄책감을 버틸 수 없기 때문에 당신을 비난받아 마땅한 사람으로 보는 겁니다" 또는 "남자친구와 결혼해도 될까 하는 의심을 지우기 위해 그 사람을 완벽한 존재로 여기는 거예요"). 결과적으로, 많은 전이가 자기보호적 방어로 작용하게 된다. 전이는 항상 타인과의 관계에 놓여있는 자신을 어떻게 보느냐 하는 것을 내포하고 있으며 이러한 자신에 대한 견해 또한 잠재적으로 왜곡의 대상이 된다("무능감에서 나 자신을 보호하기 위해 나는 (부당하게도) 부모님이 이혼한 것에 대해 나 자신을 비난했다. 결과적으로 내 자신을 무가치하게 보게 되었고 집을 사는데 돈을 빌려줄 수 있겠는지 부모님께 여쭤볼 수가 없었다").

■ 결혼으로 인해 불러일으켜지는 전이현상

전이반응은 일반적으로 어느 정도 타당성이 있는 자극에 의해 유발된다(Gill, 1982). 현재의 부부관계(남편과 아내; 아빠와 엄마)와 가정환경(집, 부엌, 아이들)은 쉽게 소원전이와 공포전이를 불러오며 이러한 전이는 그 사람이 어린시절 가정에서 경험한 소망과 두려움으로부터 유발되는 것이다. 내 내담자였던 딕을 떠올려보면 그는 크리스마스의 외상경험이 재생되는 것이 너무나 공포스러웠기 때문에 그가 이룬 가정을 보호하고 싶어서 이유 없이 짜증을 내며 파티를 하지 못하게 하려 했던 것이다.

가정과 가족생활은 종종 무조건적으로 사랑하며 지지해주는 배우자(부모)에 대한 소원전이와 통제나 비난에 대한 공포전이를 불러일으킨다. 남편은 하루의 일을 끝내고 집으로 돌아올 때 상당히 양가적인 감정을 가질 수 있다. 통제적이고 필요한 것을 잘 주지 않았던 어린시절의 어머니는 직장상사처럼 무서운 존재였지만 그로부터 자유롭고도 싶고, 구운 치즈 샌드위치나 엄마의 사과파이 같은 편안한 음식, 즉 의존욕구를 충족시켜주고 무조건적 사랑을 보여주는 것들을 소망하는 마음도 있을 것이다.

■ 기대로서의 전이

바라는 기대 또는 두려운 기대로 나타나는 전이는 사람들이 자기 자신에 대해, 타인에 대해, 그리고 자신을 둘러싼 환경에 대해 가지고 있는 일반적인 기대의 커다란 틀 안에 자리잡고 있을 수 있다. 일반적으로 우리의 기대는 자동적이고 반쯤은 의식적인 것이어서 만일 완전히 무의식적인 것이 아니라면 우리가 비슷한 상황을 만났을 때 발동하는 생각의 바퀴를 놓아줄 수 있게 한다. 우리가 가지는 기대 중 어떤 것은 합리적인 것도 있지만 비현실적인 것도 있고 때로 특이했던 이전의 경험으로부터 지나치게 과일반화된 것도 있다.

사람 이외의 대상에 대한 부정적 전이. 부정적 전이 중 어떤 것들은 극도로 두려움을 일으키는 대인 간 상황, 즉 부모가 지나치게 비난하거나 유기하거나 하는 그런 상황까지는 아니더라도 아이가 압도당하고 무기력을 느꼈던 초기의 외상적 상황으로 다시 되돌아가는 것 같은 두려움이 일어날 수 있다. 그러한 두려운 상황이란 가난, 질병 또는 죽음, 전쟁이나 자연재해에 노출되는 것, 그리고 내 내담자들을 괴롭히는 가장 흔한 트라우마인 부모의 불화와 이혼의 경험 등이 모두 포함된다. 이러한 두려운 상황들은 무의식에 남아있는 경우 결혼생활에 반사되어 부부관계를 어렵게 만든다.

자기-충족적 기대. 어려운 문제의 중요한 근원 중 하나는 우리의 기대가 보수적인 경향이 있다는 것이며, 따라서 자기충족적이다. "더 많이 신뢰할수록 더 많이 보게 되고, 더 많이 볼수록 더 신뢰하게 된다." 여러 사회심리학적 연구에서 확인된 바와 같이, 타인이 우리를 어떻게 대할 것인지 기대하는 바가 우리가 어떻게 행동할 것인지에 영향을 주고 그에 따라 타인이 우리를 어떻게 대할지에 영향을 주며 우리가 처음 가졌던 기대를 확증하는 방식으로 경험되는 것이다(Bradbury & Karney, 2010). 지구가 평평하다고 믿으면 유럽에서 서쪽으로는 항해를 하지 않았을 것이며 그렇게 되면 아메리카 대륙을 발견할 수 없었을 것이다. Kelly, Fincham, and Beach(2003)가 인용한 연구에서는 "불행한 부부는 행복한 부부에 비해 배우자에게 긍정적인 행동을 기대하지 않고 부정적인 행동을 더 기대한다"고 하였으며 이는 갈등수준이 낮은 과업과 높은 과업 둘 다에 해당되었다. "결혼만족도는 긍정적 기대 및 부정적 기대와 유의미하게 상관이 높았다"(p. 728, italics added). 767쌍의 결혼한 부부들을 대상으로 수행된 최근의 연구에서는 애착안정성과 관련된 어린시절의 기대가 배우자에 대한 기대와 상관이 있었으며 이는 향후 결혼만족도를 예측한다는 것이 발견되었다(Kimmes, Durtschi, Clifford, Knapp, & Fincham, 2015).

이러한 자기충족적 기대는 부부 간의 태도가 악화되어 가는 것을 설명하는데 도움을 준다. 구애하는 기간 동안에는 완벽한 유대관계를 해치는 모든 것을 무시하면서 상대방에 대해 지나치게 이상화한다. 잠시 동안은 단점이 보여도 외부환경으로 탓을 돌리며(교통체증 때문에 약속에 늦었다든지 하는) 서로가 대체적으로 괜찮은 사람이라고 여긴다. 그러나 상황이 악화되기 시작하면 객관적으로는 좋은 점마저도 부정적인 렌즈를 끼고 보게 된다("그 사람은 생일선물을 주지 않으면 내가 화낸다고 생각하기 때문에 선물을 주는 거예요"). 이렇게 자기자신을 좀먹는 방식으로 말하게 되면 상대배우자가 그러한 부정적 기대(전이)가 잘못된

것이라고 해명하려는 시도를 소용없게 만든다.[3]

전이기대로서의 안정애착. 안정애착은 전반적 신뢰를 이루는 핵심적인 부분이며 Mikulincer, Florian, Cowan, & Cowan (2002)에 따르면, 건강한(안정적인) 애착이란 다음과 같이 구성된다고 한다.

> 애착이란 스트레스를 받았을 때 누군가 얼른 와주고 반응해줄 것이라는 기대로 구성되며 매우 원초적인 원형 또는 각본으로 조직화되어 있는 것이다. 이 각본은 다음과 같이 만약 ~하면 ~될 것이다의 명제를 가지고 있다: "내가 장애물을 만나 어려움을 겪고 있을 때 내게 소중한 그 사람을 찾아갈 수 있다; 나는 도움을 받을 만한 가치가 있는 사람이다; 내게 소중한 그 사람은 내게 와주고 지지해주는 사람이다; 그 사람에게 가까이 있게 됨으로써 나는 위안과 편안함을 느낄 것이다; 그 후에 나는 다른 일을 할 수 있게 된다." (p. 406)

불안정한 애착은 비슷한 대상에 대해 부정적인 전이기대를 일으키는 것이라고 볼 수 있다. 애착 연구의 분야에서 탁월한 업적을 남긴 Mikulincer와 그의 동료들은 관계에 대한 "작동모델"을 가지고 있는 내담자들이 있다고 하였다. 작동모델은 이전의 관계에서 단순히 일반화된 것이 아니라 현재 파트너와의 실제 경험에 기반한 "관계-특정적"인 것이다. 그런 점에서 결혼생활의 질은 일반적 형태보다 ["관계-특정적" 작동모델]과 더 관계가 있다는 증거로 제시될 수 있다(p. 412). 이러한 발견이 부부와 상담하는 우리에게 희망을 주었다. 배우자의 전이가 어린 시절에서 생겨난 것이라고 해도 현재의 형태는 우리가 생각했던 것보다 덜 고착된 것일 수도 있으며 상담을 통해 변화가 가능하다는 의미이기 때문이다.

■ 어떻게 전이를 깨달을 수 있는가

우리가 전이라고 부르는 정신구조에 대해 가설을 세울 수 있는 주된 방법은 "관계 에피소드" 전반에 걸친 중복성을 찾는 것인데, 정신분석 연구자인 Lester Luborsky(1990)가 만든 방법이다. 관계 에피소드는 삶의 형성기, 현재의 삶, 현재의 상담치료(그들의 상담자, 그리고 부부상담일 때는 배우자까지도)에서 내담자가 만난 사람들을 모두 아우른다.

Dimidjian, Martell, & Christensen(2008)가 집필한 통합적 부부행동치료(Integrative Behavioral Couple Therapy: IBCT)에도 비슷한 내용이 있다. 과거에 고통을 민감하게 느낌으로써 힘을 얻을 수 있었던 사건들 전반에 걸쳐있는 중요한 관계의 "주제"를 찾아보는 것이다. 다음의 예시가 어떻게 그것을 할 수 있는지 보여줌으로써 내가 이제까지 설명하려고 했던 것을 더 잘 보여줄 것이다.

> 이브는 딜런이 텔레비전을 너무 많이 본다고 불평을 하였지만 친구와 등산을 가겠다고 했을 때도 화를 낸다. IBCT 상담자는 이브의 불평에서 유기와 책임의 주제를 볼 수 있다. 그녀를 유기하고 떠나버리면서 그녀에게 가족의 책임을 짊어지게 하는 딜런의 행동은 그녀에게 괴로운 것이었다. 딜런이 하는 이러한 행동은 그녀에게 어린시절을 떠올리게 했다. 그녀의 부모가 일하러 가 버려서 어린 동생을 돌보아야 했을 때와 비슷한 느낌, 즉 버려지고 공평하지 않다는 느낌을 불러일으킨 것이다. (p. 81)

전이가설을 세울 때 상담자는 에피소드 전반에 걸친 반복과 중복뿐 아니라, "모델이 되는 장면들(model scenes)"이라고 쓸만하게 이름 붙여진 어린 시절의 단일기억이 도움이 될 것이다(Lichtenberg, Lachmann, & Fosshage, 2011). 예를 들어 여섯 살 때 큰 실망을 경험한 내담자가 있다고 하자. 그는 엄마에게 조심스럽게 다가가 낚시대를 사달라고 해서 친구들과 낚시를 가려고 하였다. 그의 어머니는 화를 내며 그의 소원을 눌러버렸다. "쓸모없는" 놈이라고 말하며 자기 힘으로 돈을 벌 수 있을 때까지는 낚시도구를 가질 수 없다고 한 것이다. 여섯 살짜리 소년에게는 터무니없는 요구였다. 이처럼 고통을 주었던 모델이 된 장면들은 이 사람이 가지고 있는 전반적인 무가치함을 설명하는 데 도움을 준다. 누군가 자신의 열정을 반영해주었을 때 느낀 기쁨, 쇼핑중독자인 아내가 신상품을 사달라고 조를 때 "안돼"라고 말할 수 없는 무능함을 설명하는 데에도 도움을 준다.

소망전이와 두려움전이에 다가가는 또 다른 방법에 대해 Hendrix (1988)가 소개하였고 Singer와 Skerrett(2014)이 이를 상세히 기술하였다. 배우자에게 직접적으로 어린시절을 되새겨볼 것을 요청하고, "원했지만 얻지 못했던 것(안정성, 긍정, 재정적 안정, 재미)"과 "내가 원하지 않았지만 가지고 있는 것(혼란, 차가움, 분노, 과도한 통제)"에 대해 이야기해보는 것이다.

■ 전이역할의 치환

전이는 상호작용 안에 있는 자신과 타인의 패턴으로서 내적으로 구조화되기 때문에 일단 우리가 그 패턴을 깨닫게 되면 그다지 분명하지 않은 방법으로도 그 것을 사용할 수 있게 된다. 내담자들은 자신의 역할 또는 타인의 역할 또는 둘 다의 역할을 번갈아가며 수행할 수 있다. 때로는 다른 파트너와 할 수도 있고, 때로는 같은 파트너와 역할을 바꾸어가면서 할 수도 있다. 우리는 또한 사람들이 과거의 고통스러운 역할을 되풀이하지 않으려 애쓰는 것을 볼 수 있다. 너무나 갖고 싶었던 낚시대를 사주지 않았던 엄마 밑에서 성장한 그 남자는 아내가 보석을 사달라고 했을 때는 거절하기 어려워했지만 직원들이 마땅히 받아야 할 연봉을 올려주는 것에는 지나칠 정도로 반대했다. 그러나 대부분의 경우에는 이러한 선택사항 사이에서 매우 갈등을 느끼며 집착을 하고 있었고, 타인을 만족시키려는 역할(자신이 원했던 것)과 "무가치"하다고 거절하는 역할(그의 어머니가 그에게 했던 것) 사이에서 왔다갔다 하고 있었던 것을 깨닫게 된다.

그 밖의 실용적 포인트: 사람들이 어떻게 서로를 대하는지(좋게 대하는지 나쁘게 대하는지)를 보는 것은 자기자신을 어떻게 대하고 있는지에 대한 유용한 지표가 된다. 우리 자신과의 내적 관계는 우리에게 중요한 타인과 맺는 외부적 관계와 비슷하다. Hazlett(2010)은 다음과 같이 요약하였다:

커플관계를 구축할 때 사람들이 자기의 파트너를 어떻게 다루느냐 하는 것은 자기 자신을 내면에서 어떻게 다루고 있느냐 하는 것과 직접적으로 관계가 있다. 그래서 만약 마이크가 가차없이 자기비판적이고 스스로에게 요구가 많은 사람이라면 결국 리사를 그런 식으로 대할 것이다. 만약 리사가 자신의 감정을 차단하기 위해 부인과 회피의 방어기제를 사용한다면 마이크를 차단하기 위해 같은 방어기제를 사용할 것이다. (p. 31)

■ 전이알러지, 핵심적인 부정적 이미지, 그리고 기본적 사양들

전이의 공포에 대해 내담자와 이야기할 때, 나는 그걸 "심리학적 알러지" 또는 "전이알러지"라고 부르는 게 도움이 된다는 것을 알게 되었다. 예전에 벌에 쏘였거나 땅콩알러지에 노출된 경험이 있는 사람들이 이후 그것에 대해 심한 반응을 보이는 것처럼 예전에 부모에게 버려지는 경험을 한 사람들은 배우자가 출장을 갔을 때 극심한 정서적 반응을 보일 수 있다. 사람들은 전이알러지로 인해 심리적인 연기냄새를 맡고 곧 정서적 화염상태가 올 것이라고 추측한다. Susan Johnson (1996)은 이를 "원점(raw spots)"이라고 하였는데 일반적인 말로는 "핫 버튼"이라는 의미이다. 정신분석학의 기술적 용어로는 "부정적 전이"이다. "미안함보다는 안전함이 낫다"라고 생각하는 인간의 성향으로 볼 때 이전의 외상적 경험들이 우리를 각성하게 만들고 우리의 "연기 감지기"가 너무 쉽게 울리도록 만들었다는 것을 쉽게 이해할 수 있다. 상담자로서의 우리가 할 일은 머리를 당기는 경고시스템과 불쑥 나타나는 진짜 재앙의 차이를 구별하도록 내담자를 도와주는 것이다.

Terrance Real(2007)의 "핵심적인 부정적 이미지(core negative image: CNI)"는 부정적 전이의 개념을 언어화하는 좋은 방법이다.

> 그가 정의 내린 바에 따르면 CNI는 당신이 가장 절망감을 느끼고 소스라치게 놀라는 그 혹은 그녀의 환영이다. 당신은 격분하거나 체념하거나 겁을 먹는 그런 순간에 스스로에게 말한다 "세상에나! 그 혹은 그녀가 진짜로 사악한 사람이라면 어쩌지? ... 냉혈한 마녀이면? ... 배신자이면? 무능한 사람이면? 갑갑한 사람이면? 이기적인 사람이면 ... 그럼 어쩌지?" 이처럼 당신의 CNI는 최악의 악몽이다. 어렵고, 비이성적이고, 가장 사랑스럽지 못한 순간에 당신의 파트너는 바로 그런 사람이 되어간다. (p. 83)

공포전이와 기질이 뒤에서 무의식적으로 작용한다는 생각을 이야기하기 위해 컴퓨터의 디폴트세팅과 비교하려 한다. 대부분의 사람들은 자기가 구입한 컴퓨터가 공장에서 미리 설정된 옵션이나 기본설정이 장착되어 자신에게 온다고 알고 있다. 찾아보기 전까지는 응용프로그램을 어떻게 작동시킬 것인지 우리에게 선택권이 있다는 것을 알지 못한다. 이와 비슷하게 어른들은 그들의 배경에서 작동하는 "선호"와 "사양"이라는 것이 있다는 것이다. 이것은 의식적으로 선택된 것이 아니며 옵션으로 경험되기보다는 세상을 다루는 유일한 방법처럼 여겨진다. 이러한 사양들은 외상적 시나리오에서 자신과 타인이 서로 상호작용하는 유일한 견해일 뿐만 아니라 그에 대해 무엇을 했어야 했는지에 대한 신념이기도 하다. 이 마지막 요소는 왜 우리가 CNI를 두려워하는지를 설명해준다. 우리가 그에 대해 할 수 있는 것이 많지 않다는 신념(사양)이 동반되어 있기 때문이다.

■ 가중된 전이알러지 또는 지지받지 못해서 생긴 전이알러지

부정적 전이반응 또는 전이알러지의 격동에 시달리고 있는 사람들은 패닉의 약한 단계, 즉 가장 나쁜 CNI의 악몽에 시달리는 약한 패닉의 상태에 들어선 것이다. 그들은 압도되고 절망을 느낀다. 이들은 자기 자신을 명확하게 표현하는 것을 어려워하며 대체로 갈등을 겪고 혼란스러워한다. 그러한 상태를 충분히 공감해주기 위해서는 단지 트라우마적인 상황만 초기의 혐오스러운 사건인 것이 아니라 그 다음에 일어난 일, 즉 타인이 어떻게 반응하였나 하는 것도 이해하여야 한다. 가장 심각한 어린시절의 트라우마는 "불편한 외상"으로서, 애착 대상이 초기의 고통스런 경험을 유발시켰거나 그로부터 보호해주지 못했을 때, 그리고 그 일이 일어난 후에 공감해주지 못하고 도움이 되지 못했을 때 일어난다. 괴로움을 다루는 기술은 타인으로부터 도움을 받거나 모델링을 하는 것으로 배울 수 있는 것이다. 그래서 불편함 속에서 자란 아이는 좌절이 있을 때 자기 자신을 어떻게 편안하게 하고 위로하는지 배우지 못한다. 비슷한 상황이 삶에서 일어났을 때, 그것이 초기의 특정 CNI이건 아니건 간에 그 사람은 다음과 같은 상태에 진입하게 된다. (a) 자기 자신을 진정시키는데 무력함을 느낀다. (b) 타인에게 도움을 받을 수 있는지에 대해 의구심을 갖는다. (c) 책임이 있는 사람에 대해 갈등과 혼란을 경험한다. (d) 배우자의 상당한 공감과 도움을 필요로 한다. (e) 더 부정적이고 민감하게 반응하게 되어 초기시절의 양육자들이 그랬던 것처럼 배우자도 필요로 하는 돌봄을 주는 것에 실패할 수밖에 없다.

여기서 마지막 두 단계는 부부를 특정 CNI로부터 환기시켜 독립적이 되도록 하는데, 결혼관계의 난국을 이해하고 다루기 위해 애착이론과 정신분석적 자기심리학을 활용하여 설명하는 것이다. 두 이론 모두 지지적인 파트너 또는 상담자(애착인물; 자기대상)의 역할, 즉 지지, 공감, 인정, 위로가 필요한 내담자를 지원하는 역할을 강조한다. 다른 방법으로는, 부부의 부정적인 상호작용주기에서 흔히 볼 수 있는 "이중전이알러지"인데, 첫 번째 전이는 CNI를 두려워하는 것이고 두 번째는 외상을 입은 아이, 즉 자신을 지원하는데 실패한 초기양육자와 닮은 자신의 파트너에 대한 것이다. 나는 두 번째 것을 "실패한 지원 전이" 또는 "실패한 지원 알러지"라고 부른다. 이것을 전이알러지를 부추기는 것(말하자면, 유기된 또는 공감받지 못한 초기의 경험)에서 분리해내는 것이 어려울 수 있지만 CNI에 따르는 패닉의 상당 부분은 지원의 실패라는 이 두 번째 알러지와 관계가 있다. 이는 돌봄과 공감 또는 사과를 통하여 상황을 회복하는 데 실패한 현재의 파트너에 대한 것이다.

■ 맞물려있는 부정적 전이

애착을 형성하는데 실패한 경우 흔히 부정적 전이가 동시에 발생하거나 "맞물려서" 발생한다. 부부가 상담을 받으러올 때 부부가 둘다 전이알러지를 동시에 경험하고 있다는 것은 거의 보편적인 사실이다. 그래서 정서적으로 스트레스를 받는 사건이 일어날 때 둘 다 상대방을 달래주지도 않고 공감도 못하는 것이다. 이러한 병리적 상황은 Kohut(1984)이 다음과 같이 말했던 것과 반대의 현상이다. "좋은 결혼이란, 부부 중 한 쪽이 잠시 자아가 손상되었을 때 필요로 하는 자기대상의 기능을 대신 해주는 것이다"(p. 22). 배우자가 지지해주는 기능을 할 수 없을 뿐 아니라, 자신이 가지고 있는 공포전이가 타당하다고 방어기제가 확인해줌으로써 사태가 더욱 악화된다. 이렇게 방어기제를 통해 확인이 되면 잇따라 일어나는 순환고리가 더 견고해지고 심화된다. 나는 이것을 "맞물려있는 전이"라는 용어를 사용하여 상대방의 행동을 통해 확인되는 공포전이가 각각의 배우자에게 동시다발적으로 함께 일어나는 현상을 묘사하였다. 이러한 상황이 발생할 때 불안과 부적응적 방어행동의 수준이 높아지면서 부부체계는 와해되는 방향으

로 움직인다.[4]

현대정신분석가들은 전이적 신념과 신경증적 증상이 우리 몸 안에 있는 골격처럼 겉으로는 안정적이고 변하지 않는 것처럼 보이지만 실제로는 자기창조와 리모델링이 일어나고 있는 과정 중의 한 상태라고 하였다(Cooper, 1987; Schlessinger, 1995; Wachtel & Wachtel, 1986; Wachtel, 2014). 뿌리깊은 부정적 전이가 유지되도록 만드는 그와 반대되는 기대가 있다. 이것을 염두에 두어야 우리는 희망과 절망이 생기는 이유를 볼 수 있는 것이다. 순환고리는 부부가 가지고 있는 전이 기대를 유지할 필요가 있기 때문에 희망이 생기면서 일어나는 것인데, 이것이 상담장면에서 확연히 드러난다. 만일 우리가 이러한 순환고리를 막고 방어기제를 통해 확인하는 행동을 하지 않도록 도와줄 수 있다면, 내담자가 가지고 있는 부정적인 기대를 리모델링하고 상황을 반전시킬 수 있을 것이다. 이는 성과를 거둔 사례에서 볼 수 있는 결과이며, 결혼관계에서 애착모델이 변화하는 연구의 결과에서도 볼 수 있다(Mikulincer et al., 2002).

그러나 힘든 전쟁을 예보하는 나쁜 소식도 있다. CNI를 확인하는 순환고리가 더해지고 난 다음에는 부부가 각자 가지고 있는 부정적인 전이기대를 점점 더 확고한 것으로 여기게 된다. 대부분의 경우, 상담을 받으러 우리를 찾아오기 전까지 몇 년에 걸쳐 이러한 부정적인 기대가 굳어진다. 더 나쁜 것은, 부부가 가지고 있는 부정적인 순환고리를 바꾸려고 우리가 작업을 하는 중에도 이들은 서로 최악의 관계에 대한 악몽을 확인하려 한다. 심지어는 내담자 부부의 부정적인 순환고리를 바꾸려 상담자가 아무리 노력해도 상담실 안에서조차 그들은 서로의 관계에 대해 가지고 있는 최악의 악몽을 유지하려고 한다. 서로의 관계가 편안해지고 다시 옛날처럼 사랑하게 되기를 바라면서 상담에 왔는데도 말이다. 따라서, "이렇게 안좋은 상태가 오래 가는데 결혼생활을 지속하는 것이 가능하겠어요?"라고 부부가 물어볼 때 우리는 대체로 다음과 같이 묻는다. 그들이 오랫동안 지속해온 확고한 CNI의 순환고리, 즉 맞물려 있는 부정적 전이가 과연 일주일에 한번씩 하는 상담만으로 역전될 수 있을지를 물어본다.

▌ 긍정적인 전이 이슈

내담자가 부부상담을 받으러 왔을 때, 서로를 보는 관점이 연애시절 때처럼 긍정적인 방향으로 왜곡되어 있는 것은 흔한 현상이 아니지만 긍정적 전이가 선명하게 나타나는 것도 종종 목격할 수 있다. 이는 부부 중 한쪽 또는 둘 다 긴장과 절박함, 또는 안도감, 애정, 지지, 당연히 공감을 받을 것이라는 욕구를 표현하는 형태로 나타난다. 그들의 배우자는 상대방의 이러한 바람을 너무 지나치고 성가시며 애들같다고 보면서 나쁘게 반응하는 것이다. 그러나 상담자로서는 그러한 바람들을 우리 내담자들에게 무엇이 가장 필요한지를 정확하게 보여주는 강력한 발언이라고 보아야 한다. 이 맹렬한 전이의 욕구는 최근에 경험한 것들이 조합되어 만들어지는데 특히 어린시절 또는 현재의 관계에서 충족되지 못했던 것들에서 비롯된 결과이다. 남편으로부터 너무나 사랑스럽다는 말을 계속 들어야만 하는 부인이 있다고 하자. 이 분은 어릴 때 견고한 자기가치감을 내면화하도록 만들어주는 사랑이 담긴 지지를 받아본 적이 없을지도 모른다. 아니면 현재의 남편이 해주는 애정표현이 너무 적어서 부인이 누가 되었더라도 좀 더 관심을 달라고 징징거릴 정도로 애정결핍이 있을 수도 있다. 두 경우 모두 숨겨져 있는 바람이 무엇인지 밝히고 공감적으로 설명하여 내담자가 자신의 욕구를 충족시키고 부득이하게 발생할 수밖에 없는 실망과 함께 살아갈 수 있도록 도와주어야 한다.

전이를 치유적으로 활용하기

전이기대와 전이두려움을 밝히고 작업하는 기초적 접근은 숨겨진 이슈를 다룬 장에서 설명하였다. 여기서는 그 장에서 다루지 않았던 미묘한 차이에 대해 언급하려 한다.

▌ 파트너가 입회한 개인정신역동치료

과거에 대한 민감성이 병리적 상호작용에 결정타라는 사실을 깨닫게 됨으로써 따라오게 되는 하나의 논리적 결과는 여기-지금의 부부상호작용(부부치료 1.0)과 탐색 대신 민감성의 역사적 기원으로 상담의 초점이 옮겨진다는 것이다. 이 명백한 변형은 배우자의 입회 하에 개인상담을 하면서 커지는데 이는 정신역동적 접근을 하는 대부분의 부부상담가들에게는 흔한 일이다. 6장에서 등장한 조지와 샐리의 사례를 떠올려보면, 잠시 동안 한 사람이 앉아서 듣고 다른 한 사람에게 치료적 초점을 맞추었던 것을 기억할 것이다.

그처럼 상담의 초점이 부부의 상호작용에서 전이알러지의 역사적 뿌리로 옮겨지는 것은 어린시절의 양육자에 대한 이야기를 포함하기 때문에 부부상담가들은 이것을 "원가족 작업"이라고 부른다. 이런 포맷은 "배우자 입회 하의 개인정신역동심리치료"라고 부르는 편이 나을 것인데, 개인정신역동심리치료에서 쓸 수 있는 모든 개입방법을 다 적용할 수 있기 때문이다.

나는 TTEO 모델에서 하는 것 같이 단지 진행과정을 조금 진정시키기 위해 개인상담자로서 부부 중 한 사람과 작업하는 쪽을 선택한 것이 아니라, 이 심리치료적 작업을 어떻게 하는지를 알기 때문에 이 방식을 선택한 것이다. 그렇긴 하지만 때로는 탐색에 도움을 받을 수 있도록 상대배우자를 부르기도 하고, 어떤 정신역동이 있을 수 있겠는지를 나와 함께 생각해보기도 한다. 때때로 배우자들이 공동치료자로 도와주면서 상대방이 억압했거나 사소하게 여겼던 쓸모 있는 정보를 제공해주기도 한다.

부부상담을 할 때 첫 면담의 진단적 평가에서 기초적인 생애사적 정보를 모으는데 시간을 들이게 되면 그들이 가지고 있는 민감성이 어디에 놓여 있는지, 무엇이 이후의 탐색에 도움이 되겠는지에 대해 초기에 예측을 해볼 수 있게 된다. 때로 우리가 부부의 병리적 과정에 대해 이야기하고 있는 동안 그와 관련된 생애사적 자료들이 수면 위로 떠오르기도 한다. 그 자료들이 이런 방식으로 나타나게 될 때 생애사에서 일어났던 사건들은 현재의 문제와 더욱 강력하게 연결되고 그 뒤로 연이어서 민감성의 원인으로 여겨지게 된다.

어떤 부부상담자는 공식적인 가계도를 그려봄으로써 좀 더 체계적으로 생애사적 이슈들을 추적해보는 것이 아주 유용하다는 것을 알게 되었다고 했다(McGoldrick & Gerson, 1985; Wachtel & Wachtel, 1986). 내가 개인적으로 좋아하는 방식은 특정 CNI를 이야기하는 맥락에서 떠오르는 장면과 과거의 기억을 모아보는 것이다. 그렇게 하다 보면 전이의 공식에 대해 확신이 늘어간다는 장점

은 있으나 이것을 너무 시스템화하게 되면 겉핥기식으로 이루어져 중요한 것을 놓치게 되는 단점도 있다.[5]

📘 아주 오래전 사건에 대해 작업하기: 마이크와 신디의 사례

마이크와 신디의 사례를 다시 기억해보자. 마이크가 집에 돌아왔을 때 신디가 애완견 버티와 행복하게 놀고 있던 것에 대해 두 사람이 매우 다르게 반응하였었다. 이제 그 상담회기 후에 이어진 상담에 대해 이야기하려고 한다. 그 회기에서는 배우자가 입회하여 듣기만 하였고 마치 개인상담처럼 이루어졌다. 지지받지 못해서 생긴 과민성(a failed assistance allergy)에 대해 상담이 이루어졌다. 배우자가 과거에서 가져온 상처받은 일들을 떠올렸을 때 상대방은 그것이 오래 전에 지나간 일이라고 여기거나, 대충 용서하고 넘어가라거나, 또는 핵심을 비껴갔다고 생각한다. 그것을 어떻게 다루어야 할지에 대해 이 사례가 잘 보여주고 있다.

애완견 사건에서 마이크와 신디가 보여주었던 상이한 반응에 대해 우리가 이야기했던 것처럼, 기쁨을 나누고 싶어하는 신디의 바람이 좌절되었던 장면에서 내가 알게 된 것이 있었다. 그래서 신디에게 어릴 적에 무언가에 대해 엄청 들떠서 부모님에게 그걸 말했던 적이 있었는지를 물었다. 그녀는 부모님이 매우 기뻐해주던 그런 일이 있었는지 기억해내지는 못했지만 대신에 어머니가 신디의 어린시절 내내 머리를 짧게 해야 된다고 했던 것을 기억해냈다. 친구의 엄마들은 아이들이 머리를 길게 기를 수 있도록 했기 때문에 신디는 머리를 짧게 잘라야 한다는 것이 싫었다. 신디의 어머니는 머리를 기르지 못하게 했을 뿐 아니라 신디가 머리를 기르고 싶다고 울었을 때도 아주 냉담했다고 했다. 이것이 나중에 지지받지 못해서 생기는 민감성을 형성하게 되었다. 그 후에 신디가 우리에게 말하기를 지금은 머리를 기를 수 있어서 너무 좋고, 그것은 어머니가 결코 허락하지 않았던 강아지를 키우는 기쁨과 비슷하다고 했다. 이렇게 대화를 주고받으면서, 지독하게 근본주의적인 종교적 가족 안에서 즐거움을 꾹꾹 누르며 의견이 묵살되어 왔던 어느 소녀의 모습이 그려졌다.

신디는 옷에 대해서도 같은 패턴을 가지고 있었다고 했다. 그녀의 어머니는 예쁘고 세련된 옷을 허용하지 않았고, 신디는 상당한 즐거움을 주었던 옷장도 가질 수 없었다. 그 후에 그녀는 5년 전에 있었던 엄청나게 고통스러웠던 부부싸움을 기억해냈다. 그녀는 새 드레스를 사고 나서 마이크에게 그걸 너무나 보여주고 싶었지만 그녀가 열망했던 반응은 돌아오지 않았고 마이크는 가격이 얼마였는지 물어보면서 미적지근한 반응을 보인 것이다. 지금 생각해보아도 그의 반응은 아직도 그녀를 화나게 했다.

애완견 사건 때처럼, 마이크는 상담회기 중에 부당하게 공격받았다고 느꼈다. 마이크는 잘 이해가 가지 않아서 드레스 사건은 오래 전 일이고 어쨌건 큰 일이 아니었다고 신디에게 말했다. 그는 애완견은 말할 것도 없이 신디에게 아름다운 가정과 옷을 선사하기 위해 열심히 일했으니 말이다. 그녀가 계속 그를 비난하자 그는 시무룩해져서 입을 다물어버렸다.

드레스 사건은 오래 전에 지나갔지만 현재까지도 마이크가 공감이 부족한 것과 더불어서 나의 가설을 확신하는 데 더 많은 증거를 제공해주었다. 내가 생각했던 가설은 신디가 자신이 행복할 때 열정적으로 지지해주고 실망했을 때 공감을 해주기를 바라는 전이 욕구를 가지고 있을 것이라는 생각이었다. 두 사람 모두에게 가중된 과민성의 요소들이 명확해지기를 바라면서 내가 마이크에게 다음과 같이 말했다. "마이크, 내가 생각하기에 신디가 5년 전에 있었던 그 일에 대해서 아직까지 생각하고 있는 이유는 지금 신디가 말하려고 하는 것과 같은 것이기 때문입니다. 신디가 애완견 버티를 키우면서 얼마나 행복한지 당신이 알아주고 함께 기뻐해주기를 원하는 겁니다. 이 두 사건은 같은 속마음을 건드리고 있어요. 일부러 그런 것은 아니겠지만 당신은 신디의 CNI, 즉 당신에게 바랬던 강력하고 긍정적인 반응을 얻어내지 못한다는 절망감을 불러일으켰고 그건 신디가 어린시절에 부모님에게 거의 받지 못했던 것이었습니다.", "그것보다 더 나쁜 건, 지금 신디가 화를 내고 있는 이유는 당신이 왜 그녀를 실망시키는지를 당신이 전혀 이해하지 못한다는 절망감 때문이예요. 신디는 속상할 때 당신에게 손을 내밀어야 할 필요성 조차 거부당할까봐 걱정하고 있는 겁니다."

이렇게 장시간에 걸친 개입을 하면서 나는 마이크를 속히 구해내기 위해 다음과 같이 말했다. "물론 신디가 어린 시절에서 유래된 전이에 빠져있는 동안 당신도 충격적인 상태에 있었겠지요. 그녀가 애완견과 함께 있었던 그 장면이 신디가 아이들과 함께 있을 때 너무나 생기 있고 행복해 보였던 때처럼 자꾸 느껴져서 상처도 받았을 겁니다. 열심히 일하는 남편인 당신과 함께 있을 때는 그처럼 행복해보이지는 않았으니까요." 이 회기는 두 사람 모두에게 고통스럽게 맞물려 서로 강화되었던 전이를 성공적으로 다룰 수 있게 해주었다.

■ 현실의 촉발요인을 알아차리면서 시작하기

전이패턴에 대해 가설을 세운 후에 나는 그것을 부부과 함께 이야기한다. 내담자가 실제적으로 반응하고 있는 것을 확인하고 검증하는 것에서 시작하면 좋다. 마이크와 신디는 나와 함께 버티와 있었던 그 장면이 개인적으로 어떤 의미로 다가왔는지에 대한 이야기부터 시작했다. 그 장면은 강렬하고도 서로 다른 정서적 반응을 불러일으켰다. 그것이 그들이 나의 도움을 받아 탐색하였던 전이알러지와 욕구이다. 정신분석에서는 촉발자극의 실제성을 타당화하는 것이 얼마나 중요한지 Gill(1982)과 Kohut(1977, 1984)이 강조한 바 있으며, 부부상담에서도 그것이 시작하기에 가장 좋은 지점이다(Goldklank, 2009). 상담자가 부부 중 한쪽 편의 전이CNI를 해석할 때 상담자가 배우자의 과잉반응이나 오해 또한 확인해주기 때문에 다른 한 편은 그것이 타당하다고 느낄 것이다. 이런 이유에서 부부상담에서의 좋은 전이해석이란 "당신 둘 다 옳아요"의 개입이 되는 경향이 있다.

■ 전이를 수치심이 아닌 받아들일만한 것으로 만들기

소원전이와 공포전이를 해석할 때, "당신은 이러저러한 것들을 느끼지 못하는 척 했지만 실은 다 알고 있었군요!"라는 식으로 비판조로 이야기하는 것을 우리는 선호하지 않는다. 그보다는, 다음과 같이 말하면서 내담자가 이전에는 그럴듯한 이유로 피하면서 받아들여지지 않았거나 인정받지 못했던 것을 자기 자신의 정당한 부분으로 경험할 수 있도록 도와주고 싶다. "당신은 성적인 감정이 느껴질 때 스스로를 가혹하게 몰아붙이는 것 같아요", "보살핌을 받고 싶다는 소원을 가진다면 뭔가 끔찍한 일이 일어날 것이라고 생각하는 것 같아요", "내가 보기엔 당신이 어머니에게 화가 난 것 같은데요, 당신은 그걸 느낀다는 것만으로도 끔찍하다고 여기고 있는 것 같습니다"(Wachtel & Wachtel, 1986, pp. 125-126에서 발췌한 예시임).

■ 입회해 있는 배우자를 통해 교정적 체험하기

부부상담의 형태 안에서 개인적 작업을 하는 것은 배우자가 탐색의 목격자가 되고 자신이 결혼한 사람에 대해 더욱 잘 알 수 있게 된다는 중요한 장점이 있다. 부부 간의 손상된 연대감을 치유하는 하나의 방법으로서 더 큰 연민과 친밀감을 갖게 하는 것이 가치가 있음을 이전에도 논의한 바 있다. 우리는 이제 전이의 렌즈를 통해 부정적인 전이 기대를 교정하는 기회로 부부상담을 바라볼 수 있게 되었다.

서로 맞물려있는 전이의 순환고리에서는 서로가 최악의 두려움을 확인하는 경향이 있다. 그러나 일이 잘 되어갈 때는 정반대로 된다. 정신분석에서와 같이, 전이의 요구가 표현될 때 또는 "시험받을 때" 부부상담에서 일어나는 가장 예외적인 순간은 아마도 배우자가 두려움으로 반응하지 않고 공감적이고 애정어린 염려로 반응하는 때일 것이다. 이러한 과정은 Greenberg와 Goldman(2008)의 연구결과와도 부합하는 것으로서, 부적응적인 정서적 (전이) 패턴을 바꾼다는 것은 단지 고통스러운 감정을 발견해내는 것이 아니라 "한 가지 감정을 다른 감정으로 교체하는 것"이다. 부부상담에서 그러한 교정적 정서체험의 순간은 두 사람을 매우 친밀하게 만들어주었고 서로 친밀감을 느꼈던 그와 비슷한 에피소드를 상기시킬 수 있었다. 두 사람은 위험을 무릅쓰고 가장 깊은 두려움과 욕구를 공유하고자 하며 이것이 낭만적 사랑의 핵심적 경험이다(Goldbart & Wallin, 1994; Kernberg, 2011). 이와 같이, 친밀감의 순간은 두 사람의 파탄난 관계를 끈끈하게 다시 회복시켜 주고 둘의 사랑을 일깨우는 데 필요한 연료를 제공해준다.

■ 기대불일치에 대한 도전

만일 배우자가 순화되지 못하고 부정적인 기대를 계속 고집하면 우리는 어떻게 해야 될까? 전이심리학이 부부상담자와 개인상담자 모두에게 가치 있는 것이긴 하지만 개인상담에서는 나타나지 않는 중요하고도 복잡한 문제가 부부상담에서 나타날 때가 있다. 정신분석 또는 정신분석적 개인정신치료에서 상담자는 매우 공감적이긴 하나 내담자와 서로 모르는 사이이기 때문에 내담자가 실제 삶에서 내리는 의사결정에 미치는 영향이 미미하다. 따라서 내담자의 부정적 전이기대를 바꾸어주는 정서적 교정수단을 제공하기가 비교적 수월함을 알 수 있다 (Greenson, 1967; Strachey, 1934; Weiss & Sampson, 1986). 그러나 맞물려있는 전이가 나타나는 부부상담에서는 심지어 상담실에서조차 배우자가 CNI의 악몽을 확고히 드러내는 것을 더 많이 볼 수 있다.

자신의 부정적 전이가 비현실적이고 선택적이고 때로 과장되었다는 것을 깨닫게 하는 것이 부부상담의 예술적 경지라고 할 수 있으며 어려움 또한 거기에 있다. 그러한 전이를 반복적으로 경험하다 보니 미래의 시나리오를 정확히 예견할 수 있는 것이다. 기대불일치에 대해서는 개인상담보다 부부상담에서 더 많은 노력을 기울여야 한다. (a) 화자의 걱정거리에 대해 더욱 공감해주되 확신을 주지는 않도록 재구조화하고 (b) 청자가 전이를 확인하려고 하는 반응을 하는 것에 대해 심술을 부리는 것이 아니라 이해하려고 하는 것으로 재구조화해야 하며(프레드는 베스의 고통에 관심이 없었기 때문이 아니라 그것에 압도당할까 두려워서 물러나 앉은 것이다) (c) 그 장면을 다르게 재생하는 것을 망설이지 않도록 두 사람을 도와주어야 한다(프레드에게 자기개방을 하면 편안해질 것이라는 점을 믿도록 베스를 격려하고 프레드에게는 부인이 화가 나서 울고 있을 때라도 거기에 머물러 있도록 도전을 주어야 한다).

■ 기대불일치에 대해 청자(listeners)와 함께 작업하기

배우자가 공감적이지 못하거나 듣는 능력이 없다는 것이 드러났을 때는 화자인 배우자가 염려하고 있는 것에 대해 청자가 상대를 더 공감하고 자극하지 않도록 재구조화 또는 재진술하는 것이 첫 번째로 해야 될 일이다. 이런 노력이 실패로 돌아간다면, 청자인 배우자가 왜 그것을 할 수 없는지에 대해 있을 수 있는 역동적 이유를 이야기하는 것으로 넘어가게 된다. 청자인 배우자가 하는 공감 없는 반응이 불가피한 것이 아니었다는 것을 명확히 하려는 것이 아니라, 그 사람의 심리와 성장배경에서 흘러나온 반응이었다는 것을 명확히 하고 싶은 것이다. 청자인 배우자가 가지고 있는 이러한 문제에 대해 이전에는 한번도 부드럽게 다루어준 적이 없었다는 것을 말했기 때문에 나는 그의 전이와 관련된 그 어떠한 제안도 하지 않도록 거기서 멈추곤 한다.

확인의 두려움. 청자인 배우자는 때때로 감정이 없는 듯이 앉아 있을 수 있다. 역설적이게도, 타인이 경험한 고통스러운 일에 대해 듣고 있으면 자신의 삶에서도 일어났던 그와 비슷했던 일이 떠올라 자신에게도 전이가 일어날까 하는 염려 때문이다. 부부 중 한 사람이 더 하느냐 덜 하느냐의 차이가 있을 뿐, 매우 비슷한 이슈와 과민성을 가지고 있는 것은 자주 볼 수 있는 일이다. 한 쪽 배우자에게서 그것이 확실하게 드러나도록 하면 다른 한쪽의 배우자가 그에 대해 스트레스를 받고 따라서 방어적으로 거리를 두려 할지도 모른다. 그러나 만일 이렇게 거리를 두려고 하는 모습을 통해 배우자가 보여주는 마음 깊은 곳에 다다를 수 있다면 "내게도 그런 곳이 있다"는 것을 학습하게 되면서 두 사람 사이에는 깊은 연결감이 경험될 수 있을 것이다.

정서적 무능감에 대한 전이공포. 청자인 배우자들의 상당수가 상대방이 말하는 것을 정서적으로 온전히 받아들이고 돌보아야 한다는 책임감에 압도될까봐 두려움을 갖는다. 이것은 프레드에게도 그랬다. 그는 우울한 어머니에 대해 마음이 안 좋았고(아버지가 없었기 때문에 둘다 고통을 받았다), 더 나아지게끔 할 수 있는 것이 없다는 것을 깨닫게 되었을 때 죄책감과 부적절감을 느꼈던 것이다. 이것은 거의 대부분 잘못된 전이 신념으로 해석될 있다. 왜냐하면 우리 내담자들은 어렸을 때보다 성인이 된 지금 훨씬 더 많이 도움과 위로를 줄 수 있기 때문이다.

부당한 요구에 대한 공포전이. 만일 청자인 배우자가 한때 "부모화된 아이" 또는 "잘난 형제" 또는 가정환경 때문에 또다른 방식으로 지나치고 부당하게 짐을 지고 있던 아이였다면 부정적인 감정과 무관심도 더욱 더 강해졌을 것이다. 이 내담자들은 공평해 보이는 것 이상의 것을 요구받는 것에 대해 정서적인 과민성을 가지고 있다.

■ "나는 당신의 엄마가 아니야"라는 반응을 막기

배우자가 특정 영역에 대해 예민하다는 것을 일단 알게 되면, 상대방은 이 점을 이용하려고 할지도 모른다. "내가 요금을 내지 않을까봐 걱정 그만해요. 난 당신 엄마가 아니라구요!"라고 말함으로써 이 말을 하기 바로 직전에 있었던 불평이 무책임했던 부모 밑에서 컸던 경험 때문에 무효가 되어버린 것이다. "당신이 어렸을 때 아버지가 직장을 잃었기 때문에 가난을 끔찍하게 여긴다는 것을 이제 우리가 알았잖아요. 그러니까 지금 내가 사고 싶은 플라즈마TV를 못살 이유가 없는 것 아니겠어요?" 배우자의 신경증적 공포를 들추어냄으로써 정서적 상처를 덜 받고 자란 상대방이 무제한적인 권한을 행사하도록 해서는 안된다는 것이다.[6]

■ "나 이런 사람이라는 것 당신이 알잖아!"라는 반응을 막기

위의 예시와는 반대로, 상담회기 중에 특정 영역에서 왜 예민한지가 밝혀진 배우자는 그게 건드려질 때마다 다음과 같이 상대방이 그 영역에 대해 무심하고 무정하다고 의례히 말하기 쉽다. "내가 삼촌한테 성적학대를 당했다는 것 당신도 알잖아요. 몇 달에 한번 정도 부부관계를 하는 것이 당신이 기대할 수 있는 전부라고 생각해요." 전이의 의미와 예민성을 밝히는 주된 목적은 배우자의 연민을 높이는 데 있는 것이지, 전이알러지를 가지고 있는 사람이 두손두발 다 들고 항복하게 만드는 것이 아니다. 이상적으로는 새롭게 통찰을 얻은 배우자가 자신부터 예민함을 줄여서 상대방에게 영향을 덜 미치도록 노력하게 된다.

■ 공동의 문제를 해결하도록 격려하기

전이알러지와 전이욕구를 인식하고서 이야기를 끝내는 것이 아니라 다음에 무엇을 할 것인지에 대해 질문을 해야 한다. 부부가 가지고 있는 상처, 과민성, 잠재적 욕구에 대해 지금 알게 된 지식들을 갈등을 해결하는 데 공정하게 활용하도록 도전을 주는 것이다. 정신분석학(Schlessinger & Robbins, 1983)과 부부상담(Seedall & Wampler, 2013)의 후대의 연구에서 밝혀진 바와 같이, 상담을 한다고 해서 내담자들의 뿌리 깊은 패턴이 사라지지는 않는다. 오히려 일단 인식이 되고 나면 변이를 일으키기가 더 쉽다. 이에 대해 Seedall과 Wampler가 다음과 같이 상담자가 어떻게 해야 되는지에 대해 요약해 놓았다.

상담자는 내담자가 오랫동안 가지고 살아온 애착모델을 근본적으로 바꾸려 애쓰지 말고, 내담자가 지금 현재의 관계에서 안정적으로 상호작용을 할 수 있도록 작업해야 한다. (a) 관계에서 예상되는 가설과 자동적 반응을 잘 인식하게 하고 (b) 배우자의 고통에 더 의식적으로 반응하게 하고 (c) 자기 자신의 고통에 대해서 신호를 알아차리고 보다 적절하게 욕구를 표현하게 한다(p. 434).

■ 애도와 적응을 위해 작업하기

내담자가 다음과 같이 물었을 때 상담자는 뭐라고 답해야 할까? "좋아요. 베스가 왜 그렇게 비판에 예민한지, 부모님이 베스를 키운 방식 때문이라는 걸 이제 알겠어요. 그런데 왜 그걸 내가 해결해야 하는 거죠? 좀 부당하지 않나요?" 이에 대한 나의 대답은 "맞아요. 당신이 해결해야 합니다. 그리고 동시에 당신이 해결할 일이 아닙니다"이다. 당신의 배우자가 가지고 있는 정서적 취약점과 예민성을 아는 것은 무척 적응적이고 온당한 것이라고 말하고 싶다. 만일 친구가 어깨를 다쳤는데 인사할 때 어깨를 치는 사람이 있겠는가. 앞으로 나아가는 유일한 방법은 부부에게 다음과 같이 묻는 것이다. "이에 대해 당신은 무엇을 할건가요? 이 문제를 어떻게 안고 갈 것입니까?" 배우자의 취약성에 적응하라고 하는 이 훈계는 우리 모두가 가지고 있는 무의식적 전이기대를 고려하려는 노력이다. 우리의 배우자가 함께 잘 살아가는데 흠이 없고 우리를 잘 보살펴줄 것이라는 기대 말이다.

그리고 나서 나는 당신의 배우자가 휠체어를 타야 한다면 어떻게 반응할 것인지를 묻는다. 신체적인 장애와 정서적인 장애에 차이가 있을까? 장애를 가지고 있는 사람에게 얼마나 많은 책임을 기대할 수 있을까? 장애를 가지고 있는 사람은 자신의 배우자에게 얼마나 많은 도움과 지원을 기대할 수 있을까?

궁극적으로 도움이 되는 것은 상대방에게(물론 두 사람 모두) 사마귀와 흉터가 있다는 것을 받아들이고 그들 자신을 위해서 이 상황을 어떻게 다룰 것인지를 알아내야 한다. 이런 이야기는 잘만 진행된다면 부부를 더욱 강하게 만들 수 있다. 서로가 서로에 대해 결혼할 때 "마음 속에 품었던 모든 것"이 아니라는 것을 받아들이기 때문이다. 이에 대해 애도와 적응이 필요하게 된다.

◼ 상담자에 대한 전이

부부상담에 온 내담자들도 개인상담이나 정신분석에 오는 내담자들과 마찬가지로 상담자에 대해서 두려움, 가정, 욕구의 전이를 일으킨다. 이것은 복잡하고 중요한 주제이다. 정신분석적 지향성을 가진 개인상담의 표준적 논의사항과 중복되는 것이기 때문이다(Basch, 1988; Greenson, 1967; Malan, 1979; Summers, 1999). 여기서는 부부 간의 작업에 대해서만 이야기하도록 하겠다.

첫 번째로, 내담자가 상담자를 이상화하도록 허용하는 것이 일정부분 상담에 도움이 된다. 허용한다는 것은 Frued의 용어로 "대상화할 수 없는 긍정적 전이(an unobjectionable positive transference)"라고도 하며, 자아심리학의 용어로는 "자기대상 전이의 이상화(an idealizing selfobject transference)"라고 하는 것이며 상담자를 전문가, 희망, 구원자의 근원으로 보도록 하는 것을 말한다. 상담 초기에 나는 내가 가지고 있는 자격관련사항에 대해 말해주고 이상화전이가 일어나는 것을 방해하지 않으려 노력한다. 바라건대 나의 내담자들이 바라는 것들 중 다는 아니겠지만 부분적으로라도 내가 해줄 수 있는 것이 있을 것이다.

그와 동시에, 그들의 배우자보다도 나를 더 이상화하지 않도록 노력한다. 이에 대한 위험을 인식하고 적절할 때 개인적 겸손함을 상담에 녹여냄으로써 그렇게 할 수 있다.

적당한 이상화와 더불어, 내담자들이 너무 많은 상처를 받기 전에 초기에 일어나는 부정적 전이를 다루려고 노력한다. 나에 대한 부정적 전이는 종종 중립성이 부족했거나 또는 지나친 비판 때문에 일어난다. 이런 것들이 치료동맹과 상담 그 자체를 위험에 빠뜨릴 수 있기 때문에 나는 이에 대해 이야기하는 것을 환영한다. 최선을 다해 내담자가 성장과정에서 경험한 것과 현재 느끼는 두려움을 연결시켜서 나에 대한 전이가 배우자에 대한 전이와 어떻게 닮아있는지를 보여주고 이렇게 얻은 지식이 내담자를 도와주는데 생산적으로 활용될 수 있도록 한다.

■ 역전이

내담자가 가지고 있는 전이에 대해 알아보려고 할 때, 나 자신에게서 역전이가 일어나지 않는지 감시하는 것이 필수적이다. 역전이는 보완적 역할기대에 대한 추측을 자극하기 때문이다(Catherall, 1992; Racker, 1968; Tansey & Burke, 1989). 이전에 언급했던 것처럼, 각각의 배우자와 결혼했더라면 어땠을까 생각해 보고, 나 자신도 내담자가 이야기한 것과 동일한 좌절과 실망을 경험했을까 궁금해하면서 속으로 혼자 생각하며 실험을 해보는 것이다. 나라도 같은 문제를 경험할 것 같다고 생각된다면 주의를 기울일만한 가치가 있다는 확신을 더 가질 수 있다. 만일 아직 언급되지 않은 다른 문제가 보인다면, 나는 왜 그 배우자가 현실에 안주하고 계속 참으려 하는지 궁금해진다. 또는 만일 언급된 문제에 대해 나라면 별로 신경쓰지 않을 것 같다고 느껴진다면 불평불만이 많은 배우자가 과민반응을 보이는 것이 아닌가하고 여기게 된다. 물론 이 모든 생각들은 나 자신이 가지고 있는 개인적인 편견, 정서적 과민성, 그리고 현재의 근심걱정에 대해 내가 얼마만큼 알고 있느냐에 달려있다.

내담자에 대해 부정적 역전이를 가지고 있을 때 상담자들이 내적으로 이에 대해 작업하는 것이 특히 중요하다. 때때로 이것은 순전히 개인적인 것일 수도 있다. 사실상 그것은 역전이라기보다는 우리 자신의 전이라고 하는 편이 낫다. 과거에 우리를 혼란스럽게 했던 사람들과 닮은 점을 우리 내담자들이 보여주었을 뿐인 것이다. 자기자신에 대한 지식이 있어야 현재 보고 있는 내담자 부부에게 느끼는 불편감에 대해 어느 만큼이 자신 때문인지를 알 수가 있다. 주변 사람들이 당신의 내담자에게 어떻게 반응하는지를 알려주기 때문에 나는 이것을 "유용한 역전이"라고 부른다. 특히 내담자가 반발하는 것을 알게 되었을 때, 상담자는 먼저 내담자가 자신의 입장이나 요구를 충분히 대변하지 못하고 있을 가능성을 먼저 고려해야 한다. 이렇게 할 수 있다면, 반발하는 내담자의 걱정에 대해 재구조화하고 드러내고 일관성 있게 말하는 개입방법이 도움이 될 것이다. 덧붙이자면, 당신이 비호감이라고 생각했던 내담자의 편을 우선적으로 들어주는 것에 어떤 이득이 있는지에 대해 2장에서 이야기했던 것을 다시 읽어보고 싶을지도 모르겠다.

또 다른 방법은 특정 행동, 즉 약속을 반복적으로 어기는 것 등의 행동에 대해 상담자 자신도 스트레스를 받을 것 같다는 의견을 나누는 것이다. 이런 식으로 내담자를 직면시키는 것은 "청자가 보는 제3의 관점(other listening per-spective)"에서 진화한 것으로서 내담자의 눈으로 세상을 보려는 공감적 시도와는 대조적인 것이다. 이렇게 하는 것은 상담자가 부적응적 행동에 대해 직접적인 대화를 시도하는 것을 두려워하지 않는다는 것을 명확히 보여주는 것이며 그 행동 때문에 힘들다고 하는 배우자의 편에 잠깐 설 수 있게 해준다. 여기에는 타이밍과 재치가 매우 중요하다. Ringstrom(2014)이 지적한 바와 같이, "내담자를 응석받이로 만들지 않고 상호인식을 통해 관계성의 역량을 키워주려면 그런 국면에서 빠져나가야(p. 58)" 된다. 그러한 개입이 사려깊고 민감하게 이루어질 때 혼란을 주는 행동 뒤에 숨겨진 동기를 탐색하도록 내담자를 이끌 수 있다.

■ 겸손함을 드러내기

나는 젊었을 때보다 지금 더 많이 개인적인 경험을 내담자와 나눌 수 있는 것 같다. 그렇게 하는 것이 역효과를 내거나 문제로 이어질 가능성이 항상 존재하긴 하지만 (말하자면 전문성에 대한 이상화나 나에 대한 신뢰감이 훼손될 수 있으므로), 자기노출은 삶의 힘겨운 도전에 맞닥뜨려졌을 때 겸손함을 전달할 수 있게 한다.

역효과를 내는 방식이기 때문에 내담자부부에게 하지 말라고 제안했던 방식대로 나도 그렇게 행동하기도 했고 길을 잃기도 했었다는 것을 먼저 고백한다. 나의 결점을 인정함으로써 내담자가 가지고 있는 결혼생활에 대한 신념, 즉 결혼생활은 어렵지 않다거나 그러한 기대가 전이되는 것을 흔들어 놓을 수 있다. 영화에서 묘사되는 것처럼 말이다. 나는 내가 내담자들에게 가르친 것을 나의 인생에도 적용하고 있다는 것을 내담자에게 알려주고 싶다. "거기에 가 본" 사람의 입장을 취하면서 성숙하게 행동한다는 것은 정서적으로 도전이 되고 보다 자유롭게 말할 수 있게 한다. 자기노출을 적당하게 할 수 있다면 작업동맹을 견고하게 만들 수 있다. 변화란 쉽지 않고, 관계에서 성공하려면 노력을 해야 한다는 것을 팀의 구성원들이 수치심 없이 받아들이면서 서로 결속을 다지게 해주기 때문이다.

다음 장에서는 이 장에서 이야기한 투사적 동일시, 즉 배우자에 대한 전이에서 시작되는 방어기제에 대한 아이디어를 발전시켜보도록 하겠다.

8장 NOTES

1) 형제자매 전이는 부부상담에서는 종종 간과되는 경우가 많다. 그러나 가까운 연령대 끼리 결혼하는 경우가 많기 때문에 서로가 형제자매 간의 과거문제를 상기시키는 역할을 하기가 쉽다. 잘 들여다보면 부모의 편애나 형제자매의 학대에 대한 해묵은 분노의 신호로서 형제자매 전이가 남편과 아내에게 나타나는 것을 발견할 수 있다.

2) 정신분석에서는 구조화된 기대, 욕구, 타인과 세상에 대한 지도의 개념을 전이로 풀어낸다. 인접학문인 EFT에서는 "작동모델" 또는 "도식"으로, 행동적 부부치료에서는 "주제"로(Dimidjian, Martell, & Christensen, 2008), PREP에서는 "필터"로 (Markman, Stanley, & Blumberg, 2001), 그리고 심리학의 여타 영역에서는 그것을 "귀인", "기대", "지각", "도식"으로 설명한다(Durtschi, Fincham, Cui et al., 2011). 정신분석학에서는 마음의 상태(Horowitz, 1979), RIGS(일반화된 상호 작용의 대표성; Stern, 1985), 핵심갈등관계주제(Luborsky, 1990), "조직화된 패턴", "기대"로 기술하기도 한다(Lichtenberg, Lachmann, & Fosshage, 2011).

3) 점점 견고해지는 부정적 전이의 파괴적이고 저절로 반복되는 영향력에 대해서는 비정신분석학의 연구자들, 즉 Markman, Stanley, and Blumberg(2001)도 주목한 바 있으며 단지 용어를 "부정적 해석"이라고 다르게 불렀을 뿐이다. 이를 Gottman(2011)은 "부정적인 정서적 초과(negative sentiment override)"라고 불렀다. 이상화에서 극단적 부정화(impervious negativity)로 이동하는 것에 대한 논의와 연구를 더 공부하려면 Niehuis와 그의 동료들(2011)의 저작에서 검토한 논문들 특히 Neff와 Karney(e.g., 2004)의 논문을 참고하기 바란다.

4) 이렇게 부부의 공포전이와 방어적 반응은 서로 간에 유지되고 맞물려 있다. 이것을 Graller와 그의 동료들 (2001)은 "결혼 신경증(marital neurosis)"이라고 불렀고, Berkowitz(1999)는 "자기방어의 상호 영향력(mutual influences of self-protection)"이라고 불렀고, Scharff와 Scharff (2008)는 "상호 투사와 투사적 동일시(mutual projective and introjective identifications)"라고 불렀고, Wile(1981)은 "맞물려 있는 예민성(interlocking sensitivities)"이라고 불렀다. 이는 Scheinkman과 Fishbane(2004)이 말한 "취약성의 순환고리(vulnerability cycle)"와 Wachtel(1986, 2014)이 말한 "순환적인 정신역동(cyclical psychodynamics)"이 작동하는 핵심적인 개념이다.

5) 나는 최근에 이에 대한 내 입장을 다시 생각해보게 되었다. 체계적인 과거의 자료를 모으는 데 있어 가장 중요한 방해물이 되는 것은 일반적으로 내담자가 더 긴급한 문제를 다루기 위해 너무 서두른다는 것이다. 그러나 Wachtel과 Wachtel (1986)이 확신을 가지고 주장한 바와 같이, 상담자가 조부모, 형제자매, 이모와 삼촌들에 대해 물어보지 않으면 대부분의 내담자들은 이 사람들에 대한 정보가 부부와 관련이 있다고 여기지 않을 것이다. 게다가 가계도를 그려보는 것은 내담자가 과거에서 무엇인가를 찾아내는 것에 적극성을 갖게 하고 그들의 부모에 대해 더 연민을 가지고 볼 수 있게 되어 어린시절에 대한 추측을 느슨하게 해준다. 결과적으로 과거에 대한 작업은 가족 구성원들이 다같이 모이는 회기에서 도움이 된다(Framo,

1976). 가족 구성원은 가족체계 문제의 부분이기 때문에 내가 이렇게 하는 것은 비교적 드문 일이지만 가족 합동 회기를 하면 거의 보편적으로 도움이 된다는 것이 증명된 바 있다.

6) 이러한 예민성을 받아들이고 그들이 인식하고 있는 것을 뒷받침하도록 훈련받은 상담자는 때로 내담자의 배우자에게 그러한 통찰력을 오용하게 되는 최악의 위반을 하게 될 수도 있으니 조심하여야 한다.

09 투사적 동일시에 초점 맞추기

정신분석적 조망으로 부부갈등과 결혼생활의 불행을 살펴보는 또 다른 방법은 투사적 동일시(projective identification)[1]의 렌즈를 통해 들여다보는 것이다. 투사적 동일시는 한때 심각한 성격장애를 가지고 있는 사람들에게서만 일어나는 것으로 생각되었으나 비교적 건강한 사람들에게서도 쉽게 관찰된다. 곧 보게 되는 것처럼, 투사적 동일시의 이론은 개인 내적 심리와 대인 간 심리과정 사이의 갭에 다리를 놓아주기 때문에 설득력이 있다.

■ 대인관계적 방어기제로서의 투사적 동일시

투사적 동일시(Projective Identification: PI)는 대인관계적 방어기제의 한 유형으로서, 타인을 이용하여 마음 속의 고통스러운 내적 상태를 견딜 수 있게 도와주는 것이다. 이러한 방식으로 타인을 이용하지 않는 억압처럼 전적인 개인 내적 방어와는 대조되는 것이다. PI의 일반적인 형태는 "새 차를 사고 싶지만 돈을 아껴야 해"와 같은 개인 내적 갈등이 "나는 새 차를 사고 싶지만 아내는 돈을 아낀다"와 같이 두 사람 간의 논쟁으로 대인관계화되어 나타난다. 어떤 이슈에 대해서 갈등이 일어날 때 사람들은 때로 이러한 복잡함을 스스로 숨기면서 타인과 논쟁을 벌임으로써 쉬운 길로 가려고 한다. 자신이 가지고 있는 갈등의 진실과 의심의 구체적인 사항을 어렴풋하게나마 알고 있을 때는 자기가 가지고 있는 딜레마에 하나의 목소리를 내는 것이 어려워지기 때문에 투사적 동일시가 일어난다.

투사적 동일시의 또 다른 일반적인 형태는 혼란스러운 자기평가가 드러나는 것이다. "내가 필요한 게 너무 많아서 걱정이다"가 "내가 마땅히 받을 만한 것을 그는 주지 않을 것이다"로 된다. 사람의 선량함이나 사랑스러움에 대한 논쟁은 종종 대인관계로 진행된다; 어떤 내담자가 말하기를 "나 자신을 스스로 미워할 때보다 남편이 나를 미워할 때가 더 나은 것 같다(Scarf, 1987, p. 180)"고 하였다. 이러한 상황에서, 투사를 하는 사람은 자기 자신에 대해 복잡하거나 갈등이 있거나 또는 "충분히 괜찮은" 사람이라는 관점을 유지하지 못하며 그 대신에 모든 것을 극과 극의 관점인 흑백논리나 양자택일의 맥락으로 보게 된다. 이런 관점에서 보면 서로 적대관계에 있는 부부들은 불완전한 사람의 수치스러움을 외현화시킴으로써 받아들일 수밖에 없도록 강요하고 그것을 뜨거운 감자처럼 서로 던지면서 주고받는다.

가장 흔하게 분리해 내려고(투사하는) 하는 것은 부정적인 성격특성 같은 것이지만 사람을 불안하게 만드는 존경할 만한 자질도 투사가 된다("그는 우리 결혼생활에 있어서만큼은 똑똑한 사람이야"). 그렇게 함으로써 무의식적인 심리적 이득을 취할 수 있다("그가 똑똑하니까 나는 내 자신에게 너무 큰 기대를 할 필요는 없어").

■ 무의식적으로 작동하는 시나리오로서의 투사적 동일시

대부분의 심층심리학에서는 사람들이 과거의 경험과 현재의 필요에 근거하여 무의식적으로 타인을 잘못 인식할 뿐 아니라 그러한 경험과 요구에 근거한 특정 역할관계를 실현하거나 실제 벌어지도록 무의식적 시도를 한다고 하였다(Sandler, 1987; Stern, 1994). 이를 달성하기 위해 실제의 삶에서 벌어지는 극적인 창작물 안으로 타인을 초대하여 역할을 하도록 유도한다. 속으로 걱정하고 있는 것을 아이들은 놀이를 통해 상연하고 어른들은 성생활을 통해 구현한다고 알려져 있지만, 어른들도 매우 위장된 방식으로 일상적인 교류의 과정에서 놀이를 통해 마음속의 걱정을 드러낸다는 것은 잘 알려져 있지 않다. 투사적 동일시의 개념은 이렇게 타인을 자신이 짜놓은 대본의 부분으로 행동하게 하는 현상을 이해할 수 있게 도와줄 것이다. 예를 들어, 무기력한 아가씨는 근심에 싸여서 어떤 기사가 빛나는 갑옷을 입고 자신을 구하러 올 것인지 따져보고 있다는 것이다.

투사적 동일시를 구성하는 단계적 요소

투사적 동일시는 이론적으로는 두 가지 단계로 분리되지만 두 단계가 동시적으로 시작되는 경우가 많다. 첫 번째 단계에서는 (1) 자신이 받아들일 수 없는 부분을 밖으로 던져버리고자 하는 개인 내적 투사(전이)가 일어나고 (2) 그러한 투사가 배우자(투사적 동일시의 대상)로 하여금 유도자의 투사와 일관적으로 행동하도록 만든다. 이 다음 단계에서는 한쪽 또는 양쪽 배우자 모두 무엇이 투사되었는지 "알게될 것"이고 그에 따라 행동하게 된다.

이 단계를 잘 설명하기 위해 다음의 예시를 들겠다. 자신의 어떤 한 부분이 불편한 (말하자면 사회불안 같은 것) 한 여성이 있었다. 다소 비현실적이긴 하지만 그녀는 먼저 이러한 점이 남편에게 있다고 보게 된다("그 사람은 밖에 나가 사람들과 만나는 걸 정말 싫어해요"). 이렇게 해야 문제를 자신의 외부에 놓아둘 수 있고 자존감이 유지된다. 또한 우월감을 느낄 수 있으므로 자아가 팽창되고 다가올 사회적 모임으로부터 도망갈 수도 있게 해준다. 이 단계는 그녀가 무의식적 방어기제로 전이를 활용한 것이다.

투사적 동일시의 과정은 전이(왜곡된 지각)를 넘어 그 다음 단계로 이동한다. 전이의 대상은 받아들일 수 없는 자신의 한 부분으로 잘못 지각될 뿐 아니라 실제적으로 그에 따라 느끼고 행동하게 된다. 그렇게 하도록 전이유발자로부터 압력을 받기 때문이다. 따라서, 당신은 사회적으로 불안이 많은 사람이라고 반복적으로 들어왔던 남편은 자기 스스로도 의구심을 가지기 시작하고, 이러한 불확실성을 가지게 되면서 실제로도 사회적으로 불안하고 긴장된 행동을 보이기도 한다.

큰 대가를 치르는 방어기제로서의 투사적 동일시

배우자에게 양극화된 역할을 강요함으로써 투사적 동일시는 부부의 친밀감, 문제해결, 안녕감을 크게 방해할 수 있다. 게다가 전이대상이 가까이 있는 한, 우리의 내담자들은 문제가 있는 상태에 놓이게 되면서 투사된 감정이 부메랑처럼 되돌아오는 위험에 직면하게 된다. 분노와 적의를 배우자에게 자리잡게 한 사람은 늘 보초의 역할을 해야 할 것이다. 분노를 불러일으키는 사람은 배우자를 "화내는 사람"으로 상상만 하는 것이 아니라 더 나쁜 모양새로 있게 한다. 마음 속의 두려운 상태를 타인에게 전가함으로써 "원격조종"하려는 시도는 위험한 것이다. 잠시잠깐 성공할 수 있는 때라도 평가절하되고 임무에서 밀려난 모습으로 투사된 배우자를 그들 자신이 짊어지게 될 수밖에 없다.

■ 투사적 동일시는 현실이 되어가는 두려운 상황을 설명한다

상담자는 예상되는 부정적인 결과에 대해 부부가 단지 신경질적으로(비현실적으로) 두려워하거나 불평을 하는 것이 아니라 그것을 이끌어낸다는 것을 종종 관찰할 수 있다. 우리는 서로 맞물려 있는 전이의 개념에 대해 이야기할 때 이것을 접했고, 각각의 배우자가 가지고 있는 두려움과 방어가 어떻게 상대방의 두려움과 방어로 인해 악화되고 부적응적인 대처로 서로의 화에 불을 붙일 수 있는지를 보았다. 투사적 동일시는 이러한 현상에 대해 추가적인 설명을 제공한다. 서로 맞물려있는 전이와 마찬가지로 내담자가 겉보기에 불쾌한 결과를 이끌어내는 식으로 방어하지만 투사적 동일시가 작동할 때는 그 과정에 힘을 실어주는 무의식적인 심리적 이득이 추가로 존재한다. 예를 들어서, 위에서 묘사되었던 부인은 남편이 사회적으로 서툴다고 불평을 한 것이지만 그 남편은 그런 식으로 행동하는 데 일조하였고 그로부터 유발된 장애에서 무의식적으로 이익을 얻은 것이다.

■ 투사적 동일시는 순화(soften)되지 못하는 것을 설명한다

배우자가 취약성을 드러낼 때 어떤 내담자는 순화된 반응을 하지 못한다. 투사적 동일시는 그에 대한 대안적 설명을 제공해준다. 이전에 투사적 동일시를 유발시킨 바로 그 힘이 공감에 실패하게끔 한다. 투사를 하는 사람은 처음부터 감정을 담아놓을 능력이 없어서 그것을 배우자에게서 찾기 때문에, 배우자가 소통을 하면서 그것을 자신에게 되돌려주는 것을 기꺼이 받아들이지 못하는 모습을 볼 때 우리는 놀랄 필요가 없다.

■ 대상자(recipient)의 담아주기(containment)

다른 모든 방어기제와 마찬가지로 투사적 동일시는 사람들이 자기자신이나 자신의 세계에 대한 느낌이나 생각의 방식을 받아들일 수 없거나 "담아"둘 수 없을 때 무의식적으로 발동되는 것이다. "상관을 안하는 사람은 당신이잖아"와 같이 투사 또는 유도된 감정을 표현하거나 사적인 설명을 할 때 투사적 동일시의 대상자가 어떻게 그것을 다루는지를 알아차림으로써 우리는 그 후에 일어나는 사건들을 분류할 수가 있다. Bion(1962) 이후, 정신분석학자들은 만일 대상이 되는 상담자가 내담자의 투사를 "담아줄" 수 있다면 그것을 "소화시켜서" 투사를 하는 내담자에게 보다 관리하기 쉬운 형태로 다시 되돌려줄 수 있다는 점을 강조했다. 이렇게 되면 내담자들은 투사된 마음의 상태를 좀 더 잘 견딜 수 있게 된다 (Ogden, 1982; Tansey & Burke, 1989). 변형된 투사를 담아주고 소화해주고 다시 되돌려줌으로써 상담자는 "정서적으로 안아주기"를 해주는 것이다. 이는 어린이나 어른이나 할 것 없이 신체적으로 안아주는 것이 진정시키는 데 도움을 주는 것과 비슷하다.

이와 마찬가지로, 정서적 역량이 있고 공감적인 배우자들도 자신의 배우자가 내면의 고통에 압도당했을 때 도와줄 수 있다. 그러한 도움은 정신분석 심리학에서 다음과 같이 개념화될 수 있다. 대상관계적 관점에서는 담아주기(containment)와 안아주기(holding)로 기술되었고, 자아심리학에서는 공포전이의 부정(disconfirming a transference fear)으로 기술되었으며, 통제제어이론에서는 소망하는 전이를 지나가는 것(passing a wishful transference)으로 기술되었고, 자기심리학에서는 자기대상적 기능을 제공(providing a self-object function)하는 것으로 기술되었다. 이들은 동일한 대인관계적 기능에 대해 각기 다른 유리한 포인트를 짚은 것으로서 나는 여기서 그것을 담아주기(containment)라고 부르려 한다.

타인의 감정이 고조될 때 담아주는 것은 평범한 기술이 아니며 대부분의 배우자들에게는 어려운 일이다. 담아주기에 실패했을 때 우리는 다음과 같이 세 가지 일반적인 패턴 중 하나를 보게 된다:

• 투사적 동일시의 대상자는 자신에게 투사된 특성을 투사한 배우자에게 되돌려주기 위해 싸우며("아니, 무신경한 사람은 바로 당신이야!") 이들은 적대

적인 부부이다.

- 투사적 동일시의 대상자가 그 상황으로부터 거리를 둔다. 투사하는 배우자가 대인관계적 방어를 시도하다가 완전히 실패한 후에 불만에 차 있기 때문에 떠나 있으려고 하는 것이다. 이들은 추격자－도망자 부부이다.
- 투사적 동일시의 대상자는 자신에게 유도된 역할을 인식하고 자신에게 유도 된 역할에 정체성을 두고 그 역할을 하면서 살아간다. 이들은 IP부부로 탄생 하며 이후에 더 논의할 여러 종류의 양극화된 부부의 형태이다.

모든 경우에 있어서 상담자는 부부 둘다 고통스러운 마음상태에 있음을 이해 하고 담아주려 노력해야 한다. 그렇게 하려면 상담자가 먼저 어떤 관계가 끊어진 것인지를 파악하고 그것을 사적으로 담아주어야 한다. 부부가 느끼는 고통스러운 기분과 그에 대응하여 나쁘게 행동하려고 하는 충동에 상담자가 관심을 주어야 한다. Catherall(1992)은 다음과 같이 말했다. "부부가 인정하지 않는 것을 그들 이 결코 느끼지 못하는 것처럼 다루어서는 안된다(p. 360)." 정서적으로 존재한 다는 것이 얼마나 어려운 일인지를 알고 있는 상담자는 상황을 정상화시키는 데 도움을 줄 수 있다: "메리, 이번주에도 그 다음주에도 계속해서 조가 실직상태인 것을 바라보는 것이 저한테도 괴롭게 느껴지네요. 조를 비난하거나 또는 그리 괴 롭지 않은 다른 일에 집중함으로써 이 감정으로부터 도망치고 싶은 유혹이 생길 만도 합니다."

■ 대상자의 곤경

일단 담아주기가 실패로 돌아가고 남의 인생극장 안에서 어떤 역할을 하도록 압력을 받게 되면 여기에서 자신을 탈출시키는 것은 매우 어려운 일이 된다. 거 의 보편적으로 투사적 동일시의 대상이 되는 사람들은 이렇게 유도된 자신의 상 태가 "나의 전부는 아니다"라는 것을 알고 있으며, 결과적으로 이렇게 일방적이 고 부정적으로 자신이 특성화된 것에 저항하게 된다. 그들은 사실관계를 따지고 반대되는 예시를 인용함으로써 공정하고 보다 입체적인 자신의 특성을 위해 싸 울 것이다. 그럼에도 불구하고, 듣지 않겠다는 강한 동기를 가지고 있는 유도자는 그들의 반대를 일축한다. 그러면 대상자는 희생당했다고 느낄 것이고 이길 수 없는 상황에 갇혀버리게 된다. 마치 국회위원이 "가장 멍청한 입법자"라는 별명을 얻은 후에 기자들을 불러서 그게 아니라고 기자회견을 하는 것과 같은 것이다. 자신에게 주어진 역할을 반박하거나 부인하는 것은 그것을 더 깊이 인정한다는 뜻이다. 편집증 내담자들과 상담했던 상담자들은 이것이 어떤 느낌인지 알 것이다. 그들은 부정적인 전이를 해석하는 등의 상담자의 좋은 의도의 노력을 무시하려 하며 상담자는 이와 비슷한 곤경에 빠지게 되는 것이다.

◼ 유도(inducation): 동기화된 것과 동기화되지 않은 것

임상장면에서 논의가 되는 일반적인 질문은 내담자의 배우자 또는 상담자가 경험하는 고통스러운 결과, 즉 우울, 불안, 성과부진 등을 이끌어내려는 무의식적인 동기나 의도를 내담자가 가지고 있는지의 여부이다. 내담자들이 그러한 결과를 무의식적으로 의도한 것이라고 너무 쉽고 무비판적으로 본다는 것이 투사적 동일시의 개념에 대한 흔한 비판이다. 이러한 비평에 대해 정당한 권리를 부여하고 자신의 입장을 명확하게 하기 위해서는 "동기화되지 않은" 유도와 "동기화된" 유도를 구별하는 것이 도움이 된다. 동기화된 유도만이 진정한 투사적 동일시의 자격이 있다. 동기화되지 않은 유도에서는 내담자의 행동이 배우자에게 스트레스를 유발하는 데 기여하긴 했으나 이러한 결과가 내담자에게 정서적으로 이득을 가져다주지는 않았다는 점을 주의깊게 보아야 한다. 그와는 반대로 내가 5장에서 부부의 춤에 대해 논의할 때 언급했던 "모순적 과정"에서는 내담자가 원하는 것과는 정반대의 결과를 이끌어낸다. 불을 켜놓고 다닌다고 잔소리를 하던 남편은 아내가 불끄는 것을 더 자주 잊어버린다며 불같이 화를 낸다. 아내는 버림받는 것이 두려워 더 남편을 멀리하게 되지만 남편은 쫓아다니면서 잔소리를 하는 것이다. 이처럼 우려되는 시나리오가 비뚤어지게 또는 모순적으로 발생할 때는 이러한 결과가 투사적 동일시에 의한 것이 아니라 역효과를 초래한 부적응적 행동으로 인한 것이라고 생각하는 것이 최선이다.

이와는 대조적으로 일부 유도된 결과들 중에서는 무의식적으로 의도된 것도 있다. 그러한 결과는 동시에 불평의 대상이 되기도 하지만 무의식적으로는 보상을 받은 것이다. "동기화되지 않은 유도"는 사람들이 불완전한 추측과 역기능적 행동을 통해 만들어내는 원치 않는 시나리오를 말하는 것인 반면, "투사적 동일시"는 무의식적인 목적 또는 이익이 있는 시나리오가 있어야만 한다.

동기화된 유도와 동기화되지 않은 유도를 구별하는 것은 단지 의미를 구별하려는 것이 아니라 이 자체가 중요하다. 내담자가 의도하지 않았는데도 자꾸만 고통스러운 상황에 처할 때, 우리는 투사적 동일시의 대상자가 반사적인 반응을 하지 않도록 도와야 한다. 부정적인 행동을 비의도적으로 유도해내는 것에 투사적 동일시의 대상자가 중요한 역할을 한다는 것을 Paul Wachtel(2014; Wachtel & Wachtel, 1986)이 수년에 걸쳐 매우 설득력 있게 강조한 바 있다. 내담자의 병적인 신념을 유지하기 위해서는 대상자가 이제 신경증의 "공범자"가 되어야 하는 것이다. 또한 내담자가 이러한 상황을 유지하는 데 있어 정서적 이해관계를 가지고 있을 때 우리는 더 큰 도전에 직면하게 된다. 상황이 나아지는 것을 방해하는 동기를 드러내고 수정해야 하는 것이다.

■ 무반응을 통한 유도

투사적 동일시의 개념에 대한 또 다른 흔한 비판은 그것이 신비롭고 초자연적인 것으로 보일 수도 있다는 점이다. 사람들은 정확히 어떻게 자신의 일부를 타인에게 "넣거나" "두고" 그 부분을 동일시할 수 있을까? 실제로 유도는 어떻게 이루어질까? 투사적 동일시는 텔레파시로 이루어지는 것이 아니며, 오히려 많은 영향력은 비언어적이거나 "행간의 의미"에서 나오고, 또는 반응하지 않음으로써 이루어진다. 정서적 지지가 부족하게 되면 불안전감, 외로움, 또는 자기애적 분노가 악화되기도 한다. 위험한 상황에서 상대적으로 걱정이 덜하다면 함께 있는 사람에게서 불안이 커지는 경향이 있다. 이것을 내담자에게 잘 전달하기 위해 나는 운전사의 예시를 들곤 한다. 운전사가 위험은 아랑곳하지 않고 어둡고 구부러진 길을 태연하게 과속으로 운전한다면 승객은 너무나 불안할 것이다. 승객의 불안은 운전사에게는 불안이 없기 때문에 생겨난 직접적인 기능이며 나는 이것을 "불안의 보존"이라고 부른다. 이는 "과잉불안"이라고 불리는 개념으로서 이와 같은 상황에서는 누구에게나 즉시 생겨난다.

비반응성, 무반응, 심리적 무분별은 유도의 기전이기 때문에 유도자는 투사적 동일시의 대상자들로부터 비난을 받게 되면 자신이 성격적으로 잘못되었다고 느낀다(정확히는 그들이 잘못한 것이 없다는 것을 알아차린다). 그리고 배우자의 반응에 대해 책임을 지지 말아야 한다고 생각한다. 이것이 배우자의 정신병리에 결백하게 희생당한 자로서의 역할을 하도록 해주는 것이다. 게다가 배우자의 고통을 유발했던 그들의 행위를 아무도 가르쳐줄 수 없었기 때문에 배우자가 그들이 두려워하는 것의 화신이 되었다고 더욱 더 확신하게 된다. 그럼에도 불구하고 그들은 투사적 동일시의 유도에 대해 태만했던 죄를 저지르고 있는 셈이다.

다음의 사례는 배우자의 무반응, 즉 주의를 기울이지 않고 지지해주지 않고 부정하지 않는 것에 의해서 유도된 투사적 동일시가 어떻게 발생하는지를 보여주는 예이다.

■ 렉스와 케이틀린: 투사적 동일시에서 벗어나 슬픔에 대처하기

케이틀린은 시어머니와의 연락을 꺼려하던 것을 극복했다고 보고하면서 이번 회기를 시작했다. 이 상담은 오랫동안 정서적으로 멀었던 관계를 개선하는 것이 목표였다. 이전 회기에서 렉스는 최근 미망인이 된 자신의 어머니를 케이틀린이 위로해주기 바랐고 이를 과제로 삼았다. 그러나 통상적으로 시어머니와 통화하기가 쉽지 않아서 끈기가 필요했고, 어느 정도 관계 개선에서 성과가 있었다고 케이틀린이 보고한 뒤에도 렉스는 꿈쩍도 하지 않았다.

렉스와 그의 아버지는 전화통화를 매일 할 정도로 아주 가까운 사이였다. 그의 아버지는 렉스와 가족들에게 매우 지지적이었고 모든 이들이 그를 그리워하고 있었다. 나는 아버지의 때아닌 죽음이 렉스에게 가벼운 우울증을 일으킨 것이라고 보았으나 이것을 렉스와 직접적으로 논의할 수는 없었다. 그는 어머니와 아내가 서로 만나기를 바랬었는데 그것이 자신의 상실을 부분적으로 뒤집으려는 시도였음을 그때 내가 알게 되었다. 이 여성들은 그와 그의 아버지와 함께 했던 사람들이었던 것이다. 렉스는 아내를 자신이 만든 투사적 동일시 드라마의 연기자로 내세웠으나 자신의 고통을 무마시키지는 못했다.

케이틀린은 아마도 렉스의 우유부단함에 화가 나서 렉스가 보여준 지출에 대한 이중잣대에 대해 말한 것이다. 그녀는 옷을 사는데 돈을 쓰거나 또는 편식이 심한 아들을 위해 특별한 음식을 사는데 돈을 쓰고 낭비를 했다며 렉스가 비난했던 것을 지적했다. 그러면서 동시에 렉스는 아들에게 장난감을 마구 사주기도 하고 고급 자동차와 같이 비싼 물건을 의논 한마디 없이 구입하곤 했던 것이다. 렉스는 이렇게 명백한 부조화를 무시했고 그 대신에 아들에게 사준 장난감의 가치에 대해 말했다. 그리고선 자신이 하고 있는 특권적이지 않은 양육방식이 케이틀린의 가족이 해왔던 시골스타일의 양육방식보다 더 우월하다고 칭송했다. 이렇게 곁길로 새는 반응이 케이틀린을 더 짜증나게 했다. 그녀가 늘 "통제 불가능한 지출방식"을 행하고 있는 것은 아니라고 말하는 주장을 무시하는 것일 뿐 아니라, 그녀가 어릴 적에 실제로 돈이 부족했던 것과 그보다 더 중요한 부모의 관심이 부족했었던 것(그리고 그것이 현재의 부부관계에서 반복되는 점이다)을 그가 잊고 있었다는 것이다. 내가 본 것은 렉스가 케이틀린에게 어린시절 부모에게 자주 무시당하며 느꼈던 공황과 같은 느낌을 유도하고 있다는 것이었다. 그 느낌은 그가 최근 부인하는 감정과 일치하는 것이었고 그것은 돌아가신 아버지를 그리워하지 않기 위한 노력을 의미했다. 케이틀린이 이러한 투사를 소화되지 않은 상태로 렉스에게 되돌려주면서 문제를 악화시키지 않고 그의 투사를 "담아"주도록 도와주기 위해 나는 그녀에게 지지적이고 비언어적인 표정을 지어주었고 렉스의 이슈를 더 깊이 탐색하자고 제안하였다. 성공할 수 없는 논쟁을 계속하는 것보다는 이것이 훨씬 생산적일 것이라 믿으면서 그녀는 내게 이 일을 맡겨주었다.

그리고선 나는 내가 알고 있는 그의 마음 속에 있는 걱정에 다가가 재정상태에 대한 걱정에서부터 시작하면서 그를 이끌어내려 노력했다. 그는 케이틀린의 부모를 부양해야 한다는 점에 우려를 표명하며 이를 피하려 했다. 그는 장인장모가 분수에 넘치게 너무 오래 살았고 더 오래 살게 되면 돈이 바닥날 것이라고 생각하고 있었다(이는 자기 아버지가 너무 일찍 돌아가신 것을 암시하는 것이다). 그의 아버지보다 나이가 더 많은 친척들은 나이가 많지만 재정적으로 여유가 있었다(그가 부인과 다투는 자신만의 법정에서 장수를 언급했다는 것과 "잘한 일"을 보여주려고 노력했다는 것을 다시금 알게 되었다).

그 후에 렉스는 침체기(우울과 죽음에 대한 또다른 암시를 의미한다)에 접어든 산업현장에서 일하면서 그가 느끼는 압박감에 대해서도 이야기했다. 케이틀린이 돈을 그렇게 쓰면 은퇴 후에 생활을 유지하기 위해서는 더 오래 일해야 되지 않겠냐는 두려움이 있었던 것이다. 재차 그가 겪는 고통이 아내 때문인 것처럼 말하게 되자 이에 자극을 받은 케이틀린이 대화에 끼어 들어 그가 불안해 하는 것과 검소함에 대해 얼마나 일관성이 없는지를 지적하기 시작했다. 그들이 가지고 있는 일화들은 너무나 많아서 그런 불안을 불필요하게 만들었다. 그녀는 "당신은 내가 새 부츠를 사는 것에 대해 왈가왈부해선 안돼요! 당신은 새 차 뽑고 스테레오 사잖아요??"라고 말했다.

렉스의 투사가 케이틀린이 가지고 있는 담아줄 수 있는 능력을 얼마나 넘어섰는지를 다시 한번 알아차리면서 나는 몇 가지 해석을 덧붙이기 위해 대화에 끼어 들었다:

렉스, 여기서 중요한 사건은 당신 아버지의 죽음이라고 생각해요. 어머니에 대해 걱정하면서 그것이 드러났어요. 당신 어머니도 남편을 잃고 큰 슬픔에 빠져 있지요. 그리고 당신이 향후 재정상태가 어떻게 될지 걱정하던 것에서도 그것이 드러났어요. 당신이 아버지를 상실한 것에 대해 우리가 직접적으로 이야기를 시작할 때마다 당신은 화를 냈어요. 이해가 가기는 합니다. 그리고선 당신은 도망가 버린 거예요. 당신이 대처를 하는 중요한 방식은 아버지를 잃은 슬픔을 당신의 어머니에게 두거나 아내가 재산을 탕진하는 미래의 재정상태에 두는 방식이죠. 이러한 문제를 마주하는 것이 당신 자신이 가지고 있는 내적 문제에 머무르는 것보다 훨씬 쉬울겁니다. 아버지를 잃은 후 당신은 의욕도 활력도 없는 채로 출근하는 것이 무척 힘들었을 겁니다. 즐거움도 잃었기 때문에 당신 자신과 아들을 과도하게 충족시키려 했을 겁니다.

여기서 위험한 것은 당신이 돈 쓰는 것에 대해 죄책감을 느꼈기 때문에, 그리고 어느 정도는 당신 어머니와 이야기하는 것을 회피했기 때문에 케이틀린을 간접적으로 비난하면서 이 이슈를 해결하려고 했던 겁니다(당신 어머니는 어려운 사람이고, 어머니에게 관여하지 않으려고 했지만 항상 그녀를 방어해주기는 했어요). 당신은 이렇게 말해요. 뭔가를 사면서 기분을 좋게 만드려는 사람은 내가 아니라 아내라고요. 미망인이 된 어머니와 시간을 보내는 것이 힘든 사람 또한 내가 아니라 아내라고요. "정서적 문제"를 가지고 있는 사람도 내가 아니라 아내라고 말합니다. 아내가 도와주려고 할 때도, 당신의 비일관성에 항의를 할 때도, 당신은 그걸 무시하면서 케이틀린에 대한 정확하지 않고 부정적인 신념을 고수하려고 하는 거예요.

문제는 당신 자신이 내적 고통을 받아들이지 못했다는 점 뿐 아니라 당신의 슬픔에 진정으로 도움이 되는 것을 스스로 박탈했다는 점입니다. 당신과 케이틀린은 서로를 위로하고 친밀감을 느끼는 사이이고요, 재정적으로 뿐만 아니라 정서적으로도 같은 배를 타고 있어요.

이것은 한 번에 말하기에는 좀 많았고 한 회기 안에서 렉스가 흡수하기에는 너무 벅찬 분량이었다. 또한 그 순간에 내가 이렇게 유창하게 말한 것도 아니었다고 확신한다. 우리는 그 후 몇 주에 걸쳐 내가 했던 개입의 여러 요소들에 대해 작업했다. 그날 렉스는 공손하게 귀를 기울였고 아버지를 애도하는 작업을 좀 더 했다.

시간이 지남에 따라 렉스는 자신의 감정을 스스로에게 숨기고자 아내를 희생양 삼는 일을 그만하도록 내가 도와주는 것을 점차적으로 허용하기 시작했다. 많은 남성들과 마찬가지로 그도 여성을 나약하고 슬픈 존재로 여기기 쉽다는 것을 알게 되었지만 자신 스스로도 그런 감정을 가질 수 있다는 것에 대해서는 동의할 수가 없었다. 케이틀린은 시아버지의 죽음에 대한 깊은 슬픔을 잘 표현했기 때문에 렉스가 느끼는 슬픔의 저장고가 되기 쉬웠던 것이다. 내가 렉스와 작업하면서 그의 취약함과 눈물이 드러났을 때 케이틀린도 듣고 있었다. 그녀는 남편과 했던 무의미한 논쟁을 뒤로하고 아버지의 죽음이 남긴 공허함을 어떻게 하면 채울 수 있을지에 주목하였다. 이러한 도전을 그들이 잘 다룰수록 렉스는 케이틀린을 자기가 다룰 수 없는 감정을 분출하는 사람으로 보지 않았고 실제 그녀의 모습인 지지적인 배우자의 모습으로 그녀를 바라보기 시작했다.

■ 부부상담을 성공을 이끄는 왕도로서의 투사적 동일시

투사적 동일시는 내가 작업했던 다른 많은 부부들과 마찬가지로 렉스와 케이틀린의 사례에서도 매우 강력한 도구가 됨이 입증되었다. 실제로 내가 성공했었던 부부상담 파일을 검토해보았을 때 내담자가 부인하거나 투사하는 부분을 받아들이도록 돕는 것이 성공으로 가는 가장 신뢰할 수 있는 부분이라는 것을 알게 되었다. 이것은 내가 예상한 것이 아니었다. 다음의 사례는 또다른 성공스토리로서 일반적이고 불편한 자기경험, 즉 실패에 따른 수치심이라는 것을 어떻게 배우자에게 전가하고 유도시키는지, 투사된 수치심을 회복하도록 유도자를 돕는 것이 어떻게 결혼생활에 개선을 가져오는지를 보여주고 있다.

■ 레이첼과 맷: 수치심에 대처하는 투사적 동일시

레이첼은 40대 여성으로 개인소매점 사업에 실패한 후에 부부상담을 받으러 왔는데, 남편에 대해 "역겹다"며 불평을 했다. 후원자이자 애인으로 여겼던 맷에 대해 실망스럽다며 남편과 헤어질 준비가 되어 있었다. 그녀의 가장 큰 불만은 그의 경제적 능력이었는데, 억대 연봉의 고소득자였음에도 그녀가 바라던 정도가 아니었고 친구들의 남편보다 적다는 것이다. 그녀는 절대 그와 결혼하지 말았어야 했다고 확신했다. 남편이 자기를 사랑하고 있는 것도 알고 있고, 매일 싸우기만 하는 자신의 가족을 상대하는 것도 도와주었고, 자신이 한때 약물중독에 빠졌을 때도 지지적이었으며, 친구들도 그를 좋아했다는 것을 알고 있었음에도 말이다. 레이첼이 남편에 대해 경멸하는 것은 (Gottman이 두려워했던 인류의 4대 재앙 중 하나이다) 자신이 사업에 실패한 것에 대한 자기 자신의 수치심이자 실망감을 명백히 투사한 것이었다. 사실 이것은 너무 쉽게 보이는 것이어서 나는 처음에 그녀가 무신경하고 칭얼거리는 사람이라고 여겨지는 역전이를 담아놓기 위해 애를 써야 했었다! 내가 담아두려 애썼던 경멸이 내 안에서 유도되었다는 것을 기억하기 바란다. 레이첼은 자신이 고발한 것이 명백하게 부당하다는 것을 인식하지 못하고 있었기 때문에 나에게 역전이가 유도된 것이었다(이것이 내담자의 무반응으로 인해 유도된 역전이이다).

레이첼의 경멸은 방어적 투사에만 국한된 것이 아니었다. 그녀가 시끄럽게 잔소리를 퍼부어서 맷에게 성과에 대한 불안을 악화시켰다. 이것이 실제로 직장과 잠자리에서도 작용하게 되었다. 특히 그가 불안전감이 커지면서 거절당하는 것이 두려웠기 때문에 새로운 사업을 벌리는 것을 피하게 되었고 집에서도 이와 비슷한 경험들이 매일 있었다. 발기부전이 일어나기 시작했기 때문에 아내에게 성관계를 하자고 접근하지 않게 되었다. 레이첼이 자신의 수치심과 사업실패를 방어한 결과 맷에게 이러한 일이 유도된 것이었다. 맷은 우리가 상담하는 중에 거의 움직이지도 않았고 말도 하지 않았으며 구부정한 바디랭귀지로 "루저"라고 소리치고 있었다. 레이첼이 한때 관심을 가졌던 자신만만해 보이는 군인장교와 불리한 면으로만 비교해도 자신을 방어하지도 못했고 그저 부끄러워만 했다. 나는 그의 옆에 앉아서 고객을 끌어들이는 그의 모습에 대해 상상해보려고 애를 썼다. 그러나 그가 용기를 발휘하여 필요한 통화를 하는 모습도 상상하기 어려웠고 그와 그의 사업에 신뢰를 갖는 고객이 있을 것이라는 그림도 그려지지가 않았다. 이 모든 것에서 맷은 그가 "남자구실 못하는 최악의 경우"라는 아내의 신념(투사되고 유도된)을 수긍하는 것처럼 보일 뿐이었다.

이 투사적 동일시의 과정을 역전시키는 데 도움이 되었던 개입은 레이첼의 수치심을 받아들이고 담아주도록 도와주는 것에서 시작되었다. 레이첼은 사업을 번창시켜 자신의 삶을 변화시키고 가족의 수입을 늘리고 싶은 기대가 있었는데 그랬던 기대가 무너져버렸던 것이다. 이 작업은 부분적으로는 비교적 쉽게 이루어졌다. 내가 레이첼과 매장의 흥망성쇠가 어떠했는지에 대해 이야기할 때 맷이 지지적인 태도를 보여주었기 때문이다. 곧 레이첼이 울기 시작했고 사업의 실패를 어렸을 적 사업가였던 아버지와 연결시키기 시작했다. 그는 엄격하고 아이에게 관심을 기울이는 것에 무능한 사람이었다. 그녀가 점점 안전하다고 느끼게 되면서 약물남용이 재발되었다는 것도 너무나 끔찍하다며 부끄러워하면서 말했다. 약물복용은 대처기제였지만 이제 역효과를 일으키고 있었고 숨기고 싶던 고통을 심화시키고 있었다.

레이첼은 사업 실패와 약물 사용에 대해 남편이 수치심을 가질거라고 기대했지만 맷은 그러지 않았고 레이첼을 지지해주었다. 이것이 중요한 교정적 체험이 되었고 그녀의 수치심을 줄여주었다. 레이첼의 자존감이 높아지면서 그녀는 더 희망을 갖게 되었고 동료애와 자존감, 수입이 제공되는 새로운 직장을 알아보게 되었다. 이는 맷과 친밀감을 회복하면서 동시에 일어난 일이다. 새로운 직장은 그녀가 하던 사업에서 기대했었던 것만큼은 아닐지라도 만족감을 가져다주었다.

나는 또한 레이첼이 맷의 한계점을 덜 부끄럽게 여기도록 도와주었다. 대부분은 그가 가진 상당한 강점의 이면이었다. 맷은 정복자 스타일이 아니었지만 남편으로서 또 아버지로서 너무나 사랑스럽고 인내심이 많았으므로 우두머리 수컷 같은 레이첼이 좋아할 만한 남자였다. 레이첼의 경멸이 줄어들고 진실한 감사가 나오기 시작하면서 맷의 기분은 밝아지고 자세 또한 곧게 펴졌다. 더욱 자신감을 느끼면서 그는 직업상담사를 찾아갔고 이는 곧 직업적 성공으로 이어졌다. 레이첼이 유도한 실패에 대한 압박감이 줄어들면서 그는 더욱 성공하게 되었다.

선순환이 되면서 맷의 자신감이 자라났다. 레이첼이 자신의 진로나 약물 사용에 대해서 뿐만 아니라 외모와 엄마로서의 능력에 대해서도 의심하기 시작할 때 아주 중요한 정서적 지원을 할 수 있게 되었다. 맷의 지원을 느끼게 되면서 레이첼은 자신의 부정적인 자기상을 외현화할 필요가 없게 되었다. 그들의 성생활 또한 개선되었다. 레이첼이 자신이 먼저 행동하기 시작해야 한다는 것을 받아들여야만 했지만 말이다. 그들이 상담에 가지고 온 경멸과 수치심 유발의 투사적 동일시 순환고리는 긍정적이고 상호지지적인 순환고리로 대체되었다. 부끄러움, 불신, 비난이 가져온 기존의 순환고리에 이제 새로운 순환고리, 즉 자부심, 신뢰, 지지가 자라나고 있었다. 그것은 두 사람 모두에게 큰 행복을 안겨주었다.

15년 후 레이첼이 그녀의 노부모에게 어떻게 대해야 할지 내게 다시 도움을 청했을 때, 그들이 상담에서 얻은 것을 통해 시간이 주는 시험과 외부에서 생겨나는 도전들을 상당 부분 이겨냈다는 것을 알게 되었다. 나는 이 부부를 가장 성공한 사례로 여긴다. 그들은 경멸과 이혼의 고비에서 깊은 존경과 친밀한 연결감, 그리고 진정한 감사로 옮겨 갔다.

◼ 문제거리와 연애하거나 결혼하는 것

투사적 동일시의 또 다른 흔한 형태는 내가 "문제거리와 연애하거나 결혼하는 것"이라고 부르는 것이다. 아동기 외상을 수동적으로 경험한 배우자는 자신의 트라우마를 행복한 결말로 재상영하고 싶어하는 마음이 많기 때문에 나쁜 관계를 찾게 되고 나쁜 사건을 만들어내게 될 수 있지만 또한 그렇게 함으로써 트라우마가 극복되기도 한다. 그들의 배우자는 필요한 역할에 맞게 선택되거나 그 역할을 하도록 유도된다. 문제거리와 "연애" 또는 "결혼"하도록 말이다. 두 경우 모두 아동기에 고통받은 피해자의 역할이 자신의 외부에 있다고 생각한다. 어린이였을 때 창피를 당하고 놀림당했던 사람은 이제 어른이 되어 자신의 배우자에게 창피를 준다. 부모에게 버림받았던 사람은 버리는 사람이 된다. 다른 경우에는 어떤 형태로든 상처받거나 다친 배우자를 찾아내거나 상처받도록 유도해서 그들을 "치료"하려고 한다. 그렇게 해서 자신의 유년기의 고통을 대리로 극복하려 하는 것이다. 때때로 우리는 두 사람이 이런 식으로 조합을 이루고 있는 것을 보게 된다. 한 사람이 먼저 문제를 유발하고 치료에 부분적인 영향을 주거나 반복적으로 "질병"을 유발시키게 되면 (무의식적인) 피해자와 (더욱 의식적인) 구원자의 역할은 계속해서 지속되게 된다.

치유와 연애하거나 결혼하는 것

어떤 내담자들은 자신의 문제와 연애 또는 결혼을 함으로써 자기자신을 치유하려고 하고 또 어떤 내담자들은 그들에게 치유가 되는 배우자를 찾아 연애 또는 결혼하려고 한다. 그들이 찾는 배우자는 잃어버린 심리적인 기능을 제공하고 그들이 두려워하는 결함에 대해 안심시켜 주도록 잘 유도되는 사람들이다. 치유하고자 하는 이러한 노력은 투사적 동일시라고 볼 수 있다. 내담자가 내적 고통에 직면하게 되면 자신과 가까운 사람들에게도 동일한 고통을 유발하게 되어 구원자의 역할을 하도록 압력을 넣기 때문이다. 이러한 상황에 대해 3장에서 자세한 내용을 다루었는데, 치유에 관한 비현실적 희망에 관한 내용이었다.

치유에 대한 요구사항이 그리 크지 않은 경우에는 한쪽 배우자가 또는 서로가 상대방이 잃어버린 기능을 제공할 수 있다. 한쪽 배우자가 이러한 지지적인 역할을 더 이상 할 마음이 없거나 할 수가 없을 때 우리에게 상담을 받으러 오는 것이다.

■ 투사적 동일시의 예가 되는 결혼 양극화

양극화된 많은 부부들이 문헌과 우리 상담실에 자주 등장한다. 이들을 투사적 동일시의 렌즈를 통해 보면 잘 이해할 수 있다. (a)의 경우 한쪽 배우자는 "치유와 결혼"하고 싶었던 반면 상대방은 "문제와 결혼"하고 싶었던 것이고 (b)의 경우는 부부 둘 다 "치유와 결혼"하려고 했던 것이다. 보다 흔하고 임상적으로 유용한 양극화의 사례는 다음과 같다. 히스테리 VS 강박((느낌/자유분방함 VS 사고/계획적), 과잉 VS 부족(과기능성 VS 부기능성), 분노/권리를 주장함 VS 냉철/참을성 있음, 제정신 VS 미친(피해자가 된/권한을 부여한 VS 확인된 환자)) 등이다. 이러한 부부들은 "상호보완적인 부부"로 비교적 괜찮은 상태에서 보다 병리적인 "파멸적 매력"에 이르기까지 그 양상이 연속적으로 다양하다.

■ 상호보완적인 부부

어떤 양극화는 시간이 지남에 따라 비교적 양호하고 안정적이 될 수 있다. 이들 상호보완적인 부부는 "공모 중"(Willi, 1984)인 상태이며 "투사적 거래"(Scarf, 1987)를 한 것이다. 한 배우자가 자신의 문제를 부인하고 상대방에게 자신의 부분을 전가시킬 뿐 아니라 그 부분이 실제로 작동하는 것을 멀리서 보면서 대리만족을 한다. 이러한 형태에서는 따로 떼어낸 부분과 함께 "동일시"된 것이 두 배우자 모두에게 있게 되고 투사하는 사람에게는 이것이 긍정적으로 경험된다. 의존하고 싶은 욕구를 부인하는 남자는 아내에게 비싼 장신구를 즐겨 사주거나 아내가 불안해하면 밤에 운전을 대신 해주기도 한다. 자신의 공격성을 부인하고 있는 여자는 남편이 다른 사람들에게 자기주장을 하는 모습을 보면 좋아한다. 대체로는 단순한 대리만족보다 더한 거래가 있다. 예를 들면 "과다하게" 하는 배우자가 오만하게 우월감을 느끼는 중에 "부족한" 상대방은 삶의 도전에 직면할 필요가 없으므로 안도감을 느낄 수도 있는 것이다. 이러한 이점이 패턴을 안정화시킨다.

합의가 이루어지면 배우자는 서로 다른 역할을 받아들인 팀원과 같다. 이렇게 양극화된 부부가 투사된 특성에 대해 의견을 함께 하는 만큼 위험이 도사리고 있다. 그들은 정서적으로 서로 단절되어 있다고 느낄 수 있어서 사교활동을 얼마나 해야 되는지, 육아는 얼마나 엄격해야 하는지 등 근본적으로 차이가 발생하는 영역에서 일어나는 갈등을 해결하는 데 어려움을 겪을 것이다. 이러한 부부들은 짧은 신혼이 지나간 후에 처음 투사되었던 같은 이유로 투사된 부분을 매우 강렬한 불쾌감으로 경험하는 부부와는 구별되어야 한다. 이들은 "파멸적인 매력"의 부부로서 그리 오래 가지 않는 관계에서 흔하다고 Diane Felmlee(1998)가 말했다.

■ 파멸적인 매력(Fatal Attraction)에 빠진 부부들

처음 서로에게 끌렸던 점이 무엇이었는지 물어보면 중요한 부부관계 양극성이 많은 부분에서 해결될 수 있다. 요구되는(대체로는 양극화된) 역할을 할 수 있는 능력에 맞춰 배우자의 배역으로 상대방을 고른 사람들은 원하는 시나리오를 구현하기 위해 그리 많은 유도적 압력을 넣을 필요가 없는 것이다. 배역을 맡은 배우자는 자기 배역에 몰입하여 더욱 적극적으로 유도되기 때문에 변화가 잘 일어나지 않을 것이다. 이는 결혼을 함으로써 문제를 치유하려는 배우자의 노력을 거의 매번 좌절시키는 결과이다. 선택된 배우자의 자질이 보상보다 부담으로 보이기 시작할 때, 그것이 치유에 효과적이지도 않고 계속 부인할 수도 없게 되므로 "파멸적인 매력"을 가지게 된다. Pines(2005)는 다음의 두 가지 사례를 제시하였다.

매력
아내: 그는 정말 끈질기게 구애했어요. 저를 선망하고 사랑스럽게 만들어
주었죠.
남편: 그녀가 꿈을 실현시켜 주는 것 같았어요. 접근조차 할 수 없었던
꿈이죠.

환멸
아내: 그는 숨도 못쉬게 해요. 항상 내 면전에 있어요.
남편: 그녀가 나를 원한다는 느낌을 한번도 준 적이 없어요.

매력

아내: 남편은 똑똑하고 능력있어 보여요.

남편: 아내는 저를 존경합니다. 인정받는다고 느끼고 그에 감사한 마음이죠.

환멸

아내: 남편은 저를 멍청하고 무능하다고 느끼게 만들어요.

남편: 아내는 자기자신에 대해 안좋게 느끼면서 저를 비난합니다.

(p. 223)

"파멸적인 매력"이라는 용어가 그러한 부부들이 거의 이혼한다는 것을 의미하긴 하지만, 특정 역할을 할 배우자가 구해지는 경우에는 양극화가 오래 지속되고 그에 따른 불행은 끝이 없는 것처럼 보이기도 한다. 이런 부부에 대해서 모두가 헤어져야 한다고 생각하지만 이들은 함께 묶여 상호적으로 투사적 동일시의 춤을 추면서 계속해서 같이 지내기도 한다.

■ 양극화의 증폭

1장에서 언급한 바와 같이, 불안을 유발하는 요소를 상대적으로 덜 가지고 있는 배우자가 어떻게 상대방에서 불안을 유발할 수 있는지 알아보았다. 속도가 안중에 없는 과속 운전자는 승객에게 공포를 유발시키는 것이다. 이러한 "걱정의 양극화"에 대한 보다 심층적인 논의는 결혼 양극화의 증폭과 유지를 더 잘 이해하는 데 도움이 될 것이다.

걱정의 양극화는 두 사람이 어떤 문제(재정상태나 십대의 운전과 같은)에 대해 서로 다른 수위의 걱정이나 불안을 경험하면서 생겨난다. 위험에 대한 평가가 불일치하므로 양극화를 더욱 더 유발하게 된다. 걱정이 더 많은 사람은 자신의 배우자를 반대만 하고 지지적이지 않고 도움이 안되는 사람으로 경험한다. 이 모든 것이 상황을 둘러싼 부담과 불안을 증가시키는 것이다. 이와 비슷하게, 덜 불안한 사람으로 시작하는 사람은 더 **뻔뻔해질** 수 있다. 이런 일은 다음과 같은 이유로 일어날 수 있다. (a) 전투를 하지 않는 사람은 전투하는 사람이 알아서 하고 있다고 느낀다. 따라서 걱정할 필요를 덜 느낀다; (b) 걱정 좀 하라는 소리를 들으면 짜증이 나게 되고 자신이 느끼는 불편함이 외부의 상황보다는 잔소리 때문이라고 비난하는 것이 더 쉽다는 것을 알게 된다; 또는 (c) 전투를 하고 있는 사람의 불안이 어느 정도 사실이라는 것을 알게 되면서 방어적 부인의 필요성을 더 많이 느끼게 되고, 역설적이게도 의식적으로 덜 걱정하면서 배우자에게도 덜 공감을 하게 된다. 이렇게 되면 배우자는 더 많이 부인당한 불안의 방어적 저장소가 되는 것이다.

너무 지나치거나 또는 불충분하게 걱정하는 것이 상호적으로 유도되거나 증폭되는 것처럼, 초기에 일어났던 차이는 거의 모든 경우 양극화된다. 서로에게 일어난 정서적인 상태를 부인하고 그 반대의 정서를 유도하면서 말이다. 그러므로 매우 화나고, 슬프고, 기능이 떨어지는 배우자들도 아주 침착하고, 아닌척 하고, 성취하는 모습을 이끌어낼 수 있다는 뜻이다. 자기 자신을 완전히 유능하고 동요하지 않는 사람으로 여기는 사람들도 친밀한 관계에서는 우울하거나 권태로운 상태가 될 수 있다. 능력이 좋은 배우자는 상대방이 우울할 때 그 실망한 마음의 상태를 "알아차리지" 못하고 철수하게 되는데 우울증은 그럴 때 유도되는 것이다. 이 거리는 우울을 더 심화시키고 더욱 방어적으로 거리를 두도록 유도한다. 비범한 업적을 해내거나 지나친 방종(하게끔 하는)에 빠진 과기능 배우자는 우울에 빠진 상대방이 유능하게 기능하려는 동기를 가질 때 그것을 억누른다. 이럴 때 게으름과 성과저하가 유발되는 것이다.

이 모든 경우에 있어서, 초기의 조건이 성격적 성향과 방어적 필요에 의해 설정되긴 하지만 양극화의 최종적 상태는 부부 사이의 체계적인 상호작용에 의해 발달된다.

■ 이 밖의 감정과 역할에 있어서의 양극화

걱정의 양극화가 불안을 견디지 못하는 사람에게서 먼저 시작되는 것처럼, 다른 양극화도 삶의 도전에서 흔히 나타나는 특정 감정상태를 억제하기 어려운 사람에게서 먼저 시작되고 유지된다. 이것이 투사적 동일시 뒤에 있는 주요 추진력이다.

화내는 것을 두려워하는 사람들은 배우자가 화를 폭발하도록 유도해 놓고는 배우자에게 "화가 많은 사람"이라고 꼬리표를 붙인다. 8장에서 등장했던 마이크와 신디가 좋은 예시이다. 마이크가 "분노 조절"이 필요한 사람이라는 점에는 둘 다 동의를 했지만 신디가 끊임없이 잔소리를 하고 비아냥거려서 마이크가 반격을 하게끔 자극한 것도 사실이다. 그녀는 자신이 가지고 있는 심각한 화를 부인하고 잔소리와 비아냥거림으로 표현했던 것이다. 게다가 신디는 자기 자신과 타인에 대한 화를 인식하지 못하도록 차단할 필요가 있었기 때문에 화가 어떻게 마이크에게로 오는지 보는 것이 어려웠다. 결과적으로 신디는 남편이 "난데없이" 화를 폭발하는 것을 항상 경험하게 되고 마이크에게 문제가 있다는 신념을 확신하게 된 것이다.

성인기의 도전을 두려워하는 사람들은 "부적절한" 배우자가 된다. 이들은 성공적이고 성숙한 기능이 부모의 사랑을 잃게 되는 것을 의미하는 가정에서 자란 경우이거나, 노력을 했으나 실패했을 때 과도하게 수치심을 유발시켰던 가정에서 자란 경우이다. 그러한 내담자들은 실제 나이보다 미성숙해 보이고 "자라는 것을 두려워"하며 필요한 것을 배우자에게 해달라고 하면서 보호자 노릇을 하도록 유도한다.

자율성을 두려워하는 사람들은 종종 의존을 두려워하는 사람들과 짝을 이룬다. 각 배우자는 이 스펙트럼의 끝에서 상대방의 가치를 대변하게 된다. 일단 양극화가 일어나면 이 부부들은 추격자 – 도망자의 양상으로 나타난다. "독립성이라는 '나쁜' 욕구를 표현하기 위해 남자를 구하는 여자와 의존성이라는 '나쁜' 욕구를 표현하기 위해 여자를 구하는 남자"로 나타나게 된다(Middleberg, 2001, p. 343).

■ 실존적 양극화

부부의 어떤 양극화는 실존적인 인간의 딜레마에 해당되기도 한다. 둘 다 맞는 가치임에도 불구하고 각 배우자는 한쪽 편의 삶의 방식이 좋다고 주장하는 것이다. **현재의 만족 대 미래의 만족**. 이런 부부들은 일과 여가에 얼마나 시간을 쓸 것인지, 집안 일과 휴식에 얼마나 시간을 쓸 것인지, 계획해서 하는 일과 자연스럽게 하는 일을 어떤 비율로 할 것인지에 대해 논쟁을 한다. 한 쪽은 지금 돈을 더 쓰고 싶어하고("살거니까 가져가면 안돼요!"), 다른 한쪽은 저금을 하고 싶어한다 ("불황에 대비해서 저금을 해야지!"). 우리 모두는 그와 같은 딜레마에 처해 있다. 둘 다 "맞다." 무엇을 선택하든지 어느 정도의 손실은 있게 마련이다.

지나간 것은 지나간 대로 두는 것 VS. 과거가 계속 진행되도록 두는 것. 이러한 흔한 양극화에 대해서는 이전에도 논의한 바 있다. 다시 한번 말하지만 둘 다 맞는 얘기이다. 실제로 입었던 상처는 쉽사리 잊혀지지 않는다. 그와 비슷하게, 고통스러운 사건이 지나간 후 부부가 미래로 나아가기 위해서는 그 일을 놓아줄 필요가 있다. 이 양극화의 변조는 "유리잔의 물을 반이나 찼다고 볼지, 반밖에 없다고 볼지", 또는 최근의 좌절에 대해 토로하는 게 좋을지 아니면 짜증나는 것에 대해 얘기하는게 좋을지 선택하는 것에 따라 일어난다. 이런 경우에는 다른 양극화에서처럼 상담자가 각 사람이 선호하는 입장의 장점을 인정하도록 돕고, 양 극단을 고려한 구체적인 결정을 함께 내릴 수 있게 안내해주면 된다.

방금 언급한 양극화는 흔한 것이지만 상담자는 여기서 다른 양극화를 발견할 수도 있다. 다음의 사례에서는 남편이 얼마나 많은 시간동안 집에 있어야 하느냐에 대한 비교적 흔한 양극화된 논쟁이 나온다. 투사적 동일시에 관해 특수하게 맞춤화된 버전을 통해 이해될 수 있는 사례이다.

■ 메리와 조: 개별적 양극화

메리는 조가 가족과 함께 지내는 것을 절대 원하지 않는다고 불평했고, 조는 "친구들과 밤에 돌아다니는 것"과 대학 다닐 때 했던 운동을 주말에 계속해서 하고 싶다고 주장했다. 나는 메리가 육아에서 잠시 벗어나고 싶다는 소원이 거절되었음을 받아들이도록 도와주었고, 조에게도 집 밖에서 시간을 보내고 싶은 합리적인 소원 뒤에는 집에서 어린 자녀들과 함께 있을 때 그가 서투르고 불필요한 존재라는 느낌이 숨어 있다는 것을 받아들이도록 도와주었다. 그 후 이 반복되는 논쟁에서 어느 정도 열기가 빠져나갔다. 이것을 전형적인 추격자-도망자의 댄스로 보는 것이 쉬울 수는 있겠으나 아내가 표현한 친밀감의 욕구와 남편이 표현한 자율성의 욕구 사이에는 양극화가 존재했다. 이것은 숨겨진 욕망이 특수하게 투사된 것이고 방어된 두려움이어서 상당히 다른 것이었다. 그것을 밝혀내는 것이 이 부부의 성장에 매우 중요했다.

■ 양극화: 개인의 문제인가 시스템의 문제인가?

개념으로서의 투사적 동일시의 미학은 개인적 역동과 시스템적 역동이 서로 연결되어 있다는 것에 있다. 양극화되는 많은 부부들이 한 사람 또는 둘 다 받아들일 수 없거나 압도적인 정서적 상태를 담아두는 것에 개인적으로 어려움을 가지고 있는 경우가 많다(렉스가 가지고 있었던 슬픔이나 레이첼이 가지고 있었던 수치심). 그것은 대인 방어(투사적 동일시)로서 배우자를 개입시키며 종종 양극화로 나타난다. 이렇게 동기화된 유도가 상호적일 때, 훨씬 더 다루기가 어려워질 것이다.

다른 경우에서는 부부의 양극화가 초기의 차이점이 점진적으로 증폭되어 발생한다. 한쪽 편에서 "깃발을 흔들었는데" 상대방이 경례를 하지 않으면 깃발을 더 거세게 흔들게 되는 것이다. 더 극단적인 행동에서 이러한 결과가 생기며 이것이 양극화이다. 이러한 유도는 보통 개인적으로는 잘 동기화되지 않는다. 상대방의 입장이 맞긴 하지만 자신과는 다르다는 것을 각자의 입장에서는 인지하지 못하는 데서 나오는 것이기 때문이다. 그러한 양극화는 개인의 성격적 병리이기 보다는 시스템의 속성이며 일반적으로 변화시키기가 더 쉽다.

두 가지 기본 원형에서 개인과 시스템의 속성은 패턴을 유지하며 서로 맞물려 있지만 정도는 다르다. 상담을 받기 위해 온 대부분의 사례에서 우리는 개인의 기여와 시스템의 기여, 두 가지 모두를 보게 된다.

■ 투사적 동일시와 함께 작업하기: 분열을 완화시키고 담아두기를 지원하기

내가 이전에 추천했던 것과 더불어 다음의 개입들은 투사적 동일시를 다룰 때 특히 유용하다.

양쪽 입장에서의 진실을 짚을 것. 차이점이 얼마나 굳어졌든 또는 동기화되었든 상관없이 일반적으로 도움이 되는 것은 양극의 반대편에 장점이 있다는 것을 내담자가 받아들이도록 도와주는 것이다. 그러한 가능성으로부터 내담자가 멀어질수록 우리의 작업은 더 어려워진다. 양쪽의 입장에 일리가 있다는 것을 받아들이는 내담자들은 배우자를 자극하거나 유도하는 것이 덜하다. 유도적인 압력이 줄어든 후에 집단이나 가족 내의 희생양이 그렇게 하는 것처럼 양쪽의 입장을 받아들이는 배우자들은 덜 극단적이고 덜 양극화된 방식으로 행동할 것이다. 한쪽 배우자에게서 양극화된 행동이 줄어들면 그 행동이 참을 수 없을 정도로 위험한 행동이라고 여기는 두려움 또한 덜어지게 된다. 예전에는 자신의 배우자에게만 있다고 여겼던 자신의 부정적인 특질을 스스로 받아들이도록 도와주게 되면 배우자를 더 많이 수용하고 반작용 또한 줄어든다. 맷이 그 동네에서 돈을 제일 잘 버는 남편이 아니라는 것을 레이첼이 더 잘 수용하게 되었을 때처럼, 배우자에게서 두렵고 혐오스러운 성격특성을 보게 될 때 수용은 촉진되고 반작용은 줄어들 수 있다.

대물림되는 것을 해석하기. 내담자가 인정하지 않는 자신의 일부를 받아들이도록 도와주는 것은 복잡한 주제이며 부부상담에서처럼 개인상담에서도 동일하게 적용된다. 다음에서 몇 가지 제안을 해보도록 하겠다.

우리는 호기심이 장려되는 안전하고 공감적이며 수치심이 없는 환경을 조성하면서 시작한다. 그리고선 "유전적인" 또는 "가족의 기원"에 대한 해석을 만들어 가면서 받아들일 수 없는 문제를 더욱 공감적으로 재구성한다. 그러한 문제들이 자기보호라는 유전 때문에 발생한다는 것을 보여주면서 말이다. 투사적 동일시에 대해 논의하면서 Middleberg(2001)는 개인적 레파토리의 기원을 내담자에게 설명하는 방식으로 모범적인 예시를 제시한 바 있다:

감정이나 자신의 일부를 부인하는 데에는 세 가지 이유가 있다. (a) 누군가를 보호하기 위해서이다. 예를 들어 "당신은 알코올중독자인 아버지를 돌보기 위해 빨리 어른이 되어야만 했어요. 그래서 돌봄을 받고 싶다는 그 어떤 욕구도 인정하기 어려웠을 겁니다" (b) 자기 자신을 보호하기 위해서이다. 예를 들어 "당신은 자율성의 욕구를 표현하지 말아야겠다고 학습이 되었을 겁니다. 당신의 어머니가 그걸 거절로 받아들이고 애정을 주지 않고 당신에게 벌을 주었기 때문이죠"; (c) 가족의 규칙을 따르기 위해서이다. 예를 들어 "당신은 가족의 규칙을 따르기 위해 자신의 상처를 숨기려고 했는지로 몰라요. 약점을 드러내면 다른 사람들에게 이익을 주는 것이기 때문에 약한 모습을 보이지 말라고 했으니까요."(p. 349)

동시성에 대해 해석하기. 때때로 우리는 투사적 동일시 과정이 가지고 있는 현재의 무의식적 가치를 짚으면서 단순히 동시성에 대한 해석(인과적 진술)을 한다. 내가 렉스에게 해주었던 광범위한 해석을 떠올려보자. 그는 아버지가 돌아가신 후 생겨난 다양한 양상의 고통을 은폐하기 위해 아내와 어머니와 아들에게 투사적 동일시를 일으켰다.

장점을 짚어주기. 자신의 배우자가 불쾌하고 부정하는 성격을 가지고 있다고 크게 불평하는 사람들을 도와주는 또 다른 방식은 그러한 똑같은 성격에 좋은 점도 같이 있다는 것을 짚어주는 것이다. 그 성격은 처음에 낭만적인 매력을 발산했던 점이기도 하다. 여기서 우리는 한쪽이 "소심한 사람"이 되는 와중에 다른 한쪽은 "재미있는 사람"이 되는 과정을 보여주면서 "파멸적 매력"이 점점 나빠져 가는 과정을 뒤집으려 하는 것이다. 부부가 이것을 잘 이해하며 작업하고 나면 종국에는 잘 해결된다. 이러한 개입은 다소 제한된 권한이기는 하지만, 두 사람에게 남겨진 차이점이 내담자에게는 힘든 현실이며 이를 애도하도록 도와주는 마지막 단계에서는 꽤 유용하다는 것이 증명되었다(레이첼과 맷의 사례를 떠올려보자).

교정적 체험을 촉진시키기. 투사하는 사람들이 부정당하고 두려웠던 상태를 드러낼 수 있는 기회가 주어진다면 변화가 일어날 수 있다. 그들은 재앙이 아닌 긍정적인 효과를 경험하게 된다. 자신의 배우자에게 의존성, 약함, 또는 부적절함을 투사했던 내담자들은 상담자와 배우자가 듣고 공감과 이해와 안심을 주는 가운데 이제 서서히 그러한 감정들을 인내하게 되는 것이다. 자신의 공격성을 두려워하던 내담자는 그것이 어디에서 왔는지 아는 것만으로는 극복할 수가 없고, 자신의 화를 공개적으로 말하고 불편한 것에 대해 건설적으로 대응해보는 기회를 가질 필요가 있다. 혼자 남겨지는 것을 두려워하면서 타인에게 투사함으로서 대처해오던 내담자는 우리의 상담실에서 유익한 연결감을 경험함으로써 "헌신"할 수가 있게 된다.

요약하자면, 우리는 내담자들이 이전에 자기 자신에게 차단했던 것들을 수용하고 받아들이도록 도와줌으로써 투사적 동일시를 줄여준다. 다음 장에서도 이 수용이라는 주제를 계속 탐구해보도록 하겠다.

9장 NOTES

1) 시간 순서대로 나열된 다음의 저자들이 부부에게 적용된 투사적 동일시를 이해하는 데 중요한 기여를 한 사람들이다: Dicks (1967); Willi (1984); Wachtel & Wachtel (1986); Scarf (1987); Slipp (1988); Zinner (1989); Catherall (1992); J. Siegel (1992, 2010); Berkowitz (1999); Middleberg (2001); Donovan (2003); D. B. Stern (2006); Lansky (2007); and Gurman (2008b).

10   수용과 용서에 초점 맞추기

만일 사랑이라는 것이 항상 무의식적으로 미움으로 바뀌는 거라면 미움
은 노력없이 사랑으로 돌아오지는 않는다. Muriel Dimen(2003, p. 247)

■ 부부상담에서의 수용 이론의 기원

[부부상담에서의 수용과 변화(Acceptance and Change in Couple Therapy, 1998)], 그리고 [조화시킬 수 있는 차이점(Reconcilable Differences, 2000)]을 저술한 Neil Jacobson과 Andrew Christensen은 행동주의 부부상담의 발전과 연구에 가장 뛰어난 업적을 남긴 학자들로서 최근에 바뀐 중요한 점들에 대해 기술한 바 있다. 첫 번째 저서는 상담자들을 위한 것이고 두 번째 저서는 일반 대중을 위한 것이다. 그 이전에는 협상 중인 절충안, 긍정적인 변화를 촉진시키기, 의사소통과 문제해결 기술을 가르치기와 같은 내용에 중점을 두었었는데, 최근 여기에 어떻게 용서와 수용에 다가가는가에 관련된 내용이 강력한 도구로서 첨가되었다. 행동주의적 부부상담에 대한 성과연구를 살펴보면서 그들은 2년간 더 악화되지 않고 개선되는 부부들이 약 50% 정도 된다는 것을 알게 되었다. 이는 다른 형태의 부부상담과도 비슷한 비율이었고, 상담을 받지 않은 통제집단에 비해 훨씬 나은 수치였다. 데이터가 보여주듯이, 물컵의 은유에서처럼 왜 반 밖에 차 있지 않은 것인지에 대해 탐구하면서 그들은 조화시킬 수 없는 차이점에 봉착해 있는 부부들이 조정, 절충, 협력의 역량이 부족하다는 것을 알게 되었다. 이 점은

그러한 변수에 집중하는 것이 도움이 될 것이라는 점을 시사한다.

이 문제를 더 밀착해서 연구하면서 Christensen, Jacobson과 동료들은 다음과 같은 명백한 역설을 관찰하게 되었다. 사람들이 자신의 배우자를 바꾸려고 그렇게 고집스럽게 시도하는 것을 그만두었을 때 그들이 바랬던 변화가 스스로 발생하기 시작했다는 것이다. 그 전에 변화가 잘 일어나지 않았던 이유는 끊임없이 비난을 받은 것에 대한 수동공격적인 결과였다. 내가 잠깐 논의할 다른 이점에 대해서도 또한 그들이 알게 되었다. 이것을 수년 후에 통합적 행동주의 부부상담이라고 부르게 되었다. 통합적 부부상담의 성과는 전통적인 행동주의 부부상담보다 우수하다는 것이 밝혀졌다(Dimidjian, Martell, & Christensen, 2008). 최근 들어서 Gurman(2013)은 이것을 행동주의 부부상담에서 "제3의 물결"로 받아들이는데 초점을 두었으나 반면 Sprenkle, Davis와 Lebow(2009)는 가장 최근의 부부상담 학파에서 배우자와의 차이를 인정하는 것을 "공통적인 종결점"으로 보았다. 두 사람의 행동주의 부부상담자들이 이 주제를 부부상담의 지도에 넣었지만 나는 이 장을 정신역동 부분에 넣어두었다. 왜냐하면 수용과 용서를 촉진하는 개입은 흘려보내고 나아가는 것을 가로막는 심리적 장애를 덮어주고 변화를 향해 나아가는 것(대체로는 무의식적인)에 초점을 두기 때문이다.

■ 해결할 수 없는 문제를 다루는 것

수용과 용서에 기반한 개입을 활용하는 상담자들은 부부가 서로 절대 바꿀 수 없는 차이점과 심각한 문제들을 받아들이거나 또는 담아둘 수 있도록 돕는다. 이것을 Gottman은 해결할 수 없는 문제 또는 영구적인 문제라고 불렀고 Christensen과 Jacobson은 조화될 수 없는 차이점이라고 불렀다. 계속되는 문제들의 한 가지 중요한 범주는 과거에 있었던 상처받은 사건들이며 그것은 되돌릴 수도 없고 "용서될" 수도 없는 것이다.

수용. 때로는 변화할 수 없는 것처럼 보이는 것을 변화시키려 노력하는 것을 포기하도록 내담자를 돕기도 한다. 이것이 바랬던 변화이다. 부부의 결혼생활에서 가장 해로운 것은 변화되지 않는 문제들 자체가 아니라 그에 대해 끊임없이 다투는 것이며, 변화가 금방 찾아오지 않을지라도 수용은 그것이 더 해로워지는 것을 막아준다. 물론 이것은 변화를 위한 작업이긴 하지만 내담자들이 흔히 바라던 변화와는 매우 다른 종류의 변화이다.

해결할 수 없는 문제를 어떻게 담아둘 것인지에 대한 대화는 친밀감과 유대감을 위한 기회 또한 제공해준다. 어느 정도 사교생활을 할지, 어느 정도를 "늦은 귀가"라고 정할지에 대해 부부가 완전히 동의하지는 못할지라도 이렇게 계속되는 문제에 대해 대화를 하는 것은 서로를 더 가깝게 할 것임을 기대해볼 수 있다. 자신의 투쟁을 서로에게 공유하고 두 사람의 차이점에 대해 살펴볼 것이기 때문이다.

용서. 용서의 가치는 최근 심리학자들과 심리치료사들의 관심을 사로잡았으며(Fehr, Gelfand, & Nag, 2010), 용서를 촉진하는 것을 목적으로 한 새로운 형태의 상담이 탄생하게끔 하였다(Enright & Fitzgibbons, 2000; Luskin, 2002). 심각한 배신에서 회복하는 것을 돕는 부부상담자들, 상당한 인권침해를 당한 학생들, 그리고 신학자들과 심리치료사들이 중요한 기여를 하였는데, 이들 모두는 어떻게 하면 복수심에 불타 집착하는 소모적 단계를 떠나보낼 수 있도록 도울 수 있을까에 대해 연구했던 사람들이다.

■ 새로운 도구

부부의 갈등관리를 돕는 것에 관심이 집중되어 있는 상담자로서, 나는 수용과 용서를 촉진시키는 목적으로 하는 개입이 내가 상담을 할 때 사용하는 도구상자에 들어 있다는 것을 알게 되었다. 물론 나는 이러한 이슈가 생겨날 때 관여를 해오긴 했으나 그것을 진정 개념적으로 생각해보지는 않았다. 다음에서 논의할 부분에서 나는 수용과 용서에 관해 작업할 때 도움이 된다고 여겨지는 생각들을 엄선하여 제시하였다. 어느 정도 임의적이긴 하나 배신의 심각도에 바탕을 두고 이들을 구별하였는데, 수용은 평범하고 일상적인 마찰에 적용하였고 용서는 배신과 상처를 주는 보다 심각한 행위에 적용하였다.

수용

■ 세 가지 선택과 평온을 비는 기도

역경에 직면했을 때 사람은 먼저 상황을 정직하게 평가하여야 한다. 어떤 욕구가 있는지, 이와 관련된 장애물은 무엇인지, 그리고 가능한 한 할 수 있는 조치를 취했을 때 어떤 결과가 있을 것인지에 대해서 말이다. 초기에 평가가 이루어진 후에, 세 가지 선택지를 가질 수 있다. 상황을 변화시키기 위해 시도하거나, 상황에서 벗어나거나, 또는 상황을 받아들이는 선택지가 있다. 이러한 선택지들은 [평온을 비는 기도(신학자 Reinhold Niebuhr의 기도문으로, 알코올중독자모임 AA에서 공표함)]를 상기시킨다. "신께서는 내가 변화시킬 수 없는 것을 받아들이는 평온함과, 할 수 있는 것을 변화시키려는 용기와, 이 둘의 차이점을 알 수 있는 지혜를 내게 주신다."

변화시킬 수 있는 것이 무엇인지, 무엇을 받아들일 것인지, 무엇을 떠나보내야 할 것인지를 부부가 결정해야 한다. "수용 이론"이 명확하게 해주는 것은 우리 내담자들이 변화를 구하려는 노력이 상황을 악화시킬 뿐이라는 것을 알면서도 변화를 바라는 그런 모호하고 애매한 경험에 사로잡히게 될 때 우리가 세 번째 선택지를 제안할 수 있다는 것이다. 그것은 평온과 수용을 추구하는 작업이다.

■ 전부를 수용하라는 것은 아니다

물론, 진정 받아들일 수 없는 것, 즉 물리적 폭력, 약물 남용, 지속적인 혼외정사, 계속되는 학대, 또는 깊은 무관심 등을 받아들이라고 해서는 안된다. 이런 일들은 기본적인 부부의 약속을 심각하게 위반한 사항들이다.

덜 심각하다 해도 폭력은 받아들일 수 없는 것이다. 나의 내담자 중 어떤 사람은 이전에 상담받던 부부상담자의 추천을 받고 내게 왔었다. 그는 이전 상담에서 아내의 혼란스러운 행동(옷을 집안 곳곳에 벗어놓는 등)을 받아들이는 것에는 상당한 성과가 있었다. 이러한 특정 문제에 대해 벌어진 그들 사이의 전투가 진압되긴 했어도 그들의 결혼생활에 있는 핵심적인 문제를 다룬 것은 아니었다. 그들의 진짜 문제는 질서정연함에 대한 양극화가 아니었고, 남편에게도 "독립적인 사생활(Pizer & Pizer, 2006)"이 있다는 것을 아내가 인정할 수 없는 것에 있었다. 아내가 거짓으로 그 점을 수용했었고 그 결과로 남편은 활력이 없이 짜증나는 상태로 남아있게 된 채로 자기가 왜 그런지도 알 수 없었다. 아내가 직업을 구하기 위해 다른 도시로 떠나버리고 난 후, 아내는 그에 따르는 비용을 남편이 지불해 줄 것이라고 기대했으나 남편은 이 결혼을 지속하는 것이 무슨 의미인지를 깨닫게 되었고 아내를 떠나버렸다. 교훈은 무엇일까. "수용"을 위해 작업할 때, 상담자는 마지못해 감수하거나 비참한 현재의 상황에 쩔쩔매며 항복을 하는 것이 아니라 무언가 더 나은 것을 목표로 정해야 한다는 것이다.

■ 해결할 수 없는 문제들

해결할 수 없는 어떤 문제나 논쟁, 즉 소피 이모와 얼마나 같이 지내야 하는지 등의 문제들은 부부에게 매우 특별한 경우이다. 그러나 가장 빈번하게 일어나는 문제는 기질이나 스타일의 차이 또는 성격 차이와 같은 것으로 드러난다. 얼마나 가깝게 지내야 할지, 얼마나 정리정돈이 되어 있어야 할지, 얼마나 자연스러워야 할지, 얼마나 절약을 해야 할지, 얼마나 시간을 잘 지켜야 할지 등등에 대해 의견 불일치가 일어난다. 갈등 상황일 때 어떻게 행동하는지에 대한 차이점도 여기에 들어간다. 과거에 대해 이야기하고, 목소리를 내서 항의하고, 정서에 대해 의사소통하는 것이 얼마나 가치가 있는지에 대해 우리가 이전에 논의했었다. 이와 같은 큰 차이점은 부부가 서로를 이해하는 능력에 지장을 주어서 자신의 배우자가 형편없이 자랐거나 정신적으로 병이 들어서 말귀를 알아듣지 못한다는 생각에 이르게끔 한다. 그러나 실제로 모든 결혼생활에는 어느 정도의 성격 불일치가 있고 자신이 변화하려고는 하지 않기 때문에, 부부는 대체로는 그런 특징들을 담아두고 관리하려고 노력하거나 수용하는 편이 낫다는 것이다.

■ 대가와 이익(costs and benefits): 콜과 제니퍼

차이를 받아들이지 않는 대가는 다음과 같다. 불쾌한 기분과 에너지 감소, 즉 우울, 화, 불안, 불면증, 그리고 불만에 집착한 결과로 정신적 자원이 고갈되는 것이다. 한 배우자가 잔소리하고 죄책감을 불러일으키고 또는 욕설을 하면서 상대방을 변화시키려는 강압적인 시도를 하게 되면 이러한 적대감에는 반작용이 있게 마련이고 수동공격적인 불복종이 뒤따르게 된다. 적대감은 결혼생활의 다른 상호작용도 오염시키며 가장 중요한 것은 결혼의 유대감을 침식시켜 마침내 별거하게 만든다는 것이다.[1]

부부가 서로 완벽한 것보다 조금 부족한 것을 받아들이고 서로의 희생과 타협에 대해 감사하는 것이 결혼생활에 도움이 된다. Dimidjian과 그의 동료들(2008, pp. 96-101)이 제시한 사례에서 묘사된 것처럼, "팀을 위해 안타를 치는 것"은 배우자가 그것을 깨달을 때 더 쉬운 것이고 깨닫지 못할 때는 어려운 것이다. 둘째가 태어난 후에 제니퍼가 일을 다시 시작하는 게 좋겠다고 콜과 제니퍼가 동의했으나 때가 다가오자 제니퍼는 그 결정에 대해 의문이 생겼고 집에 남아 전업주부로 지내고 싶어했다. 이것이 콜을 화나게 했다. 그는 아내가 가정의 주수입원이 되어주기를 원했기 때문이다. 콜은 공감이 부족했고 이것이 제니퍼가 전업주부가 되고 싶어 하는 소망이 좌절된 것에 대해 슬퍼하는 것을 더 어렵게 만들었다. 이것이 앞으로 나아가며 "힘든 일을 해내는" 그녀의 능력에 방해가 되었던 것이다. 이것은 한 배우자의 변심이나 양가감정으로 인해 상대방이 불안으로 요동치게 되고 부부가 정상궤도를 이탈하게 되면서 벌어지는 매우 흔한 상황이다.

상대의 처지에 공감해줄 때 하기 힘든 행동을 더 잘하게 될 가능성이 높다. "당신은 집에 있는 것을 더 좋아하는데 복직하라고 하니 얼마나 힘들지 잘 알겠어"라고 말하는 것은 제니퍼가 하기 어려웠던 일을 하도록 아주 많이 도와주는 것이다. 협조를 잘 하는 (수용적인) 배우자 역시 자신의 행동을 배우자의 요구에 대한 마지못한 굴복이라고 보기보다는 자신의 배우자와의 동반자적 봉사의 관계에서 만들어진 헌신이라고 말할 수 있다.

부탁을 하는 배우자가 결과에 대한 불안이 줄어들어서 상대방의 계획을 뒤집는 것에 대한 죄책감이나 의구심을 말할 수 있게 된다면 일이 훨씬 수월하게 된다. "우리가 동의했었던 일이잖아요" 또는 "당신도 알다시피 그렇게 하는 것이

맞잖아"라는 말 뒤에 숨는 대신, 콜은 제니퍼가 자신이 좋아하는 일이 아닌 남편이 좋아하는 일을 하고 있었다는 것을 인정할 수 있었다. 콜은 심지어 "당신에게 빚졌네"라고 말하기도 했다. 한 배우자가 자신을 바꾸거나 상대방을 있는 그대로 수용하게 됨으로써 자신의 의견을 조정하게 될 때 상대방도 비슷하게 다른 문제에 관해서도 더 쉽게 의견을 조정하게 될 것이다.

■ 수용을 위해 작업하기: 이전에 다루었던 것을 적용하기

배우자를 변화시키기 위해 노력하는 것을 포기하고 상대방의 요구대로 해주려는 배우자는 제니퍼가 그랬던 것처럼 자신이 원했던 것에 대해 충분히 애도하고 난 후에야 수용을 하는 것이 가능할 것이다. 제니퍼가 그러했던 것처럼 말이다. 우리가 이미 논의했던 몇 가지 요인들이 평온과 수용을 향해 나아갈 수 있도록 도와준다.

성숙. 성공적인 결혼생활을 가져오는 성숙함의 구성요소들은 자기인식, 자존감, 책임감 등이며, 부분적으로는 진행 중인 문제들과 주기적으로 실망을 안겨주는 문제들을 받아들이도록 사람들을 도와주는 데 있다. 이러한 역량을 발전시키도록 촉진하면 부부가 서로를 받아들이게 된다.

자기 자신에 대한 수용. 낭만적 사랑에 대해 과도하게 이상화했던 것을 놓아버리고 자신과 자신의 배우자의 불완전한 모습을 허용하는 것은 수용의 한 형태이다. 배우자의 결함을 수용하는 것은 투사적 동일시가 아닌 그것을 "담아두는" 것이며 배우자를 용서하고 그들의 실패를 수용하는 능력이다. 그리고 자기 자신과 자신의 나쁜 점, 그리고 그 모든 것을 수용하는 역량은 진실한 사과를 만들어가는 전제조건이 된다.

불완전한 상호작용의 수용. 결혼생활의 상호작용은 완벽하지 않다는 것을 받아들일 수 있는 내담자들은 더 잘할 수 있다. 원가족에서 심각한 역기능이 있었던 사람들은 건강하고 "충분히 괜찮은" 가족 안에도 완벽하지 않은 삶의 현실이 있다는 것을 전혀 경험해보지 못했다. 완벽한 상호작용이 가능하다는 환상으로부터 그들이 부드럽게 깨어나도록 도와줄 수 있다.

공감, 희생, 그리고 헌신. 우리 자신이 배우자의 입장에 서 보는 것이 그들을 수용하는 기반이 되기 때문에 공감능력이 용서의 역량과 관련이 있다고 밝혀진 것은 놀라운 일이 아니다(Fehr et al., 2010). 헌신과 희생에 관련된 역량과 갈등이 일어난 시간 동안 "영향력을 수용하는 역량"(Gottman & Levenson, 1999)이 관계에서의 성공과 관련이 있는 것으로 나타났다. 이는 자신의 배우자와의 동반자 관계 안에 존재하는 수용의 한 형태로서 자신이 가지고 있었던 계획을 기꺼이 내려놓는 성숙함을 의미하는 것이다.

전이. 내담자들이 자신과 그들의 배우자가 가지고 있는 심리적 취약점(공포전이)을 인식하게 되면 자기자신과 배우자를 더욱 잘 받아들이게 된다. 자신이 가지고 있는 심리적 예민성이 무엇인지 알고 있는 배우자는 배우자를 탓하기보다는 자신의 내면에서 일어나는 상태에 대해 책임을 지려고 한다. 현명한 부부들은 자신의 배우자가 가지고 있는 예민성을 건드리는 시도는 하지 않을 것이며 상대방의 심리적 예민성이 두드러질 때 놀라지 않고 더욱 연민을 느끼게 된다.

대인관계 프로세스. 정신역동에 관한 장 전체를 통하여 나는 내담자의 마음 깊은 곳에 자리잡고 있는 소망과 두려움을 소리내어 말하도록 도와줌으로써 친밀감, 연대감, 갈등해결을 촉진하는 것에 주안점을 두었다. 이러한 현상이 일어나면서 부정적인 상호작용의 순환고리는 더욱 지지적이고 협조적인 순환고리에게 자리를 내어준다. 이런 일이 일어날 때 대인관계에서의 연결(자기대상 유대감)이 증진되어 배우자가 결코 알아주지 않았던 그들의 소망에 대해 애도할 수 있도록 도와주게 되는 것이다. 샐리와 조지를 떠올려보자. 그들은 6장에서 이야기하였던 추격자와 도망자 부부이다. 이 부부는 전형적인 추격자-도망자 부부로서, 서로가 완벽하지 않다는 것을 받아들여 개선된 경우이다. 특히 이 부부는 친밀감 대 거리감에 대한 선호도가 너무 달랐고 이 점은 평생 지속되는 것이었다. 더욱 더 친밀하고자 했던 추격자는 바랐던 것보다 덜한 정도를 받아들이게 되었다. 자신의 배우자가 거리를 두려고 해도 그것을 더 이상 자기 때문이라고 생각하지 않게 되었기 때문이다. 도망자는 어떻게 하면 더 나은 청자가 될 수 있는지를 배웠고 대화에 더욱 기꺼이 참여하려고 했다. 대화에 별로 끼고 싶지 않을 때조차도 말이다.

■ 수용을 위한 작업: 추가적인 대안들

망설이는 이유를 밝히기. 수용을 촉진시키는 방식으로 무엇을 얻을 수 있는지 알고 싶어하지 않는 배우자와 함께 작업하는 것이 나의 주된 접근방식이다. 공정함, 문화적 규준, 또는 만일 상황이 바뀌지 않는다면 일어날지도 모르는 일들에 대한 이슈를 포함한 여러 가지 가능성들이 있다. 한 배우자에게 있어 수용하기가 어려운 점이 있음을 알게 되면 나는 상대 배우자에게 더욱 호의적인 방식으로 필요한 것을 보여주도록 도와준다. 대체로 나는 부부를 번갈아 가면서 그들이 어딘가 중간지점에서 만날 수 있도록 도와준다.

이점을 지적하기. 내담자가 수용에 대해 거부감이 있음을 말하고자 할 때, 나는 종종 그것을 놓아버리는 것, 특히 낡아빠진 문제들에 대한 논쟁을 끝내는 것에 어떤 이점이 있는지를 말해준다.

결함 또한 자산이며 누구도 완벽하지 않다는 점을 지적하기. 때로는 Jacobson과 Christensen(1998)이 권해준 바에 따라, 상처를 주긴 하지만 동시에 이점도 있는 행동들도 많다는 점을 부드럽게 지적해준다. 열심히 일하느라고 집에 늦게 귀가하여 실망을 안겨주는 남편은 아이들의 대학 등록금을 대는 남편이기도 한 것이다. 아이에 대한 부모역할에 너무 까다로운 것처럼 보이는 아내는 자녀들에게 최고의 선생님을 찾아내는 엄마이기도 하다. 성격특성이라는 것이 플러스와 마이너스를 동시에 가지고 있다는 것을 받아들이는 것이 힘든 것이고 모든 배우자들이 플러스와 마이너스를 함께 가지고 있다는 것이 똑같이 중요한 점이다.

타협점에 대해 논의하기. 행동에 있어서 타협점을 찾도록 도와주는 것은 격언에 있는 것처럼 "어둠을 저주하는 것보다는 촛불 하나를 켜는 것이 낫다." 이것이 끝없이 옥신각신하는 다툼을 끝낼 수 있도록 돕는다. 부부상담자들은 실행 가능한 타협안에 대해 이야기하도록 격려할 수 있고 13장에서 논의될 그에 수반되는 도전에 대해서도 이야기하도록 격려할 수 있다. 삶에서 고통스러운 한가지 사실은 관계된 사람들 모두가 자신이 원했던 것보다 적은 것을 받아들여야만 진정한 타협이 이루어진다는 데 있다.

대안점을 권장하기. 결혼생활에서 생기는 실망을 다루는 또 다른 방법은 좌절된 욕구를 만족시키는 대안적 방법을 찾아보는 것이다. 거리를 두는 배우자와 친밀한 대화를 하려고 헛되이 노력하는 배우자는 (대체로는 여성들) 자신과 생각이 비슷한 친구나 친척들과 이야기를 함으로써 부분적으로 욕구충족을 할 수 있다.

부부 사이의 긍정적 상호작용을 하도록 격려하기. 많은 연구에서(Gottman, 2011; Pines, 1996) 부부 사이의 긍정적 상호작용의 빈도가 증가하는 것이 결혼생활의 행복이나 결혼생활의 성공과 관련이 있는 것으로 나타났다. 뿐만 아니라 이는 타협하고 희생하려는 의지와도 관련이 있었다. 우리는 이에 대해 14장에서 더 논의할 것이다.

수용을 실험하기. 내담자들이 수용을 향해 움직이도록 돕기 위해 Fruzzetti (2006)는 다음과 같이 과제를 지정해주기도 하였다.

> 배우자를 변화시키기 위해 당신이 지속하고 있는 것(e.g., 잔소리, 비난하듯 쳐다보는 것)이 무엇인지 인식해보세요. 얼마나 자주 그렇게 하는지 관찰하고, 그것을 그만하도록 하세요. 당신과 당신 배우자에 대한 평가와 당신이 원했던 것을 얻지 못한다는 불편감 모두를 포함하여 당신이 화가 나는 감정을 가지게 되었다는 것을 알아차려 보세요. 당신이 그것을 다룰 수 있을지를 보세요. 이것을 보완할 수 있는 다른 방법으로 스스로를 돌보도록 하세요. 애도과정을 통해 당신이 하고 싶은대로 하세요. 당신의 배우자를 변화시키려는 노력을 계속 지속한다면 당신이 얼마나 대가를 치러야 할지를 생각해보세요. 당신이 배우자를 변화시키려고 계속 노력한다는 것은 실제로 그러한 노력이 좌절되었을 때의 느낌을 의미하기도 합니다. (pp. 160-161)

이 연습은 내담자로 하여금 배우자를 변화시키려 노력하는 것을 포기할 때의 손실과 이익을 인식하게 하는 데 도움이 된다. 이 연습을 사용할 때 나는 헛된 노력이 불러오는 불편감에 초점을 두고, 그것을 내려놓기 힘들게 하는 장애물을 이해하도록 촉진하는 데 이 연습을 사용한다.

대화를 다시 시작하도록 격려하고 가르치기. 결혼생활에서 정서적인 손상이 일어난 바로 직후에 그것을 복구하려는 노력을 했을 때 수용이 크게 촉진된다. 결혼생활에서는 이것이 매우 대단히 중요하며 그렇게 하지 않았을 때는 배우자를 관계 악화의 원천으로 보게 된다. 이는 수용의 정반대편에 있는 것이다. 상담실에서 작업하는 것을 포함해서 내담자에게 어떻게 대화를 다시 시작하는 것인지 가르치는 것은 수용하는 태도를 기르는 중요한 수단이 된다.

　일단 부부가 진정이 되면 대화를 다시 시작하도록 한다. 최근에 입었던 상처를 검토하고, 이를 회복시키고, 앞으로 어떻게 잘 할 수 있을지를 계획하기 위해 최적의 대화가 이루어지도록 해야 한다. 대화가 다시 시작되었다는 것은 함께 했던 그들의 삶에 서로 상처를 주어서 회복이 필요했던 사연들이 있었다는 고통스러운 진실을 받아들이도록 은연 중에 격려하는 것이다.

　사람들은 싸운 뒤에 관계를 회복하려고 많은 것을 시도한다. 사과를 하거나, 뭔가 특별히 좋은 일을 하거나, 잘하겠다고 약속을 하거나, 용서하고 잊기로 하거나, 안아주거나 한다. 이 모든 것은 때로 효과가 있으나 상대방이 받아주지 않으면 모두 허사이다. 그 문제가 다시 또 일어나지 않으리라고는 그 누구도 보장해줄 수가 없다. 만일 그들이 무슨 일이 일어난 것인지를 알아보고, 책임을 인정하고, 서로의 행동이 합리적이었음에 고마움을 표하고, 앞으로 어떻게 잘 할 것인지 계획을 세우게 된다면, 부부는 오래가는 해결방안을 찾게 될 가능성이 높아진다.

　"내가 너무 둔감해서 미안해요"라는 단순한 사과는 문제가 있다. 이는 무엇이 싸움을 야기했는지를 이해하고 배우자의 상처를 치유하려는 진실한 노력이라기보다는 러그 밑에 숨어 있는 먼지를 쓸어버리려는 시도로 여겨질 수 있기 때문이다. 진실하지 않은 태도를 서로 경험한 적이 없는 경우에라도 그러한 사과는 불완전하다. "키스하고 화해 끝" 이렇게 하는 배우자는 더 이야기하지 말자고 무언의 공모를 하는 것이며 단기적으로는 결혼생활이 조화로울 수 있으나 결국 이 불편한 시나리오를 반복하게 된다. 이러한 이유들 때문에 부부는 재빠르게 사과를 하는 것 이상의 무엇인가를 할 필요가 있게 된다.

　대화를 재건하는 것은 "통합된 분리(unified detachment; Lawrence & Brock, 2010)"의 분위기에 목적을 두어야 한다. 이 분위기에서 부부는 싸움에서 벗어난 "플랫폼"에서 함께 고통스러웠던 사건을 검토해야 한다. 대화를 재건하도록 부부를 도와줄 때 나는 내 자신의 수용과 격려를 얘기해준다. 나는 그들에게 결혼생활의 건강함이란 서로를 상처입히지 않는 것을 의미하는 것이 아니며, 싸우고 난 다음에 함께 어떻게 할지를 배울 수 있다면 결혼생활은 훨씬 좋아질 수 있다고 말해준다. 나는 이것을 명확하게 알려주고, 사건이 일어난 후 아물지 않는 분노가 생겨나지 않도록 자신의 고통을 스스로 처리해왔던 부부의 역량에 대해 칭찬을 해준다. 나는 그들에게 화난 상태로는 침실에 들지 말라고 했던 민간의 지혜를 떠올려보게 한다. 관계회복이 취침에 항상 선행되야 한다는 것에는 동의하지 않지만 말이다.

대화의 재건에 대한 기본 원칙은 우선 본질적으로는 "공정하게 싸우기"에 대한 권장사항과 동일하다. 이에 대해서 11장과 13장에서 더 명확하게 논의할 것이지만 지금 말하고자 하는 것은 배우자들에게 상대의 입장이 되어 보도록 격려하여 자기합리화를 넘어 좋은 청자가 되는 것을 우선순위에 두도록 하는 것이다.

부부가 재건에 착수하기 전에 적절하게 이해력이 있고 안정된 감정상태에 있어야 한다. 만일 그들이 "당장 해결을 보기" 위해 재건의 과정을 시작한다면 일을 더 악화시킬 수 있다. 나는 내담자들에게 배우자에게서 즉각적인 대응이나 이해를 기대하지 말라고 조언한다. 실제로 대화의 재건 초기단계는 그들이 해결하려고 하는 것과 동일한 고통이 경험될 가능성이 매우 높다. 그렇게 하기로 굳게 마음먹는 것은 Wile(1993)이 "좋은 사람의 반격"이라고 불렀던 역습하고 싶은 욕망을 막아줄 수 있다. 대화를 재건할 때 좋은 사람이고자 하는 시도가 그와 비슷한 화해의 행동을 이끌어내지 못하게 되면 싸움은 다시 일어나게 된다.

대화의 재건에서 근본적이고 정서적인 도전은 아주 자세하게 사과를 하는 것, 즉 당신이 한 행동이 당신의 배우자에게 어떤 고통을 주었는지를 매우 정밀하게 명시하는 것에 있다. 한쪽 편에서 이것을 하고 나면 보통은 다른 한 쪽도 자신도 일조했다는 것을 더 인정할 수 있게 된다. 우리는 이것을 '인정－인정' 부부의 상태라고 부른다. 따라서 공정하게 싸우기 위한 일반적인 규정을 준수하는 것에 더해서 우리가 내담자에게 대화를 재건하기 위한 첫 번째 규칙으로 조언하는 것은 당신이 싸움에 기여한 것만을 말하라는 것이다(Wile, 1993). 이것은 매우 중요하다. 배우자가 싸움에 한몫 했다는 것을 그 어떤 것이라도 말하게 된다면 그것 때문에 당신의 사과는 아무 소용이 없어지며 진실되지 않게 덧붙이는 말들이 당신을 다시 논쟁에 휘말리게 할 것이기 때문이다.

모두가 아직 상처받았고 적대적이라고 느낄 때 이 규칙을 지킨다는 것은 어려운 일이다. 그러나 한 사람이 첫 번째 잠정적인 움직임을 만들어낼 수 있다면 선순환이 시작될 수 있다. 그 안에서 각자가 책임을 인정하면 상대방의 책임에도 자극을 주게 된다. 자신이 사과했던 것이 조롱이나 멸시를 받지 않는다는 것을 보게 되면 부부는 점차적으로 상대방의 말을 더욱 진실하고 화해의 느낌으로 듣게 된다. 만일 그들의 대화가 긍정적으로 유지된다면 부부의 유대감은 강화될 것이고 부정적인 전이 기대는 약해질 것이다. 성공적인 재건의 경험이 반복되면 잘못된 일을 인정하고 각자를 용서하게 되고, 이 과정에서 배우자에 대한 신뢰가 더욱 강화된다. 재건이 충분히 이루어질 때 부부는 앞으로의 싸움을 막기 위한 토론으로 나아갈 수 있다.

우리는 이제 이와 관련된 더욱 도전적인 상황으로 옮겨가 보도록 하겠다. 한쪽 배우자에게 명백한 과실이 있고 비난받을 만한 경우이다.

용서

■ 큰 배신

나는 결혼생활의 위반사실을 그 심각도에 따라 "용서"가 필요한 것과 "수용"이 필요한 것으로 구별하는데, 용서가 필요한 것의 대부분은 큰 배신으로 경험되는 것들이다. 심각도가 커지면 어떻게 용서할 수 있는가에 대한 새로운 의문이 생기게 된다. 이에 대한 예시가 [표 10.1]에 제시되어 있다.

이러한 위반은 공통적으로 암묵적인 결혼의 계약을 사실상 위배한 것이다. 배우자를 깊이 보살피겠노라고, 외부의 다른 관계보다도 배우자를 우선순위에 두겠노라고, 위기의 상황에서 몸을 던지겠노라고, 배우자에게 영향을 줄 수도 있는 행동들에 대해 정직하겠노라고 맹세한 결혼의 계약 말이다. 이러한 파행은 배우자의 정직과 신뢰, 그리고 충성심에 대한 믿음을 뒤흔들어 관계를 근본적으로 위협한다.

그러한 위반이 부부상담의 과정에서 표면화될 수 있지만 대체로는 문제로 제시되는 것들이다. 임상현장에서 나와 또 다른 사람들(Baucom, Snyder, & Gordon, 2009; Enright & Fitzgibbons, 2000; Greenberg, Warwar, & Malcolm, 2008, 2010)의 경험에서는 그런 부부들에게는 특히 상담의 초기단계에서 독특한 접근법이 필요했다. 상담을 찾아온 다른 부부들과는 달리 이런 부부들은 한쪽 배우자가 상대 배우자를 반칙을 한 사람으로 매섭게 정해놓았기 때문이다. 상처를 받은 쪽이 가해자에게 요구하는 것은 사과와 다시는 반칙을 저지르지 않을 것이라고 안심시켜주는 말이다. 그런 부부들이 가지고 있는 또 다른 결정적인 특징은 상처받은 배우자가 배신에 사로잡혀 있어서 분노와 고통을 놓아버릴 수가 없는 것처럼 보인다는 것이다. 당연하게도 용서는 이러한 부부들을 회복시키는 결정적인 것이고, "결혼생활의 만족감, 심리적 친밀감, 관계에의 투자를 높여주고 부부의 권력분배에 균형을 맞추어주는 것"으로 밝혀진 바 있다 (Greenberg et al., 2010, p. 29).

표 10.1 부부의 심각한 반칙들

- 신체적 폭력
- 외도
- 온라인 포르노, 채팅룸, 스트립 클럽(배우자가 보기에 외도와 동일하다고 여긴다면)
- 비밀스럽고 해로운 금융 활동: 도박, 골로 가버린 위험한 투자, 결혼 전에 있었던 빚을 숨기는 것, 비싼 상품을 구매하고 말하지 않는 것.
- 배우자에게 영향을 미치는 여러 가지 중요한 기만: 범죄행위, 약물남용, 실직을 감추는 것.
- 중요한 약속을 파기하는 것.
- 기밀정보를 누설하는 것.
- 출산, 투병, 부모나 가까운 친척의 와병 중에 도움을 주지 않는 것
- 중요한 위기 상황에서 배우자의 요구를 고려하지 않는 것: 낙태를 하라고 과도하게 압박을 하거나 상의도 없이 직장을 옮겨버리는 것.
- 배우자의 커다란 인생의 업적에 대해 무시 또는 폄하하는 것.
- 배우자를 공개적으로 심하게 당황하게 하는 것.
- 중요한 친구, 가족, 동료들의 기분을 심히 상하게 하는 것.
- 다른 사람들 특히 가족 구성원들과의 중요한 분쟁에서 배우자의 편을 들어주지 않는 것.

█ 용서의 심리학

용서는 흔히 내담자와 상담자 모두에게 충분하지 않게 또는 단순화되어 이해되고 있는 것 같다. 많은 내담자들이 용서 "해야만 한다고" 생각하면서 시작하지만 그것을 "그저 할 수가 없다"는 것을 알게 된 후에는 용서하는 것을 포기한다. 상담자와 내담자 둘 다 용서라는 것이 복잡한 심리적 경험이라는 것을 이해해야만 한다. 용서가 일어나려면 시간과 노력이 필요하다. 용서의 목적은 "용서하고 잊어버리는 것"이 아니라는 것을 깨달아야만 한다. 잊는 것은 단순히 가능한 일

이 아니다. 오히려 용서는 아직 기억하고 있는 사건에 대한 원망을 내려놓아야 가능하다. 원망을 내려놓는다는 것은 상처받은 배우자의 형평성, 안전, 신뢰, 정체성에 대한 개념을 위협할 수 있기 때문에 두렵게 여겨지기도 한다. 용서는 실상 잊는 것과는 매우 거리가 있고 채무를 이행하라는 권리를 포기하는 것과 더 유사한 것이다. 용서를 부여해줌으로써 죄의 구름 아래에서 살고 있는 가해자에게 면죄부를 주는 것이다. 용서는 또한 용서하는 사람에게 주어지는 선물이 될 수 있다. 상처받은 독선의 상태에서 수렁에 빠져 있지 않고 앞으로 나아가 행복하기를 선택하는 것이기 때문이다.

용서에는 원망을 떠나보내는 것이 들어가 있지만 공감, 타협, 회복된 신뢰가 이루어지는 것에는 여러 단계가 있다. 어떤 내담자들은 만일 배우자와 자신의 역할이 바뀌었다면 자신도 그렇게 행동했을 것이라는 데 결국 동의하게 될 수도 있다. 다음의 예시를 생각해 보자. 전남편에게 돈을 보낸 것을 남편이 알게 되면 그것이 단순한 자선의 의미가 아니라고 의심할까봐 두려워서 비밀로 해 왔던 것임을 아내가 인정하게 되었다. 전남편에게 돈을 보낸다는 것은 남편이 아내에게 격분할 만한 위반사항이 맞다. 대부분의 배우자들에게는 상처를 주는 행위에 있어 너그럽게 봐주고 용서해줄 수 있을 만한 행동은 거의 없기 때문이다.

용서가 보편적으로 관계의 치유나 화해에 이르게 하는 것은 아니다. 어떤 배우자들은 치유될 수 없는 상처임을 금방 인정하고 나서는 곧 이혼을 한다. 또 어떤 배우자들은 잘못한 사람에게 감정이입을 하여 관계를 지속한다. 경계심을 풀고 신뢰를 되찾을 수 있을까 하는 것이 배우자의 반칙을 과거로 보내버리기 원하는 부부들이 가지는 가장 중심적인 질문이다. 이 분야의 전문가들이 저술한 것을 검토하고 내 자신의 임상경험과 비교해 보았을 때, 반칙을 한 배우자에 대해 가질 법한 최종적 마음 상태를 다음과 같이 구분하는 것이 유용하다는 것을 알게 되었다. 이전에 누락되었던 요소들이 각각에 추가되어 있다: 용서할 수 없음, 수용(원망을 내려놓기가 추가됨), 용서(공감과 이해가 추가됨), 화해와 함께 하는 용서(관계의 지속이 추가됨).[2]

█ 용서할 수 없음

배신은 공격, 초조함, 불면이 끊임없이 나타나는 고통스러운 상태로서, 배신을 당하게 되면 자기자신과 배우자 그리고 삶 전반에 대해 뿌리깊은 의구심을 가지게 한다. 부당한 취급을 받은 배우자는 다음과 같은 질문에 사로잡혀 있다. "어떻게 이런 일이 일어나지?", "이런 일이 다가오는 것을 어째서 알지 못했을까?", "이일이 얼마나 오래 갈까?", "어떤 종류의 사람이길래 내게 이런 짓을 하나?", "이런일을 당하는 나란 사람은 대체 어떤 사람인건가?", "다른 누가 이것을 알고 있나? 왜 내게 말해주지 않았지?"

피해자들은 격렬하게 분노한다. 이것은 이전에 느꼈던 화나는 감정보다 훨씬 더 화가 나는 감정이다. 이 분노는 담아두기가 어렵고 때로는 과민성이 일반화되어 가해자를 대신하여 무고한 주변사람들(동료, 자녀, 친구들, 상담자)을 공격하기도 한다. 복수하고 싶고, 사과를 받고 싶고, 다른 사람들에게 검증받고 싶고, 가해자로부터 영원히 도피하고 싶다는 생각을 한다. 이렇게 고통스러운 마음의 상태는 예측할 수 없게 돌고 돈다. 피해자들은 다른 어떤 것에도 집중하기가 어렵다는 것을 알게 된다. 상처와 관련된 생각에 그들의 정신이 지배당하고 있기 때문이다. 정직함, 공정함, 사랑, 그리고 근본적인 안전에 대한 깊은 의심이 떠오르게 되고 이로 인해 절망과 체념에 이르게 된다. 용서를 배운 모든 사람들은 강박적인 고통과 환멸의 괴로운 상태에 대해 이야기했고, 그 안에서 피해자는 정서적으로 갇힌 채로는 삶을 지속할 수가 없었다고 하였다.

강박적인 용서할 수 없는 상태는 다양한 가해자 – 배우자의 상호적 상태와 관련되어 존재한다. 이는 깊은 후회에서 방어적 부인의 범위에 걸쳐 있고, 가지각색의 수치심, 죄책감, 억압된 분노, 관계에 대한 두려움, 배우자가 변했으면 하는 바람, 그리고 자기가 저지른 반칙이 용서받을 수 있을까 하는 의구심 등이 포함되어 있다.

이 고통의 상태가 지나가도록 부부를 도와주는 것은 쉽지 않다. 몇몇 사례들은 몇 년에 걸쳐 제자리이기도 하고 몇몇 사례는 전혀 회복되지 않았다. 무엇이 도움이 될 수 있는지를 이야기하면서 나는 먼저 고립되어 있는 상처받은 배우자의 관점에서부터 상황을 논의하려고 한다. 이는 여타 충격적인 삶의 위기 사건에 대해 애도를 하는 것과 유사하며, 사람을 앞으로 나아가지 못하도록 가로막는 제약들을 치워주는 것이다. 그 다음에 변화를 억제 또는 촉진함에 있어 가해자의 역할과 가해자의 심리학에 대해 고려하고자 한다. 그 후에 추가적으로 몇 가지의 상담적 권고를 할 것이다.

■ 애도를 방해하는 제약

상처받은 배우자들 중에는 관계를 잃을까봐 또는 자신만의 깊은 상처에 직면하는 것이 두려워서, 또는 자기자신의 개인적 가치에 대한 기질적인 의심 때문에 너무 쉽게 용서를 해버린다(Akhtar, 2002; Spring, 2004; Summers, 1999). 이것이 결국 러그 밑에 숨어 있는 상한 부분을 방어적으로 쓸어버리게 되는 것이다. 이러한 생존전략의 문제점은 그러한 반칙이 또 일어날 수 있다는 점이며, 방어가 고통스러운 감정을 누르기에는 역부족이라는 것이 증명될 것이고 관계는 지속적으로 약해진다는 것이다. 상처받은 배우자는 사건이 일어나고 나서 몇 년 후에 상담에 오기도 한다. 결혼생활의 유대가 그것에 대해 이야기해도 될 정도로 강해졌다고 느낄 때, 또는 상처가 참을 수 없을 만큼 커졌을 때 상담에 오는 것이다.
더 흔한 경우는 용서할 수도 없고 자꾸만 생각나는 공공연한 상태에서 상처를 극복하는 과정이 정체되는 경우이다. 삶에서 일어나는 다른 트라우마들, 즉 토네이도로 집이 부셔졌거나 난폭운전으로 아이가 죽은 경우처럼, 남편이 아내를 때렸다든지, 아내가 외도를 했다든지 하는 결혼생활의 트라우마는 어디서나 일어나는 일이기도 하지만 피해자에게는 개별적이고도 중요한 사건이 되는 것이다. 상담자가 해야 되는 일은 트라우마에 대해 이야기하는 것을 촉진하고, 명백한 상실에 대해 공감을 전달하며, 개인적 의미에 대해 호기심을 갖고, 별일 아니라고 치부하는 것에 대해 의구심을 가지며 과연 회복이 될까요 하면서 내담자가 비관적으로 나올 때 그에 직면하여 희망을 전달하는 일이 될 것이다.

■ 원망의 이야기와 강요할 수 없는 규칙들

Fred Luskin(2002)은 사람들이 어떻게 용서할 수 없는 마음에서 벗어나는지를 이해하는 데 지대한 공헌을 한 인물이다. 그는 여러 가지 종류의 용서하기 어려운 반칙으로 인해 고통받는 사람들과 성공적으로 작업하였다. 위에서 열거한 결혼생활에서의 상처에 추가하여 Luskin은 결혼식장에서 버림을 받은 사람들, 평생 직장에서 부당하게 해고된 사람들, 부모에게 신체적으로 성적으로 학대당한 사람들, 교통사고로 장애인이 된 사람들과 함께 작업하였고, 북아일랜드의 종파분쟁에서 살해된 아이들의 어머니들과 함께 작업한 연구가 가장 뛰어난 업적이다. 다른 전문가들과 마찬가지로 Luskin은 강박적인 외상 후 상태와 그것이 어떻게 트라우마로 비롯된 다른 문제들과 혼합될 수 있는지에 초점을 맞추었다.

자신의 상처에 대해 과도하게 편파적이고 자기중심적인 서사를 Luskin은 "원망의 이야기"라고 불렀다. 사람들이 이러한 서사를 어떻게 창조해내는지를 인식하도록 도와주는 것에서 그의 작업은 시작된다. 내담자는 일어났던 일을 설명하기 위해, 공감을 얻기 위해, 또는 수치심이나 죄책감, 앞으로 무슨 일이 일어날지 모르는 불확실성으로부터 자신을 지키기 위해 이야기를 만들어낸다. Luskin은 사람들이 자신의 삶에 대해 서술하는 방식을 보여주었다. 그것은 긍정적이기도 하고 부정적이기도 하며, 회복으로 가는 길을 열어주기도 하고 막기도 한다. 진짜로 피해를 입은 것은 아니었다고 말하는 것이 아니라, 피해의식을 과장하는 것이 추가적인 문제로 이끈다는 것에 주목하려고 하는 것이다.

원망의 이야기는 내담자들이 점진적으로 피해자의 역할에 갇히도록 한다. 앞으로 나아가려는 건설적인 발걸음으로부터 그들을 막는다. 타인을 비난하게 되면 자신도 그에 기여했다는 것을 보지 못하게 하고 개선을 위한 선택지도 보지 못하게 하기 때문이다. 처음에는 연민을 보여주었던 친구들과 가족들도 이렇게 자기 잇속만 따지는 이야기에 지쳐서 소원해지게 되며 지지해주기도 힘들고 어떻게 해야될지 안내하기도 어렵게 된다.

Luskin은 내담자 알란의 사례를 예시로 들었다. 그는 6년 동안 결혼생활을 했던 아내 일레인이 외도를 하고 있다는 것을 알게 되었을 때 엄청난 충격을 받았다. 알란이 이혼한 후 창조해낸 원망의 이야기는 비난이 길고 자기인식은 짧았다. 일레인의 결점을 나열하는 것은 잘했지만 그녀가 갈등을 해결하기 위해 했던 일들은 간과하였다. 그의 이야기 속에서 그는 남자들 중에서 유일하게 상처받은 사람이었고 일레인은 이 모든 비극을 초래한 사람이었다. 그는 직업적으로 어려움이 있었고 새로운 관계를 찾지도 못했으며 그의 친구들도 외면했다. 그가 지겹도록 화를 냈기 때문에 친구들의 지원과 선의도 고갈되어버렸던 것이다. 알란이 상담을 찾아올 때까지 일레인을 향해 느꼈던 소모적인 분노는 오로지 그에게 상처를 주고 있었고 이것이 그의 서사를 통해 더욱 확고해졌다.

Luskin은 내담자들이 원망의 이야기를 하고 있을 때 균형을 잡거나 정확한 사실을 확인하는데 큰 노력도 들이지 않고 자기자신과 주변 사람들에게 끊임없이 그 이야기를 하고 있다는 것을 알아차리도록 도와준다. 그리고는 또 그 이야기를 되풀이하려 할 때 경보를 울려줄 친구나 가족구성원을 모아보라고 조언해준다. 이런 방식으로 하든, 다른 방식으로 원망의 이야기가 존재한다는 것을 지적해 주든 부부상담자는 이렇게 한 다음에 더 앞으로 나아가야 한다. 실제로 상처가 발생했다는 것을 타당화한 후, 우리는 자기파괴적 서사에 매달려 있는 내담자를 격려하면서 기저에 깔려 있는 두려움과 예견된 잇점을 드러내기 위해 작업해야 한다.

원망의 이야기가 트라우마 경험에서 회복되는 것을 가로막는 것처럼, Luskin이 "강요할 수 없는 규칙"이라고 불렀던 것도 마찬가지이다. 이는 엄격하고 대체로는 무의식적인 신념이며, 세상이 어떻게 되어야만 한다는 것, 즉 부모는 사랑을 주어야 하고, 배우자는 신의를 지켜야 하며, 사업 동료는 정직해야 하고, 십대는 통금시간 전에 귀가해야 한다는 등에 대한 것이다. 모두가 상처받은 쪽의 관점에서는 명백하게 바람직한 것들이지만 그것들은 "강요"할 수 있는 것이 아니다.

도덕적 기대에 어긋났을 때 사람들이 화내는 것은 이해할 만하다. 그러나 Luskin이 지적한 것은 사람들이 공정하고 정직하고 사랑을 주어야 한다고 징징거리고 그걸 하지 못했을 때 자신의 권리가 침해된 것처럼 끊임없이 반복해서 말함으로써 사태가 더 악화될 수 있다는 것이었다. Luskin은 자신의 주장을 거기에서 마무리했으나 나는 사람들이 강요할 수 없는 규칙들("이렇게 끼어들다니 저 운전자 미친 거 아냐?")을 위반한 것에 대해 원망하는 것에 갇혀버리는 중요한 이유를 추가하고자 한다. 그것은 우리가 편안하게 믿고 있는 것보다 세상은 안전하지도 공정하지도 않다는 것을 그러한 위반이 보여준다는 것이다.

Luskin은 또한 우리가 외상적 사건을 너무 개인적으로 받아들인다고 생각한다. 가장 친한 친구가 자기 남자친구와 바람이 나서 도망갔을 때 엄청난 충격을 받았던 여성의 예시를 생각해 보자. 그 일과 관련된 이슈를 세상이 불공정하다거나 자신이 매력이 없었다거나 하는 것으로만 생각하는 것은 그녀가 그 일을 너무 단순화시킨 것이라는 점을 지적할 수 있다. 도망간 두 사람의 마음 속에 있던 것이 무엇이었는지 누가 알 수 있겠는가. Luskin이 때로 너무 논리적이고 무정한 사람처럼 여겨질 수 있겠으나 나는 그것이 상담에서 작업하는 것이라고 말하고 싶다. 우리의 정당한 상처를 더 고통스럽고 더 오래가게 만드는 지나치게 개인화된 의미와 지나치게 이상화된 기대를 드러내어 "애도"를 하는 것이다. 그 예시로 위의 사례에서는, 자신의 매력이나 진실한 친구를 알아보는 능력에 대한 오랜 의심을 떠나보내고 애도해야 한다는 뜻이다.

나쁜 일과 비윤리적인 일들은 언제나 일어나기 때문에 그런 일에 놀라고 불평하는 것을 그만 해야 한다는 것을 Luskin이 우리에게 상기시켜 주었고 그 대신에 차이를 만들어내기 위해서 어떻게 앞으로 나아가는 행동으로 바꿀 것인지를 고민해야 한다고 하였다. 그렇게 하면 "피해자의 이야기"는 "영웅의 이야기"로 바뀐다. 그것은 역경을 극복하기 위해 열심히 노력하고 삶의 어려운 사건에 패배하지 않으려 저항하는 사람들의 이야기이다. 사람들이 앞으로 나아가도록 돕기 위해 Luskin은 다른 사람들도 비슷하거나 더 심한 재앙으로 고통을 받지만 마침내 이겨냈다는 것을 상기시키고 지지집단에서 그러한 사람들을 찾아보거나 책을 통해 그러한 사람들에 대해 읽어볼 것을 권해준다. 지나치게 비관적인 신념, 즉 "다시는 어느 누구도 믿을 수 없을 것 같아요", "그 사람이 나에게 상처를 준 이유는 내가 매력이 없고 결함 투성이이라서 그런 것이죠. 전 그래도 마땅한 사람이예요", "새로운 상황에서는 실수가 없을 거예요"와 같이 지나치게 비관적인 신념들에 대해 그는 훌륭한 CBT 상담자처럼 도전을 하게 한다.

Luskin은 또한 상처받은 사람의 가장 깊은 목표에 주목한다. 그것은 트라우마 때문에 닿지 못하게 된 것처럼 보이는 목표이다. 그 목표에 대해 생각하고 있을 때 내담자가 얼마나 편협하고 굳어지게 되는지를 보여주려고 노력한다. 예를 들어 남편이 도망가버린 여성의 사례를 보자. 남편이 도망가버렸다는 것이 친밀감을 다시는 찾을 수 없다는 것을 의미하는 것은 아니다. 사람의 깊은 마음에 둔 목표에 주목하고 그것을 이룬다고 상상하게 하면 좁은 시야에서 빠져나오도록 도와줄 수 있다.

▮ 수치심과 복수

정신분석가인 Melvin Lansky(2007)는 "참을 수 없는 수치심, 분열, 그리고 복수심을 해소하는 차원에서의 용서"라는 논문에서, 받아들일 수 없는 수치심은 "똑같이 갚아주고 싶다"는 적대적 소망에 의해 유지된다고 설득력 있게 피력하였다. 이는 용서할 수 없는 마음의 상태에 갇히는 많은 경우를 설명하는 것이다. Luskin이 원망의 이야기가 가지고 있는 자기파괴적인 영향력에 대해 말한 것처럼 Lansky도 다음과 같이 내담자들이 자기자신에게 어떻게 상처를 주고 체면을 지키려는 노력에 사로잡히는지에 주목한다.

> [복수심에 불타는 상태]는 정신 내적인 방어에 유리한 점, 즉 도덕적인 정당성, 목적의 확고함, 그리고 의심할 여지 없는 확실함을 가질 수 있다. 그러나 체계적이지 않고 창피하고 불확실한 마음의 상태와 반대되는 상황이 될 때는 이러한 방어적 잇점은 대가를 치러야 한다. 억울하고 부당한 상태에서, 또는 그로 인해 피해를 입고 정의를 주장하는 의미에서, 복수심에 불타는 사람의 마음 속에서는 확실성이 매우 구체화되어서 해를 가하는 것에 대한 실제적이고 법적이고 윤리적인 고려사항을 무시하려고 하는 것이다. 위반자 또는 배신자로 간주된 사람에게만 이렇게 생각하는 게 아니라 지역사회와 지역사회 내의 규범에 대해서도 똑같이 생각한다. (pp. 573-574)

여기서 상담자의 임무는 명확해야 한다. 배우자에게 돌이킬 수 없는 치욕을 당했다는 무의식적인 신념으로부터 내담자를 자유롭게 만들어주어야 한다. 그럼으로써 내담자들은 복수하고 싶다는 욕망을 포함한 방어적 반전을 내려놓을 수 있다.

▮ 약간의 복수심은 원망을 가라앉히는데 도움이 된다

Salman Akhtar(2002)는 내담자들이 회복의 단계 안에서 완화된 버전의 복수를 행함으로써 복수심에서 용서로 이동할 수 있도록 도와준다는 것을 제안하였다.

위반자들은 자기가 저지른 짓에 대해 도움을 구하고 있기 때문에 Heinrich Heine가 1848년에 했던 말 "사람이 원수를 용서해야 한다는 것은 사실이다. 그러나 그들이 교수형을 당하기 전에는 아니다!"에 대해서 Akhtar는 상상 속에서라도 복수의 은밀한 즐거움을 경험해야 고상한 척 하는 자세에서 벗어날 수 있고 가해자와 함께 향후 공감을 이루기 위한 기틀을 마련할 수 있다고 하였다.

■ 우리는 피해자를 비난하고 있는가?

한 가지 문제가 생길 수 있다. Luskin과 Lansky의 접근법 둘 다 용서상담이 모든 당사자들, 즉 반칙을 한 배우자, 당한 배우자, 상담자(부부상담인 경우에만)가 다 함께 가해자가 도덕적으로 비난받을 만한 상처를 주는 행동을 했다는 것에 상호 동의한 후에 시작해야 한다는 주장과 근본적으로 다른 것처럼 보인다는 점이다(e.g., Enright & Fitzgibbons, 2000). 피해자의 수치심이나 원망의 이야기가 지속되는 고통에 대해 "피해자를 비난하는 것"과 가까운 것은 아닌지 걱정해야 되지 않을까? 어떻게 우리가 이 두 가지 견해를 조화시킬 수 있을까?

말싸움이 한창일 때 남편이 아내를 때린 경우를 생각해보자. 이것은 명백히 받아들일 수 없는 반칙이며 그렇게 이해되어야만 한다. 그러나 좀 더 깊이 들여다보면, 신체적인 폭력보다도 남편이 자신에게 그렇게 나쁘게 대했다는 것 때문에 느꼈던 수치심이 훨씬 더 큰 트라우마가 되었다는 것에 그녀가 동의하게 될 것이다. 사랑받을 만한 사람이라는 그녀의 핵심적 감각에 손상을 입었고 이는 신체에 가해진 손상보다 더 한 것이었다. 또한 그녀의 자존감에 가해진 이러한 공격은 남편이 해야 할 진심 어린 사과의 주제가 되어야 한다. 남편이 이것을 할 수 있는 때가 오면 말이다. 우리가 이 여성의 수치심에 접근하지 않고서는 그녀가 사건에 대해 가지고 있는 설명 즉, 도덕적으로는 정확하지만 심리적으로 피상적인 설명에 갇혀서 그 자리에 그냥 머물러 있게 될지도 모른다. 이 사례에서도 그렇고 다른 경우에서도 기저에 깔려있는 수치심은 가려져서 보이지 않는다. "복수하는 사람의 무고한 피해의식이 울리는 팡파레에 묻혀버린 (Rosen, 2007, p. 603)" 것이다. 그러나 이는 마땅히 애도해야 하고 진실된 용서를 할 수 있도록 접근해야 한다.

이것이 왜 필요한가에 대해서, 용서가 필요한 상황에서의 EFT 부부상담의 최근 연구에서도 확인된 바 있다(Zuccarini, Johnson, Dalgleish, & Makinen, 2013). 드러난 상처와 방어적 철수의 표면에 있는 분노가 지나가게 하기 위해서 피해자는 손상이 가지고 있는 더 깊은 개인적인 의미, 즉 애착 불안정과 같은 것을 드러내고 표현했어야 한다. 만일 내담자가 수용을 향해서, 그리고 가능하다면 용서를 향해서 나아가려고 한다면 상담자는 그 상황에 대해 상호보완적이고 변증법적인 관점, 즉 심각한 "결혼생활의 범죄"가 저질러진 것에 대해 피해자의 심리학으로 그것을 들여다보는 관점을 취해야만 한다. 수치심은 아무도 슬퍼하지 않았던 훨씬 더 큰 트라우마의 맨 밑바닥에서 소화되지 않은 채 잠복하여 기다리고 있다. 이에 증거가 더 필요할까? 피해자로 하여금 열등하고 약하고 못생기고 무능하다고 생각하지 않을 수 없을 정도로 많이 놀리는 가해자는 피해자가 수치심을 느끼게 하기 위해 정확하게 의도된 행동을 한다는 점을 기억하라. 그러한 놀림으로부터 회복되려면 필연적으로 수치심에 대한 재작업이 필요할 것이다.

배신을 당한 내담자를 다루는 상담자는 배신이 불러일으키는 수치심을 드러내어 수치심이 그토록 치명적인 것이 아니라는 것을 이해하도록 도와줄 필요가 있다. 놀랍겠지만 용서라는 것은 어느 정도는 자기 자신에 대한 용서이다. Lansky(2007)가 이것을 다음과 같이 표현했다. "여기에서 인용된 심층심리학적 감각에서의 용서란 수치심의 기저에 존재하고 이전에는 견딜 수 없다고 느꼈던 것이 무의식적으로 재평가되어 이제는 견딜 수 있다고 느끼게 되는 것이 핵심이다"(p. 591).

■ 복잡성과 책임감

Luskin과 Lansky는 모두 용서하기 어려운 상태에서의 상담을 대부분 상처의 이야기를 다시 쓰도록 돕는 것으로 본다. 단순하지 않고 일방적이지 않은 방식으로 말이다. 그들이 가지고 있는 과도한 수치심이 일단 드러나고 나면, 피해자들은 그들의 서사에서 더 복잡한 것을 찾는 데 자유로워질 수 있게 된다. 이러한 "이야기의 재고"(Akhtar, 2002)는 사람들이 어떻게 트라우마에서 회복되었는지에 대한 대다수의 개념들 중 가장 핵심적인 것이다. 피해자는 과거를 바꿀 수 없지만 그것을 현재에 어떻게 바라보느냐 하는 것은 바꿀 수 있다. 새로운 시각에서 피해자와 가해자는 더욱 다차원적인 특성을 가지게 되며, 그들의 행동도 명백한 흑백이 아니고 결과 또한 혼란스러운 재앙인 것만은 아니다. 피해자는 행위를 한 주체로부터 분리되려는 의지를 갖게 된다. 이제 과도한 수치심으로부터 자유롭게 되고 그들에게 상처가 되었던 사건에 대해 더 큰 책임감을 받아들일 수 있게 된다. 예를 들어, 남편에게 손찌검을 당한 아내는 남편의 남성성에 대한 자신의 억제되지 못한 언어적 공격이 남편의 아픈 곳을 건드렸다는 것을 인정할 수 있게 된다. 피해자는 반칙을 저지른 자에게 덜 독선적이고 더 공감적이 될 수 있다. 이러한 변화는 Greenberg와 그의 동료들(2008)의 논문에서 인용한 연구들에 따르면 추후 관계 안에서 일어나는 화해와 관련이 있었다.

유책 배우자들에 대한 공감에는 상대에게 투사한 부정적인 자기상을 다시 내 것으로 인정하는 과정이 포함되어 있다. 그렇게 되면, 상대방이 더 이상 "나는 그렇지 않은" 아주 야비하고 이해와 용서를 받을만한 가치가 없는 사람으로 보이지 않는다. 보통 상처입은 내담자들은 자신의 공격성과 유해성을 어느 정도는 인식하고 있기 때문에 잘못을 저지른 배우자에게 그것을 감수하라고 하는 것이다. 그들은 또한 자기가 용서를 구했을 때를 떠올릴 수 있다. 이와 마찬가지로 가해자의 좋은 점과 좋은 행동을 떠올릴 수 있을 때 용서가 촉진될 것이다. 그 행동들은 상처입은 사람의 마음에 붙들려 있는 복수심과 강박적인 상태를 풀어주는 것처럼 보여질 수 있다.

서사를 재구성하는 과정 속에서 유책배우자가 이전에 생각했던 것보다 더 잘못을 한 것처럼 보일 수도 있다. 그러면 피해자들은 자신을 덜 자책하게 되고 친구와 가족들에게 다가서는 것이 더 쉬워진다는 것을 알게 된다. 이렇게 되었을 때는 유책배우자와 화해하는 것이 더 어려워질 수도 있다.

■ 신뢰 그리고 한 단계 우위에 있는 힘

신뢰를 잃는다는 것은 흔히 대인관계에서 발생하는 배신의 가장 중대한 재앙이다. 배우자가 밤늦도록 일하는 것이나 출장을 가는 것과 같이 전에는 안전하다고 여겼던 것들이 이제는 반칙이 반복될 것이라는 두려움을 불러일으킨다. 이것은 사실이다. 반칙이라는 것이 거짓말과 비밀을 만드는 것을 포함하기 때문이기도 하지만 배우자가 "나를 위해 거기 있어주지 못하는" 태만의 죄이기 때문이기도 하다. 두 가지 경우 모두에 있어 배우자에 대한 신용과 애정 어린 걱정은 더이상 당연한 것으로 여겨질 수가 없다. 그리고 만일 반칙을 저지른 자가 피해자에게 저 사람은 과도하게 의심을 하고 불안정한 사람이라고 죄를 뒤집어 씌운다면 피해자가 경계심을 내려놓는 것은 훨씬 더 어렵게 될 것이다.

피해자들이 혼란스럽지 않으려면 이렇게 신뢰를 잃은 것에 대해 직면을 해야한다. 이상적으로는 반칙을 저지른 배우자 앞에서 직면을 하여 그들의 걱정을 타당화하고 걱정을 줄이기 위해 뭔가 행동을 하게 할 수 있다. 때로는 가해자로부터 "전체적 이야기"를 듣도록 하는 것이 도움이 될 수 있다. 그렇게 함으로써 지금 알고 있는 것보다 더 심한 짓을 했구나 하고 상상하거나, 향후 추가적으로 또 나쁜 일이 터지지 않을까 하고 예상하면서 혼자 남겨지지 않도록 한다. 위반사실을 들여다보는 것은 또한 상담자로 하여금 이전에는 언급되지 않았던 정상참작의 사유를 알아낼 수 있게 한다. 이 말은 피해자가 모든 정황들을 빠짐없이 듣고 싶다는 욕망을 멈추고 싶어할지도 모른다는 뜻이다. 그것이 나중에 트라우마를 불러일으키는 단서가 될지도 모르기 때문이다. 어느 호텔을 다녔는지 어느 식당을 다녔는지 몰라도 지난 석달 동안 배우자가 바람을 피웠다는 것을 아는 것만으로도 이미 충분할 수도 있다.

신뢰는 단숨에 회복되는 것이 아니다. 정말로 참회하고 있는 경우라 하더라도 말이다. 대체로 반칙을 저지르기 전의 수준으로 되돌리는 데에는 시간이 걸리고 행동상의 증거가 필요하며, 많은 경우 결코 완벽하게 회복되지 않는다. 그러나 신뢰가 개선될 때까지 피해자는 용서할 수 없다는 도덕적 우위에 매달리게 될 것이고, 숙려기간 중에는 애원하는 사람이 되어 한 단계 낮고 초라한 역할에 처하게 된 배우자에게 통제권을 행사하려 할 것이다. 확실히 지속적으로 피해자로 자신을 규정하는 것의 주요 잇점은 이전에 통제할 수 없었던 가해자에 대해 그가 저지른 반칙과 관련된 분야에서는 더 큰 힘을 갖게 된다(또는 가졌다고 상상하는)는 것이다.

피해자들은 또 다른 잇점도 거두어들일 수 있다. 의사결정과 자원에 대한 통제권에서도 그렇다. 그것은 포기하기 어려운 것이어서 용서를 향해 나아가는 것을 막을 수도 있다. 내 경험으로 보았을 때 이들 중 가장 중요한 것은, 이전에는 바깥의 관계에 집착했던 배우자가 이제는 가정에 더 신경을 쓰기 시작했다는 것이다. 반칙의 사실이 아직 테이블 위에 놓여져 있고 재판이 진행 중인 한 반칙을 저지른 사람은 피고석에서 신경을 쓰면서 앉아 있어야 하고 좋은 행동을 해야 한다. 배우자에 대한 원한을 계속 유지함으로써 얻을 수 있는 이득도 있다는 것을 피해자인 내담자가 볼 수 있도록 도와주는 것이 예술의 경지에 오른 상담인 것이다. 동시에, 반칙을 저지른 배우자가 감방에 갇히는 것을 면한 후에도 신경 쓰며 잘하려고 한다는 것을 내담자가 신뢰하고 관찰할 수 있도록 상담자가 도와줄 수 있다.

때로 피해자들은 그들이 좀 더 용서하는 사람이 되면 포기해야 될 것에 대해 잘못 이해하고 있기 때문에 피해자의 역할에 머물러 있게 된다. 용서는 오로지 가해자의 관점으로 그 일을 바라보기를 요구하는 것이 아니며, 상처를 준 행위를 잊거나 용납하라는 의미도 아니다. 법정에서 피해자가 정당성을 인정받고 가해자가 배상할 만한 것이 있는데도 그것을 포기하라고 강요하는 것도 아니다. 피해자가 화해하고 관계를 유지할지 말지를 결정하라고 하는 것도 아니다. 이런 것들을 명쾌하게 집어주는 것이 도움이 될 수 있다. 이 모두가 가해자가 이후로 어떻게 행동하느냐에 달려있다. 가해자가 후회한다고 말하고 수습하겠다는 약속이 없다면, 피해자가 기대할 수 있는 최상의 방법은 반칙을 "수용"하고 가해자와 분리되어 앞으로 나아가려는 결심을 하는 것이다.

순환적인 인과관계에 영향을 받는 다른 행동들처럼, 피해자들이 원망의 이야기를 다시 쓰고 도덕적 우위를 내려놓을 수 있게 되는 역량은 가해자의 서사와 행동에 전적으로 달려있으며 이것이 우리의 다음 주제이다.

■ 계약으로서의 용서: 증언의 중요성

수용을 넘어 화해로 진전되는 진실한 용서는 함께 만들어지는 것이며 과거에 대해 충분히 이야기하고 신뢰가 회복되는 대인관계적 과정이 필요하다. 용서와 다시 구축된 신뢰가 반드시 있어야 한다. Janice Spring (2004)는 이에 대해 남편에게 설명하는 아내의 예시를 들었다.

남편은 외도를 인정하고 나서 곧바로 아내에게 말했다. "다시는 안 그럴

게요. 그 얘기도 당신의 원망에 대해서도 더 이상 말하고 싶지 않아요. 다 지나간 일이예요." 제인의 반응은 최종결론으로 바로 갔다. "당신이 나의 고통에 대해 듣길 원하지 않는다면 나는 당신에게 가까이 갈 수 없어요. 나는 당신을 벌하려는 것도 아니고 조종하려 하는 것도 아니에요. 나는 단지 내가 당신을 용서하기 위해 필요한 것을 말하고 있는 거예요." (p. 123)

어떤 피해자들은 반칙을 저지른 자를 일방적으로 용서하고 떠나버릴 수도 있는 반면, 소통을 지속하려고 하는 배우자들은 서로의 이야기를 주의깊게 들어야만 할 것이다. 한 나라에 살면서 이전에 적대적이었던 종교나 인종 집단의 구성원들에게도 같은 일이 일어난다. Gobodo-Madikizela(2008)는 남아메리카의 진실과 화해 위원회에서의 경험으로 이와 같은 문제에 접근하였다. 용서를 배운 다른 학습자들과 마찬가지로 그녀는 "울부짖는 상처"를 어떻게 치유할 것인지에 관심을 가졌다. 그 상처들은 아직 열려있고 절실하며 종종 플래시백과 꿈으로 되풀이되고 있었다. 그녀가 발견했던 것 중 가장 중요한 것은 피해자와 가해자 둘다 서로가 자신의 이야기를 다시 말하는 것을 지켜보는 것이 유익할 수 있다는 것이다.

가해자는 증인으로 출석하여 그들의 악행에 직면하고 고통과 정면으로 마주하며 그들이 유발한 피해자들로 인해 고통을 겪는다. 그들의 행동으로 인해 삶이 박살난 피해자들을 통해서 뿐만 아니라 그들의 양심의 가책을 통해서도 가해자들은 그들 자신의 인간성을 다시 되찾고 인간성을 회복시키고 있는 것이다. 그 인간성은 그들 자신이 저지른 잔혹행위 때문에 박살난 것이었는데도 말이다. 인간성 말살과 타인을 보이지 않는 것처럼 대하는 첫 번째 단계는 양심의 소리를 잠재우는 것이다. 자아의 비인간화는 적이라고 생각되는 다른 사람들에 맞서서 파괴의 삶으로 미끄러져 빠져버리는 것에서부터 시작된다. 그러나 증인이 되는 순간 후회의 불이 당겨지면 가해자는 타인을 동료 인간으로 인식한다. 동시에 피해자 역시 가해자의 얼굴을 "괴물"이 아닌 끔찍한 일을 저지른 것에 대해 회한을 느끼고 충분한 인간성을 가진 사람의 얼굴로서 인식한다. 이것은 끔찍한 행동

을 했다는 것을 부인하는 것도 아니고, 후회하는 모습을 보여주면서 가해
자에게 인간적인 모습도 있다는 것을 분리해보려고 하는 것도 아니다. 이
것은 다른 사람으로 인식되었던 누군가의 인간적 요소들을 통합하는 기
회가 된다. 그럼으로써 가해자는 덜 위협적이 되고 피해자의 인간적 정체
성에 더욱 동조하게 된다... 피해자의 고통을 인식하는 것은 가해자에게
후회를 일깨우는 것이다. 후회는 피해자의 입장에서 가해자를 향해 공감
적 감각이 표현되도록 하는 근거를 마련해준다. (pp. 176-177)

치유가 시작되기 위해서는 가해자가 피해자의 이야기를 잘 들음으로써 그들의
경험을 타당화하여야 한다. Frommer(2005)가 이것을 다음과 같이 설명하였다.

어쨌거나 우리를 바꾸어 놓았던 방식을 그들이 인식하는 것은 우리를 용
서로 이끌어주는 정신내적작업을 할 수 있도록 하는 데 중요한 것이다...
이러한 용서의 상호관계적 개념하에서 용서의 능력을 오로지 정신 내적
인 용어로만 생각하는 것에는 오류가 있다. (pp. 36-37)

가해자는 그 다음에 어떻게 그들이 도덕적 인내심을 잃게 되었는지 설명하려
고 노력하면서 자신의 이야기를 하게 된다.
어떤 상담자들은 증언을 큰 배신을 당하고 찾아오는 상담뿐 아니라 모든 부부
상담의 중심에 둔다는 것에 주목하자(특히 Michael White(2009)의 연구에서 그
렇다). Dan Wile, Sue Johnson과 그 밖의 연구자들의 작업에서 보여지듯이 치유
력의 많은 부분은 상대방의 이야기에 진심으로 증언을 하는 배우자의 영향력에
서 나온다.

끝으로, Virginia Goldner(2004)는 용서를 두 부분으로 이루어지는 거래
가 필요한 것으로 생각해야 하는 다른 이유를 추가하였다. "학대를 다루
는 분야의 많은 저자들이 피해자가 치유되기 위해 필요한 것이 무엇인지
에 주목하였다. 피해자가 자신의 과오에 대한 혼란에서 자유로워지려면
가해자에게 책임을 물어야만 한다는 것이다." (p. 371)

■ 사과

피해자의 입장에서 반칙을 저지른 이야기의 정황을 들은 후에, 가해자가 양심의 가책을 표현하고 납득이 가도록 더 잘하겠다는 약속을 할 것이라고 기대하는 것은 합리적이다. 이것은 상처받은 배우자가 빚을 탕감하고 신뢰를 회복하게 되는 전제조건이다. 더욱이 진실한 사과는 용서를 더욱 가능하게 만드는 것으로 보인다(다음의 연구에서 인용되었음: Bradbury & Karney, 2010; Greenberg, Warwar, & Malcolm, 2010; Lewis, Parra, & Cohen, 2015; McCullough, Pargament, & Thorsen, 2000; Worthington & Wade, 1999). 이 연구들은 임상에서 얻은 지혜와 나의 개인적 경험과 더불어 최적의 사과에는 다음의 요소들이 들어있어야 한다는 것을 말해준다.

- 유책 배우자는 피해를 입힌 것에 대해 책임을 져야 하고 다음과 같이 말해야 한다. "이것이 당신에게 내가 저지른 짓이다."
- 유책 배우자는 초기단계에서 책임을 피해자에게 돌리는 식으로 자신의 진술을 정당화해서는 안된다. ("당신도 내게 상처를 주었어요!"라거나 "당신은 너무 쉽게 상처를 받아요!"). (이와 비슷한 대화 재건의 첫 번째 단계에 대한 Wile의 규칙을 상기해보자.)
- 유책 배우자는 신뢰("당신이 나와 우리 결혼생활을 믿지 못하게 되도록 내가 그렇게 만든거예요")와 자기가치감("내가 당신의 가치에 의심을 품도록 만들었어요. 나에게 뿐 아니라 다른 사람에게도요.")에 대한 피해를 포함하여 어떤 피해가 발생했는지에 대해 구체적으로 인지하고 있음을 보여야 한다.
- 유책 배우자는 단순히 자백을 하는 것("내가 당신에게 한 짓을 인정해요") 또는 대강의 각본(피해관리를 하는 공인들처럼) 이상으로 나아가야 한다. 그들은 자신이 한 짓에 대한 진실한 염려와 "공감적 고통"을 납득이 가도록 표현해야 한다.
- 유책 배우자는 위반에 대한 수치심과 죄책감(개인적인 자기비난)을 전달해야 한다[3]
- 유책 배우자는 인내심을 가져야 하고 여러 번 사과를 반복해서 해야 한다.
- 유책 배우자는 어떻게 해서 자신이 배우자에게 나쁜 짓을 하게 된 것인지,

어떻게 해서 자신의 행동을 스스로에게 합리화했는지를 포함하여 자기 자신을 알아가는 데 관심을 가져야만 한다.

● 유책 배우자는 차후에 더 잘하겠다는 약속을 해야 한다.

● 유책 배우자는 용서를 "요구"하기보다는 "부탁"해야 한다. "용서하라는 압력"은 용서와 화해의 방해꾼이다(Greenberg et al., 2010).

■ 사과하는 것을 넘어선 개선

용서를 연구한 연구자들은 반칙을 저지른 사람들이 할 수 있는 용서를 구하는 행동들에 대해 다음과 같이 추가적으로 정리하였다.

● **속죄 행위**. 진심 어린 사과가 결정적이긴 하지만, 구체적인 행동 역시 피해를 되돌리는데 도움이 된다. 즉, 영향을 받았던 가족들에게 사과를 하거나 등한시했던 일들을 시간을 내어 하는 것이다. 유책 배우자는 잘못된 행동을 즉시 올바른 행동으로 바꾸고 다음과 같이 상대방에게 제안을 요청함으로써 좀 더 상황을 나아지게 만들 수 있다. "당신이 치유되는 것을 돕기 위해 내가 할 수 있는 일은 무엇일까요?"

● **반칙이 다시는 일어나지 않을 것이라고 배우자를 안심시키는 행동들**. 외도를 한 경우에, 유책 배우자는 전화번호를 바꾸고 배우자가 보는 앞에서 공식적으로 관계를 끝내거나 전 상간녀 또는 상간남 주변에 머물지 않도록 직장을 옮길 수도 있다. 유책 배우자가 술이나 약물남용과 관련이 있다면 치료를 받는 것은 필수적이다.

● **외상 후 경험으로부터 배우자를 보호하는 행동들**. 상처 입은 배우자는 상처와 의심에 취약한 외상 후 상태에서 살게 되기 때문에 진심으로 후회하는 유책 배우자는 잠재적인 단서에 유의하여야 하고 그것을 최소화할 책임을 져야만 한다. 예를 들어, 불평 없이 더 자주 점검하고, 신용카드와 전화기록을 쉽게 볼 수 있는 곳에 두고, 상대방을 보호하려는 일반적인 행동들을 하는 것이다. 이것이 Spring(2004)이 "조심하는 대상의 전환(transfer of vigilance)"이라고 불렀던 것이다.

■ 유책 배우자를 돕기

　상담자들은 유책 배우자들에게 도덕적으로 정숙하고 실용적으로 효과가 있는 행동들, 즉 증언하기, 진심으로 하는 사과, 속죄와 돌보는 행위를 하는 것 등을 자발적으로 하도록 격려하면서 그들을 도와줄 수 있다. 그러나 때로는 그 이상이 필요하다. 피해 배우자도 용서할 수 없다는 상태에서 수용과 용서가 가능한 상태로 옮겨가는 것에 도움이 필요했듯이, 유책 배우자들에게도 관계를 바로잡고 갈등을 초래하는 행동을 하지 않기 위해서 우리의 도움이 필요하다. 이렇게 말하기는 쉽지만 명백히 한쪽 편이 희생된 상황에서 이 일을 해내는 것은 더욱 도전적인 과제이다. 이에 대해 Goldner(2004)가 배우자 폭력에 대한 기념비적인 논문에서 다음과 같이 인용하여 정리하였다.

> 이 상담에서 한 사람은 가해자이고 다른 한 사람은 피해자이지만 부부 두 사람 모두 내담자로 정의되어야 한다. 두 사람은 같은 입장에 놓여 있지 않고, 그들이 구하려고 노력하는 관계는 부당하고 안전하지 않으며 공평하지도 않다... 이 작업에서 성공하려면 상담자는 맥락을 창조해내야만 한다. 피해자는 포위된 자신의 삶에 관한 진실을 말할 수 있어야 하고 상대 배우자와 상담자는 듣는 행위로서 그 진실의 고통에 함께 참여할 수 있다. 동시에, 유책 배우자는 가해자로서의 부끄러운 정체성에 관해서 뿐 아니라 자신의 주관적 정체성에 대해서도 인식이 되어야 한다. 많은 경우, 폭력적인 남자들에게는 아동기에 피해자였던 경우가 있기 때문에 이것이 반드시 이야기되어야 하는 점이다. 모두를 위한 과거와 현재의 방은 학대와 피해에서 상호인식 및 우울의 치유행위로 이동하기 위해 필요한 상호주관적인 조건을 만들어내는 데 대단히 중요한 것이다. (p. 347)

　우리는 또한 유책 배우자가 100% 치유의 계획에 동참할 것이라고 가정해서는 안된다. 일부는 그렇게 할 것이고 일부는 사과도 할 것이다. 그러나 화해를 원하지 않는 사람들도 있을 것이고 또 일부는 부끄러운 줄도 모르는 채로 남아있으려고 할 수도 있다. 그들의 진짜 선택은 그들의 심리적인 문제들, 즉 용서에 무엇이 수반될 것이라고 상상하는지 탐색된 후에야 비로소 분명해질 수 있다.

수치심과 죄책감. 다소 역설적이긴 하지만, 유책 배우자가 자신이 상처를 주는 행위를 했다는 것에 대해 느끼는 수치심과 죄책감은 그들이 참회의 기도를 올리는 데 방해가 되는 장애물이다. 자신의 행위에 대해 배우자가 질책하고 있는 것을 듣고 있을 때, 표면적으로는 후회가 없는 것처럼 거의 얼어붙은 상태로 앉아 있는 유책 배우자를 자주 볼 수 있다. 그들은 자신이 초래한 상처에 대해 진심으로 미안하게 여기는 어른이라기 보다는 징계가 끝나기만을 기다리는 어린아이들 같아 보일 때가 많다. 성욕이나 공격성을 참을 수 없는 일부 내담자들처럼, 많은 내담자들이 사랑하는 사람에게 비난을 받으면 자기비판의 극단적 고통이 생겨서 그것을 억누르거나 부인하기 위해 애를 쓰는 것이다. 자기 자신이 나쁘거나 결함이 있다는 느낌을 무서워하는 그런 내담자들은 방어적으로 도망치거나 기이한 방식으로 자신의 결백을 주장한다. 수치스러운 비밀을 감추기 위해서, 그리고 애당초 그들을 곤경에 빠뜨린 문제를 인정할 수 없기 때문에 이렇게 할 필요가 있는 것이다. 예를 들어 재정 상태에 오류가 생긴 것을 미리 확인하고 인정하지 않으면 재정적 재앙이 다가올 수밖에 없다.

어떤 내담자의 아내가 성적으로 전염되는 질병에 감염된 후 남편이 성매매를 했다는 사실을 알게 되었다. 남편의 배신과 그것을 숨기기 위해 했던 수많은 거짓말을 다루기 위해 부부가 상담을 받으러 왔다. 상담을 받게 되면 수치심을 느낄 것이고 이것이 이혼을 피하기 위해서 치러야 할 대가임을 알았기 때문에 남편은 대부분의 회기에서 고개를 떨구고 벌을 간청하면서 실제로 이렇게 말했다. "좋아요. 얼른 끝냅시다. 제가 벌을 받을게요!" 그의 아내는 그가 진심으로 후회한다는 것에 자주 의구심을 가졌다. 남편은 나르시스트이고 지금은 단지 운이 없어서 들킨 것 뿐이라고 생각했다. 그녀 자신에 대해서는 남편의 거짓말에 잘 속는 호구이고 지금도 남편의 참회에 대해 속고 있다고 생각했다. 그러나 남편이 이렇게 급히 참회를 하는 것은 참담한 수치심과 죄책감을 회피하기 위한 시도였음이 드러났다. 그는 평생 동안 수치심이 많은 사람이었고, 자신이 보기에도 용서받지 못할 행동에 대해 아내가 질책할까봐 몹시 걱정하고 있었던 것이다. 상담실 안에서 점차적으로 안전감을 느끼자 그는 오래도록 발동했었던 수치심과 죄책감이 줄어들게 되었고, 아내에게 상처를 준 것과 보물처럼 여겼던 가족을 파괴할 수도 있을 만큼 위험한 짓을 한 것에 대해 진심으로 반성하였다.

또 다른 사례에서는, 유책 배우자가 처음에는 단지 들킨 것이 잘못이다라는 식으로 발뺌하면서 배우자가 너무 예민한 것이고 사건이 그리 큰 일이 아니라는 입장을 고수했다. 남아프리카의 화해 청문회에서 밝혀진 것처럼, 자신의 신원이 노출되지 않은 상태에서는 그처럼 생각하는 가해자들에 의해 공격이 자행될 수 있는 것이다. 상담자들은 가해자들이 공감하면서 들을 수 있도록 돕기 때문에 이 방어적 부인이 무너지고 진짜 죄책감과 수치심이 드러나도록 하게 할 수도 있다.

수치심과 죄책감을 무서워하는 내담자들에게는 이런 식으로 죄를 지은 사람은 당신이 처음은 아니다라고 안심시켜주어야 한다. 상담자는 그들의 도덕적 자책을 덜어주는 완화된 환경과 충족되지 못한 욕구들을 찾을 수 있도록 도와주어야 한다. 자신이 용서받을 가치가 없고 자신이 초래한 고통은 치유될 길이 없으며 자신이 저지른 괘씸한 행위가 계속해서 자신을 나쁜 사람으로 만들 것이라는 신념을 극복할 수 있도록 도움을 받을 수 있다.

많은 내담자들이 진정으로 후회를 느끼게 되는 반면 반사회적이지는 않으나 절도, 노출증, 연속적인 외도 등의 위반 행동을 하며 자아동질적인 상태에 놓여 있는 가해자들도 있다. 이러한 내담자들 중 일부는 자기애적 행동장애라고 불리는 문제를 가진 사람들로서, 은밀한 즐거움이라는 무의식적 보상을 이해하는 것을 목적으로 하는 집중적 개인심리치료를 통해 도움을 받을 수 있다 (Goldberg, 1999).

한 단계 아래로 내려간다는 두려움. 유책 배우자들 중 다수는 자신의 잘못에 대한 책임을 인정하기를 두려워한다. 왜냐하면 인정을 한 후에 배우자와의 관계에서 영구적으로 한 단계 아래의 입장이 되는 것을 인정한다고 믿기 때문이다. 그들은 이렇게 본다. 만일 그들이 부부상담의 법정에서 자신의 잘못을 완전히 인정한다면 그들에 대한 처벌은 결혼생활 내내 개집에서 사는 꼴이 될 것이고, 자신에게 대항하여 무한정 사용할 수 있는 "도덕적 비장의 카드"를 배우자에게 쥐어주는 꼴이 될 것이라고 말이다(Ringstrom, 2014). 또 다른 경우에는 상처받은 배우자에게 "선고"의 힘을 줌으로써 자신의 소중한 결혼생활이 위기에 처해지고 결국은 끝장이 날 것임을 두려워한다. 실제로는 그 반대가 더 흔하다. 참회는 가해자들을 비참한 결혼생활에서 빠져 나오게 하고 결혼생활을 지속 가능하게 한다. 그러나 경계심을 내려놓지 못하는 가해자는 정말로 미안해하면서 다시는 그런 일이 없을 거라고 배우자를 안심시킬 수가 없다. 이런 관계는 원래의 궤도로 결코 돌아가지 못한다.

용서와 사과에 대한 어린 시절의 경험. 때로 우리는 내담자에게 초기 경험을 물어봄으로써 사과하는 것과 관련된 어려움을 더 잘 이해할 수 있다. 우리가 촉진시키고 싶은 유익한 과정을 방해하는 몇 가지 흔한 경험들은 다음과 같은 것이다. (a) 진실한 사과와 용서를 한 번도 목격한 적이 없어서 그러한 과정과 유익함에 익숙하지 않은 것이다. (b) 누가 비난받아야 하는가에 대한 끊임없는 싸움을 지켜보았기 때문에 책임을 인정하거나 공격을 멈추는 것은 재앙을 불러들이는 것이라고 보는 것이다. (c) 반복되고 공허하고 진실되지 않은 사과("다시는 때리지 않을께. 약속할게")를 보았었기 때문에 사과가 무의미하게 여겨지는 것이다. (d) 가짜로 사과하거나 거짓으로 용서하기를 강요받았기 때문에("언니에게 어서 미안하다고 말해." 또는 "용서해 줘. 안 그러면 계속 울거야") 사과하는 것을 전혀 진실하지 않은 것으로 보는 것이다.

상호적이고 복잡한 인과관계. 진실한 후회를 표현하는 것에 최종적으로 중요한 장애물이 되는 것은 다음과 같은 유책 배우자의 믿음이다. 그들은 용서를 구하는 것에 대해 자신의 행위에 대한 비난을 모두 받아들이고, 자신이 약속을 져버린 것이 결혼생활에서의 유일한 문제라는 것에 동의한다는 의미로 생각한다. 잘못한 것에 대해 사과하는 것은 이보다 더 어려운 일이다. 연구와 임상적 실제에서 보여주는 것처럼 "피해자는 좀처럼 정상참작과 문제에 대한 자신의 기여도를 인정하기 어렵기 때문이다"(Baumeister, Exline, & Sommer, 1998, p. 85). 또한 같은 연구에 의하면 "가해자들은 자신의 행동이 가지는 부정적 효과를 최소화하려는 경향이 있다"(p. 85). 이러한 상황에서 Bradbury와 Karney (2010)가 주목했던 것처럼, "용서의 과정에서 피해자는 가해자가 인정하는 것보다 더 많은 빚을 탕감해 주어야 한다."(p. 304). 이와 비슷하게 최적의 사과가 이루어지려면 가해자들이 자신이 저질렀다고 믿는 것보다 더 큰 죄를 고백할 필요가 있다. 용서로 향하는 작업의 정교함과 어려움은 대체로 이 핵심 난제를 중심으로 움직인다.

일반적으로 상담자들은 피해자의 고통과 트라우마의 전체적인 상황을 파악하고자 복잡하게 얽혀 있는 관점을 가지게 되지만 이러한 관점을 내려놓는 것이 좋다. 우리는 순환적인 인과관계를 찾을 수 있도록 훈련받았기 때문에 아내가 성생활에 얼마나 관심이 없는지, 아이들에게 붙들려 있어서 그것이 남편이 외도를 하게 한 요인이 된 것은 아닌지를 쉽게 볼 수가 있다. 그러나 우리가 너무 성급하게 그것을 짚어버리게 되면 상담은 잘 되어가지 않을 것이다.

이와 마찬가지로 가해자들도 상처받은 배우자의 관점에 완전히 주의를 기울이는 노력을 해야 하고, 자신이 가지고 있는 더 복잡하고 부분적으로는 무죄를 입증하고 싶은 이야기를 일단은 보류하도록 도와주어야 한다. 비록 유책 배우자들이 자신이 저지른 잘못이 알려진 만큼 심각한 것은 아니라고 계속 믿는 경우에라도, 그들은 상처받은 배우자가 피해를 입은 정도를 판단할 수 있는 유일한 사람이라는 것을 인정하도록 해야 한다.

가해자가 진심으로 사과하고 피해를 입은 배우자가 용서를 향해 나아간 후에야 상담에서 더 복잡한 문제를 다룰 수 있다. 이는 무엇이 배우자가 반칙을 하도록 유도했는지, 피해자의 어떤 행동이 기여했을지 등에 대한 질문들이다. 이 질문들은 연구를 통해 유익하다고 확인되었고(Greenberg, Warwar, & Malcolm, 2010), 이러한 질문을 하는 것이 중요한 단계가 되겠지만 결코 서둘러서는 안된다.

개선이 필요한 잘못이 줄어듦에 따라, 그리고 부부가 서로에게 접근하고 순화됨에 따라, 각자가 점점 더 정직해지고 자신을 드러내는 과정 속에서 자신이 무엇을 기여했는지 더 잘 인정할 수 있게 된다. 이것은 결혼생활에 중요한 변화를 일으키는 기초가 될 수 있다. 궁극적으로 어떤 피해자들은 그들이 범죄의 공범이었다는 것을 인정할 것이고, 이 은유법으로 이야기하자면 부부는 범죄 예방을 위해 함께 일할 수 있는 것이다.

■ 편지쓰기 과제

Greenberg와 그의 동료들(2010)은 상담 연구에서 부부가 서로에게 편지를 쓰도록 했는데 그것이 치유를 촉진하는 것으로 밝혀졌다. 가해자들은 다음과 같이 사과의 편지를 썼다. (a) 후회: 그들이 후회하는 것을 말하고 그들이 어떻게 배우자에게 상처를 입혔는지 이해한 대로 세부화한다. (b) 책임: 그들의 책임이 무엇이었는지 구체화함으로써 손상된 것에 대해 자신의 몫을 맡는다. (c) 치료: 그들의 배우자가 상처에서 회복되는 것을 돕기 위해 무엇을 할 것인지 명확하게 표현한다.

상처 입은 배우자는 상대방을 향한 상처와 분노를 해결하고 용서하고 내려놓는 과정 중 자신이 어디쯤 있는지를 설명하는 편지를 썼다. 그들은 용서하지 않았던 것 또는 내려놓을 수 없었던 것을 적었고, 왜 상처를 해결하는 것이 어려웠는지, 용서할 수 있도록 상처와 분노를 내려놓기 위해 배우자로부터 어떤 것이 필요했는지도 썼다. 만일 그들이 이미 상처와 분노를 내려놓았거나 배우자를 용서했다면 화해를 할 수 있을 것인지에 대해서도 적었다.

Steven Stosny(2005, 2006)는 폭력을 행사하는 남편들과 작업한 가장 경험 많은 임상가들 중의 하나로서, 유책 배우자들에게 자신이 행한 일에 대해 편지를 쓰도록 했다. 그것이 배우자와 자기자신에게 어떤 손상을 야기했는지 구체적으로 인식된 것을 쓰게 한 것이다. 이 과제는 부부가 자신들의 결혼생활을 진지하게 생각하게 하고 자신을 정직하게 바라보게 하며 핵심적인 관계의 이슈에 대해 적극적이고 책임감 있는 자세를 취하도록 격려한다.

■ 절대로 완전히 끝나는 것은 아니다

상담자와 내담자는 용서와 회복의 과정 특히 치유가 한번에 일어날 수 있다는 믿음에 대해 지나치게 이상화된 견해를 가져서는 안된다. 심각한 배신은 결코 잊혀지지 않는 법이다. 우리가 바라는 최선의 방법은 그것이 덜 고통스럽고 더 복잡한 방식으로 기억되는 것이다. Frommer(2005)가 다음과 같이 지적하였다.

> 우리가 갈망하는 용서의 상태, 즉 남아있는 화, 분노, 또는 양가감정이 없는 상태는 이상적인 것이다. 실제의 삶에서 용서는 종종 의심, 쓰라림, 상처, 그리고 그 관계가 그때 일어난 일로 해서 불가분의 변화를 겪었다는 고통스러운 느낌이 부활하면서 공존한다. 우리는 할 수 있는 한, 즉 불완전하게 용서를 하는 것이다. (p. 44)

Greenberg의 연구에서 확인된 바와 같이, 용서를 향한 상당한 움직임이 있을 때라도 신뢰는 쉽게 생기지 않는다. 이런 점에서 상담자들은 이러한 현실을 정상화시키기 위해 노력해야 하고, 일이 원하는 만큼 빨리 진행되지 않을 때라도 내담자들이 과도하게 실망하지 않고 잘 버틸 수 있도록 노력해야 한다.

상담자들은 또한 상처가 해결된 것처럼 보이지만 상처를 다시 열어보는 것을 회피하고 있는 부부들도 보호해주어야 한다. 우리는 판단력을 갖추어 언제 그 주제를 다시 다룰 것인지, 배신을 바라보는 긴장상태에서 언제 유예를 허락할 것인지를 결정해야 한다. 나는 양방향 모두에서 실수를 했었다. 때로는 휴식을 취하고 다른 주제를 다루는 것이 더 생산적이었을지도 모르는 때 이 작업을 너무 열심히 밀어붙인 적이 있었고, 때로는 상담이 잘 되어서 종결에 가까이 왔다고 생각했을 때 갑자기 분노와 방어가 다시 나타나 놀랐었던 적도 있었다. 오래된 상처는 아직 그대로였고 관심이 더 필요했던 것이다.

■ 용서 이후의 상담

용서의 단계를 통과한 부부는 이제 반복적인 부정적 상호작용의 주기 또는 다른 특정 갈등 영역에 초점을 맞추어 부부 공동상담을 계속 지속할 수 있다. 혼외정사에서 회복된 경우, 상담자와 내담자들은 부부의 성생활에 특별한 관심을 기울여야 할 것이다. 어떤 배우자들은 그들이 저지른 행동성향을 표적으로 하는 개인심리치료를 통해 도움을 받을 수도 있다.

심각한 배신으로 찾아온 많은 부부들은 신호탄이 된 사건 그 이전에도 서로 정서적으로 거리가 있는 채로 평행한 삶을 살아왔다는 것을 알 수 있다. 이 거리감이 문제를 일으키고 비밀을 만드는 것이다. 이 부부들을 더 큰 행복과 신뢰와 안정감을 향해 나아갈 수 있도록 도와주려면 부부가 공유하는 긍정적인 활동을 더 많이 하도록 격려해주어야 한다. 이러한 경험들이 증언과 사과를 하는 것을 넘어 부부의 유대감을 치유하고 강화하는 데 도움을 줄 것이다. 친밀감이 커지면 부부가 서로 멀리 있을 때 더 심각해질 수 있는 불신이 무력화될 것이다. 부부는 함께 외출하고 같이 돌아다녀야 한다. 우정과 공동체 의식을 다시 쌓아올리기 위해 취미생활과 친구와 지역사회 활동을 공유하도록 장려해야 한다.

마지막으로, 이 장의 대부분은 부부가 용서하고 사과하고 화해하는 것을 돕는 것에 관한 것이었지만 이것이 항상 가능하거나 바람직한 것이 아닐 수도 있다는 것을 언급하고자 한다. 어떤 배우자들은 너무 깊은 상처를 받아서 그 관계를 지속하기가 어려울 수 있다. 또 어떤 사람들은 같이 살면서 더 이상의 정신적 충격을 감수해서는 안되겠다고 결정할 수도 있다. 어떤 배우자들은 해로운 행동을 하는 것을 포기할 수 없거나 포기할 의사가 없음을 공공연히 드러낼 수도 있다. 이모든 경우에 상담자들은 기어를 바꾸어 부부가 결합을 해체하고 그것을 받아들일 수 있도록 도울 필요가 있다. 때로 특히 자녀가 있는 경우에는 부부가 우호적인 접촉을 유지할 수 있으나 그렇지 않을 경우에는 적대감이 남아있을 것이다. 이러한 경우에는 완전한 용서와 재결합이 이루어지지 않을지라도 수용이라는 더작은 목표를 향해 노력하는 것이 유익하다.

10장 NOTES

1) 부부가 알게 되는 서로의 차이점을 개인적인 결함이나 도덕적 취약점, 정서적 질병 이라고 주장하는 과정이 비난 속에 나타나 있다(Jacobson & Christensen, 1998; Dimidjian et al., 2008).

2) 주제의 복잡성과 더불어, 전문가들은 사건과 가해자에 대해 받아들일 수 있는 수준을 구별하기 위해 다른 용어를 사용한다. Worthington의 집단(Worthington & Wade, 1999; Worthington et al., 2000)에서, Greenberg와 그의 동료들 (2008)은 "용서할 수 없는" 상태가 "용서"함이 없이는 줄어들지 않는다는 것을 발견하였다. 여기서 용서란 수용을 넘어 원망을 내려놓을 수 있도록 "상처입은 사람에게 느끼는 연민, 공감, 이해와 같은 긍정적인 정서가 늘어나는 것"을 포함한다고 정의되었다(p. 187). 이와 대조적으로 Luskin(2002)은 용서라는 용어를 사용하여 단지 강박적 용서의 상태에서 수용의 상태로 전환하는 것으로 설명했다. 이는 가해자의 공감이나 복구의 노력이 그러한 전환을 촉진하긴 하지만 굳이 필요치는 않다는 점을 정확하게 짚은 것이다. Spring(2004)은 내가 했던 것처럼 원망을 내려놓는 것을 수용이라고 하였다. 피해자가 공감적 이해를 더 하게 되면 위에서 이야기한 Worthington과 Greenberg의 말처럼, 피해자가 공감적 이해를 하고 가해자와 화해를 하게 되는 것을 Spring은 "진정한 용서"라고 불렀다.

3) Greenberg와 그의 동료들(2010)은 자신의 행위가 내적 규범을 위반했다는 점에서 수치심을 인정한 반칙자는 자신의 행위가 상대방에게 상처를 주었다는 점에서 죄책감을 느끼는 반칙자들보다 더 긍정적으로 받아들여졌다는 것을 발견하였다. 많은 임상경험으로 볼 때, 피해자들은 무엇이 그들을 가장 안심시키느냐에 따라 다른 것 같다. 자신의 배우자가 정말로 부끄러워한다면 다시는 그런 짓을 하지 않을 것이라고 느끼는 사람들도 있는 것 같다. 또 어떤 사람들은 자신의 배우자가 자신을 어떻게 돌볼 것인지에 대해 이야기하는 것에 더 관심이 많고, 배우자가 내적인 투쟁과 가치관에 연연할 때 더 안심하기가 어렵다고 하는 경우들도 있다.

제4부

행동적/교육적 업그레이드

11 말하기와 듣기 기술 가르치기

이상에서 내가 설명했던 방법들이 항상 성과를 가져오지는 못했다. 어떤 부부들은 안전하고 생산적인 방식으로 대화하는 능력을 습득하지 못하는 것으로 보였다. 사실 투사적 동일시의 사례를 해석하거나 전이에 휘말리거나 내재된 이슈들에 접근해가는 것을 견디어 내지 못하기도 하였다. 그들은 순화되고 친밀해지는 순간도 있었지만 화를 내며 비난하거나 상대에게 냉담한 무시를 하기도 하였다. 때때로 모래 위에 다시 쓰는 것처럼 느껴지기도 한다. 한주가 지날 때마다, 같은 개입을 반복하기도 하고, 동일한 부부의 패턴을 알려주거나 동일한 이슈들을 재구조화하고, 동일한 구조와 지지를 제공하였다. 그러나 부부 스스로가 이러한 기능을 수행해 갈 수 있다는 것을 발견할 수 있는 지점까지는 결코 이르지 못하기도 하였다.

부부가 자신들의 변화를 알지 못하고 좌절할 때, 어떻게 안전한 대화를 하는지 분명히 가르치기도 하였다. 이는 Stone, Patton, Heen(2010)이 "어려운 대화"라고 불렀던 강한 감정이 표출되는 상황이었다. 이러한 기술들을 가르치는 것은 오랫동안 행동주의 부부치료에서 중요하게 여겨져 왔고, 나의 결혼학 개론 강의에서 대학생들을 가르치기 시작할 때 주로 활용되었다. 우리가 앞으로 논의하게 될 의사소통기술들은 행동주의 상담자, 인지행동주의 상담자, "정서 조절"에 초점을 둔 상담자, 그리고 협상전문가에 의해 개발되었고 각광을 받아왔다. 13장에서 이에 대한 설명이 이루어질 것이고 이를 부부에게 가르치는 방법에 대한 지침을 제공할 것이다.[1]

■ 기술 훈련을 위한 근거

앞서 언급한 바와 같이, 광범위한 연구를 통해 볼 때 부부의 건강과 장수는 숙련되고 건강한 의사소통에 의해 증진된다는 것이 밝혀진 바 있다(e.g., Gottman, Gottman, Coan, Carrera, & Swanson, 1998). 그와 더불어, 의사소통기술을 가르치는 것이 스트레스를 감소시켜주기 때문에(Dimidjian, Martell, & Christensen, 2008) 예비부부들에게도 도움이 된다는 사실을 보여주고 있다(Carroll & Doherty, 2003). 많은 근거들이 이를 명백하게 보여주고 있다. 가장 분명한 것은 결혼은 하나의 위험한 시도라는 점이다. 사람들이 수술을 하거나 사업을 시작하는 것 같은 위험한 시도를 행할 때 어떤 행동들이 성공을 가져오고, 또 위험하지만 우리를 부추기고 있는 것이 무엇인지 아는 것은 도움이 될 것이다.

나는 이러한 교육이 필요하다고 느낄 때 고등학교 시절 레슬링 강사가 레슬링에 대해서 가르쳐 주면서 설명해 주었던 것을 사례로 든다. 공격적인 동작과 방어적인 동작(두 사람이 서로 잡고 땅 위에서 뒹구는 것)으로 이름을 붙여 가르쳐 줌으로써 레슬링에 대한 모호한 생각들을 약간은 보다 정교한 이해로 바꾸어주었다. 부부상담을 받는 내담자들도 역시, 악순환에 놓여있으면서 부부싸움이라는 레슬링을 시작할 때 그들에게 필요한 모델이나 어휘가 부족하다. 그들에게 "이름 붙여진 동작들"을 가르쳐 줌으로써 우리는 그들을 도와줄 수 있다.

기술훈련이 필요한 또 하나의 근거는 다른 방향에서 제시된다. ― 내담자들이 아직 성숙하고 생산적인 방식으로 소통해야 하는 방법을 배우지 못했기 때문이 아니라, 집단 행동은 안전을 보장하는 규칙들을 가지고 있음에도, 종종 역기능적일 수 있다는 것을 예상할 수 있기 때문이다. PTA 회의이건 공청회이건 간에, 모든 사람이 말할 기회를 갖는다는 것과 참여자들이 서로의 이야기를 경청하고, 의사결정과정에 함께하는 절차를 갖는다는 확신을 주는 것은 중요한 일이다. 명령에 대한 로버트의 규칙(Robert's Rule of Order)이든 국가규정이든 간에, 이러한 일이 발생할 때 규칙은 도움이 된다. 두 사람 모두 이야기할 기회를 가지고, 들으면서 참여해야 하고, 두 사람 모두 차이점을 해결해가는 작업을 해나가는 방식을 아는 것이 필요하다는 규칙을 깨닫게 될 때 부부 상담에 더 잘 참여하게 된다. 우리가 부부를 돕기 위해 가르치는 어떤 "기술"들은 그들이 말하고 듣는 것을 위한 구체적인 규칙을 따르도록 하는 것이다.

게임이나 운동경기, 전쟁에서 규칙이 문서화되어 있고 명백하게 참여자들이 동의하였다고 하더라도, 우리가 가장 많이 사용하는 규칙은 내면화되어 있고 자동화되어 있는 경향이 있다. "예의바른 것"이라고 여겨지는 대화와 같이, 우리가 배웠던 어려운 대화를 다루기 위한 권고사항들은 그러한 상황이 되면 배경처리가 되고, 일이 어긋나고 나서야 깨닫게 된다.

대화 규칙에 대한 관점에서 볼 때 우리는 몇몇 부부상담자들이 왜 미궁에 빠져 있는지를 이제 이해할 수 있다. 많은 경우 상담자들은 규칙을 유지하는 사람으로서 역할을 해오고 있다. 상담을 긍정적인 종결로 이끌어가기 위해서, 우리는 그들의 내재되어 있는 기능을 외현화하도록 만들고 부부에게 그것을 유지하는 책임감을 넘겨주도록 해야 한다.

■ 수행에 대한 논의

어떤 임상가들은 의사소통 기술을 가르치는 것이 가치가 있는지 의구심을 드러낸다. 그들은 많은 사람들이 낯선 사람들과 혹은 동료들과 잘 "소통하고" 지내기 때문에 그들의 결혼생활에서 이러한 학습된 행동을 잃지 않을 것이라고 보았다. 저명한 치료자 Wile(2013b), Greenberg와 Goldman의 비판을 통해서 볼 때 결혼 생활의 문제는 지식의 부족이 아니라 스트레스를 받거나 화가 났을 때 지식을 적용하는 시도의 부족이 원인이라 할 수 있다. Gottman과 Levenson (1999)은 건강한 커플은 부부싸움에서 화자-청자 대화법 같은 구조화된 공감적 경청을 사용할 때 여느 커플과는 다른 차이가 있다는 것을 관찰하였다. 이러한 점 때문에 단순화된 관계 교육의 가치에 대해 의구심을 갖는 것을 비판하며 잘 알고는 있지만 적절치 않게 행동하는 내담자들에게 "수행"에 대해 강조하고 있다. 이들의 관찰 연구에 대해서 많은 반론이 제기되었다.

사람들이 실제로 모든 곳에서 잘하는 것은 아니다. 협상에 관한 하버드 프로그램 연구에 의하면(Fisher, Ury, &Patton, 2011; Stone et al., 2010), 우리는 정치, 노동관계, 사업상의 여러가지 다양한 상황에서 사람들이 대화할 때 매끄럽게 진행되지 않는 경우, 그들이 도움이 될 만한 규칙이나 관련된 어휘들을 모르고 있다는 것을 지속적으로 보아왔다. 사람들은 가정에서만 퇴행한다는 논쟁과는 달리, 다른 갈등 상황에서 이와 유사하게 부족한 대화 기술이 문제가 된다는 것을 보게 된다. 우리는 내담자에게 결혼 이외의 갈등을 다루는 방법을 조언하는 컨설팅 사업이 잘되는 것 또한 보게 된다.

압박감은 항상 결함을 크게 만든다. 내담자가 정서적으로 많이 흥분했을 때 소통 기술의 부족함이 분명하게 드러날 것이다. 경쟁적인 스포츠에서 볼 수 있듯이 압박감 때문에 무너지는 것은 인간의 본질적인 취약성이라 할 수 있다. 어떤 환경에서는 유능하게 보일 수 있지만, 엄격한 시험 상황에서는 기술적인 결함이 더 드러날 수 있다.

사람들은 압박감이 큰 상황에서 보다 잘 배운다. 압박감 때문에 수행이 감소한다고 해서 사람들이 스트레스 시 더 잘 기능하는 방법을 배울 수 없거나 배우지 말아야 하는 것은 아니다. 경기에 출전하는 모든 운동선수는 예민해질 것이고, 중요한 연설을 하는 연설가들은 모두 자신의 심장박동을 느낄 것이며, 자존심에 상처받은 모든 사람들은 흥분할 것이다. 엉켜있는 감정들과 전쟁을 치르는 방법을 배움으로써 사람들은 첫 발을 내딛고, 청중들을 편안하게 여기게 되고, 논쟁을 잠시 멈추거나 다루어 갈 때 생산적인 의사소통 전략들을 지속적으로 지켜나가게 된다.

기술의 결함은 회피하도록 만들거나 더 잘 대처하는 법을 배우는 것을 방해한다. 자기 스스로가 자신의 감정을 다루지 못했던 사람들은 감정을 회피한다. Wachtel(2014)에 의하면:

> 우리가 생애 동안 해나가야 하는 하나의 과업은 자신의 감정을 사회적으로 적절하고, 정서적으로 만족스럽게, 그리고 보다 큰 삶의 목표와 일치하는 방식으로 표현하는 것을 배우는 것이다. 그러나 우리가 이러한 감정들을 두려워하게 될 때, 그것을 표현하거나 담아내는 기술을 숙련시킬 기회를 빼앗기게 된다. 그리고 아이러니하게도, 우리는 그것을 두려워하는 보다 많은 이유들을 가지게 된다. 이것은 그러한 회피를 통해 회피하는 이유를 만들어 내는 자기-반복의 굴레를 만들고, 따라서 지속적으로 회피가 계속된다. (pp.91-92)

예상되는 실수를 아는 것은 도움을 준다. 우리는 교훈적인 교육이나 도덕적 규범을 통해 부적절한 비방과 방어를 제거할 수는 없지만, 다양한 실수에 이름을 붙이고 그들이 소모하고 있는 것을 알려주고, 그들의 경보음에 항복해버리는 유혹을 극복하도록 도와줄 수 있다.

기술이 "자연스러워"야 할 필요는 없다. 대부분의 부부는 잘 정의된 소통 규칙을 자발적으로 활용하지 못한다. 그러나 그와 같은 것은 수술시의 소독제처럼, 이미 적용되어지고 유익하다고 입증된 행동들과 기법적인 발전들이라고 말할 수 있다. 삶의 많은 영역에서 "자연스러움"이 황금기준이 되어야 한다고 논쟁하는 것은 아무런 의미가 없다. 그리고 그것이 사람들에게 일반적으로 적용되어진다면, 우리는 여전히 동굴 속에서 살거나 음식을 찾아다니고 있을 것이다. 부부를 자연상태에서 관찰한 연구를 보면 그들이 최선의 관계방식을 사용하는 경우가 드물다는 것을 발견하게 되지만, 이는 그들이 결코 더 나은 방식을 습득하지 못했기 때문일 수도 있다.[2]

기술은 암묵적이거나 전혀 의식되지 않는 것일 수도 있다. 많은 자연 관찰 연구에서 부부 만족도가 높은 부부는 그렇지 않은 부부와 매우 다르게 행동하고 있는 것을 보여준다. 비록 우리의 황금 기준만큼 "자연스러움"을 유지하지 않는다고 하더라도, 건강한 부부들을 연구함으로써 무엇이 그들로 하여금 일을 순조롭게 진행하게 하는지를 보여줄 수 있다. 마치 챔피언이 된 운동선수의 생리적 기제를 연구하는 것과 같은 것이다. 사실상, Gottman의 최근 연구는(2011) 보다 적응적인 부부들은 조율(attune)과 서로 바라보기(turn toward each other)를 더 많이 하는 "관계의 대가(masters of relationships)"임을 보여주었고 역기능적인 부부들보다 더 많이 건설적인 의사소통 전략을 따라하고 있음을 보여준다. 역기능적인 부부에게 많은 기술훈련을 시켜줌으로써 보다 건강한 부부가 하고 있는 소통의 전략을 의식적으로 시도해보도록 하는 것이다.

기술훈련의 수행은 단지 어떤 의미가 있느냐의 문제가 아니다. 기술훈련에 대한 일부 논쟁은 기술을 훈련시키는 것이 어떤 의미가 있느냐에 대한 것일 수 있다. 우리가 심리치료라고 부르는 것의 어느 만큼이 또한 관계교육일 수 있느냐와 같은 논쟁처럼 말이다. 나의 경험으로 보았을 때, 많은 상담자가(예전의 나를 포함해서) 부부에게 대화의 기술을 명확하게 가르치는 것이 어떤 가치가 있는지를 잘 모르고 있는 것 같다. 수행 자체를 해보는 것은 대화가 어려워질 때 속도를 늦추고 특정한 대화의 규칙을 따르도록 하는 것처럼 이로운 점이 있는데도 말이다.

많은 치료적인 대안 사이에 기술 훈련을 추가하는 사례를 진행해 나가면서, 나는 지금도 지속적으로 관계교육의 기초를 다져나가고 있다.

관계 기술 교육에 대한 안내

■ 수업, 연습, 그리고 과제를 제공하라

개인수업을 해주는 모든 선생님처럼, 우리는 모든 부부의 구체적인 강점과 약점에 기반한 지시를 내담자에 맞게 맞춤형으로 제시하여야 한다. 우리는 모든 사람에게 모든 것을 제공할 수는 없을 것이다. 우리가 가르치고자 하는 대부분의 기술은 대부분 자연스럽거나 쉽게 배워지지는 않는다. 우리는 지시를 반복해주고 내담자들이 다시 우리에게 배운 것을 재연하도록 요청할 필요도 종종 있을 것이다. 그리고 우리는 그들이 스트레스 상황에 있을 때 나쁜 습관들이 다시 나타나고 예전 상태로 되돌아가는 것을 충분히 예상할 수 있다(Carlson, Guttierrez, Daire, & Hall, 2014; Cornelius & Alessi, 2007). 새로운 기술은 한 번에 모든 것이 학습되어지지는 않기 때문에, 회기 사이에 기술을 연습해보라고 내담자에게 이야기해준다. 나는 또한 내가 제시하고 있는 기술에 대해 지속적으로 자습서(self-help book)의 과제를 주면서 나의 메시지를 강조한다.

■ 관계 기술에 대한 모델을 보여주라

많은 내담자들은 내가 강조하는 기법들을 전에 본 적이 없기 때문에, 나는 종종 한 배우자가 실제 상대방에게 말하는 것을 그대로 보여주고 하나의 접근에 대한 시범을 보이고 난 후, 그것의 근거를 설명하여 주기도 한다. 이것은 바람직한 행동 시연을 통해 춤이나 피아노, 테니스를 가르쳐주는 개인교사와 유사하다. 종종 이러한 모습은 백마디 말보다 가치가 있다. 자신의 배우자를 진정시킬 수 있는 것이 아무 것도 없다고 믿는 내담자들은 내가 이것을 가능하게 할 때 인상적으로 받아들이기도 하고, 그리고 난 후 내가 하는 방식에 대해 호기심을 갖게 되기도 한다.

■ 너무 서둘러 시작하지 말라

대부분의 내담자는 우리가 의사소통의 요소를 가르치기 시작하기 전에 그들이 상담에 안정감을 느낄 수 있다면 보다 더 편안해 할 것이다. 우리가 너무 바로 시작하려고 하면, 그들은 우리가 자신들의 고통을 이해하지 못하거나 그들의 감정의 강도를 다룰 수 없을 것이라고 생각할 수도 있다.

■ 너무 오래 기다리지 말라

이러한 전략들은 프로세스와 심리역동을 다루는 작업을 촉진해 줄 것이다. 일반적으로 특히 성급한 부부에게 안전한 소통을 위한 규칙을 소개하는데 너무 많이 기다리게 하는 실수를 할 수 있다.

■ 소통의 규칙이 도움을 주는 통제를 촉진시킨다는 것을 설명하라

우리는 바람직한 방향으로 행동하려는 경향이 있기 때문에, 대부분의 소통 규칙은 부적절하거나 즉흥적인 행동을 제지하는 방식으로 제공된다. 중국의 전족 해방이 우리로 하여금 어떻게 자연스러운 경향성에 저항하게 하였는지를 기억해보자. 의사소통 규칙의 유용성을 설명하기 위해서 나는 핵반응을 부부의 대화에 비유한 Markman과 동료들(2001)의 은유를 사용한다. 이 두 경우는 파괴적으로 용해되는 것보다는 생산적인 에너지를 창출하는 열쇠가 모두 시스템의 내부 온도에 달려있다는 점이 유사하다. 반응체의 내부 온도는 조절 축에 의해 포함되어있는 것처럼, 부부가 하는 대화의 온도는 의사소통의 규칙에 의해 조정되어질 수 있다.

정서적인 통제와 관련하여 의사소통의 규칙을 개념화하는 것은 부부 상담 1.0

에서 다룬 내용과 관련된다. 그때 상담자는 정서적 온도가 너무 뜨겁지도 혹은 차갑지도 않게 유지하는 역할을 해야 했다. 우리는 이제 부부에게 안전한 온도를 유지할 수 있도록 하는 규칙들을 가르침으로써 이전의 모델들을 새롭게 만들어 나가게 된다.

■ 정서적 도전들을 설명하고 저항을 검토하라

우리는 내담자들이 우리의 조언을 따르게 되면서 가질 수 있는 어려움들을 예견하고 논의해야 한다. 우리는 내담자들에게 어떻게 행동해야 하는지 안내하는 것 뿐 아니라 내담자들이 겪게 될 정서적 어려움에 대해서도 다룰 수 있기를 바란다. 이러한 자각이 없다면, 내담자들이 생각하기에는 우리의 제안은 "제발 말해주세요, 고마워요"와 같이 단순하고 도덕적이며 상투적인 것으로 여기며 숙련된 부부들을 위한 제안으로 보이게 될 수도 있다.

이러한 정서적 어려움을 극복하는 것에 실패하게 되면, 관계 교육 프로그램에 한계를 느끼고, 그 결과에 실망할 수도 있다는 것을 설명해줄 수도 있다(Johnson & Bradbury, 2015).

대부분의 내담자들이 우리가 하는 제안을 알아들을 수 있고 해낼 수 있는 경험이 되기 때문에 이러한 코칭이 보다 용이하게 된다. 그들은 자신의 문제가 사실상 "빈약한 의사소통"에 의해서만 야기된다는 (피상적인) 신념들을 가지고 있기 때문에 의사소통기술을 훈련하는 것에 대해 호의적으로 반응하게 될 것이다. 그들은 기술훈련이 연구를 통해 지지된 사실이라는 점을 좋아할 수 있고, 교육과정이 비교적 잘 관리된다는 점도 좋게 여길 수 있다.

그럼에도 불구하고, 어떤 내담자들은 시작부터 그들에게 보다 중요하게 여겨지는 것을 다루기를 바라면서 좌절하기도 할 것이다. 그리고 다른 이들은 우리의 제안에 대해 따라 오기는 하지만 일관적이지 않을 수도 있다. 많은 경우 그들이 기대했던 것보다 더 어렵다는 것을 발견하게 될 것이다. 다른 개입의 방식과 같이 내담자의 저항을 만나게 될 때 우리는 그 이유를 탐색하고 멈추어야 한다. 이는 낙관적인 의사소통이 어떠한 모습으로 보여질 수 있는지를 명확하게 설명하고 난 후에는 보다 쉬워질 것이다.

■ 지루한 과정으로 인해 실망하지 말라

의사소통기술을 가르치는 것은 지루할 수도 있다. 때때로 나는 내 자신이 이러한 지난한 과정을 건너뛰고 결혼에 대한 보다 흥미롭고 정서적인 개입 쪽으로 옮겨가고 싶다고 느낄 때가 있다. 그러나 나는 이러한 충동을 참는 것에 대한 가치를 학습해왔다. 나는 내담자들이 배우자가 방금 한 말을 단순히 다른 말로 부연하는 것(paraphrasing)에 얼마나 어려움을 겪고 있는지 목격하기 때문에 때때로 당혹스럽고 낙담하게 되기도 한다. 이러한 경험은 고통스럽고 감정이입이 힘들 수 있지만, 수퍼비전을 통해 명료한 가르침을 받게 되면 해결될 수 있다.

■ 당신 자신이 한 사람의 전문가, 만족한 고객, 그리고 규칙을 지키려고 노력하는 사람으로 존재하기

나는 내담자들에게 말한다. "나는 수년 동안 부부를 연구해 오고 이러한 기술들이 성공적으로 존재할 수 있도록 한 상담자일 뿐만 아니라 이것들을 활용하는 한 사람의 남편이기도 합니다. 제가 비록 이 기술들을 가르칠지라도, 이것들을 따르는 것이 말처럼 쉬운 것이 아니라는 것을 경험을 통해 알고 있습니다. 이러한 제안을 하면서 당신이 매 순간 이것을 활용하기를 기대하는 것이 아니라 그렇게 되기 위한 목표 기준으로 보아야 합니다."

가르쳐야 하는 것

■ 비생산적인 흐름을 규명하라

나는 보통 소통의 기술을 가르칠 때, 내담자들이 실제로 사용하고 있으면서 그들이 작업을 해야 한다고 생각은 하지만 실제로는 일을 더 그르치고 있는 것들 즉, 부적절한 소통방식에 이름을 붙임으로써 지도를 시작한다. 이러한 부적응적인 소통방식에 대해 내담자가 (그들의 고유한 이름들을 만들어 보거나) 이렇게 명명해 보도록 격려한다. 이러한 싸움이나 비약의 형태들은 이전의 장에서 보아서 익숙할 것이다. 상대방의 비판에 맞서는 방법으로서 사실을 논박하기; 상대방의 잘못에 대해 지적함으로써 자신의 잘못에는 거리를 두고자 하는 교차-불평하기(cross-complaining); 그리고 다른 사람들이 자신의 입장에 동의한다는 것을 밝힘으로써 보다 많은 표를 획득하기(Getting More Vote) 이 세 가지 명명은 행동을 식별할 때 도움이 되는 방식이다.

3C를 기억하라

커플들이 저지르는 어떤 특별한 실수를 언급한 후에는, 모든 소통의 규칙들에 대한 기초가 되는 세 가지 태도를 가질 수 있도록 격려한다. 상황이 힘들어 질 때 침착하고, 호기심을 가지고, 배려하라는 것이 그 세 가지 태도이다(calm, curious, caring). 내담자가 이 세 가지 C를 기억하고 마음속에 지니도록 격려한다.

침착함을 유지하는 것은 다른 태도를 뒷받침하기 때문에 처음에 나온다. 자기 자신과 상대방에 대한 호기심은 반사적이거나 비판적인 판단들을 제지하도록 해준다. 이러한 것들과 더불어 서로간에 배려를 하게 되면, 자신이 의구심을 가지고 있다는 것을 상대에게 전달하는 것이 가능해진다. "내가 잘못되었을 수도 있지만, 내가 기억하는 바는..."과 같은 말을 미리 언급해준다면, 내담자들은 보다 나아질 것이다. 배려는 자기만의 관심사에 협소하게 초점을 맞춤으로써 나타날 수 있는 관계의 손상들로부터 보호막이 되어준다. 배려의 태도는 상대방이 물어보아야 하는 다음과 같은 중요한 질문들과 함께 있어야 적합하다. "나를 위해서 가장 좋은 것이 무엇이지?"가 아니라 "우리의 관계를 위해서 가장 좋은 것이 무엇일까?"라는 질문이 좋다. 이상적으로, 우리는 내담자가 자신의 파트너에게 "내가 어떻게 하는 것이 도움이 되겠어?"[3]라고 질문하기를 원한다. 우리는 내담자가 침착하고, 호기심을 가지고, 배려하기를 해나가도록 격려해 주면서, 구체적인 규칙을 가르치는 것이 동시에 그들이 이러한 태도를 유지해 나가도록 도와준다는 사실을 우리 스스로에게 상기시킬 수 있다.[4]

■ 갈림길 앞에서는 멈추어서 생각하라

내가 다음으로 가장 중요한 관계 기술로 강조하는 것은 갈림길에 놓이게 되면, 천천히 속도를 늦추고 당신이 다음에 해야 할 것을 자각해야 한다는 점이다. 그렇게 하는 것은 당신의 관계에 좋게 혹은 나쁘게 영향을 미칠 수 있다.[5] 운전을 하다가 위험한 상황이 되었을 때 당신이 속도를 늦추는 것처럼, 배우자와의 "사고"를 피하기 위해서는 속도를 늦추는 것이 필요하다. Terry Real(2007)은 이러한 생각들을 포착하는데 하나의 유머를 활용하여, 같은 은유를 사용하였다.

> 당신의 성격에서 미성숙한 부분이 당신의 마음의 눈에서 걸림돌이 되었을 때-또 다른 상처받고, 억압된 당신의 부분 혹은 방어적이라 이름 붙여진 부분들이거나- 그 어린아이를 덮어주고, 당신의 팔로 그를 감싸주어라, 그를 사랑해 주어라... 운전대에서 손을 놓아라.

이러한 의사소통 규칙에 대한 소개를 한 후, 나는 적절한 때에 보다 구체적인 지침을 제시한다. 후에, 먼저 유용한 규칙들을 대략 그려 보고, 그들이 여전히 집착하고 있는 정서적 어려움에 대해 논의하면서 이것을 따라간다.

■ 시작하기 전에 다음 규칙을 따르라

1. 당신의 궁극적인 목표를 상기하라. 그리고 즉각적이고 반사적인 충동으로부터 분리시켜라. 이것은 처음부터 끝까지 마음속에 새겨두어야 할 첫 번째 지침이다.
2. 당신이 말하는 것이 정말 필요한 것인지 결정하라. 당신의 어떠한 행동이 변화할 때 근본적으로 상황이 나아질 수 있는지 스스로 질문하라. 한 사람의 변화는 갈등 대화의 중요한 대안이 될 수 있다. 이러한 선택권을 자각하는 것은 배우자가 대화에 참여하는 것을 거부하는 내담자들에게 희망을 줄 수 있다(Weiner–Davis, 2002).

한쪽 파트너의 변화는 다음과 같은 것을 포함한다:

- 당신의 배우자가 당신이 좋아하는 행동을 할 때 보상을 하라. 당신이 원하는 것을 파트너가 하고 있을 때 그것을 "포착"하려고 노력하고 그것에 대해 언급한다: "당신이 식기세척기를 비워주는 것이 내게 큰 도움이 되었어요. 고마워요." 당신은 바람직한 행동에 대해서는 요청하거나 보상을 하지 않아도 된다고 느낄 수 있고, 그래서 처음에는 힘들다고 느낄 수도 있을 것이다. 그러나 바람직한 방향으로 이루어진 행동에 대해 보상을 하는 것은 단지 구체적이고, 보상이 주어지는 행동에 뿐만 아니라, 관계에 있어서의 전반적인 분위기에도 매우 놀라운 좋은 역할을 한다.
- 당신의 배우자가 좋아할 만한 행동을 하라("부부 중 한쪽 배우자에게서 먼저 일어나는 행동의 변화"). 당신이 알고 있는 파트너가 좋아할 만한 것을 하기 시작하라. 그리고 처음의 반응이 "그렇게 해야 할 시간이야" 혹은 "내가 그렇게 말했었잖아요"와 같더라도 실망하지 말고 받아들이라.
- 관계와는 별도로/독립적으로 당신의 개인적인 행복감을 높일 수 있는 일을 하라. 당신 자신을 그리고 당신의 삶을 돌봄으로써 당신의 행복감이 커진다면 당신은 덜 비판적이게 될 수 있고 어떠한 비판이 주어진다고 해도 상처를 덜 받을 수 있고, 배우자의 단점을 보다 더 수용할 수 있게 되면서 좀 더 행복해 질 것이다. 당신의 배우자에 대한 불평불만이 실제로 당신이 다루어야 할 자신의 문제들과 대치되어지고 있지는 않은지 스스로에게 물어보라.

3. 계획을 세우라. 계획하지 않는 것은 실패하는 계획이다. 대부분의 사람들은 준비하지 않고, 걸림돌을 만나거나 그것을 견디어내지 못할 때가 되어서야 단순히 이야기하기 시작한다. 당신이 이루고자 하는 것을 미리 명료화하는 것이 가장 좋다. 당신의 배우자가 어떤 반응을 할지 예견하고 그에 대해 이야기를 시작하는 방법에 관해서 생각하라. 대화의 어떠한 측면들이 당신 자신과 파트너의 긍정적인 관점들을 위협할 수 있는지를 고려하라. 양측 모두가 참여하는 대화를 미리 연습해보라.

4. 공정한 싸움과 진흙탕 싸움이 존재한다는 것을 기억하라. 진흙탕 싸움은 잠시 잠깐 동안은 속이 후련할 수 있겠지만, 멀리 보면 도움이 되지 못할 것이다.

5. 당신의 핫 버튼을 알고 있어라. 이러한 문제들 중 하나가 쟁점이 된다면, 당

신이 이야기를 시작할 때 "다른 사람들보다 내가 이 문제에 대해 좀 더 예민하다는 것을 나도 알고 있어요. 그렇지만..." 이렇게 시작할 수 있다는 것을 인식하라.

6. 너무 길게 이야기하면서 늘어지지 않도록 하라. 부드러운 시작과 완벽한 타이밍이 좋은 것이지만, 어떤 비판들은 달콤하지 않을 수 있고 어떤 것은 즉각적으로 언급되어야할 필요가 있다. 모든 갈등을 피하는 것은 결혼생활에서 권태와 불행감을 야기하는 것이라는 사실을 명심하라(Hawkins & Booth, 2005). 당신이 너무 오랫동안 기다린다면, 당신은 분노가 너무 가득차게 되어서 비효과적인 방식으로 분노를 표출할 수도 있다.

7. 신속하거나 쉬운 해결책을 기대하지 말라. 당신의 파트너가 어떤 것을 다르게 볼 수도 있고 일을 더욱 악화시키는 방식으로 행동할 수도 있는 가능성을 염두에 두고 계획을 세우라.

■ 한 번에 한 사람씩 말하기

상담자는 내담자들로 하여금 화자와 청자의 구분된 역할을 명확히 하도록 해야 하고, 한 사람이 한 번에 한 가지 역할만 할 수 있도록 강조해야 한다. 야구팀이 게임 중에 공격(타자)과 방어(투수/수비) 중 한 가지 역할만을 하는 것처럼, 결코 동시에 두 역할을 할 수는 없기 때문에 배우자 간에 이야기를 할 때와 들을 때 순서를 정해주어야 한다. 내담자들이 의식적으로 그들이 어떠한 역할을 하고 있는지 알고 있을 때, 그 역할이 구체적으로 요구하는 것에 보다 잘 집중할 수 있다. 내담자를 돕는 하나의 방법은 "입장권"을 가진 사람을 알리는 어떠한 도구를 사용하는 것이다. 나는 작은 쿠션 하나를 사용하여 쿠션을 가진 순서가 된 사람이 이야기하도록 한다.

■ 듣는 것은 적극적이고 공감적인 것이다.

나는 능숙한 말하기보다는 능숙한 듣기에 대해 강조하는데 이는 부부의 의사소통을 촉진하고 부정적인 악순환을 막는데 무엇보다 중요하기 때문이다. 적극적이고 공감적인 듣기란 쉽지 않다. "말싸움할 때 실제로 듣기만 하는 사람은 동네 사람이잖아요!"라는 핑계처럼, 이는 부정적인 상호작용을 빈번하게 유발하는 하나의 원인이다. 이는 단지 당신의 배우자가 말하게 하라는 의미가 아니고 묵묵히 반박할 것을 생각하고 있거나 동시에 반격하는 것을 하지 말라는 의미이다. 이상적인 청자의 목표는 하나이다. 상대의 관점을 가지고 상대의 입장을 이해하는 것이다. 실험 연구에 의하면, 공감의 정확성은 무엇보다도 부부 사이의 신체적, 심리적 공격성의 감소와 관련이 있다(Cohen, Schulz, Liu, Halassa, & Waldinger, 2015). 이러한 공감적 몰입을 만들어내는 작업은 적극적 경청을 "적극적이게" 만들어주는 것이다. 상담자들을 위한 이 책에서 강조하는 것은 다음과 같다. 상담자는 이러한 제안을 따라가면서 내담자들에게 이를 성공적으로 이룰 수 있는 방법을 분명히 언급해야 한다.

Michael White(2009)의 의견에 따라, 나는 내담자에게 누군가로부터 깊은 이해와 지지와 함께 자신을 향한 "일체의 관심"을 받았던 순간을 묘사해보도록 격려한다. 그러한 경험을 회상하는 것은 적극적이고 지지적인 청자처럼 행동하게 하고 그런 사람을 동일시하는데 도움을 줄 수 있다.

■ 공감적 경청의 이점

내담자들은 상담실에서 우선 적극적 경청의 이점을 학습한 후에 더 잘 들어줄 수 있는 청자가 되어간다. 그들이 몰입하게 되면, 다음의 공감적 경청의 이점을 언급함으로써 내담자들을 동기화시킬 수 있도록 노력해볼 수 있다.

- 악순환을 야기할 수 있는 공황 상태는 외롭고 타인이 귀기울여주지 않을 때 발생할 수 있다. 사람들은 상처받을 때, 자신의 느낌을 누군가 들어주고 타당화 해주기만을 원하는 경우가 종종 있다. 그러한 욕구가 만족될 때, 고요함과 이성을 되찾는다. 더 많은 논의나 문제해결은 필요하지 않을 수도 있다. 상대 배우자가 어떠한 것을 공격적이라고 느끼는지 당신이 상세한 부분까지 완전하게 이해할 수 있을 때, 진정한 사과가 가능해지는 것이다.

- 비록 공감과 자기주장이 양립할 수 없는 것처럼 보이지만, 이는 잘못된 이분법이다. 매우 논쟁적인 타협 상황에서, 서로 상대편의 절대적인 관심사가 무엇인지 왜 그런지를 이해하는 것은 매우 중요하다. 주의 깊게 다른 입장에 대해 듣는 것은 자신의 입장을 더욱 일관적이고 포용적으로 이해할 수 있도록 만들어 준다.
- 자신의 생각을 말할 수 있고 상대방이 경청해주는 것을 경험한 사람은 상대도 같은 것을 느낄 수 있도록 더 기꺼이 노력할 것이다.
- 적극적 경청은 도움이 된다. 화자에 대해 동정하며 타당화하는 것과("오, 당신이 왜 그렇게 흥분하는지 내가 알겠어요"), 사과("당신이 의기소침해 있다니 제가 미안하네요.") 또는 계속되는 불일치와 협상과 같은("좋아요. 당신 입장을 이해하겠어요.: 이제 내 입장을 설명하도록 할게요.") 청자의 반응을 포함하고 있기 때문이다.
- 세부적이고, 공감적인 경청은 어려운 대화를 위한 것만은 아니다. 배우자가 하루 동안 있었던 일을 이야기하는 것에 적용해 본다면 - 스트레스 받은 것부터 성취한 것들까지 - 그것은 친밀함과 가까움의 본질인 것이다.

청자를 위한 규칙[6)]

1. 배우자의 입장에서 생각하려고 노력하라. 상대의 채널에 주파수를 맞추어라. 화자가 느끼는 것을 느끼도록 노력하라. 유사한 입장에 놓여 있었던 경우를 기억하거나 상상하라. 어떤 숨겨진 쟁점들이 살아난 것인지, 그리고 발사되었었던 뜨거운 버튼이 무엇이었는지에 관하여 생각하라. 무엇보다도, 마치 당신이 흥분해 있는 사람에게 좋은 친구가 되어야 하는 것처럼 "열린 마음으로" 들어라(Fishbane, 2010).
2. 방해하지 말라. 이 규칙에 대해서는 예외가 존재하지만, 중요 사건의 작은 방해가 될 뿐이다: 당신의 파트너가 말하도록 해주고 자신의 이야기가 경청되는 느낌을 받도록 하라.
3. 문제해결을 유보하라. 해결을 하는 것이 즉각적인 위안이 될 수도 있기 때문에 급히 해결을 하려고 하지만 이는 저항에 부딪힐 수 있다. 그 대신에 쟁점

이 되는 문제들을 세심하게 이해함으로써 정보를 가져야 생산적인 문제 해결이 가능하기 때문에, 화자가 말로 표현하고 경청되는 느낌을 받을 수 있는 시간이 주어질 때까지 기다리는 것이 필요하다. 문제해결을 서두르는 것(남성에 의해서 보다 빈번하게 이루어지는데)은 최적의 듣기를 방해하는 가장 보편적인 방식의 하나이다. 이와 대조적으로, 기다리라는 충고는 종종 커플 사이의 대화에 빠른 진전을 가져온다. 그들이 언제 달갑지 않은 조언을 들었는지 물어봄으로써 이러한 지점을 찾아내는 데 도움을 줄 수 있다.

4. 만일 상대가 반대하거나 논박하는 것 같거나 혹은 그렇게 하기 위한 당신의 순서를 기다리고 있다면, 그렇게 하지 말라; 그 대신 스스로를 뉴스리포터라고 생각하라. 훌륭한 기자는 잔인한 범죄나 폭군에게 동의하지는 않는다; 그들은 그들의 스토리를 듣고 생각을 표현해야 할 필요가 있다. 자신을 "이의 있습니다. 재판장님!"이라고 외치는 법정의 변호사로 상상하기보다는 이야기의 내막을 알아내려고 하는 기자라고 생각하라.

5. 당신이 배우자가 잘못된 사실을 알고 있다고 생각한다면, 보통 그들이 가진 이야기의 버전을 만들게 하는 것이 더 좋다. 그리고 그러한 사실이 왜 잘못되어 왔는지를 표현하게 하고 배우자의 이야기에 호기심을 유지하라. 논박하려는 경향은 퇴행적이고 잘못된 신념들에 의해 비롯되는데, 어떠한 일이 즉각적으로 논박되어지지 않으면, 이러한 신념은 "증거로 받아들여지고" 암묵적으로 사실로 간주된다.

6. 반대 심문을 행하지 말라. 다시 말하면, "당신은 이게 내 잘못이라고 생각하는 것 같아요, 하지만 당신이 나보다 더 많은 실수를 했다는 것에 동의해야 해요!". 당신의 목표는 상대방이 잘못한 것을 증명하려고 하기보다는 배우자로부터 배워야 한다는 것이다.

7. 배우자의 입장이 까다롭고, 불공평하고, 혹은 비이성적이라면 표면에 드러난 문제의 기저에 있는 문제들이 활성화되었다고 가정하고 그것이 무엇인지 발견하려고 노력하라. 배우자의 고통스러운 무례함에 대해, 실제로 당신의 성격을 심판하는 것으로 여기기보다 강한 스트레스를 받고 있다는 표시로써 바라보라. 사람들은 자신이 습관적으로 해온 요청들이 좌절된 후 고함을 칠 수밖에 없다는 것을 기억하라.

8. 사소하게 보이는 사안들을 크게 논쟁하면서 속이거나 미루지 말라. 확실하

게 중요한 문제들에 주목하고 그 심각함을 강조하라.

9. 뜨거운 논쟁들은 항상 양쪽 모두에 진실이 있을 수 있다는 것을 마음에 새겨라: 다른 측의 진실은 무엇인지 알기 위해 노력을 기울여라.

10. 당신이 들었던 것이 무엇인지 바꾸어 말함으로써 때때로 당신이 잘 이해하고 있는지를 체크하라. 예를 들면, "제가 이해한 바가 맞는다면, 당신은 … 할 때… 때문에 상당히 화가 났었네요."와 같이 언급한다. 당신의 반론을 위해 기다리게 하는 것으로 보이지 않도록, 너무 오래 기다리지 않도록 하라. 배우자가 당신의 주장에 대해 합의하기에 부족하다고 해석할 것이라고 가정하지 말라. 사람들이 흥분하게 되면, 비록 그들의 메시지가 받아들여졌다는 생각이 들 때조차도 타당화해주기를 바란다.

11. 상대의 말에 대응해서 말할 때는, 당신의 배우자가 이전에 가지고 있던 주된 감정을 언급하면서 시작하라. 예를 들면, "~할 때 당신이 정말 슬펐을 거예요" 이렇게 하는 것은 좋은 시작으로 출발하는 것을 보장해 준다.

12. 상대의 말에 대응해서 말할 때, 배우자와 연관된 "도덕적인"(바람직한) 이야기를 언급하도록 하라. 이것은 실수들이나 과장된 것들이 실제적으로 주된 메시지의 단서가 되기 때문에, 사실관계를 따지는 언쟁을 할 때 당신이 수렁으로 빠지는 것을 피할 수 있도록 도와줄 것이다.

13. 상대의 말을 바꾸어 설명할 때, 눈 맞춤을 유지하는 것을 명심하고 배우자의 바디 랭귀지를 살펴보라. 바디 랭귀지는 당신이 목표를 달성했는지 여부를 나타내는 하나의 좋은 지표이다.

14. 당신이 사실이라고 인정하게 될 사안에 대해서 배우자도 그러해야 한다고 강요하지 말라. "그거 좋은 생각이다", "그래, 내가 늦었어" 혹은 "당신이 절대적으로 다 맞아. 내가 그렇게 한 게 잘못이야." 이렇게 말하는 것은 대화에 방해가 된다. 청자들은 보통 자신의 순서를 기다려야 한다는 것을 받아들인다. 하지만 그리고 나서 표정관리를 하면서 무감각하게 기다리고, 자신이 인정하는 사안이 자신의 입지를 약화시킬까봐 두려워하고 있을 가능성도 있다. 화자는 특정 포인트에 대해서 자신의 이야기를 지속적으로 만들어내야 할 필요가 있다고 생각할 것이기 때문에 화자에게 불필요한 불안을 만들기도 한다. 침례교회의 군중들은 적극적 경청의 뛰어난 사례를 보여준다. 그들은 "아멘"이라고 빈번하게 외치는 것으로서 설교자에게 동

의를 표한다.[7]

15. 파트너가 이야기했던 것에 부분적으로 동의한다면, "그러나" 보다는 "그리고"를 사용하여 결함을 강조하는 대신 그 위에 덧붙이도록 하라. "나는 우리가 가정 경제와 관련해서 뭔가가 필요하다는 것에 확실하게 동의해요, 그리고 내가 생각하기에는 당신이 ~한 제안을 해준다면 우리가 확장시켜 나갈 수 있을 것 같아요"

16. 파트너에게 동의하지 않을 때, 당신이 무엇이 문제인지에 관한 메시지를 받았다는 것을 분명하게 보여주어라. 당신이 솔직하게 그렇게 할 수 있다면, 파트너가 당신과는 다르게 느낄 정당한 권리를 가지고 있다는 것에 동의한다고 말하라: "당신을 기다리게 하는 것이 난 불편하지 않지만 당신은 굉장히 불편할 거예요"

17. 파트너의 가시적인 질문들에 대답을 하라: "나의 느낌은 괜찮은가?" "당신은 그것들을 이해했는가?" "당신은 그것에 관심을 갖고 있는가?"(Stone et al., 2010).

18. 당신에 대한 강한 공격을 문제에 대한 공격으로 재정의하고, 배우자의 관점에서 빠져나와 이를 문제로 바라보기 위해 당신이 무엇을 해야 하는지 재진술하라(Fisher et al., 2011).

19. 당신이 힘든 감정을 가지고 있기 때문에 청자의 규칙을 따르는 것이 너무 어렵다고 느껴진다면, 당신의 정서를 표현하고, 조절하고, 활용해보자. 청자들은 어떠한 관계의 핫 버튼이 표면 위에 올라오게 될지 고려해야 하고, 좋은 청자가 되기 위해서는 정서적 도전과 대면하려는 시도를 해야 한다. 이는 다음에서 논의할 것이다.

■ 공감적 경청에 대한 정서적 도전

적극적이고 공감적인 경청을 위해 규칙을 활용하게 되면 일반적으로는 더 협력적으로 소통하고 덜 방어적으로 대화하는 성과를 가져오는 것으로 알려져 있지만 동시에 상대에게 타당화 받지 못하고, 벽에 부딪히고, 비난 받는 등 부적응적인 논쟁에 직접적으로 직면할 수도 있다(Markman, Stanley, & Blumberg,

2001). 내담자들이 생산적인 대화를 계속 해나가게 되면, 그들은 자신의 정서를 조절하는 것이 보다 쉬워진다는 것을 알게 될 것이다. 공감적으로 듣는 경험을 통해 의사소통 능력이 향상되면 전에는 배우자에 대해 이성적이거나 수용하지 못하는 사람이라고 확신하면서 거리감을 느꼈던 사람들이 배우자를 냉담하게 보는 것에서 벗어날 수 있다. 이러한 내담자들은 이전에도 배우자의 말을 경청하는 것처럼 보여졌을 수 있지만, 대부분 수동적으로 맞춰주면서 몰아붙이는 배우자가 지치기만을 기다리며 혼자서 분노를 쌓고 있었을지 모른다. 상담자는 이러한 오만한 도망자(distancers)에게 적극적으로 경청하는 방법을 훈련시킬 때, 종종 그들이 이해받고 있는 상황에서 그들의 배우자의 비논리적이고 비타협적인 면이 줄어들 수 있다는 것을 보여준다.

적극적인 경청을 통해 얻는 이점은 다양하지만 대부분의 청자들은 그들이 상대의 말에 귀기울이는 동안에 일어나는 감정을 다루어야 하는 어려움을 만난다. 앞장에서 논의한 바와 같이, 내면에 숨겨진 무의식적인 깊은 문제들은 어려운 대화 속에서 드러나게 된다. 일단 상담자가 가져야 하는 원칙을 들어보면, 그들의 임무는 내담자로 하여금 이러한 원칙이 존재하는 정서적 도전을 다루어가도록 도와주는 것이 될 것이다. 스포츠에서 타깃(골대, 페어웨이, 스트라이크 존)을 가지는 것이 우승을 향해 뛰는 코치나 선수 모두를 도와주는 것처럼, 적극적 경청을 위한 목표를 정의하는 것은 우리가 좋아지기 위해서 무엇을 해야 하는지와 참아야 할 것이 무엇인가를 규정하는 데 도움을 준다.

적극적인 청자가 되는 길에 근본적인 도전이 되는 것은 당신에게 감정을 불러일으키는 누군가와 정서적인 연결성을 유지하는 것이다. 이렇게 하기 위해서 청자는 이해하기 위해 애쓰는 것이 고통스러울 수 있지만 도망가거나 침묵할 정도로 고통받지 않아야 한다. 공감할 때 필요한 것은 압도당하지 않고 다른 사람의 상황에 있어보는 것이다. 만일 당신의 아내가 친정어머니가 암진단을 받았다며 눈물을 흘리거나, 또는 당신의 남편이 상사에 대해 화를 낼 때, 아내가 우는 것을 견디지 못하겠다는 이유로 또는 남편이 소리지르는 것을 견디지 못하겠다는 이유로 당신이 그 일을 들어주지 못할 정도로 흥분해서는 안되는 것이다. 절망감, 분노, 그리고 불안과 같은 강한 감정에 귀기울이는 것은 역전이 같은 도전이 될 수 있는데, 이는 내담자가 보다 나은 적극적 경청자가 되도록 도울 때 우리가 주의해야 할 사안이 될 수 있다.

더 좋은 청자가 되도록 내담자를 도와주기 위해서(남성이 더 많이 해당된다) 나는 "그들만의 리그(A League of Their Own)"라는 영화의 한 장면 중 Jimmy Dugan(Tom Hanks)을 예로 든다. 그는 프로 여성야구팀의 매니저로서, 선수들에게 모욕을 주었다. "우리가 2점을 이기고 있는데 넌 왜 홈으로 공을 던지는거야? 넌 2루로 뛰었어야지! 너 때문에 승점을 놓쳤어" "머리를 써!", "멍청이 같이, 저기 가서 구겨져 있어라" 그녀가 눈물을 터뜨리자, Dugan은 알려진 대로 "야구장에서 우는 것은 있을 수 없다!!"라고 선언을 한다. Dugan의 행동은 고통스러운 감정을 떨쳐버리려는 시도였으나 명백히 터무니없는 것이었으므로 나는 이것을 내담자에게 설명해준다. 내담자들 중 어떤 사람들은 고통스러운 감정을 다루는 것에 비슷한 어려움을 가지고 있다고 말이다. 그래서 나는 9장에서 논의된 바와 같이, 이를 투사적 동일시의 개념으로 다루는데, 이는 자신의 고통스러운 정서를 수용하도록 돕기 위한 것이다.

상담자는 이와 같은 불평을 하는 사람들에게 공감적인 태도를 유지하는 것이 어려울 수 있다는 것을 명심해야 한다.("우리 사장은 너무나 뒤떨어지는 사람이예요", "나의 엄마는 항상 내게 그렇게 많은 걸 하라고 요구하세요", "나는 내 일을 혐오해요"). 이러한 상황에서도 우리는 만성적인 스트레스를 주는 화자들의 행동을 변화시키기 위해 어떻게든지 화자를 설득하고자 하는 청자들을 공감하고 그들에게 지지를 보내주어야만 한다.

■ 비판에 대해 경청하기

비판은 타당할 수도 그렇지 않을 수도 있다. 화자의 비판이 정당하다면, 이상적인 청자는 죄책감이나 수치심으로 압도되지 않으면서 개인의 책임을 받아들일 수 있게 될 것이다. 어려운 대화(difficult conversation)를 나눌 때 우리는 다른 사람들과 만나는 것만이 아니라, 우리 자신과 직면해야 하기 때문에 이는 어려운 것이다. "아마도 나는 너무 이기적이예요" 혹은 "내 형 말이 맞아요: 어떤 여성도 더 이상 나를 사랑하지 않아요." 이러한 대화는 거울 속의 우리 자신을 응시하도록 만든다. 많은 내담자들은 이를 멀리서 보려고 하거나 혹은 그들에게 직면을 강요하는 배우자를 제지하려 할 것이다. 그러나, "어려운 대화를 하는 동안 자각한 자신에 대한 부정적인 정보들을 그대로 두려고 하는 것은 젖지 않고 수영을 하려고 하는 것과 같다."(Stone et al., 2010, p. 112). 그것이 무엇이든지, 우리는 직면해야만 한다.

타당하지 않은 비판의 경우에, 이상적인 청자는 배우자의 비판에 어떤 다른 이슈를 숨기고 있다는 것을 인식함으로써 온당하지 못한 비난에 대한 감정을 다룰 수 있게 될 것이다. 그 다음에 실제적으로 어떤 것이 화자를 흥분시켰는지를 알아내기 위해 노력할 수 있다.

청자가 정서를 다루는 것을 도와주는 것 외에도 상담자는 몇 가지 교육적 제안을 제공할 수 있다. 하나는 내담자가 자기 자신과 자신에 대한 비판 사이에 물리적인 경계를 가시적으로 만들어 놓는 것―울타리(Fishbane, 2010)―이나 혹은 바람막이를 해 놓는 것(Real, 2007)을 제안하는 것이다. 혹은 우리는 내담자에게 강한 개인적인 공격은 문제에 대한 공격임을 재정의하도록 가르칠 수도 있다. 여기에서, 가정하고 있는 것은, 화자가 소리 높여 공격하는 것은 이전의 합리적인 해결책에 대해서 청자가 반대하고 있다는 잘못된 신념을 반영하고 있는 것이라는 점이다. 그 대신, 청자는 이를 개인적인 공격으로 받아들이지 않고, 앞으로 전개되는 것에 대해 실제로 동의하지 않는 것을 분명히 하는 것이 좋다.

대부분 일반적으로는, 경청에 대한 도전을 직면하도록 돕는 것은 청자가 "자기 자신을 잃어버릴 것 같은 자동적인 두려움 없이 상대방을 고려할 수" 있다는 것을 보여주는 것이다(Ringstrom, 2014, p. 203).

▇ 얼마나 길게 말하고, 얼마나 길게 들어야 하는가?

화자에게 너무 길게 말하지 않도록 안내해야 한다. 이것은 청자가 화자의 말을 바꾸어 부연하고(paraphrase), 대화를 유지하고, 그들의 순서를 기다리는 것을 좀 더 쉽게 만들어준다. 그럼에도 불구하고, 많은 화자들은 몇 개의 문장 혹은 몇 마디의 부연설명으로 자신을 제한하는 것을 어려워한다. 이것은 그들이 완전히 궁지에 몰렸을 때, 정서적으로 강하게 말해야 할 것이 있을 때 특히 더 그러하다. 만일 상담자가 화자가 항상 간단하게 말해야 한다는 것과 청자는 종종 부연설명을 해야 한다는 요구들을 완화시킨다면, 부부들이 상담실 밖에서 우리의 대화 규칙을 고수하는 것이 보다 쉬워진다는 것을 알게될 수도 있다. 화자와 청자를 번갈아가면서 하는 토론은 보다 안전하게 느껴지지만, 그들은 동시에 자신의 입장을 제대로 보여주거나 분노를 해소하지 못할 것 같다고 느끼면서, 지나치게 통제받는다고 느끼거나 그 토론이 무익하다고 느낄 수도 있다.

너무 오래 들어야 하는 것은 힘든 일이기 때문에 신중하게 말을 끊을 수 있도록 관련된 규칙의 변경이 허용되기도 한다. 이와 관련하여 Wile(2013b)이 다음과 같이 말했다.

> 그러나 당신의 파트너가 당신에게 허위로 말하고, 당신에게 설교를 하고, 혹은 부당한 요구들을 하는 동안 당신이 스스로 조용하게 거기에 앉아 있으면 있을수록, 당신은 더욱더 화가 나고 의기소침하게 될 것이고, 당신은 경청하는 것이 더 어려워 질 것이다. 당신이 말할 기회를 얻을 때까지, 당신은 울화가 치밀어 더 많은 분노를 쌓아갈 수도 있을 것이다. 혹은 당신은 너무나 사기가 저하되어 그 어떤 것도 더 이상 말하고 싶지 않을 수도 있다. 여기에 문제가 있다: 당신이 파트너를 중단시킨다면, 그 또는 그녀는 화나거나 낙담하여 들을 수 없는 상태가 될 것이다. 당신이 파트너를 중단시키지 않는다면, 당신이 화나거나 낙담하여 들을 수 없는 상태가 될 것이다. (para. 13-14)

이상적으로는 부부가 이러한 복잡함을 해결하기 위해 전진과 후퇴를 반복하면서 적응할 수도 있다. 현실에서는 완벽하게 이것이 적용되기는 쉽지 않을 것이다.

■ 어려운 대화를 시작하는 규칙

Gottman and Levenson(1999)의 연구 결과에 따르면, 논쟁을 할 때 처음 3분간만 관찰하는 것만으로 그 이후 시간의 96%를 예측할 수 있다고 한다. 따라서 대화의 시작은 매우 중요하다.

1. (이전에 언급한 것처럼) 미리 준비하도록 하라.

2. 이야기를 나누기에 좋은 시간을 선택하라. 커플들은 상대방이 너무 지쳐있거나 취해있거나 혹은 아이들이 부부가 말하는 소리가 들리는 곳에 있을 때는 대화를 시도하지 말아야 한다. 이메일이나 문자를 보내는 것은 적절한 방식이 아니다.

3. 당신이 긴 시간 대화하기를 원한다면, 당신이 얼마나 긴 시간을 이야기할지 미리 한계를 설정하라. 대화하는데 시간제한이 있다는 것을 알게 된다면 보다 쉽게 대화에 동의하고 참여할 수 있게 된다. "매튜, 학교 일로 당신과 편하게 이야기할 시간이 언제인지 알고 싶어요."와 같이.

4. 당신에게는 부부의 관계가 매우 중요하다고 배우자에게 말하라. 설거지를 하거나 강아지와 산책하는 것보다 이것이 더 중요하다는 것을 말하라.

5. 덕목이나 논리를 통해서 당신이 원하는 것을 주장하기보다는 진정으로 당신이 원하는 것을 분명히 하라. 나–진술(I–statement)을 적절히 사용하는 것은 화자가 규칙이나 덕목 뒤에 숨어 있는 것이 아니라, 그들이 표현하고 있는 느낌이 그들의 것이라는 것을 인식하도록 도와준다. "당신이 내 생일을 잊어버렸을 때 속상했어요."와 같이 말이다. 이 포인트를 깨닫지 못한 사람들은 "당신이 멍청이같이 느껴져요"처럼 이를 잘못 사용하게 될 것이다.

6. 배우자의 특성이 아니라 행동을 비판하라. "문제에 대해서는 견고하게, 사람에 대해서는 부드럽게"(Fisher et al, 1981)", "어떻게 그렇게 생각이 없을 수 있는가?"보다는 "너의 더러운 옷을 어떻게 할래?"라고 하는 것이 변화가 더 쉬울 것이다.

7. 변화를 요청할 때는 그 상황이 다시 발생했을 때 상대에게 원하는 것이 무엇인지 명확하게 진술하라. 해결책이 제시되면 비판은 수용하기 쉬워진다. "좋아질 거예요"는 "좋아하지 않는다"보다는 듣기가 쉽다.

8. 피드백을 줄 때, 당신이 설득을 잘 수용하는 사람이라는 것과 ("내가 잘못되었다면 수정해 주세요") 그리고 무슨 일이 일어나더라도 당신이 책임감을 가지고 있다는 것을 강조하라. ("나에게 좋게 보여지는 점은...")

9. "비판 샌드위치"를 사용해서 변화를 위한 간단한 요청을 하라. 칭찬과 더불어, 상대에게 바뀌기 원하는 것을 말하고 긍정적인 진술로 끝맺음하라. 나의 아내는 이 문제에 있어서는 전문가이다. 무슨 일이 일어날지 잘 알고 있을 때조차도, 그녀의 달콤한 말이 쓴 소리를 줄이는 데 도움을 준다. "알트, 당

신은 신디의 지리 숙제를 함께 도와주는 너무 좋은 아빠에요. 내가 생각하기에 그 애가 이번 주에 모든 과정을 다 배워야 할 필요는 없을 것 같아요. 신디가 다른 숙제를 할 시간도 필요하다는 것을 당신은 이해할 수 있을 거예요. 고마워요, 허니"

10. 좀 더 세부적이고 상대적으로 짧은 것이 필요하다면, Real의 "순환 바퀴 (feedback wheel)"를 이용하라(2007):

   a. 당신이 보고 들었던 것을 기술하라. 비디오 카메라로 그것을 기록하는 것처럼.

   b. 이것에 관하여 당신이 "만들어 놓은 것"을 기술하라. 당신이 관찰했던 것을 어떻게 해석했었는지.

   c. 당신이 느꼈던 것을 기술하라, 당신의 관찰과 해석에 근거하여.

   d. 다음에 일어나기를 바라는 것을 기술하라, 당신의 파트너가 미래에 다르게 할 수도 있는 것이 무엇인지.

   예를 들면: "(a) 내가 당신과 비디오를 보려고 기다리고 있었을 때, 당신은 베키와 10분 동안 통화를 했다. (b) 나는 그 대화가 당신에게 그리 중요하게 여겨지지 않는다는 생각이 들었고 (c) 이것 때문에 난 당신한테 화가 났고 우리 관계가 좀 불안하게 되었다. (d) 그 다음, "전화를 빨리 끝내주면 좋겠어" 또는 "급한 일이라면 일단 내게 그걸 말해주고 다시 통화를 하면 좋겠어"라고 말한다. 첫 단계는 조심스럽게 객관적인 사실을 언급하고 논쟁이 아닌 소망하는 방식으로 진행된다. 다음의 두 단계 즉, 그 사건에 대해 당신이 생각했던 것과 느꼈던 것은 논쟁할 여지가 없다. 왜냐하면 화자 자신만이 자신의 생각과 느낌을 알기 때문이다. "미래에 무슨 일이 일어나야 하는지"는 의논할 수 있는 여지가 있고 이러한 논의는 화자가 해결책을 제시하면서 시작된다. Real의 방식이 다소 경직되어 보일 수 있지만, 대화를 보다 안전하고 생산적으로 할 수 있게 만들어주는 원칙이 된다.

11. 가장 어려운 대화를 위해 – 보다 광범위한 감정적으로 다루기 어려운 이슈들을 다루는 것 – "세 번째 이야기"를 언급하는 것으로 시작한다(Stone et al., 2010, pp. 147-162). "첫 번째 이야기"는 당신의 이야기이고, "두 번째 이야기"는 배우자의 이야기이며, "세 번째 이야기"는 당신이 상상하는 것처럼 중립적인 중재자가 볼 수 있을 것이라 여겨지는 상황이다. 두 사람과

두 사람 간의 불일치하는 영역의 차이를 탐색하는데 목표를 두면서, 시작하는 시점부터 바로 중재자처럼 이야기하라. 예를 들면, "제인, 당신과 저는 얼마나 많은 돈을 저축해야 하는지에 대해 다른 생각을 가지고 있는 것처럼 보여요". 이렇게 할 때, 당신이 생각하기에 그렇게 많이 부드럽게 해야 할 필요는 없다. 하지만 부부가 사안을 상당히 다르게 보고 있는 것을 당신이 알고 있다는 것, 그리고 이러한 차이에 관해 당신이 좀 더 많이 듣기를 희망하고 있다는 것을 명확히 해야 한다. 세 번째 이야기의 관점이 당신의 관점이라고 하더라도 스스로를 돌아보면서 개방적인 마음을 유지하라. 모든 이야기에는 각자의 입장이 있다는 것을 믿고 있다 하더라도, 우리가 상처를 받으면 우리 중 대부분은 마음 속으로 배우자가 이기적이고, 순진하며, 통제적이거나 혹은 비합리적이라고 생각하고 우리가 맞다고 확실하게 느끼게 된다. Stone과 그의 동료들이 말한 것처럼, 우리가 스스로에게 말하고 있는 이야기 안에서는 이것이 다 말이 되는 이야기이고 상대방의 이야기는 들어보지 않기 때문에 이런 일은 매우 자주 발생한다.[8]

12. 당신의 첫 번째 목표가 "대화를 배우는 것"이라는 점을 강조하라(Stone 등, 2010). 이것은 당신이 듣기 원하는 상대방의 생각을 바로 앞에서 당신의 배우자 바로 앞에서 말하는 것이다. 듣는 것은 말하는 것보다 훨씬 더 경계를 풀게 하는 것이기 때문에, 당신이 대화가 시작되는 것을 알릴 때 듣기 어젠다를 강조함으로써 성공적인 결과를 기대할 수 있다.

13. 다음 목표는 문제를 풀어가는 것이며 이를 위해서 배우자의 도움이 필요하다는 점을 강조하라. 이는 모든 부부가 문제 자체가 아니라 두 사람 모두 문제 해결이라는 공유된 프로젝트에 관여하여야 한다는 사실을 분명하게 한다. 당신은 앞으로 나아가고자 하며 후퇴하기를 원치 않는다. 이는 반대하려고 하는 충동과 싸워야 함을 의미한다. 사업하는 사람들을 생각해보자. 각자가 자기 자신의 이득을 알고 있고 여기에 관여되어 있다. 두 사람 모두 수용할 수 있는 거래를 성사시키기 위해, 두 사람은 무엇이 상대에게 중요한지를 배워야 한다. 이러한 모델을 어려운 결혼 생활의 논쟁들에도 적용할 수 있다.

14. 배우자에 관한 당신의 "이야기"가 매우 부정적이라면, 당신이 보다 더 호의

적으로 그 사람을 이해할 수 있도록 배우자에게 도움을 청하라. Stone의 사례에서처럼 말이다. "무슨 일이 일어나고 있는지에 관하여 나의 머릿속에서 말하고 있는 걸 들어보면, 당신은 사려깊지 못하다는 거예요. 이렇게 생각하는 것이 당신에게 불공평하다는 것을 알고 있어요. 내가 그 일에 대해 좀 더 좋게 생각하려면 당신이 나를 도와줄 필요가 있다고 생각해요"(2010, p. 156). 일단 대화가 진행되면, 다음에 제시된 어려운 대화를 지속하기 위한 규칙들(the Rules for Continuing Difficult Conversations)이 도움이 될 것이다.

■ 어려운 대화를 시작할 때의 정서적 도전: 자기 주장

어려운 대화를 시작할 때, 많은 내담자들은 자신이 바라는 욕구를 직접적으로 언급하는 것을 피한다. 대신에, 그들은 그들에게 동의하는 다른 사람들을 인용하면서 에둘러가려고 한다("당신이 엄마를 방문하지 않는 것을 부끄럽게 생각해야 한다고 언니도 그렇게 생각하고 있어요"). 특히 전문가들을 인용하면서("Expert 박사님은 남편이 ...해야 한다고 말했어요"). 그들은 공정성을 드러내기도 하고 ("내가 당신에게 한 것을 생각해 본다면, 이것은 그렇게 많은 것을 요구하는 건 아니에요.") 혹은 사랑("당신이 정말로 나를 사랑한다면, 당신은 ...해야 하잖아요"), 혹은 절대성을 들먹이며 모욕을 주기도 한다("제정신이 있는 사람이라면 누구도 이걸 그렇게 보진 않을 거예요"). 내담자들은 때때로 과도하게 화를 내거나 악어의 눈물을 소환하면서-Geenberg와 Goldman(2008)이 "도구적 감정"이라고 부르는 것-또는 파트너를 조종하기 위해 정신병적 증상이나 신체적 장애를 과장(Haley, 1976)하기도 한다. 친구, 친척, 권위, 도리와 연민에 호소하며 말하는 것은 대부분 요청하는 행위, 요청의 상대성, 거절에 대한 두려움을 은폐하는 역할을 한다.

이와 대조적으로, 자신이 한 말이 상대에게 경청되어야 할 권리가 있다고 믿고 있는 사람들은 보다 잘 자신의 메시지를 분명하게 전달하기 때문에 그들의 배우자는 그들이 말하고 있는 것이 무엇인지를 추측하는 것을 덜 하게 된다. 건강한 자기-보호는 배우자가 좌절감을 느끼기 전에 더 빨리 변화를 시도할 수 있게 한다. 역설적으로, 강력한 분노와 두려움은 파괴적인 특성이 있어서 자기주장을 방해하게 될 수 있다.

자기 주장에 대한 이러한 이해를 바탕으로 상담자는 내담자가 직접적으로 변화를 요청하기 보다는 부끄러워하는 내담자들을 도와줄 수 있다. 아마도 그들은 원하는 것을 요구할 자격이 없다고 느낄 것이다. 때로 우리는 내적 갈등과 부정적인 기대가 마음 속에 있음을 알게 된다. 어떤 사람들은 자신의 분노가 가진 힘을 두려워할 수도 있다. 어떤 사람들은 배우자가 즉각적으로 동조해주지 않을 것이라고 기대(종종 올바른 것도)하면서 일어날 수 있는 고통스러운 감정들을 두려워한다. 특히, 많은 사람들은 배우자가 자신의 요구를 정당하고 중요한 것으로 여기지 않을 경우 자개애적 상처를 입을까봐 두려워한다.

일반적으로, 구체적인 두려움과 기대를 밝혀내고 유혈사태 없이 성공할 수 있는 방법을 가르침으로써, 내담자들이 자신이 원하는 것을 요청하도록 하는데 우리가 도움을 줄 수 있다. 이는 단순히 그들로 하여금 상담자나 친구 혹은 관계를 위해서 인내하도록 격려하는 것이라기 보다는 자신의 권리로서 요청하도록 하는 것이다.

내가 상담했던 한 부부는 한쪽은 너무 주장성이 강하고 한쪽은 자기주장을 하지 못하는 부부였다. 남편과 아내 둘 다 오해, 분노 및 실망으로 지쳐 있었고 자신의 욕구를 직접적으로 언급하는 것을 두려워했다. 남편은 지배적이고 자기애적인 아버지로 인해 그와 그의 가족들이 심리적 상처를 느껴온 것처럼 아내에게 상처를 줄 것을 두려워한다는 것을 알게 되었다. 아내는 그녀의 어머니처럼 되는 것을 두려워했는데, 어머니가 특이한 종교성향을 가족들에게 강요해왔었다. 직접적으로 지시하는 것보다 이러한 두려움을 드러내는 것이 부부가 두려움에서 벗어나 훨씬 더 행복한 결혼생활을 하는데 도움이 되었다.

사람들이 스스로를 주장하는 데에 방해물을 극복하도록 도와주는 것에 대한 다양한 관점이 존재한다. 어떤 사람들에게는, 간단한 타당화와 격려가 그들이 올바른 방향으로 나아가도록 도움을 주기 시작할 것이다. 또 어떤 사람들에게는, 삶에서 일어나는 엄청난 불공평함을 더 이상 참지 말라고 친구들이 끊임없이 충고해주지만, 단순한 격려와 기술훈련만으로는 부족하고 치료적 특성을 가진 개인 정신분석적 치료가 도움이 될 수도 있다(see Summers, 1999, pp. 215-250).

자신의 바람과 감정을 주장하고 그것이 타당하다고 여겨지는 느낌은 내담자가 어려운 대화를 시작하고 그것을 실행하도록 도와준다. 여기에는 때때로 상대방이 나쁘게 행동하고 있다는 것을 말해야 할 때도 있다.: "저에게 그런 식으로 이야기 하는 것을 멈춰주세요. 나는 당신 이야기를 잘 들으려고 하고 당신이 왜 그렇게 화가 났는지 이해하려고 열심히 노력하고 있는 중이에요."

　　상담자가 알려주는 규칙은 자기주장에 정당성을 부여해 주고 그 규칙들로 인해 자기주장을 더욱 성공적으로 잘 할 수 있게 되기 때문에, 의사소통을 할 때 지켜야 하는 규칙을 알고 준수하게 되면 배우자로 하여금 소리내어 말할 수 있는 자신감이 증진될 것이다.

■ 어려운 대화를 지속하기 위한 규칙들

1. 단지 "사실"을 설명하기 보다는—두 사람이 잘 동의하지 않는다는 사실— 서로의 다른 이야기가 어디서부터 유래되었는지를 발견하도록 하라. 호기심을 가져라. "당신이 그 일을 어떻게 바라보고 있는지를 내가 이해할 수 있게 도와 주세요", "이 논의에서 당신이 가장 중요하게 생각하는 게 무엇인가요?", "당신이 더 쉽게 동의하도록 내가 무엇을 할 수 있을까요?"(Fisher & Shapiro, 2005). 내담자들은 자신이 회의론적인 입장이 될 때 견디는 방법을 배워야 하고, "그 사람은 어떻게 그렇게 생각할 수 있어?"에서 "내가 모르는 정보를 그 사람은 어떻게 알고 있는지 궁금해"로 변화시키는 것을 배워야 한다.

2. 독심술(mind—read)을 하지 말라. 대부분의 사람들은 자신이 무엇을 느끼고, 생각하고, 혹은 하려고 하는지에 대해 남들이 말하는 것을 좋아하지 않는다. 배우자가 정말 화나고, 슬프고, 혹은 불안해 할지 모르는 것에 대한 논쟁이 발생할 때, 가장 좋은 것은 단순하게 자신이 관찰한 것을 공유하는 것이다. "당신이 오늘 나에게 이야기하기를 원하지 않는 것 같이 보이네요; 당신이 왜 어제 일어났던 일에 대해 여전히 화가 나있는지 궁금해요." "당신의 목소리가 떨리고 있네요. 당신이 어떻게 느끼는지 궁금해요." Wile(2012)가 언급한 것처럼, 때때로 독심술은 실제로 화자가 자기 자신 그리고 다른 사람에게 숨기려고 하는 느낌인 경우가 있다.

독심술은 종종 다른 사람의 감정에 관해서 주장하는 방식으로 불리는 하나의 감정표현이다. 그것은 사실로 진술된 두려움이거나 걱정이다. "너는 지루해서 죽겠구나"라는 것은 "나는 네가 지겨워할까봐 걱정이 된다"는 의미이고, "나한테 왜 그렇게 화가 났어요?"는 "나는 당신이 나에게 화났을까봐 걱정되었어요. 결국에는 나도 당신에게서 멀어지겠지만 당신이 이런 식으로 사라져버린다면 정말 화가 날거예요"라는 의미일 것이다 (para. 23).

3. 당신의 이야기에 대해 의구심을 갖거나 호기심을 가져라. 당신이 처음에 생각한 것처럼 분명하고 왜곡되지 않았다고 가정하지 말아라.
4. 문제에 당신이 기여한 바에 대해서 책임감을 가지라. 나중이 아니라 곧바로
5. 당신이 내린 결론을 진실이라고 여기지 말라. "부부상담은 도움이 안될거야"라고 생각하든지 "좋아, 하게 되겠지!"와 같이 결론에 대해 논쟁하는 것은 통속적이고도 쓸데없는 일이다. 그러한 논쟁은 아무 소용이 없다. 왜냐하면, 두 사람 모두 반대 결론으로 이끌 수 있는 자료의 검토와 숙고 없이는 설득력 있는 주장을 할 수 없기 때문이다.
6. 당신이 결론을 내리게 된 감정을 공유하라. 감정을 토로하기 보다는 전달하라. 당신 이야기의 상당 부분은 느낌을 포함하여 배우자에게 알려져 있지 않을 것이다. 관계에 손상을 주지 않기 위해 당신의 상처받은 느낌들을 언급하지 않게 되면 당신의 파트너는 정말로 무엇 때문에 당신이 괴로워해왔는지를 모르게 될 것이다. 그러나 당신의 감정들이 변하지 않는 것이라고 가정하지 말라; 감정은 당신이 보다 복잡한 설명들을 해 나감에 따라서 변화될 것이다.
7. 비난을 멈추어라. 그 대신 기여 시스템을 계획하라. 비난은 누가 책임이 있는지, 그 사람의 행동을 어떻게 판단할지에 대해서(예, 그의 행동은 능력 혹은 자비심 혹은 도덕성이 부족한 것을 반영하는 것인가?), 그리고 어떤 처벌이 주어져야 하는지(Stone 등, 2010)와 같은 질문을 하게 만든다. 비난받은 배우자가 문제를 해결하도록 도움을 주기 보다는 자신을 방어하게 하여 이해하기 어렵게 만든다. 책임을 확인하는 작업을 하기 보다는, 부부가 서로

무엇을 기여할 수 있는지를 발견해나가는 부드러운 프로젝트로 바꾸어가야 한다. 이미 기여한 것을 찾아보는 것은 부부에게 다음에 생산적으로 무엇을 할 수 있는지 그리고 이러한 상황이 다시 재현되지 않도록 무엇을 할 수 있을지 생각해보는 방향으로 목표를 세우게 한다.

8. 특정한 언어의 선택을 피하라.
- 과장을 사용하지 말라: "당신은 항상...", "당신은 절대로..." 그러한 언급들은 거의 사실이 아니며, 하나의 반대사례로도 논박되어질 수 있다. "당신은 종종..."이 덜 선동적이다.
- 분명한 진실로 드러난 것들에 대해 일방적인 논쟁을 하지 마라.
- 다른 사람의 특성을 단정하거나 공격하지 말라.
- 다른 사람이 당신에게 동의하도록 논쟁하지 말라. 어떤 사람은 그렇지 않고, 어떤 경우는, 상관없는 일이다.
- 다른 사람이 당신의 방식대로 하는 것으로 논쟁하지 말라. 다시 말해, 어떤 사람은 그렇지 않고, 상관없는 일이다.
- 파트너가 비슷하게 혹은 똑같이 잘못한 것이 있기 때문에 어떠한 주제는 넘어가야 된다고 하거나 혹은 자신이 용서받아야 한다고 논쟁하지 말라. : 두 사람이 똑같이 잘못해야 공정해지는 것은 아니다.
- "당신에게 내가 한 것을 봐요, 당신도 나를 위해 그렇게 했어야죠"라는 말로 논쟁을 하지 말라. 그것은 거래될 수 있는 것이 아니다.
- "나는 당신을 위해 이것을 해요. 당신도 나를 위해 이렇게 해야 해요"라고 하지 말라. 각자의 환경은 다를 수 있다.
- "당신이 나를 사랑했다면, ...했을 거예요" 이는 "당신이 나를 정말로 사랑한다면, 당신은 내게 ...하게 요구해서는 안되죠."와 같은 말로 쉽게 대치될 수 있다.
- "해야 하는 것" 혹은 절대적인 것으로 논쟁하지 말라. 거의 항상 반대의 타당한 원칙이 존재한다.

9. 존중과 감사를 전하라; 배우자의 지위, 전문성, 그리고 긍정적인 기여점을 인정하라.

10. 주제를 유지하라. 관련이 없거나 옆길로 새는 불평은 중요한 문제로부터 벗어나게 만든다. 이것은 관련되는 사건을 주제로 언급하는 것을 배제하는

것이 아니라, 화자가 이를 분명하게 알아야 한다는 것이다: "내가 10년 전에 일어났던 일을 불러오는 이유는 그 일이 지금까지도 나를 화나게 만들고 있다고 생각하는 거예요."

11. 간결하게 말하라. 한꺼번에 모든 것을 하나하나 말할 필요는 없다. 배우자가 진행하는 것을 허용하고 당신이 말해야 하는 것에 대해, 하나씩 짚어가면서 응답하라.

12. 배우자가 주제를 벗어나는 선동적인 언급을 하면 무시하라. 이를 이해가 불가능한 것으로 넘겨버려라. 그 때 느낀 감정의 강도는 기록해두라.

13. 서로 이해받고 있는지를 알기 위해 당신이 말했던 것을 배우자에게 부연설명해보도록 요청하라. 이것은 적극적 경청자의 역할을 잘 하고 있는지 가늠하기 위해 상대방에게 요청하는 것이다. 비록 파트너가 당신을 이해하는 것과 거리가 멀다고 하더라도, 이러한 요청은 그들로 하여금 좀 더 주의를 기울여 들을 수 있도록 동기화할 것이다.

14. 파트너에게 도움을 청하라: "우리는 막다른 길에 있어요. 우리가 무엇을 해야 한다고 생각하나요?"

15. 당신의 몸짓, 목소리의 톤, 그리고 부부의 프로세스를 관찰하고, 이에 관해 대화하는 것을 고려하라. 당신은 눈을 맞추는가, 관심을 보이는가, 동의를 확인하는가, 격려를 해주는가, 반대의 주파수로 벗어나는가, 목소리가 올라가거나 분노나 무시를 전달하는가? 이것은 당신이 자신의 행동이나 감정을 속여야 한다는 것이 아니라, 당신이 전달하고자 하는 내용이 어떤 것이든, 당신의 배우자가 어떤 것을 경험하는가를 당신이 알아야 한다는 것을 말하는 것이다. 두 사람의 프로세스가 악화되어 간다면 멈추고 프로세스와 내면의 상처받은 감정들에 대해 다시 초점을 맞추어야 한다. 사실에 대한 논쟁을 계속하기 보다는, "우리가 서로 이야기하고 있는 방식에 대해서 화가 나요. 이는 무엇을 말하죠? 우리가 할 수 있는 것이 무엇인가요?"라고 말하라. 그리고 정말 당신을 화나게 한 것이 무엇인지 이야기하는 것을 그토록 어렵게 만든 것이 무엇인지 자신에게 질문하고, 배우자와 상의하라. 부부의 프로세스가 악화될 때, 나는 부부에게 내가 제안하는 것을 해보도록 격려한다. 구체적인 문제해결에서 프로세스와 내재된 이슈들에 초점을 두는 것으로 상담의 방향을 옮겨가는 것이다.

16. 배우자에 대한 핵심적인 부정적 이미지가 활성화되었다면, 그에 대한 두려움을 다루는 작업을 하라. "당신은 바로 당신의 아버지가 그랬던 방식이나 내 방식이라고 말할까봐 걱정이 될 수도 있을 거예요, 하지만 나는 정말로 당신의 생각이 무엇인지 듣기 위해 마음을 열고 있어요". "난 당신 엄마가 아니야"라고 말하며 분노를 자극하는 방식의 말을 삼가하라.

17. 유머를 사용하고 프로세스를 부드럽게 만드는 다양한 전략을 사용하라. 그러나 방어로서 혹은 가려진 적개심을 표현하기 위해 사용하지는 말라.

18. 대화가 잘 진행되지 않는다면, 원칙으로 돌아가서, 아래의 목록에 제시된 대안을 순서대로 시도해 보라.

   (a) 공감에 힘쓰라, 공감적인 청자의 역할을 맡고 최상의 청자가 되기 위한 조언을 따르라.

   (b) 어떤 것이 당신의 마음을 상하게 하는지 이해하려고 노력하라. 그리고 파트너와 당신의 생각을 공유하라.

   (c) 최적의 대화로 개선하는 전략을 기억하라. 그리고 개선 모드로 전환하라.

   (d) 당신 자신을 위로하기 위해 작업하라. 이것이 실패한다면, 타임아웃을 제안하라.

19. 만족스러운 해결책 없이 대화가 끝난다면, 잠시 쉬었다가 다른 때 다시 시도하라. 어려운 대화를 한번에 잘 해내는 경우는 거의 없다. 이를 진행 중인 대화라고 개념화하는 것이 나을 것이다.

■ 화자에 대한 부가적인 정서적 도전

화자에 대한 정서적 도전은 단순하고 일방적이며, 독선적인 비난으로 가득찬 내러티브를 담고 있는 것이 아니라, 명료하고 간결하게 필요, 불만, 상처를 전달하는 것이다. 우리는 자기주장에 대해 논의하면서 몇가지 어려운 점을 다루었다. 일반적으로 요청하는 것을 어려워하는 사람들은 "친절하게 요청하는 것을 힘들어하며 지속적으로 저항에 부딪힐 것이다.

자기주장에 어려움을 덜 느끼는 화자는 한 가지 불만에 다른 것들을 더하여 더 많은 증거를 모아 자신의 사례를 강화시키는 경향이 있다. 이러한 내담자는 변명을 만드는 작은 일을 과장하거나 혹은 제외시키는 것을 그만 두어야 한다. 화자는 감정이 고조되었을 때 화를 내며 공격하거나 발끈해서 대화를 끊어버리고 싶은 마음을 이겨내야만 한다. 부부 상담에서 내담자가 말하는 소리에 대한 규칙을 교육하는 경우는 많지 않지만 우리가 강조하는 규칙이 도움을 줄 것이다.

■ 너무 많은 규칙들?

거의 이 장을 읽는 것을 마쳤다면, 당신은 "어떻게 불길 속에서 내담자에게 이 모든 규칙을 가르치는 것이 가능한가? 나조차도 이것을 기억할 수가 없어!"라고 생각할 수도 있다. 물론 한번에 다 가르치기에는 상담자에게도 내담자에게도 이 규칙들은 너무 많다. 그러나 인간 행동의 복잡성을 고려한다면, 어려운 대화를 할 때 잘못된 방향으로 갈 수 있는 수많은 경우가 있기 때문에 이러한 실수를 효과적으로 제지하는 방식도 무수히 존재하는 것이다. 따라서, 실망하지 말라! 어떤 상담자도 모든 내담자에게 모든 규칙을 가르칠 필요는 없다. 기본적인 사항을 교육한 후 당신의 내담자의 구체적인 실수에 적용할 수 있는 규칙들만을 가르치면 된다.

내담자가 말하기와 듣기의 규칙을 배우고 유지하도록 돕기 위하여, 나는 규칙과 규칙의 근거를 제시하는 유인물을 제공한다(이 장에 있는 자료를 자유롭게 복사하여 사용하라). 반면에 어려운 대화가 진행되는 동안, 모든 규칙을 생각하면서 계속해서 연습하면서 지키는 것은 불가능하고 비생산적일 수 있다. 규칙을 발견한 많은 내담자들은 이를 이해하게 되고 자동적으로 사용하게 된다.

■ 말하기와 듣기 규칙을 가르치는 것이 미치는 영향

내담자가 규범적인 의사소통 규칙을 고수할 때, 그들은 새롭게 벌어지는 일에 자주 놀라고 그 가치를 확인할 것이다. 부부가 이러한 분명한 방식을 지켜나갈 때, 그들은 보다 깊이 있는 감정 표현과 이해를 하게 되고, 연결감을 느끼게 될 것이다. EFT와 정신 역동적 부부상담자들이 알아야 하는 것은 부부 스스로가 이러한 어려운 대화를 위한 긍정적인 규칙을 지켜나갈 때보다 일상적으로 깊이 있고 변형된 진술이 나온다는 것이다. 방어를 차단하고 공감적 경청이 가능해지면서, 내담자들은 심각한 걱정, 상처, 문제에 대한 부담을 덜어내고 안전감을 느낀다. 말하고 듣는 규칙을 가르치는 것이 보편적으로 도움이 되는 이유는 배우자가 말하는 것을 더 친밀하게 듣는다기 보다는 반박하려고 준비하는 본래의 성향을 빠르게 차단하기 때문이다. 때때로 부부가 지내온 긴 시간보다도, 함께 했던 그 어떤 때보다 더 친밀감을 경험하는 경우도 적지 않다.

그들이 이러한 규칙을 준수하기 위해 고군분투할 때, 공감적으로 부연(paraphrasing)하면서 자신이 말하고자 하는 어젠다를 유지하는 것이 얼마나 어려운지, 그들이 상대가 말하는 것을 요약하기 위해 얼마나 주의를 기울이고 있어야 하는지를 알게 된다. 구체적인 규칙을 가르치는 것은, 내담자가 화를 내거나 눈물을 흘리는 경우에, 상호작용을 위해 노력하다가 포기한 사람에게 특히나 유용하다. 그러한 사람들은 아무 것도 자신을 도울 수 없을 것이라고 확신하게 된다. 그 결과, 그들은 수동적으로 변하고, 배우자에게 도움을 받기 위해 우는 정도가 더 강해지기도 한다. 의사소통의 규칙을 가르치는 것은 이러한 전이된 무력감에 도전하기 위한 가장 빠른 방법 중의 하나이다.

대화 기술을 가르치는 것은, 이전에 수동적이었던 배우자가 자신을 사랑하지 않거나 결혼 생활에 관심이 없었다기보다 그들이 아무것도 시도하지 않았기 때문에 수동적이었다는 것을 확인하게 해준다. 의사소통의 규칙에 신경을 쓰는 경험은 수동적 배우자가 추격하는 배우자의 부정적인 전이 기대를 반격하는 데 도움을 준다.

일반적으로, 대화의 규칙을 가르치는 것은 내담자의 부정적인 전이를 막아주는 행동을 촉진할 수 있다. Wachtel(2014)이 "순환적 정신역동" 이론에서 지적한 바와 같이, 변화란 변화된 행동이나 혹은 변화된 신념과 함께 시작될 수 있으며, 한 가지 변화가 또 다른 변화를 가져옴으로써 시작될 수 있다. 다음의 사례에서는 부부가 보다 나은 작동모델을 취함으로써 의사소통 행동이 좋아지는 것을 보여준다.

■ 의사소통 규칙 가르치기: 타즈님과 애닐

타즈님은 몸집이 작고, 부드럽게 말하는 초등학교 선생님으로, 지배적인 성격을 가진 심장 외과의사인 남편 애닐의 이야기를 들을 때 항상 무엇인가를 놓치는 것처럼 보였다. 애닐은 이전에 정신역동 심리치료가 매우 도움이 되기는 했었지만, 여전히 민감한 부분을 가지고 있었고 타즈님이 그것을 건드리게 되면 상당히 예민하게 반응하였다. 대부분의 부부상담 회기에서 애닐은 아내의 둔감함과 어리석음에 대해 호통을 치면서 그녀가 반복하는 악순환에 대해 말했다. 그는 아내에 대해 충분한 만족감을 느끼지 못하고 있고 아내는 자신이 그녀에게 해준 것에 감사하지 않는다고 항상 비판하였다. 최악의 상황이었을 때 애닐은 자신의 요구를 들어줄 수 있는 여자를 찾아 떠나겠다고 말하기도 했다.

이러한 남편의 불평에 대해 타즈님은 남편이 그녀에게 이야기하도록 기회를 줄 때까지 기다리는 것으로 대처하였다. 그때 그녀는 그의 비판에 근거하여 일부 사실에 대하여 조용히 반박하려고 기다리고 있었다.

그녀에게 적극적인 경청을 코칭하고 난 후, 그녀는 그의 말에 반박하거나 무효화하기보다는 신중하게 이해하려고 노력하였고, 이에 직면함으로써 그의 비판적인 공격을 관리하는 보다 큰 역량을 가지게 되었다. 남편 애닐은 그의 부모들과는 달리―아내가 진실하게 듣고 있음을 경험하게 되면서, 큰 도움을 받았고, 이는 그의 개인 상담자에게 감사함을 느꼈던 것과 유사한 것이었다.

타즈님은 새로 개발한 능력을 통하여 자신이 언어적 학대의 수동적인 타깃이 될 필요가 없었다는 것을 깨닫는데 도움을 받았다. 그녀가 숭배했던 아버지가 고함을 칠 때 어린아이였던 타즈님은 꼼짝할 수 없었던 경험을 가지고 있었던 것이다. 타즈님에게 어려운 대화를 시작하는 방식을 가르치는 것은, 특히 "제3의 이야기"를 이용하여 가르치는 것은, 그녀가 결혼생활에서 변화를 원할 때 수동적으로 기다리기보다는 행동하는 용기를 가르쳐 주기도 하였다.

■ 의사소통 기술 교육에 관한 최종적인 고찰

애닐과 타즈님과 같은 내담자의 경우, 어린 시절 양육과정의 실패로 인해 대인

관계적인 어려움을 극복할 수 있는 가능성에 대한 비관론을 가지게 되었을 뿐만 아니라, 동시에 이러한 도전에 대처하는 방법에 모델을 가질 수 없었다. 부모가 개인내적, 대인관계적인 감정적 스트레스를 관리하는 방법을 알지 못했다면, 그 자녀들은 부모에게서 그 기술을 배우지 못했을 것이고, 다른 어느 곳에서도 배우기 어려웠을 것이다. 일부 내담자는, 부모와 동일시하여 비생산적인 행동을 배운다. 갈등을 잘 관리하는 부모를 가진 사람들은 갈등을 잘 관리하지만, 자녀의 말에 귀 기울이지 못하는 사람들은 그 자녀들 역시 갈등을 관리하는 방법을 배울 수 없었을 것이다. 결론적으로, 결함이 있거나 부적절한 학습이 되었던 경우에는, 건설적인 행동을 명확하게 가르치는 것은 필수적이라는 믿음을 가지고 있다.

상담실에서 의사소통기술을 배우게 되면, 부부는 실제로 기술을 사용하는가? 내담자 중 일부는 상담실 밖에서 그 기술들을 의식적으로 사용하고, 다른 이들은 그렇지 않다. 규칙을 형식적으로 혹은 정확하게 사용하지 않더라도, 대부분 그들은 내재된 핵심적인 원리들을 내면화 한다. 침착해져야 하고, 길을 가다 갈림길에 다다랐을 때 주의를 기울여야만 하고, 자신의 행동이 그들의 관계에 도움이 되거나 해가 될 수 있다는 사실을 자각하게 된다. 그들은 상대의 이야기를 공감적으로 듣고 존중하면서 대화해야 한다는 것을 안다. 침착하고, 호기심을 가지고, 배려하는 태도를 유지하기 위해 많은 노력을 해야 한다. 이것은 완성되는 것이 아니라, 발전해 가는 것이다. 다음 두 장에서 우리는 내담자가 어려운 대화를 다루어 가는 부가적인 교육적 개입을 안내할 것이다.

11장 NOTES

1) 4부에는 스스로를 "행동주의"라고 정의하는 치료자들에 의해 개발된 많은 개입들이 있기 때문에, 나는 행동주의적/교육적 향상이라고 제목을 붙였다. 그에 대한 연구들이 없기 때문에, 관계성 교육 향상 부분을 구상해오고 있다. 모든 부부 상담자가 "행동 변화"(예를 들면 덜 욕하고 더 협조적인)를 추구하지만 이러한 접근의 개입을 차별화 하는 점은 "행동"에 초점을 맞추는 것이 아니라 직접적인 지시를 함으로써 내담자가 행동을 바꾸도록 영향을 미치는 방식이다.

2) Gottman이 건강한 비임상 커플을 관찰하지 않았기 때문에 관계 기술 교육을 중단해야한다는 반론에 대해 Stanley, Bradbury, Markman(2000)을 참고하라. Gottman의 책과 프로그램에서 부부의 생산적인 관계를 맺는 권고로 채워진 것을 보면, 그는 기술 훈련에 대한 이러한 비판에 암묵적으로 반대하고 있다(예: Gottman & Silver, 1999).

3) Rauer and Volling(2013)에 의한 51쌍의 행복한 커플들의 연구를 보면, 어려운 대화들에서 "보살핌(caring)"의 임상적 중요성을 보여주고 있다. 연구자들은 문제해결 논의과정에서 한쪽 혹은 양쪽에서 상대적으로 빈번하게 보이는 나쁜 행동(지배, 부인 혹은 갈등)들은 파트너가 지지를 많이 해줌으로써 상쇄되거나 중립화되어질 수 있다는 것을 발견했다.

4) 양육에서의 훌륭한 저서로서, Siegel and Bryson(2015)은 문제행동을 하는 어린이들을 위한 접근방안을 만들었는데 이것이 나의 3Cs와 놀랍도록 유사하다. 그들은 공감적 연계성을 통해 아이들을 돕는(보살피는) 것을 강조하는데 이는 부모들이 즉흥적인 부정적 반응을 자제하고(침착함을 유지) 그 대신, 호기심을 가지고 "이유를 찾아보는 것"이 필요하다고 강조한다.

5) 한 연구에서는 커플들에게 연인이 묘사된 상업광고를 보여주고 토론을 하게 함으로써 "관계 알아차림"을 하도록 하였다. 이는 보다 광범위한 관계교육 개입만큼이나 결혼생활의 행복도와 지속성을 증진시키는데 효과적이었다는 것이 밝혀졌다(Rogge et al., 2013).

6) 여기에서의 의사소통 규칙들은 Markman, Stanley, and Blumberg(2001)의 화자-청자 기술(여기에 요약되어진)을 담고 있다. 화자의 규칙: 당신 자신을 위해 말하라. 청자를 마음에 두지 마라. 계속해서 말하지 마라. 멈추고 청자가 부연 설명하도록 하라. 청자의 규칙: 당신이 들은 것을 설명하라. 화자가 이야기하는 것에 초점을 맞추라. 반박하지 말라. 양쪽의 규칙: 화자가 무대를 가져라. 무대를 공유하라. 어떤 문제도 해결하려고 하지 말라.

7) 이러한 권고는 Gottman 등(1998)에 의해 연구된 것과 일치한다. "관계의 대가들"은 갈등적 대화를 하는 동안 긍정적 대 부정적인 비율이 5:1이었고, 이와 대조적으로 어려움을 겪는 커플들은 그 비율이 1:1이었다. 이러한 연구들은 종종 다툼이 있었던 기간 사이에 적용된 것으로서 잘못 오인되기도 하지만, 처방된 갈등적 대화 중에

서도 실제로 관찰할 수 있었다. 갈등 중에 이러한 긍정성의 장점을 발견하는 것은 많은 반복적 연구들을 통해 규명되어왔다(Bradbury & Karney, 2010, pp. 336 -339).

8) "세 번째 이야기"를 정교화하는 것은 광범위하게 언급된다. IBCT 치료자들은 내담 자들이 "통합된 거리두기"의 입장을 취하도록 돕는다(Baucom et al., 2008). 정신 분석학자인 Jessica Benjamin(2004)에 따르면, 양측의 관점에서 공동으로 구축 된 "제3자"의 입장에서 노력함으로써 "행위자와 행해진 것"의 상호작용으로 붕괴된 치료적 교착상태를 어떻게 개선할 수 있는지를 설명한다. Finkel and colleagues (2013)의 연구에서 이를 실험적으로 지지하고 있다. 그리고 실험적 지원은 120명의 비임상 커플이 무작위로 배정되어 다음과 같은 지침을 받은 집단과 받지 않은 집단 의 결과를 비교하였다. 지침은 "관련된 모든 사람에게 최선이 되기를 원하는 중립적 인 제3자의 관점에서" 부부의 의견 불일치를 검토하고, 부부가 이렇게 하는 것을 어 렵게 만든 것이 무엇인지를 반성하고, 앞으로 그렇게 하기 위해 무엇을 더 노력할 것인지에 대한 것이었다. 2년 후 이러한 지침을 시행한 부부는 분명한 좋은 결과를 보였다.

12 감정조절 가르치기

11장에서 어려운 대화에서 발생하는 감정적 도전들 중의 하나로 침착함을 유지하는 것에 대해 언급하였다. 하지만 이는 쉽지 않은 일이며 부부 상담자가 직업적으로 존재하는 중요한 이유가 된다. 이 장에서, 내담자가 통제력을 잃게 되는 바로 그 순간에 자신의 감정을 조절할 수 있도록 돕는 교육적 개입에 대해 논의하고자 한다. 이러한 기술은 불안, 절망감, 그리고 (가장 중요하다고 볼 수 있는) 반작용으로 일어나는 분노를 포함한 모든 부정적 정서에 작용한다. 감정 조절 기술은 감정적인 반응을 가라앉히고 개개인이 보다 적절한 생각과 행동을 할 수 있도록 도움을 준다.

■ 감정조절이 어려운 배우자에게 초점 맞추기

내가 여기서 다루고자 하는 자기통제와 자기위로 기술은 화가 나있거나 통제가 안되는 배우자, 혹은 담쌓기를 하는 배우자를 대상으로 하며, 부부싸움의 책임을 그들에게 더 많이 부여한다. 감정을 조절하기 어려운 내담자들은 촉발되는 원인이 상대 배우자에게 있다고 비난하면서, 그들 자신은 격한 감정에 "압도당해서" 분노가 "폭발한" 것이라고 말한다. 우리는 그들이 자신의 정서를 느끼고 또한 그들이 통제력을 잃어버리는 것을 정당화하는 과정에서 자신의 내면에서 무엇이 진행되고 있는지를 알 수 있게 도와주어야 할 필요가 있다(Goldner, 2004).

감정조절기술을 가르치는 선두적 역할을 한 사람들 중 하나인 Brent Atkinson(2005)은 이러한 접근의 가치를 설명하고 있다.

종종 상담자는 부부와 전진과 후퇴를 거듭하면서 상담을 진행하는데, 한 배우자를 조금 순화(softening)시키고 난후 다른 배우자를 순화시키고, 다시금 그것을 반복하는 등의 작업을 한다. 각각의 배우자는 상대방이 보다 많은 것을 기꺼이 주고자 한다는 것을 경험하게 됨에 따라 자신도 점점 더 자발적으로 행동하게 되고 점차적으로 상황이 나아지게 된다. 오해받거나 부당한 대우를 받았다고 느낄 때, 한 쪽 배우자가 적절하게 반응할 수 있는 능력을 더 키우지 않아도 부부상담에서는 성과를 내는 것이 가능하다. ... 상담자가 자신의 배우자를 변화시켜서 상황이 나아질 것이라고 믿는 사람들은 종종 부부상담으로는 나아지는 것이 쉽지 않겠다고 느끼는 경우가 많다. 그들은 자신의 배우자가 종국에는 실마리를 가지고 있다는 것에 안도감을 느끼지만, 상담에 오기 전에 그들이 맺고 있었던 관계의 상태에는 영향을 주지 못한다고 느낀다. 그들 각자는 "내 배우자가 어떻게 하면 나를 다시 함부로 대하지 못하도록 할 것인가?"와 같은 암묵적인 질문에 대해 고민하게 된다.[1](pp. 5-6).

Steven Stosny(2005, 2006)는 폭력적인 남성들과 함께 성공적으로 작업을 해 온 경력이 있다. 그는 상담의 성공여부가 가해자로 하여금 감정조절에 대한 자신의 책임감을 수용하도록 돕는 것에 달려 있다고 믿는다. 그는 피해자에게 자신의 경계를 더 확고히 하도록 가르치는 것을 강조하는 접근은 잘못된 것이라고 본다(2006, p. 58). 이와 유사하게 피해자가 덜 분노하도록 가르치는 시도에 대해서도 중요하게 여기지 않는다. 그는 역설적이지만 많은 가해자도 그러한 행동을 수치스럽게 여기며 부정적으로 반응할 것이라는 점 또한 지적하였다. Stosny는 또한 가해자에게 통찰지향적 치료를 활용하는 것에는 함정이 있음을 지적하는데, 그들은 고통스럽거나 결손이 있었던 어린 시절의 학대에 대해 더 많은 책임을 전가할 수도 있다: "내가 당신에게 못되게 굴었다는 것을 알고 있지만, 지금까지 내가 겪은 일 때문에 당신은 나에게 좀 여지를 주어야 해요." 근본적으로, Stosny는 배우자를 학대하는 것은 시스템이나 관계적인 문제로 보고 있지 않으며, 수치심, 죄책감 혹은 부적절감을 담아둘 수 있는 능력이 없는 가해자들의 심리내적인 결함으로 보고 있다.

Goldner, Atkinson와 Stosny는 이 분야에서 주목할 만한 경험과 성과를 거두었다. Stosny는 부부상담을 위한 가장 최신 모델에 가장 어려운 주제와 더불어 감정조절을 포함할 것을 제안한 바 있다.

심리치료에서 감정조절의 역사

대부분의 정신분석학자들은 혼자 있는 것을 관리하는 능력처럼 불길아래에서 자신을 평온하게 만드는 능력을 광범위한 치료적 경험의 중요한 결과로 여긴다 (Gehrie, 2011; Wachtel & Wachtel, 1986). 다른 심리학자들은 자기통제를 위한 구체적인 기술을 가르치는 것에 관심을 기울여왔다. 이들은 선수들이 경기를 하는 동안 스스로를 안정되게 도와주는 일을 하는 스포츠 심리학자들을 포함한다 (Gallwey, 1974; Rotella, 1995). 부부상담의 현장에서도 코칭을 하는 사람들은 감정이 격해지는 내담자에게 감정관리를 할 수 있도록 조력한다. 이는 Gottman, Coan, Carrera, Swanson's(1998)의 연구에서도 밝혀졌듯이 어려운 대화가 진행되는 중에는 감정에 "잠겨버려서" 생각을 할 수가 없기 때문이다. 비록 이러한 것들이 일상적인 경험들이고 실제적으로 하나의 발견이 아니라 할지라도, Gottman학파는 상식적인 부분을 과학적인 연구의 영역으로 가져오는데 초점을 두었다.

감정의 파도를 담아내는 매 순간의 능력에 대한 관심은, 강력한 정서를 유발하는 고통에 빠진 인간의 뇌를 연구할 수 있게 해주는 신경영상 기술의 발전에 의해서 촉진되어 왔다. 우리는 이제 감정적 조건화가 무의식적으로 일어날 뿐만 아니라 사건에 대한 대뇌피질의 처리와 분리되어 발생하며 일반적으로 더 빠르게 일어난다는 것을 알고 있다(LeDoux, 1996 ; Atkinson, 2005). 이는 LeDoux가 대뇌 피질로 가는 느린 상위경로(high road)와는 대조되는, 하위경로(low road)라고 불렀던 경로를 따라서 일어나게 된다. 우리의 심층적 뇌에서 일어나는 투쟁 −혹은− 도피(fight−or−flight)의 강렬한 감정적 반응은 우리의 생각하는 자아보다 먼저 출발한다. 우리는 또한 전두엽의 피질중추가 하부 대뇌의 감정구조를 통제한다는 것을 알고 있다. Dan Siegel(2010)은 이 분야의 선두적인 연구자로서, 이 현상에 대한 강력한 이미지를 제공하고 있다. 당신의 손을 뇌라고 생각해보면, 엄지손가락은 편도체이고 나머지 손가락은 전두엽 피질이다. 손가락들이 엄지손가락을 가리게 될 때, 당신의 감당할 수 없는 감정들은 통제되지만; 손가락들이 들어 올려질 때 당신은 "뚜껑이 열리고" 엄지손가락 즉, 편도체는 제멋대로가 되는 것이다.

신경생리학에 관한 구체적인 사실을 아는 것이 아직은 부부상담의 필수 사항은 아니지만, 이와 같은 "신경교육"(Fishbane, 2013)이 내담자로 하여금 덜 판단하고 더 적극적이 될 수 있도록 도울 수 있다. "나는 형편없는, 분노하는 사람이예요"라고 하기 보다는 "나의 편도체가 과도하게 반응하고 있지만, 내가 그것을 어떻게 가라앉힐지 알고 있어요"라고 생각할 수 있다. Atkinson(2010)이 지적한 바처럼, 그러한 심상(imagery)을 떠올리게 되면 "내담자가 뇌는 '주인(owner)'이 실제로 원하지 않거나 허락하지 않은 일을 행하기도 한다는 것을 이해하기 시작하면서 비난을 완화하는 방법"을 알게 된다.

감정조절의 생리학에 관심을 기울였던 D. Siegel(2010), Solomon과 Tatkin(2011) 등은 애착이론에도 초점을 두어왔다(아이들은 처음에 그들의 감정을 조절하는 것을 양육자와 밀접한 관계맺기를 통해서 배우게 된다). 불안정 애착을 부부관계의 핵심 문제로 보는 상담자들은 적절한 애착과 지지를 제공하지 못하는 배우자의 상담에 초점을 맞출 수 있고(1996년 Susan Johnson에 의해 강조되어진 바와 같이), 혹은 이 장의 주제인, 혼란스럽고 통제가 안되는 사람들을 돕는 것에 치료를 집중할 수 있다.

다른 이들은 불교의 가르침으로부터 영감을 얻어서 숙련된 정신적 수련을 통해 삶의 역경에 대처하는 능력을 강조한다. 어려운 대화가 진행되는 동안, 특히 삶 속에서 일어나는 고통을 조절하는 데 "마음챙김"을 적용하는 것을 저서의 많은 부분에서 언급하고 있다(Atkinson, 2013; Davison, 2013; Hanson & Mendius, 2009; D. Siegel, 2010; Tolle, 1999). 마음챙김은 자기조절과 현재 이 순간에 대한 자각으로 정의될 수 있는데, 이는 선입견 혹은 판단을 배제하고 호기심과 연민을 가지고 받아들이는 모든 경험을 환영하는 것이다. 순간에 대해 이와 같이 관여하는 능력은 과거의 사건, 현재의 스트레스, 미래의 걱정에 대한 불안이나 다른 고통스러운 반응을 감소시켜준다는 것이 밝혀지고 있다. (Crapuchettes & Beauvoir, 2011). 마음챙김 전략은 즉각적인 신체적 감각에 초점을 둠으로써, 경험과 경험하고 있는 자기 사이의 구분을 명확하게 하여 사람들이 그 순간에 좀 더 편안해지도록 돕는다.

그 외에 감정 조절 주제에 대해서는 Dialectical Behavior Therapy(DBT)로 알려진 심리치료 학파의 Marsha Linehan과 동료 연구자들의 연구 결과가 중요한 기여를 하였다(Marsha Linehan, 1993 ; Fruzzetti, 2006). DBT는 경계선 인격장애를 가진 환자가 느낌을 다룰 수 있도록 돕기 위해서 개발된 일련의 전략이다. 어려운 대화를 나누는 내담자는 조절 장애가 있는 경계선 환자와 종종 유사하기 때문에, 한 그룹을 위해 개발된 기술이 다른 그룹에 도움을 줄 수 있다는 것은 놀라운 일이 아니다. 한 배우자가 경계선 진단에 가깝거나 혹은 단순하게 감정을 억제하는 데 큰 어려움을 가지고 있는 부부를 상담할 때, 상담 초반에 자기 위로(self-soothing) 기술을 가르치는 것이 특히 도움이 된다(Goldman&Greenberg, 2013).

Linehan(1993)은 정서적으로 불안한 내담자가 자신의 감정을 조절할 수 있도록 돕기 위한 작업을 할 때 특정한 전이 방어(transference roadblock)가 일어난다고 언급하였다:

> 경계선적 특성을 가진 많은 사람들은 다른 모든 사람들이 자신의 감정을 거의 완벽하게 인지적으로 통제하는 환경으로부터 영향을 받았다. 더군다나, 이와 매우 유사한 사람들은 비슷한 통제를 보여주는 무능한 사람을 보면 강하게 비난하거나 반감을 가지는 모습을 보이게 된다. 종종, 경계선적 내담자들은 그들의 정서를 통제하고자 하는 어떠한 시도에 대해서도 저항하게 되는데, 이는 그러한 통제에 대해 다른 사람들은 옳고 그들이 하는 방식에 대해 잘못되었다라는 의미로 지각하기 때문이다. 그래서 감정조절 기술은 정서적 자기-타당화의 맥락안에서만 학습되어질 수 있다. (p.84)

Linehan의 지침에 따르면, 만약 우리가 정서적으로 불안정한 내담자에게 감정 조절을 성공적으로 가르치고자 한다면, 우리는 그들이 느끼는 강렬한 감정에 대한 타당함을 인정하는 것부터 시작해야 한다.

역사적으로 오래되고 급속하게 변화하는 광범위한 분야를 연구하면서 많은 방법과 흔적을 발견하게 된다. 모든 방법들은 사람들이 자신의 감정적 반응과 행동, 즉 기대했던 것이 충족되지 않거나 두려운 상황이 닥쳐올 때, 실망감, 수치심, 죄책감, 불안, 슬픔, 외로움과 같은 감정에 보다 큰 책임을 질 수 있도록 돕는 것에 목표를 두고 있다. 사람들이 스스로를 진정시키고 위안을 찾는데 도움이 되는 많은 방법이 제안되어 왔다; 다음에 제시되는 것은 내가 개인적으로 부부상담을 하면서 가장 효과적이라고 생각했던 방법들이다.

■ 감정조절/자기위로를 위한 방법

1. 당신의 감정에 대해서 알아차려라. 그것에 이름을 붙이고, 판단하지 않은 채로 그것이 어디에서 오는지 궁금해 하라. 정신분석가, 마음챙김 지도자, DBT 상담자, 신경과학의 영향을 받은 상담자, 스포츠 심리학자 모두가 내담자가 속도를 늦추도록 가르치고, 그들이 강력한 정서에 압도될 때 어느 정도 거리를 두는 방식을 취하면서 판단하지 않은 채 무엇이 일어나고 있는지를 단순하게 설명하도록 하는 데 주안점을 둔다.

   정신분석학에서는 이러한 비판단적인 상태가 자유연상의 핵심이며, 이 능력을 획득하는 것이 정신분석의 주요한 잠정적 목표들 중 하나이다. Freud가 그랬던 것처럼, DBT에 근거한 커플상담자인 Alan Fruzzetti(2006)는 내담자가 "판단하기 보다는 설명하는 데" 초점을 두는 것을 강조한다. 이러한 비판단적 태도는 "고통 인내"에서도 중요한데, 이는 Linehan(1993)에 의해 정의된 것으로, "개인의 환경을 있는 그대로 자각할 수 있는, 현재 경험하는 감정상태를 변화시키려고 하지 않으면서 경험할 수 있는, 그리고 자신의 생각과 행동패턴을 멈추거나 통제하려하지 않고 관찰할 수 있는" 것과 같은 것이다(p. 96). Dan Siegel(2010)은, 그가 "마음의 눈"이라고 부르는 마음의 상태를 권장하는데, 이는 사람들이 자기 자신과 자신의 배우자를 보다 객관적으로 지각하도록 하는 평온한 내적 성찰의 한 형태다. 그것을 무엇이라고 부르든 간에, 대화가 진행되는 동안 자아를 관찰하면서 비판단적인 태도를 유지하는 능력은 유익한 것이다. 대부분의 경우, 이러한 상태에 이르려면 정신분석이든 혹은 마음챙김 명상이든 어려운 대화 전후에 이러한 의미있는 작업이 수행될 필요가 있다.[2]

   자기를 진정시키는 마음챙김은 강력한 감정으로부터 유발되는 반사적이고 파국적인 평가에 대해 거리를 두고, 비판단적인 관찰로 의식적으로 주의를 전환하는 것이다.[3] 내담자는 자신의 감정으로부터 어느 정도 거리를 유지하면서, 감정을 더 잘 검토하게 할 수 있게 된다. Siegel(2010)의 "그것을 길들이고 싶은 것에 이름을 붙여라"는 격언처럼, 내담자는 그들의 감정에 이름을 붙여야 한다. 이를 통해 자신의 감정에 대한 근원과 적절성에 대해 호기심을 갖게 된다. Atkinson처럼 신경과학의 영향을 받은 상담자는 마치 마음을 자신의 것으로 소유하는 것처럼 정서적 상태를 다루도록 내담자를 격려한다. 내담자가 정서를 저장하도록 가르치고 난 후, 관찰할 수 있는 거리를 두게 하는 것이 목표이다. 이렇게 감정과 거리를 두면서 그 감정이 전부이냐 전무이냐를 질문해보거나 지금 바로 행동해야만 하는 중요성이 있는지를 질문을 해보면서, 감정의 유용한 가치를 볼 수 있도록 해준다.

이러한 전략은 자신의 감정으로부터 완전히 도망가려 하거나 혹은 그들이 느끼고 있는 것을 스스로 느끼지 않으려고 하는 일부 내담자의 경향성과는 반대가 되는 것이다. 대신에, 그들의 감정에 대해 마음챙김을 함으로써 그들은 감정으로 가득찬 마음(DBT 용어로 "감정적 마음")으로부터 그러한 감정을 견디기 위해 생각을 가져올 수 있는 마음("지혜로운 마음")으로 이동할 수 있다.

내담자가 반사적이고 혼란스러운 상황에서 "이것은 공평하지 않아요! 왜 이러한 일이 내게 일어나죠?"라고 판단을 내리는 것이 대체로는 잠시 중단될 수 있다. 그러나, 일부 내담자에게는 이러한 비판단적 태도가 궁극적인 승인을 의미하지는 않는다는 것을 확인시켜주는 것이 필요하다. 판단을 중지하고 "단지 관찰"하는 시도들은, 예전처럼 동일하게 부정적인 사안으로 보기보다는, 예를 들면, "그가 나를 보살피지 않는다고 생각해 왔었는데요, 이제 보니 그가 피곤해 보이긴 했지만, 실제로는 나를 도와주려고 노력하고 있어요"처럼 다른 사람의 조망과 결론을 떠올려보도록 할 수 있을 것이다.

2. 심호흡을 하고 근육을 이완하라. 심호흡은 수세기 동안 불교도들에게, 그리고 최근에는 스포츠심리학자들에 의에서 강조되어 왔다. 심호흡을 통해 활성화된 미주신경이 진정되는 경향이 있다. 이는 투쟁－도피 반응을 준비할 때 항상 긴장하게 되는 근육을 이완시키려는 의식적인 노력을 통해서 향상될 수 있다.

3. 당신을 화나게 하는 것으로부터 다른 곳으로 주의를 돌려서 스스로를 진정시켜라. 고통스러운 것에 대한 마음챙김, 무비판적인 관찰의 전략과는 달리 이것은 결국 짧은 타임아웃 시간을 가지는 것과 같다. 당신이 있는 환경 안에서 어떤 중립적인 혹은 긍정적인 경험이 되는 대상 즉, 색깔, 소리, 혹은 특정한 대상으로 당신의 주의를 옮겨보라. 예를 들면, 골퍼는 코스의 아름다운 자연환경에 관심을 돌려보라는 조언을 받는다. 주제를 짧게 바꾸어라. 사람들이 자발적으로 그리고 무의식적으로 종종 사용하는 이러한 전략은, 때로 평정을 회복하기 위해 의식적으로 사용될 수 있다. 짧은 휴식을 취하라. 숙련된 협상가는 자신의 정서가 조절이 안 될 때 화장실을 다녀오라고 조언한다. 스포츠 심리학자는 신발 끈을 다시 묶거나 신발 속에 가상의 조약돌을 빼내라고 조언한다. 농구코치는 팀의 타임아웃을 요청한다.

4. 상대를 진정시켜라; 공감적 경청, 혹은 더 나은 방식의 연민어린 관심(배려)으로 전환하라. 이는 관심의 초점을 바꾸는 좋은 방법 중 하나이다. 개인적인 상처로부터 주의를 돌리는 것 외에도, 이러한 전략은 당신의 배우자가 덜 도발적이 되도록 진정시킴으로써 당신도 진정하게 되도록 도움을 준다.[4] 마찬가지로 중요한 것은 배우자의 눈을 통해 상황을 보는데 성공한다면, 당신은 배우자를 덜 악의적으로 보게 될 것이고 이는 당신의 긴장을 감소시키는 데 도움을 줄 것이다.

5. 개인적인 핫 버튼(핵심 부정적인 이미지, 전이 알러지)이 작동되는지 생각해보라. 이를 식별하게 되면 배우자와 경험하는 고통을 줄여줄 것이다.

6. 목표에 다시 집중하고 당신의 핵심 가치들을 기억하라. 갈림길에 관한 11장에서의 논의가 이와 관련된다. 나는 어려운 대화에 직면한 사람들에게는 마음을 계획적인 상태로 전환할 것을 조언하는데, 이는 위협적인 정서를 억제하는 것을 도와 줄 것이다.

7. 지속되는 강력한 감정에 지나치게 주의를 빼앗기지 말라. 불안해도 연설을 계속 할 수 있고 그만두고 싶을 때도 계속 달릴 수 있는 것 같이, 스트레스는 하나의 정상적인 생리적 상태라는 것을 알고 있기 때문에 혼란스러워도 어려운 대화를 지속할 수 있다. 선수들에게 압박감 속에서 제 기능을 발휘하도록 도와주기 위해서, 스포츠심리학자들은 감정을 정상화하기도 하고(관중들의 소음에서 벗어나기와 성공과 실패에 대한 생각들을 날려버리기) 눈앞

의 목표에 초점을 맞추도록 조언하기도 한다. 상담자는 내담자가 "정서적 내성"을 증진시키기 위해 작업을 하도록 도와줄 수 있고, 그래서 그들은 정서적으로 활성화되어있는 때에도 기능을 발휘할 수 있다. 어떤 수단을 사용하든지 "자신을 진정시키는" 것은 사람들을 모호한 정서 상태로 되돌아 가게 하는 경우는 거의 없다는 것을 강조하는 것이 도움이 된다. 이것을 수용하고 또 다른 고통스러운 상태에서도 변함없는 태도를 유지하는 것이 자신을 진정시키는 것의 중요한 구성요소로 볼 수 있다.

8. "나는 전에 이런 상황에 처한 적이 있고 이것을 감당할 수 있어"라고 스스로에게 말하라. 이는 속상하거나 불안해도 당신이 기능할 수 있다는 것을 안다는 것과 유사한 것이다. 과거의 폭풍을 예견해왔다는 것을 알아차리거나 과거의 성공을 회상하는 것은 현재의 도전을 대처하는 자신감을 증진시켜준다. 스포츠 심리학자들은 심상을 통해서 압박 상황에서의 연습을 강조한다. 그렇게 함으로써 실제상황이 일어났을 때와 게임이 진행 중일 때, 선수들이 압박 속에서 효율적으로 게임을 수행할 수 있었던 것을 회상할 수 있다. 스포츠 심리학자들의 이러한 조언은 우리에게 어려운 대화를 할 때의 리허설의 중요성을 확인시켜주는데, 이는 리허설이 기대와는 반대되는 상황이나 고통스러운 정서들에 직면했을 때 자신의 생각을 유지했었던 긍정적인 기억을 남겨줄 것이기 때문이다.

9. 당신의 배우자가 상처 주는 말을 할 때, 당신이 거절하거나 수용할 수 있도록, 당신과 배우자 간의 물리적 경계를 상상하라. 구체적인 심상은 아크릴판 한 장(Hanson & Mendius, 2009), 바람막이(Fisher & Shapiro, 2005; Real, 2007), 혹은 담장(Fishbane, 2010)이 될 수도 있을 것이다. 대안적으로, 배우자의 분노가 바람이 잎사귀 사이를 통과하는 것처럼, 부러지지는 않지만 구부러지는 하나의 나무가 될 수도 있을 것이다(Hanson & Mendius, 2009). 이러한 심상들은, 우리의 감정이 타인이 정의내린 불가피한 결과가 아니라, 우리 자신의 평가에 달려있다는 심리학적 진실을 구체화해준다.

10. 배우자가 자신의 방식대로 하기 원하는 것이 정상임을 기억하라. 그것은 죄가 아니다.

■ 상호간의 감정조절

부부의 춤이 조절되지 않는 방향으로 나선을 그릴 때, 부부는 다음의 제안을 기반으로, 서로가 침체되어 가는 것에 대해 도움을 줄 수도 있다.

11. 자신을 스스로 진정시키는 전략을 통해서 충분히 진정되지 않는다면, 당신의 배우자에게 도움을 청하라. 공감이 도움이 될 것이라고 생각하면서, 당신의 스트레스를 줄이는데 무엇이 도움이 되는지 배우자가 조율할 수 있도록 요청하라. 일단 내담자가 의사소통의 규칙을 학습해 왔다면, 조절을 못하는 배우자가 그러한 규칙을 좀 더 익숙하게 지켜나갈 수 있도록 그들의 파트너에게 호소할 수 있다.

12. 배우자의 감정 상태를 체크하라. 당신의 배우자가 과열되어 있을 때 과거에 무엇이 도움이 되었는지 생각해 보고 그것을 시도하라. 위에서 강조했던 바처럼, 이것은 두 사람을 모두 진정시키는데 도움을 주기 때문에 두 배로 효과적일 수 있다. 부부상담의 상당부분은 파트너를 위한 자신만의 사용설명서, 즉 배우자가 덜 동요하고 더 만족하도록 도움이 되는 설명서를 제공하는 것으로 볼 수 있다. 명확하게, 상담자는 파트너의 고통을 줄여줄 수 있는 것이 무엇인지를 가르쳐 줄 수 있다; "당신의 아내가 반복적으로 같은 불평을 되풀이할 때, 이야기를 중단하고 그녀가 말하는 내용과 기분을 이해한다고 말해주는 것이 도움을 줄 수 있어요."

13. 아무것도 작동하지 않을 때는 타임아웃을 제안하라.

■ 타임아웃

부부가 교착 상태에 이르거나 계속 악화된다면, 타임아웃을 요청하는 것이 유익할 수 있다. 타임아웃의 가치를 인식하기 위해 잠깐 시간을 내어보라. 나는 갈등을 회피하는 가족 내에서 성장해 오면서, 정신분석을 받으며 구원을 찾았다. 나의 분석가는 숨겨진 채로 남아 갈등의 원인이 되는 내재된 정서와 동기에 대해 알게 해주었다. 이것이 동기가 되어 나는 상담자가 되었고 개인적인 삶에서도 도움을 받았다. 숨겨진 문제를 찾는 것이 내 자신에게는 효과가 있었지만, 내담자 부부가 상담실 밖에 있고 감정에 압도될 때 이를 압박하고 일을 악화시키는 것보다 잠깐 휴식 시간을 가지는 것이 더 낫다는 것을 알게 되었다. 내담자 부부에게 타임아웃 시간을 가지도록 격려하는 것과 그것이 얼마나 중요한지를 부부에게 가르치는 것이 상담이 더 잘되도록 만들어 주었다. 타임아웃 사용에 대한 승인과 옹호를 위해 내담자의 눈높이에 맞추어 설명해야 한다. 도망자(distancer)는 대화를 하기 위해서 곧 돌아와야 한다는 점을 숙지해야 할 필요가 있다; 추적자(pursuer)는 대화는 사라지지 않고 재개된다는 것을 유념해야 한다. 다음과 같이 타임아웃에 대한 몇 가지 실용적인 규칙을 제시하였다.

■ 타임아웃의 규칙

1. 대화를 어떻게 하는 것인지 배우고 감정을 관리하면서 공정한 싸움을 하기 위해 노력함에도 불구하고 일이 여전히 잘 풀리지 않고 감정이 다스려지지 않을 때는 자신의 상태를 말하고 타임아웃을 요청하라. 이는 당신이 명확하게 생각하고 생산적으로 협동할 수 있는 능력을 회복하도록 해줄 것이다.

2. 다음의 상황이라면 타임아웃을 고려하라: 한 시간 이상 진전 없이 대화가 계속될 때, 늦은 밤이 되었을 때, 한쪽 배우자가 다음 날 해야 할 중요한 일이 있을 때, 혹은 둘 중 한 사람이 심하게 취해있을 때 타임아웃을 고려하라. 그러한 상황에서는 생산적인 대화가 될 수 없다는 것을 대부분의 사람들은 알고 있지만 내담자가 알고 있는 것을 행동으로 하도록 권한을 부여하는 것이 도움이 된다.

3. 타임아웃을 요청할 때 책임감을 갖고 공손하게 말하라. "당신은 타임아웃이 필요해요!"라고 말하는 것이 아니라, "우리가 다시 모이게 하는 데 타임아웃이 도움이 될 거라고 생각해요"라고 말하라.

4. 다시 모이는 구체적인 시간을 정하라. "한 시간쯤 후에 다시 시작할 수 있을 것 같아요" 혹은 "내 생각에는 타임아웃을 해놓고 우리가 좀 더 생산적으로 생각할 수 있는 내일 저녁 후(혹은 다음 목요일 상담실에서)에 계속 이야기해야 한다고 생각해요." 이것은 타임아웃이 이야기를 중단하기 위한 하나의 계략일지도 모른다는 추적자 파트너의 두려움을 완화하는데 중요한 것이다.

5. 휴식 시간 동안, 자신을 진정시키고 상황을 검토하라. 음악을 듣고, 목욕을 하고, 책을 읽고, 산책을 하고, 명상을 하거나 혹은 믿음직한 친구(당신을 안정되게 하고 섬세한 피드백을 줄 수 있는 사람)와 이야기를 나누어라. 감정이 충분히 진정되면, 대화가 다시 시작되었을 때 무슨 말을 할지 생각해 본다. 파트너에게 편지를 쓰는 것은 당신으로 하여금 자신의 생각에 주의를 기울이게 도와주며 당신의 화를 누그러뜨리고 그 중 일부는 지나가도록 하는 기회가 되기도 하겠지만, 그 편지를 보내서는 안된다. 당신 스스로가 건설적인 목표를 재확인하고, 숨겨진 이슈를 반영해 보고, 이전의 실수를 되풀이하지 않을 해결책을 찾아보라.
6. 개선을 위한 공식적인 대화는 타임아웃이 필요했던 대화로 온전히 돌아가기 위한 하나의 전제 조건이 된다는 것을 고려하라.

■ 타임아웃을 요청할 때 생기는 정서적 어려움들

마지막 말을 하지 않고 지나가거나, 배우자에게 자신의 논리나 근본적인 선량함을 확신시키지 못한 채로 잠자리에 드는 것이 어렵다는 것을 많은 사람들이 알고 있다. 어떤 사람들은 그들이 싸움에서 소외되거나 배우자의 혐의가 미해결상태로 있다는 것은 자신이 약하기 때문이라고 생각하게 될 것이다. 많은 사람들은 배우자가 잘못을 인정하게 되면 문제는 해결되고, 정서적 균형이 회복될 것이라고 믿기도 한다. 또 어떤 사람들은 너무 화가 나서 공격하는 것을 멈출 수 없게 되기도 한다. 이는 어느 쪽도 물러서려고 하지 않는 특히 적대적인 부부에게 상당히 큰 도전이 된다. 이러한 부부에게는 타임아웃이 유일하게 쓸모가 있으며 그들의 악순환이 고조됨에 따라 발생할 수 있는 신체적 폭력을 막는 데에도 도움이 된다. 상담자가 부부에게 타임아웃을 활용하여 구체적인 정서적 걸림돌을 다루는 데 어느 정도 시간을 갖는다면, 타임아웃은 모든 부부들에게 더 자주 더 성공적으로 적용될 수 있을 것이다.

■ 찰스와 줄리: 감정조절 가르치기

결혼한지 25년 된 찰스와 줄리는 고학력을 가진 책임감 있는 전문직 종사자들이다. 그들은 집에서 말다툼을 하던 중 찰스가 줄리를 때린 심각한 신체적 폭력 사건 후에 상담을 받으러 오게 되었다. 그들은 최근에 별거하였으며, 이혼 직전에 놓여있었다. 갈등의 원인은 찰스와 그의 동업자인 사만다의 관계였고, 줄리는 찰스가 그녀와 바람을 피우고 있다고 의심하였다. 찰스가 사만다와 성관계를 하고 있지는 않지만, 찰스가 그에 사로잡혀 있었고 아내와 함께 보내는 시간이 적어졌기 때문에 나는 다양한 이유로 두 사람의 관계가 기능적으로는 그와 유사하다고 믿게 되었다.

줄리는 첫 회기에 올 때 상세하게 적힌 기록을 가지고 왔는데, 여기에는 지난 몇 해동안 그녀가 생각하기에 외도라고 여기게 된 많은 사건들에 대한 기록들이 들어 있었다. 줄리는 극적이고 감정적이었으며, 남편의 진실성을 공격할 때는 자주 울음을 터뜨렸다. 찰스가 거리를 두는 것이 자신의 불안감을 악화시켜 계속 의심하게 만든다는 것을 그녀는 알고 있었다. 그러나 그녀가 해왔던 것은 남편이 거짓말하는 것을 잡아내는 일이었다. 그리고 그가 두 번째로 그녀를 때린 후, 그녀는 그에게 집에서 나가라고 말한 후 이혼 소송 변호사를 만나 의논하였다.

찰스는 생각이 깊고, 조용하고, 지치고 가라앉은, 그리고 다소 우울하고 심각한 갈등 회피 유형의 사람이었다. 그는 이 사건들을 다루는 것에 대해 강한 불안감과 수치심을 드러냈고, 줄리에 대한 깊은 사랑과 감사를 표현했다. 상담실에서 줄리의 격렬한 공격에 직면한 찰스는 줄리가 주장할 때 정중하게 경청하거나 줄리의 주장을 하나씩 반박하는 것을 번갈아 가며 하였다. 그는 사만다와의 관계에 대해 고통스럽게 얽혀 있긴 하지만 성적 관계는 아니라고 설명하면서 그 뿐만 아니라 잘 풀리지 않는 재정적인 문제에 대해서도 그녀에게 중요한 일을 숨겼다는 것을 인정했다.

그는 아내를 속이는 것이 상황을 악화시키고, 줄리에게 그를 믿지 못하게 하는 많은 이유를 제공하고 있다는 것을 알고 있었다. 그는 아내가 너무 자주 전화를 하는 것이 괴롭다고 느꼈고, 이런 점이 그의 일을 방해하고 그의 실수에 대해 얼버무리게 했다. 그는 자신이 왜 아내를 때렸는지 실제로는 이해하지 못했지만,

그것은 많은 경우에 그가 행해 왔던 방법, 즉 그 상황에서 잠시 떠나 있기보다는 아내의 언어적 공격을 멈추는 유일한 방법처럼 여겨졌다고 설명하였다.

그 후 나는 그들이 추적자－도망자 고리에서 어떤 단계에 있는지 확인하였다. 찰스가 자주 집을 비우고 부끄러운 사건에 대해 비밀을 만들었던 것이 줄리의 불안감을 자극하였고 그러한 불안감으로 인해 그녀는 남편을 더 괴롭히게 되었다. 그 후 찰스는 아내와 더욱 거리를 두게 되었으며 그러한 관계가 계속되었다. 이렇게 악화되는 감정적 상태에서, 찰스는 줄리의 언어폭력을 막으려고 신체적 폭력에 의지하게 되었다. 두 사람 모두 즉시 이러한 양상에 동의하였다. 싸워야 할 적을 시스템의 문제로 정의하고 그들의 관계에 대해 바라는 바를 표현함으로써 그들이 충분히 진정되도록 도와주었고 우리는 상담을 지속할 수 있었다.

정서조절을 목표로 하는 교육적 개입을 설명하기 위해 첫 4개월 동안의 상담에서는 악순환의 고리가 있다는 것을 확인하고 정서조절로부터 숨겨진 문제(특히 찰스는 수치심에 예민했고 줄리는 버려짐에 예민했다)를 탐색하는 것으로 옮겨가는 것에 중점을 두게 되었다. 상담은 지난 해 이루어진 이러한 초기 단계에서 진행되었다. 이러한 이슈들에 대한 그들의 이해를 도왔고 점진적으로 신뢰를 회복시키고 재정문제와 사만다에 관하여 무엇을 할 것인지를 고려하는 실제적인 계획에 대해 다루었다.

그들이 악순환의 고리에서 어느 단계에 있는지를 확인한 후에, 줄리가 남편을 공격하거나 울 때, 찰스는 자신이 수치심과 죄책감을 다루는 것을 어려워 한다는 것에 초점을 두었다. 우리는 찰스가 자신의 치밀함에 대해 줄리가 공격해 올 때 사실적으로 반박하는 반사적인 전략은 효과가 없다는 것에 동의하였다. 그녀의 관계에 대한 불안정감에 대한 찰스가 생각하는 관점에 따라, 줄리가 그 순간에 그와 친밀함을 느낄 수 있도록 돕는 것이 더 효과적일 수 있다고 제안하였다. 그녀가 그를 비난하기 시작했을 때 "차분하고, 호기심을 가지고, 배려하는 태도"를 유지하도록 노력함으로써 이를 달성할 수 있었다.

보다 폭력적이고 충동적인 이혼이 존재한다는 것을 알고 있었기 때문에, 나는 찰스에게 아내가 화를 낼 때 아무것도 할 수 없다고 느끼는 수치심에 대해 작업하도록 도와주었다. 이는 Stoney(2005)의 연구에서 가해남편들로 하여금 자신의 아내를 보호받아야 하는 희생자로 상상하도록 한 것이 이점이 있었다는 연구결과에 따른 것이다. 내 생각에는, 줄리가 자신의 정서를 관리하는데 찰스가 도움을 줄 수 있다면, 그 또한 자신의 수치심에 대해 관리하고 동시에 줄리의 애착 불안정을 진정시킬 수 있다고 보았다.

찰스가 전시에 의무병으로 복무했다는 사실을 알게 되어 아내가 눈물을 보일 때 잘 대처하기 위해 그의 경험을 활용하도록 하였다. 나는 그에게 줄리가 감정적이 되고 큰소리로 흐느껴 울 때, 그가 다친 군인과 함께 하는 것처럼, 침착함과 관심을 유지해야 한다고 하였다. 찰스가 부상을 입은 군인의 피를 보고 도망가지 않았던 것처럼, 그는 상처 입은 아내의 눈물로부터 도망쳐서는 안된다. 화가 나고 언어적 공격을 받을 때에는 냉정함을 유지하는 것이 어려울 수 있으나 적의 폭력 하에 있었던 것처럼 그러한 상황 중에서도 그가 잘 할 수 있을 것이라고 말해주었다.

줄리가 눈물을 쉽게 흘리기 때문에, 나는 그녀가 흘리는 눈물의 본질과 절망감을 이해해주고자 노력하면서 나 자신을 낮추어 그녀에게 이야기하는 시범을 찰스에게 충분히 보여주려고 하였다. 찰스가 인내심을 가지도록 도전을 주고 잘 참았다는 것을 보여준 후에 나는 그에게 구체적 기술, 특히 공감적 경청을 가르치기 시작했다. 이것이 그들 모두를 진정시키는데 도움이 될 것이라고 생각하였다. 찰스가 자신을 내려놓고 그들의 문제에 대해 해결책을 제시하려는 시도를 멈추었을 때 줄리는 마침내 자신의 의견을 들어준다는 느낌을 받았다.

자신의 감정을 보다 잘 다루는 방법을 배우게 됨으로써 찰스는 줄리에게 보다 연민어린 말을 할 수 있는 여유를 가지게 되었다. 그가 일로 늦을 때, 특히나 사만다와 관련이 있을 때 아내가 얼마나 외로웠을지 상상이 된다고 말했다. 걱정할 것 없다고 말하긴 했지만, 그런 상황에서는 당연히 걱정이 될 것이라고 아내에게 말했다. 남편이 진정성을 가지고 그녀에게 다가오자 줄리는 감동을 받아 눈물을 터뜨렸다. 행복감과 안도감의 눈물이었다. 찰스와 줄리 두 사람 모두 이것이 그녀가 그에게 간절히 원했던 것임을 알 수 있었다. 외도에 대한 지나친 불안을 가진 상황에서 실제로 효과가 있었던 것은 두 사람 간의 진정한 연결이었다는 것을 강조하였고 그들은 이제 그러한 연결감을 느끼고 있었다. 그리고 그들을 확신할 수 있게 만든 것은 나의 견해가 아니었고, 실제로 체험한 것 때문이었다.

이것을 일회성 이벤트로 한 것이 아니라 흐느껴 우는 아내를 달래기 위해 애쓰는 방법을 보여주면서 이러한 순서를 계속해서 반복하였다. 이 과정에서 우리는 감정을 드러내게 될 때 그들 사이에 존재하는 문화적 차이와 생물학적인 차이들

을 보았다: 줄리는 남녀 모두 흔히 눈물을 흘리는 사람들이 있는 집에서 자라난 반면, 찰스의 가족은, 사랑하는 아버지의 장례식에서 조차도 어느 누구도, 심지어 누이들도 울지 않았던 것이다

줄리가 찰스를 공격하고 울기 시작할 때, 자신의 정서를 다룰 수 있도록 도움을 주는 것 외에도, 나는 찰스와 자기 주장을 위한 작업을 하였다. 찰스가 정말 줄리의 편이 되려면 시간과 돈을 과도하게 요구하는 사만다와 맞서야 했다. 찰스가 자신에 대해서 더 좋게 느끼고, 화가 났을 때 자신의 분노 감정을 더 잘 알아차릴 수 있고 불만을 말하면 다른 사람이 피해를 입을 것이라는 두려움이 줄어들기까지는 긴 시간과 많은 작업을 필요로 하였다. 나는 그가 돌볼 사람을 선택할 수 있는 권리가 있다고 느끼도록 돕고자 하였다. 그가 더 나아지면서 줄리에게 답하기 위해 필요한 에너지를 찾았고 직장이나 체육관으로 도망가 스스로 차단할 필요성이 줄어들었다. 사업에는 부정적인 영향이 있었지만 마침내 사만다와의 관계도 영원히 끝냈다.

찰스와 작업을 하면서, 나는 또한 그들의 상호작용에 대한 줄리의 기여에 대해서도 주의를 기울였다. 나는 찰스가 줄리를 도와주는 것과는 별도로 그녀가 감정적 폭풍을 보다 잘 다룰 수 있도록 돕고자 하였다. 첫 회기가 끝날 때, 그들이 상담실을 나간 후에는 상담자가 제시한 타임아웃의 한 형태인 접촉과 갈등에 대한 한계 설정을 하도록 지시하였다. 그러나, 줄리는 따르지 않았다. 그녀는 약속한 것보다 남편에게 전화를 걸었고, 그가 정해진 시간에 그녀에게 전화하지 않자, 그녀는 그에게 최후통첩으로 "오늘 밤 나와 함께 하지 않는다면 우리 결혼은 끝장이야!"라고 하였다. 찰스가 그녀의 마지막 말에 대답하는 것이 늦어지게 되었을 때, 그녀는 나에게 전화를 걸어 그들 부부가 곧 이혼하게 될 거라는 메시지를 남겨 놓았다.

다음 회기에서, 나는 그들의 부정적인 상호작용 고리를 반복해서 관찰하였고, 줄리의 최후통첩과 찰스의 반응이 그러한 모델에 어떻게 부합했는지 논의하면서 그들에게 그림을 그려주었다. 줄리는 찰스와 떨어져 있을 때 약속했었던 연락을 받지 못하면 사랑받지 못한다는 느낌을 가지게 되고, 그것이 그녀에게 얼마나 힘든 일이었나를 가르쳐 주었다. 줄리에 대해 공감해주는 한편, 나는 또한 그녀에게 자신이 사랑스러운지 아닌지를 결정하는 권한을 남편에게 왜 그렇게 많이 주고 있는지를 생각해 보라고 하였다. 줄리는 자신도 그것이 궁금하고 그녀의 개인상

담자 또한 이것에 대해 궁금해 하고 있다고 대답하였다. "물고기에게는 자전거가 필요없듯이 여성에게는 남성이 필요하지 않다"는 여성들의 권리를 빗댄 경구를 이해하고는 있지만 그녀는 그에 따라 행동할 수가 없다고 이야기하였다. 그녀가 그 문제에 대해 작업을 계속하도록 격려했는데, 이를 통해 그녀는 보다 많은 "관계적인 힘"을 가지게 되었다(Fishbane, 2010). 줄리에게 애착의 문제가 있는 것은 찰스 혼자의 책임이 아니다. 두 사람은 그것을 머리로는 이해하고 있었지만 감정적으로는 둘다 부인하고 있다고 말해주었다.

　나는 줄리에게 위에서 설명한 불안하거나 슬픈 감정이 있을 때 찰스나 나와 이야기를 하도록 격려해주었다. 또한 자신에게 내재된 두려움과 가설들이 실제로 어떻게 존재하는지에 대해 호기심을 가져보라고 했다. 찰스와 함께 했던 것처럼, 그녀가 화가 났을 때 버틸 수 있다는 것과 이렇게 함으로써 자존감을 얻을 수 있다는 것을 보여주려고 노력했다. 그 외에도, 나는 줄리에게 자신의 정서를 잘 조절하는 방법을 보다 구체적으로 가르치고 싶었다. 그녀가 상처를 받았을 때, "자신의 감정을 자각(마음챙김)하고, 이름을 붙이고, 감정이 어디에서 왔는지를, 판단없이, 궁금해"하도록 노력해야 한다고 제안하였다. 나는 비판단적 입장을 취하고 자신의 감정을 단순히 관찰하고자 하는 것의 중요성을 강조하였다. 나는 또한 심호흡과 근육이완의 방법을 추천하였다. 그녀가 고통스러울 때마다 비판단적으로 질문하는 것을 강화하였다. 이 모든 것이 도움이 되었고, 한 쌍의 개인정신역동적 상담 또는 배우자가 동석하는 개인상담이라고 부르는 것을 가능하게 해주었다. 그녀가 타인으로부터 거부당한다고 느꼈던 그녀의 감정에 대해 혼자서 고통스러워하였고, 그리고 이러한 경험들로 인해 찰스와 분리될 때 그녀가 얼마나 힘들어 했는지에 대해 우리는 이제 이야기 할 수 있다. 이 사례는 감정조절에 대한 기술을 가르치는 것에 대한 권고 사항와 이점을 생생하게 제공할 뿐만 아니라, 관계 기술 교육에는 대인간 프로세스와 심리역동 문제를 가진 부부들에 대한 포괄적인 접근이 항상 내재되어 있음을 보여준다.

▮ 정서조절을 도와주는 약물요법

　많은 사례에서 향정신성 약물은 일반적으로 도움이 되고, 배우자의 공격을 받을 때 감정을 보다 잘 통제하는 데 도움을 줄 수 있다. 이 책에서 초점을 두지 않을지라도, 불안, 우울, 혹은 과민성의 수준이 높은 많은 내담자들은 항불안제와 항우울제를 포함하여 정신건강의학과의 의료적 개입으로 도움을 받을 수 있다.

우리는 이제 부부의 문제를 구체적으로 해결하는 더 나은 방식을 가르쳐주는 주제로 가보고자 한다. 찰스와 줄리와 함께, 재정관리 계획을 어떻게 발전시켜 갈지, 사만다와의 관계를 어떻게 할지 그리고 부부가 어느 정도 시간을 함께 보낼지를 결정하는 문제들이 이에 포함되어 있다.

12장 NOTES

1) Atkinson은 여기에서 좋은 점을 지적하지만, 점진적인 순화(softening)의 이점을 과도하게 축소하기도 한다. 이러한 순화는 부부들에게 새롭고 변형된 방식을 접하게 하고, 상호간에 보다 복잡하고 동정적인 관점을 개발하도록 허용한다. 배우자를 괴롭히는 것을 실제로 "이해"하지 않고는 공감적으로 반응하는 것은 어려울 수 있다.

2) Kornfield's(2008)의 초보자를 위한 명상은 마음챙김 명상에 대한 우수한 안내서이다. 이는 명상의 다양한 형식을 통해 듣는 이에게 지침을 주는 CD를 제공한다.

3) 자신을 스스로 진정시키는 경로는 내담자들이 자신의 삶을 제약하는 비현실적인 두려움을 없애고 길들일 수 있도록 돕는 인지행동치료(CBT) 양식과 유사하다. 차이점이 있다면 우리가 지금 논의하고 있는 기술은 내담자들이 비판단적인 마음가짐을 가질 필요가 있다는 점이다. 어떠한 결과에 도달하게 되든지간에 이것이 선행사건이 되어야 하듯이 말이다. 그럼에도, CBT는 마음챙김 훈련에 대해 시너지 효과를 가져오는 역할을 할 수 있다(Davison, 2013).

4) 이러한 권고는 폭력을 행사하는 남편의 근본적인 문제가 무시당한다는 느낌에 있다는 신념과도 일관성이 있다. Steven Stosny(2005)는 자존감을 잃었을 때는 자기 존중을 향상시키기 위해 무엇이든 하라고 도전을 준다. 이는 만일 자신의 배우자가 타인에게 폭행을 당했거나 사고를 당했다면 기분이 나아지도록 해주는 일이기도 하다.

Chapter

13   문제해결과 협상기술 가르치기

좋든 싫든 당신은 협상가이다.

Fisher, Ury & Patton, Getting To Yes(2011)

▮ 배경

Kelly, Fincham, and Beach(2003)의 연구 결과에 따르면, 불화를 겪는 부부들이 행복한 부부에 비해서 건설적인 문제해결 경험이 더 적다는 임상적 경험이 확인되었다. 그래서 나는 결혼학 개론 강의의 커리큘럼에 PREP 문제해결 프로그램(Pevention and Relationship Enhancement Program)(Markman 등, 2001)의 견본을 넣었다. 또한 이것을 내담자들에게 가르치기 시작하였고 내 자신의 결혼생활에서도 시도해 보았다. 나는 개선된 결과에 만족하였고 이 주제에 대하여 보다 폭넓게 탐색하기 시작하였다. PREP는 다음과 같은 단계적인 순서를 제시한다.

- 화자와 청자의 기술을 활용하면서 일차적 문제를 논의하기
- 어젠다 만들기: 논의의 범위를 축소시켜 나가기
- 브레인스토밍: 모든 가능한 해결책에 대한 논의를 시작하기
- 계획을 구체화하기: 동의나 합의를 향하여 작업하기
- 후속 조치: 결과 평가 및 해결책을 수정하기

이러한 순서는 여러 전문가와 내 자신의 경험으로부터 얻은 것이 더해지면서 소중한 발판이 되어주었다. 비록 그러한 구조화된 문제해결이 내가 정신과 레지던트 기간 동안이나 정신분석 훈련을 하는 동안 배운 것은 아니었지만, 그것은 부부가 수용할 수 있는 타협안과 복잡한 삶의 문제에 대해 실제적인 해결책을 찾도록 도와주는 나의 역량에 있어서 상당히 가치가 있음이 입증되었다. 부부 프로세스와 근본적인 문제에 대해 작업을 한 후 안내되는 이 내용은, "그 문제에 대해 어떻게 생각하는지 알게 되었다면, 이제 그것에 대해 어떻게 해야 하는가?" 하는 질문을 하는 것이다.

■ 당신의 문제 해결을 보류하기

부부에게 문제해결에 대해 가르치기 위해 우선적으로 알아야 할 것은 화자와 청자의 기법들 중 하나의 규칙으로 제안되는 것으로서, 너무 서둘러 시도하지 말아야 한다는 것이다. 이것이 중요한 한 가지 이유는, 많은 경우에 경청을 하기 위해 처음부터 문제해결을 제한하게 되면 불필요한 타협이나 해결책을 찾기 위해서 부가적인 노력이 필요하게 된다는 데 있다. 내가 일상적으로 관찰한 것이나 다른 연구자(Markman 등, 2001)의 공식적인 연구를 통해 볼 때, 부부가 뜨거운 논쟁을 하게 될 때에도 자신의 이야기가 잘 경청이 되고 있다는 느낌을 받게 되면 바로 우호적으로 끝나게 된다.

부부상담에서 성공적인 문제해결을 위해서는 여전히 공감적 경청이 선행되어야 하고, 이 책의 앞부분에 다루었던 주제에 대한 치료작업, 즉 내재된 욕구, 두려움, 방어 기제, 그리고 이러한 것들이 만들어내는 부정적 상호작용의 고리에 기여하는 경로가 밝혀져야 한다.

성공적인 협상을 위해서, 부부는 먼저 논의 중인 주제에 대해 내부에서 일어날 수 있는 갈등을 포함하여 위험요소에 대해 잘 이해해야 한다. 사실 협상에서 "yes에 이르기" 위해 알려진 제안들 중 가장 중요한 구성요소는(Fisher 등, 2011) 양측 모두가 자신의 내면의 관심을 상세하게 언급하는 것을 필요로 하며, 이는 도서관에서 논쟁을 벌이는 두 사람의 예를 통해 이해할 수 있다.

한 사람은 창문을 열기를, 다른 사람은 닫기를 원하고 있다. 그들은 창문을 얼마나 열어두어야 할지를 두고 왔다갔다 하면서 말다툼을 하고 있다. 조금만 열어놓자 또는 4분의 3만 열어놓자 하면서 말이다. 어떠한 해결책도 양쪽 모두를 만족시키지 못한다. 이 때 도서관 사서가 들어온다. 그녀는 한쪽 사람에게 창문을 왜 열기를 원하는지 물어 본다. "신선한 공기를 원해요." 그녀는 다른 쪽 사람에게 왜 닫기를 원하는지 물어 본다. "연기를 피하고 싶어요." 잠시 생각한 후 그녀는 옆방 창문을 활짝 열고, 연기는 들어오지 않으면서 신선한 공기가 들어오도록 해주었다.

내가 만난 한 부부는 같은 문제를 가지고 있었다. 여름 별장을 구입해야 할 것인지의 문제에 대해, 남편은 아내가 멀리 떨어져 있기 위해 별장을 사고 싶어하는 것을 두려워하였고, 아내는 그러한 결정을 하게 되면 남편 월급의 더 많은 부분을 그에게 주는 것 같아 화가 났다는 것을 우리가 알게 된다면, 보다 더 쉽게 문제에 접근해가게 될 것이다. 이 부부처럼 많은 부부들은 그 주제에 대해서 상징적인 비중을 두고 있는 깊은 문제를 자각하게 될 때까지는, 피상적이거나 쉽게 내려지는 결정에 대해 목숨 걸고 싸우고자 할 것이다.

무엇이 문제인지 정말 이해가 되지 않는 이러한 문제들은, 피상적 행동의 "유관 계약(contingency contracting)"(거래)이라는 Wile(1981)의 중요한 논점에 또한 근거를 두고 있다. 그는 퇴근 후 남편이 십분 동안 자녀들과 놀아주면 맥주를 주기로 한 아내의 사례를 일례로 들고 있다. 표면적으로는 이것이 민감한 것으로 보일 수도 있지만, Wile이 언급하기를 이 부부와 그들의 상담자는 왜 아내가 처음에 그에게 맥주를 주고 싶지 않았고, 왜 남편이 자녀와 놀아도 만족스럽지 않은지를 궁금해 하지 않았다는 것이다. 일반적으로, 문제해결을 시작하기 전에 누군가가 자발적으로 어떤 행동을 하지 않을 때는 무엇이 자발적으로 행동하는 것을 막고 있는지 알아내려는 시도를 하는 것이 중요하다.

결국 많은 경우에, 생산적으로 문제를 해결하려는 논의를 하기 전에 "과정"에 대한 작업이 필요하다. 이 "과정"에서는 부부가 가능한 해결안이 무엇인지 찾기 위해 자신의 의견을 말하고 대답하기 때문이다. 예를 들면, 한 남편은 아내와 의논을 하다가 어떤 주제에 대해서 완벽하지 못한 제안을 하게 되면 아내가 경멸하고 거부할까봐 두려워하였다. 이것은 부정적인 부모로부터 영향을 받은 강력한 전이 기대였으며, 불행히도 그의 아내와의 고통스러운 상호작용을 통해 확인되었으며 상담 중에도 쉽게 관찰할 수 있었다.

그가 두려움을 표현하고 방어적인 완벽주의가 줄어들면서, 보다 협조적인 목소리로 제안할 수 있게 되었다. 그 후 그의 아내는 그의 제안에 귀기울일 수 있었고, 우리는 건설적인 문제해결로 나아갈 수 있었다.

■ 문제해결이 필요한 부부

양측의 이야기를 듣고 난 후에도 많은 갈등이 지속된다면, 이쪽인지 저쪽인지를 결정해야만 한다. 많은 부부는 주요한 삶의 문제에 대해 동의가 이루어지지 않은 채로, 상담자가 그것을 해결하는데 도움을 줄 것이라는 기대를 가지고 상담에 오게 된다. 일반적인 교착상태가 나타나기도 하는데, 아이를 가질 것인가(혹은 아이를 더 낳을 것인가), 어려운 아이를 어떻게 기를 것인가, 연로한 부모를 집에서 모셔야 할지 말지, 이사를 해야 할 것인가, 혹은 중요한 매입을 할지 말지와 같은 것들을 통해서 발생한다. 이러한 경우에 우리는 사람들 간에 대립되는 가치들과 목표, 이러한 차이를 극복하는 방안에 대한 생각들을 중재하게 된다. 때때로, 서로 간의 가장 내면에 있는 관심에 귀를 기울이면, 해결책을 찾고자 훈련하는 형식적인 기술들은 필요로 하지 않을 것인데, 이를 EFT의 "통합 단계"라고 부르며 Johnson and Greenberg(1985)가 언급하였다. 다른 사람들은 보다 구체적인 지침을 필요로 할 수도 있다. "어려운 대화"의 다른 측면들을 조율해 나가면서 많은 사람들이 오랜 시간동안 공식적으로 연구한 더 나은 해결책을 촉진하는 전략이 있다. 이러한 전략은 상담자와 마찬가지로 내담자 모두가 배울 수 있다.

■ 구체적 해결책의 이점

상담자는 때때로 사람들이 만성적 문제를 다루는 방법에 대한 결정을 할 때 발생하는 정서적 이점의 실제적인 측면을 간과하기도 한다. 우리는 내담자가 어린 시절 경험에 깊이 뿌리내린 두려움을 드러내는 정서적으로 강력한 카타르시스가 일어나는 회기가 진행되기를 바라고, 작업 가능한 타협점을 찾을 수 있는 회기를 선호한다. 구체적인 해결책은 덜 드라마틱할 수도 있지만 희망을 제공하고, 가시적인 상담 성과를 보여주고, 치료적 동맹을 구축한다(Pinsof,1995). 그 외에도, 구체적인 해결책은 사람들이 자신의 삶을 악화시키거나 방해하는 우유부단함과 강박을 끝내도록 한다.

실제적인 문제들을 해결하는 것은 부부가 서로에게 가지고 있는 오래된 부정적 신념(전이) 또한 감소시켜줄 수 있다. 많은 부부가 함께 하는 시간으로 남겨두는 저녁 일과 즉, 자녀가 숙제하는 것을 도와주고 잠자리에 드는 것을 도와주는 일과를 정한 후에 훨씬 더 사이가 좋아진다는 것을 보아왔다. 그 결과, 즐거운 저녁이 될 뿐 아니라 부부가 서로를 바라볼 때 비협조적이고 이기적이고 혹은 서로 무관심한 채로 시간을 보낸다고 생각하는 것을 멈추게 해주기도 한다.

최종 결정은 일반적으로 항상 두 사람이 협의해야 하고 자녀, 인척, 혹은 재정적 문제들을 통제하는데 더 많이 도움이 되며 일반적으로 부부는 그들이 결정한 일을 수행함으로써 더 행복해진다. 부정적인 상호작용의 고통으로부터 벗어날 수 있도록 도와주면, 부부는 신뢰감과 친밀감을 형성하고 정체감을 공유하는 작업을 함께 해 나가며 긍정적인 경험을 할 수 있다.

■ 멈추기

이전에 언급한 것처럼, 나쁜 상황에 대해 비난하는 끝없는 싸움은 협의된 해결책을 위해 노력하거나 그에 따라 생활해야 하는 도전적인 작업에 대한 방어가 될 수 있다. 분명하고 완벽한 해결책이 없는 중대하고 구체적인 사안에 직면하게 되면, 부부는 멈추어 서기도 하고 책임을 전가하는 익숙한 습관으로 무의식적으로 돌아가기도 한다. 이러한 일이 일어날 때, 상담자는 부부의 방어적인 비난 게임을 멈추도록 해야 하고, 그들이 어려운 문제에 대해 받아들일 수 있는 해결책을 제안하는 더 어려운 도전적 작업으로 그들을 안내해야 한다.

■ 손쉬운 방법을 피하기

관성, 전통, 성별, 권력 또는 장애에 따라 "결정"을 함으로써 협상의 도전을 회피하고 싶은 유혹을 느낄 수도 있지만, 해결책은 이러한 방식으로 관례적으로 결정되어서는 안 된다. 섹스를 별로 원하지 않은 사람이 성관계의 빈도를 결정하거나 청결함에 대해 보다 관심이 많은 사람이 항상 설거지를 하는 것은 소용이 없을 것이다. 부부는 두 사람 모두의 욕구가 반영된 해결책을 찾도록 하는 데 열의를 가져야 한다.

■ 협상을 위한 정서적 도전과 문제해결

무엇을 해야 할지 명확히 알지 못해서 갖는 불안감 외에도, 문제에 대한 해결책을 찾고자 하는 부부가 직면하는 정서적 도전은 부부가 여전히 한팀으로 있으면서 대립되는 관심사를 해결해야 한다는 점이다. 협상이 진행되어가면서, 그들은 상대방을 흥분시킬 수 있는 자신의 요구나 자신이 선호하는 해결책을 어느 정도 주장해야 하는지에 대한 내적인 윤리적 딜레마에 직면하게 된다: "공감 없는 주장은 갈등을 고조시키는 위험을 안고 있으며, 반면에 주장이 없는 공감은 상대방의 타당한 염려에 대한 위협이 될 수 있다"(M noonkin et al., 2000, p.4). 영향력을 받아들이는 것과 항복 간에 균형을 맞추어야 한다.

■ 사회과학으로부터의 교훈: 공정성

부부상담 분야는 "게임이론"을 포함하여, 경제학, 정치학, 그리고 사회과학에서의 협상에 관한 광범위한 문헌에서 배울 점이 많다. 이러한 학문분야에서는 개인적 이익을 극대화하는 것과 집단적 이익을 극대화하는 것 사이에서 사람들이 선택에 직면하게 되는 "사회적 딜레마" 혹은 "혼재된 동기의 상호작용"에 대해 연구해 왔다.

가장 중요한 발견 중 하나는 무엇이 공정한 것인가에 동의할 수 없을 때 집단은 교착상태에 빠지게 된다는 점이다(Komorita & Parks, 1995). 또한 우리가 예측할 수 있듯이, 집단은 구성원들이 상호의존적일 때 – 우리의 부부들처럼 – 그리고 더 새롭거나 위험한 의사결정을 해야할 때, 교착상태를 피하는데 어려움을 겪었다(Rusbult & Van Lange, 2003).

전통이나 성별에 근거해서 불공평한 속단을 해버리는 것을 피하면서 공정성과 공정한 플레이를 최적화하는 해결책을 찾는 것이 바람직하다는 것을 알고 있다고 해서, 누구의 욕구와 견해를 우선해야하는지 알 수는 없다. 그러나, 이러한 인식을 갖는 것은 우리가 이러한 목표를 유지하도록 도와주고, 부부들이 그들의 협상에서 공정성의 문제를 결코 생략할 수 없다는 것을 각인시켜줄 것이다. 사실, 이러한 인식이 부부가 가장 어려운 대화를 "세 번째 이야기"로 시작하는 것을 권장하는 하나의 이유이다. 이 이야기는 두 배우자의 견해가 서로 다르지만 두 사람 모두 받아들일 수 있는 하나의 해결점에 도달해야 한다는 점을 명확하게 인정하는 것이다.

■ 원칙에 입각한 협상: 부부가 합의에 도달하기

우리는 3장에서 두 사람 간의 정치 체계("공동 – 선장의 문제")에서 승부를 가리는 도전과 아울러 권력을 공유하는 방식에 대한 다양한 내용을 논의하였다. 아마도 협상에서 가장 유명한 책인 <Getting To Yes>의 저자 Fisher, Ury와 Patton(2011)은 "입장 고수 협상(positional bargaining)"(예를 들면, 매수자와 매도자가 오직 가격만을 놓고 흥정하는 경우)에 대한 한 비평으로부터 논의를 시작한다. 이는 "원칙에 입각한 협상"이나 "이득이 되는 협상"보다 더 안좋은 방식임을 결정적으로 보여준다.

입장 고수 협상은 부정적 상호작용의 고리와 유사한 불행한 결과를 초래한다. 두 상황 모두에서, "입장"은 경직되고 양극화된 경향이 있다. 양 측 모두, 자존심을 유지하고 체면을 차리려는 새로운 "관심"이 나타나거나 증가하며, 이는 진행을 지연시킨다. 두 상황 모두, 중요한 근본적인 문제(숨어있는 쟁점)는 표면적인 갈등 속에 가려져 있다. 입장 고수 협상을 하게 되면 타협, 거래 그리고 이득이 될 수 있는 가능성이 해결방법을 발견하는데 방해가 된다. 입장 고수 협상의 제로섬 게임과는 달리, 예를 들어 창문을 열어야 할지 말지에 대해 논쟁하는 두 사람의 경우처럼 원칙에 입각한 협상은 윈–윈 솔루션에 도달할 수 있다. 협상가가 게임을 원칙에 입각한 협상으로 변화시킬 때, 일반적으로 프로세스가 개선된다. 그들이 매여 있던 대립적인 위치에서 벗어나게 되면 부부는 과업을 더 잘 수행해나갈 수 있게 된다.

원칙에 입각한 협상에서, 두 사람은 (a) 사람과 문제를 분리하기(문제에 대해서는 철저하고 사람에 대해서는 부드러운) (b) 입장이 아닌 이익에 주의를 기울이고 (c) 다각적인 대안들을 구성하고 (d) 객관적인 기준과 원리에 근거한 결론에 동의하도록 노력한다.

방법을 이름으로 부여하는 마지막 포인트는, 어떻게 하면 공정한 결론에 도달하는지에 대한 질문과 특별한 관련이 있다. 원칙적인 협상에서, 협상가는 어떤 원칙을 적용할지에 대해 확신하기보다는 호기심을 유지한다. "당신이 계획하는 행동이나 바라는 결과들 이면에 어떤 원칙이 있는지 말해줄 수 있나요?", "우리는 이 갈등을 누가 누구에게 무엇을 할 수 있나에 근거해서가 아니라, 각자의 독자적인 기준에 따라서 해결하고 싶어요"(Fisher et al., 2011, p. 122).

이를 논쟁하는 부부는 의사결정을 위한 외부의 방식에 합의하는 것이 더 좋을 수 있다. 말하자면, 이 영역에서의 전문가와 상의해 보거나("대학을 가기위해 저축하는 가장 좋은 방법에 대해 금융전문가에게 조언을 구하고 따라보자"), 외부의 평가자에게 자문을 구하거나("다음 달부터 당신의 계획을 실행해봅시다. 한 달 후에 샐리의 선생님이 숙제에 대해 말할 때 나아지고 있다고 말하는 것을 볼 수 있을 거예요") 혹은 돌아가면서 의사결정을 하는 것에 동의하면서 ("오늘 밤에는 내가 외식할 식당을 고르고 다음 주에는 당신이 고르도록 해요") 합의하는 것이다.

외부 중재자로서 자질을 갖춘 사람을 결정하는 것은 그리 간단하지 않다. 부부들은 자신의 입장을 강화하기 위해서 다른 사람(친구, 가족, 상담자)들의 의견을 자주 인용한다. 이러한 외부인들은 편향되어 있다고 여겨질 수 있고 실제로 편향되어 있기 때문에), 이러한 수단은 논의를 악화시킬 수도 있다. 외부인에 대한 이러한 주장들은 역효과를 가져오기도 하고 "어떤 것을 요청하는" 어려움을 감추는 역할을 하기 때문에 나는 그렇게 하지 않도록 조언한다. 그럼에도 불구하고, 부부가 이러한 복잡함을 깨닫게 되는 동안, 그들은 여전히 쓸모있는 정보를 주는 외부의 참고 자료와 기준을 찾기 위해 노력할 수 있다.

■ 체계에 대한 인내와 수용

협상에서 성공하려면 두 사람은 인내심이 있어야 한다. 쉬워 보일 수 있는 결정도 종종 시간이 걸리며, 부부는 이를 그들의 관계를 유지하는데 드는 비용으로 받아들여야 할 것이다. 아래에 제시한 구체적인 단계를 따르는 부부는 그것이 자연스럽게 느껴지지 않을 것이라는 사실도 받아들여야 한다. Jacobson과 Christensen(1998)이 언급한 바와 같이, "문제해결은 하나의 전문적인 활동이다... 이것은 통상적인 의사소통 방식처럼 자발적이고, 자연스럽고, 편안하거나 즐거운 것으로 기대되어서는 안된다"(p. 181). 어려운 대화를 조율하기 위한 다른 규칙과 마찬가지로, 일부의 제안은 상황을 통제하기 위해 명확하게 설계되었으며, 그 결과 부부는 때때로 강요받는 느낌도 들 수 있고 자기답지 않게 형식적으로 말하고 있다고 느낄 수도 있다. 이 방식을 즐기지 못한다면 그렇게 된다. 두 사람은 이전에 서로에게 자유로운 구조화되지 않은 상태에서 달성했던 것보다 더 나은 결과를 얻게 될 때, 이러한 연습을 보다 잘 수용하게 될 것이다.

문제 정의, 공정성, 원칙, 인내심, 구조의 중요성에 주목하면서, 이제 부부가 구체적인 문제에 대해 공평하고 효과적이며 지속적인 해결책을 찾는 데 도움이 되는 단계별 제안을 제공하고자 한다. 이것은 다른 문헌에서 가지고 온 것이고 나의 상담실 현장에서 검증되었다. 자료로 활용할 수 있도록 내담자의 관점으로 기술하였다.

부부 협상과 문제해결을 위한 실제적인 제안

*1단계: 문제해결을 하기 전

1. 근본적인 문제가 분명히 드러나고 심각한 상태가 완화될 때까지 문제해결을 보류하라.
2. 두 사람 모두 정서적 에너지를 유지할 수 있고 방해요소가 없는 시간을 택하라. 어느 쪽도 화를 내서는 안된다. 토론은 한 번에 60분 이내로 제한하라.
3. 당신 스스로 한 가지 문제로 제한을 두라. 문제가 크고 복잡하다면, 그것을 구성요소들로 나눈다. 문제의 한 부분을 잘라내어 그것이 나아질 수 있는 지 고려해보라.
4. 어려운 대화를 위한 규칙을 따르고, 차분하고, 호기심을 가지고, 배려를 유지하도록 노력하라.

*2a단계: 간단한 문제를 위한 문제해결 공식

5. 문제가 사소한 것이라면, 다음의 간단한 공식을 사용하라.
    a. 다른 사람의 관점을 칭찬하거나 인정하는 부드러운 시작(soft start-up)으로 출발하라.
    b. 당신의 문제 또는 요청사항을 말하라.
    c. "이것에 대해 우리가 무엇을 할 수 있을까?"라고 질문하라.
    d. 배우자가 제안한 해결책이 마음에 들지 않으면 비판하지 말고 그 대신 배우자의 제안에 감사하고, 동의하지 않는 이유를 설명하고, 다른 제안을 요청하라.
    e. 당신이 만족할 때까지 반복하라.
       예: "나는 당신이 음악을 좋아한다는 것을 알지만 그렇게 음악을 크게 틀어놓으면 내가 책을 읽을 수가 없어요. 어떻게 하면 좋을까요?" 이러한 형식은 청자가 듣기에 보다 쉽고, 화자가 기억하기에도 쉬운 "비판 샌드위치"와 유사하다. 이것은 공동 작업으로 시작되고 브레인스토밍을 유도하는 동시에 현 상태를 개선하기 위해 최선을 다하는 것이다. 보다 복잡한 문제의 경우 다음 단계에서 보다 광범위한 접근이 제시될 것이다.

2b단계: 더 어려운 문제에 대한 문제 정의

6. 문제를 명확하게 정의하기 위해 열심히 노력하라. 가능한 해결책의 장단점에 대해 토론하기 전에 당신의 목표를 말하라. 이 단계는 부부가 대화하는 대부분의 상황에서 각자가 자신의 문제가 충분히 표현되고 인식되어지는 가운데 "어려운 대화"로 이어지고 섞이게 될 것이다.

특히 부부에게 공식적인 문제를 정의하는 단계가 유익한 이유는 대부분의 배우자가 "나의 배우자가 변해야 해" 혹은 "내가 변해야 한다고 배우자가 요구하는 것은 그만해야 해"라고 요구함으로써 "문제"를 단순하게 정의하고 상담에 오게 된다는 점이다. 이러한 점이 각자의 입장에 대해 논쟁하게 하여 교란상태를 초래한다.

너무 빨리 해결책을 논의하는 쪽으로 진행하는 것을 피해야 하는 다른 이유는 배우자가 자신도 모르는 사이에 조금 다른 문제를 논의하기 시작할 것이기 때문이다. 그 결과 대화는 혼란스럽고 좌절감을 안겨주게 될 것이다. 마찬가지로, 문제를 명확하게 정의하지 않는다면, 제안된 해결책은 "실제로 가려운 것을 긁어주지 못하는 것"이 될 것이다. 그 후 해결을 위한 논의가 틀어지게 되어서 다시 문제 정의에 대한 대화로 되돌아가게 되는 것을 보게 된다. 해결책을 실행하기 전에 문제를 명확하게 정의하는 것이 바람직하지만, 때로 두 사람은 구체적인 해결책이 논의되고 있을 때에, 문제가 무엇인지 완전하게 인식하게 될 것이다.

7. 행동적인 관점에서 당신의 불만사항을 이상적으로 정의하면서, 언제, 어디서, 어떤 상황에서 문제가 발생하는지에 대해 명확하게 하라.

이것이 부부 상담에서 행동적 접근이 갖는 중요한 기여점인데, 행동적 접근은 변화를 위한 요구사항을 말할 때 사람의 특성이 아닌 행동으로 말해야 보다 효과적이라는 점을 강조하고 있다.

8. 단지 행동 자체를 말하는 것 이상으로 왜 그것이 당신에게 중요한지 이유를 분명히 하라.

9. 그것이 당신에게 얼마나 중요하거나 중요하지 않은지에 대해 명확히 하라. 이를 위해 1에서 10까지의 척도를 사용할 것을 고려하라. 이렇게 함으로써, 당신이 목소리를 높이거나 다른 선동적인 방법을 사용하지 않고도 문제의 중요성을

부각시킬 수 있고 또는 배우자에게 이 이슈는 큰 문제가 아니라고 알릴 수도 있다.

10. 이러한 문제 정의의 단계가 끝나면, 그 문제를 기록하라.

3단계: 브레인스토밍

11. 문제를 정의하고 난 후, 가능한 해결책을 제안하기 위해 브레인스토밍을 하라. 이것은 '결정하기'가 아닌 '발명하기'라는 것을 명심하라. 명랑하고 창의적인 태도를 갖도록 노력하라. 불가능하고 우스꽝스러운 "해결책"이 나오는 분위기를 만들어 가도록 노력하라. 제안된 아이디어에는 "소유권"이 없도록 해야 한다. "존, 이런 바보같은 아이디어를 듣고 정말 놀랐어요!"라고 하는 것처럼 말이다. 당신뿐 아니라 배우자의 요구 사항을 충족시키기 위한 해결책도 제안하도록 노력하라.

12. 가능한 모든 해결책을 기록하라. 이것은 놀라울 정도로 도움이 되지만 참여자들이 자신의 견해를 열정적으로 피력하다 보면 자주 생략될 수 있다. 글로 적어놓는 것은 반복의 여지를 줄여줄 뿐 아니라 계획과 격식의 요소를 더해준다. 각자가 글로 적은 제안에 대해 잘 경청하게 될 때 장단점에 대한 후속 논의를 구조화하는데 도움을 줄 것이다. 집에서나 상담실에서나 한 파트너는 그들이 브레인스토밍하고 있는 대안을 기록해야 한다.

13. 상상할 수 있는 모든 해결책을 나열할 때까지 기다렸다가 각각의 상대적인 장점을 토론하라. 대안에 대한 아이디어를 너무 일찍 그만두게 되면 창의적인 과정을 제한할 수도 있으며 작은 부분이라도 기여할 수 있는 기회를 막게 된다.

14. 그 순간에 당신이 생각할 수 있는 것에 자신을 제한하지 마라. 외부 전문가, 자기 계발 도서들, 친구들 혹은 유사한 문제에 직면한 가족들, 혹은 다른 브레인스토밍과 관련된 데이터 자료들을 생각하라. 예를 들면, 아이를 어떤 학교에 보내야 하는지에 관해 논쟁을 하는 부모들은 그들의 선택을 결정하기 전에 어떤 대안이 있는지를 조사해야 한다.

4a단계: 대안을 평가하고 합의를 도출하기

15. 선택사항을 검토하고 장점과 단점에 대해 논의하라. 유사한 문제들을 겪은 다른 사람들의 사례와 당신의 과거의 경험을 포함하여 다양한 대안에 대해 검토하라. 이러한 과정에서 이전에는 드러나지 않았던 나쁜 경험들이 드러날 수도 있다. 예를 들면, 통제적인 아버지 아래서 성장했다면, 당신은 아동기 자녀에게 엄격한 제한을 두는 것에 불편함을 느낄 수 있고 반면에 과도하게 관대한 부모 밑에서 자랐다면, 양육의 통제가 너무 적은 것에 대해 두려움을 가질 수도 있을 것이다.

16. 두 사람의 차이점을 바탕으로 기회를 탐색하라. 부부 문제는 두 사람의 차이에서 비롯된다는 것이 거의 자명한 사실이지만, 부부상담의 맥락에서 이렇게 하라는 제안은 놀랍게 보일 수도 있다. 그렇지만, 차이점에서 이득을 얻는 것이 성공적인 협상이라고 Mnookin et al.(2000)에 의해 밝혀졌듯이, 어떠한 거래에서든 거래를 가능하게 만드는 것은 차이점 때문이다: 닭을 가진 채식주의자와 큰 채소밭을 가진 육식주의자는 둘이서 거래를 하는 것이 이득이 된다는 것을 발견하게 될 것이다. 한 사람이 매우 관심을 가지는 문제가 어떤 측면에서 다른 사람에게는 관심이 없다는 것을 이해한다면 타협과 거래가 촉진될 수 있다("난 당신이 함께 가자고 제안한 영화들에는 정말 관심이 없어요, 그렇지만 영화를 본 후에 그 식당에 가는 것은 정말 원하는 바예요")

17. 배우자에게 그가 가지고 있는 해결책이 얼마나 우수한지를 납득시키도록 기회를 주고, 당신이 설득당하지 않을 권리 또한 갖도록 하라. 당신의 의구심을 설명하고, 당신을 설득하게 한 것을 말하라. "당신이 샐리를 주말 동안 외출 금지시켜야 한다고 생각하는 것을 나는 이해해요. 그렇지만, 난 여전히 납득이 가지 않아요. 당신의 생각을 따르는 데 어떤 어려움이 있는지 알려줄께요"

18. 파트너가 당신의 해결책을 받아들이도록 설득하려면, 무엇이 필요한지 질문하라.

19. "원칙에 입각한 문제해결"과 관련된 기준이 무엇인지 물어 보라. 당신의 분쟁을 해결하기 위해 외부 자문가 혹은 전문가와 협의하는 것을 고려하라. 대안적으로 당신의 지역사회 내에서 "비슷한 사람"을 찾을 수 있다. 부동산에서 당신은 "이 집을 사려면 돈을 더 내라는 의미인 줄을 알겠어요. 그렇지만 이와

비슷한 집들의 가격은 아닌걸요".라고 말할 수 있다. 가족의 상황에서도, "당신은 마이클을 이런 방식으로 야단치는 것이 적절하다고 생각하겠지만, 그 학년의 다른 학부모들이 공정하거나 적당하다고 생각하는 것이 무엇인지 살펴봅시다"라고 말할 수 있을 것이다.

기준과 원칙을 검토하는 것은 상대가 서로 다른 무의식적인 기준(예를 들어, 자녀가 생일축하파티를 하는 "옳은" 방식에 대한 무의식적 기준 등)을 가지고 있음을 발견하도록 도울 수 있다. 무의식적인 기준을 찾아내는 것은 교착상태를 잘 이해할 수 있게 해준다.

많은 상황에서 문제가 되는 것은 하나의 기준이 적용되는 경우가 거의 없다는 것이다. 헌법 안에 존재하는 논쟁과 같이 종종 대립되는 기준이 있다. 예를 들면, 4장의 톰과 제니퍼의 경우에, 그들이 시카고를 떠날지 말지에 대한 논쟁은 가족에 대한 충성도(머물러야 한다는)와 경제적 기회(다른 지역으로의 이동)간의 상충되는 기준을 포함하고 있다.

20. 양쪽 모두가 선호하는 합의된 해결책이 없다면, 타협을 제안하라. 이런 경우, 너무 많은 것("부드러운 협상")을 양보하거나 너무 많은 것을 요구하지 않도록 주의하라. 어느 쪽이든 공정하지 않다면, 분노하거나 이를 거부하는 경우가 생길 수 있기 때문이다.

21. 타협에 도달하는 데 어려움을 겪고 있다면, 타협하지 않았을 때 치러야 하는 대가를 지적하라. 예를 들어, "짐의 마약 문제를 다루기 위한 방안에 동의하지 못한다면 우리는 결코 좋아지기 어려울 거예요"

22. 타협이 불가능하다면 정해진 시간동안 한사람의 해결책을 따르기로 합의하라. 몇 년 전, 가족 상담자는 부모 중 한 사람이 어떤 문제에 관하여 "방관자로 서서 불평만" 하고 있을 때 그 사람으로 하여금 문제해결을 전담하도록 맡기는 것이 도움이 될 수 있다는 것을 알게 되었다. 이렇게 하면 모든 것을 아는척 하는 부모라도 그 문제가 얼마나 해결하기 어려운 것인지를 이해하게 될 것이다. 그 문제가 제안된 해결책을 따라야만 한다면 얼마나 다행인가! 그렇지 않다면, 부부는 더 많은 정보들을 가지고 시작점으로 되돌아 갈 수 있다.

23. 효과가 없거나 지속 가능성이 매우 낮다고 생각되는 해결책을 수용하지 말라. 때로 시도 단계에서 당신의 목표를 달성하게 될 수 있지만, 그렇지 않다면 너

무 많은 대가를 치르게 될 것이다.

24. 당신 또는 당신의 파트너를 지나치게 화나게 하거나 분개하게 만들 해결책은 받아들이지 말라. 대부분의 해결책은 한쪽 또는 양쪽 모두를 다소 실망하게 만들 것이다. 그러나, 한쪽이 협상으로 이루어진 계약을 불공평하다고 여기거나 마지못해서 수용한 것이라면, 겉모양만의 해결책은 지속되기 어려울 것이고 결혼생활의 화합은 약해질 것이다.

25. 수행할 생각이 없는 해결책은 수용하지 말라.

26. 성공을 평가하기 위한 기준을 설정하고 이를 확정하기 전에 논의하라. 성공에 대한 기준은 상황에 따라 다르지만 두 사람은 성공적인 동의에 대해 다음과 같은 기준을 명심해야 한다. (a) 당사자들의 정당한 이익을 충족하고 (b) 상충되는 이해관계를 공정하게 해결하고 (c) 관계를 개선하거나 최소한 훼손하지 않고 (d) 부부외의 다른 사람들의 이익을 고려하고 (e) 지속성을 입증해야 한다(criteria modified from Fisher et al., 2011).

27. 결과를 평가하기 위해 다시 모일 시간을 정하라.

28. 두 사람 모두 협상된 해결책을 이해하고 있음을 확인하고 적어보라. 경우에 따라 공식적인 동의서에 서명을 하라.

29. 문제해결 회기가 어떻게 진행되었는지 검토하라. 숙련된 협상가는 매회기가 진행된 후에, 각자 작업했던 것과 그들이 다르게 한 것을 검토하도록 권장한다.

4b단계: 여전히 합의가 이루어지지 않을 때 해야 하는 것

30. 합의에 도달하지 못한 경우 두 사람 모두를 위한 대안인 협상된 합의에 대한 가장 좋은 대안들(Best Alternatives To a Negotiated Agreement: BATNAs)을 고려하라. 이는 단순히 현재의 상태를 계속 유지하는 것을 의미할 수도 있다. 현재의 상태에서는 적어도 당신이 대안을 면밀히 탐색했다는 것과 남의 의견은 내 의견보다 좋아보이지 않는다는 것을 알고 있기 때문이다. 합의 없이 중단하기로 결정했다면, 당신이 왜 그렇게 하는지 설명하고 그 결과를 기꺼이 수용해야 한다.

31. 당신이 한계에 다다르면, "더 이상은 안돼요."(이것은 문제를 악화시킬 가능성이 있음)라고 말하는 대신에, 합의가 없을 때 당신이 취하게 될 행동과 아무

해결책이 없을 때 발생할 수 있는 결과를 다음과 같이 이야기 하라. "제가 본 바로는 이렇군요. 이것이 나에게 충격이기도 해요. 우리 모두에게 영향을 줄 거예요. 당신이 제 생각에 동의하지 않을 수도 있고 당신의 행동이 정당하다 고 느낄 수도 있어요. 우리가 현재 의사소통하는 방식이 저에게는 잘 맞지 않 아요. 저는 당신의 이런 행동을 바꾸기를 원해요. 그럼에도 불구하고 계속된 다면, 제가 할 것은 이것 밖에는 없네요"(modified from Fisher & Shapiro, 2005).

5단계: 수행 시기와 후속 평가

후속 평가를 수행하는 것이 당연한 것처럼 보이지만, 이는 종종 간과되기도 한다. 신중한 검토를 함으로써 부부가 경험으로부터 배울 수 있도록 할 뿐만 아니라, 외부의 적과 씨름하며 첫번째 시도에서 승리하지 못한다 해도 부부가 하나의 팀 으로써 움직이도록 해준다.

32. 계획을 실행한 것에 대해 서로가 보상하고 격려하라. 적절한 수행은 이것에 달려있다.

33. 결과를 평가하라. 합의된 기준을 사용하여 결과를 평가하라. 사전에 공식적인 기준을 정하지 않았다면, 경험한 내용을 기준으로 해결하라. 당신 자신을 너 무 힘들게 하지 말라. 계획을 실행하면서 처음 몇 번 쯤은 실패하기 마련인 것이다. 처음부터 완벽함을 기대하기 보다는, 자신이 실수할 수 있다는 것을 허용해주고 진행해 가면서 해결책을 다듬어 가도록 하라. 기억할 것은 이 문 제가 해결하기 쉬운 것이었다면 애시당초 이러한 공식적인 과정으로 끌고 오 지도 않았을 것임을 기억해야 한다.

34. 계획이 실패했다고 선언하기 전에 몇 번의 재시도를 허용하라. 전체 계획을 변경하려고 하기보다는, 수행을 개선해 나갈 수 있는 방법들을 고려하라.

35. 당신이 배운 내용을 바탕으로 계획을 수정하라. 상담을 진행하면서, 상담자는 평가 단계에서 부부가 해결책과 타협 및 수용을 위해 노력하면서 자신들의 문 제를 더 잘 이해할 수 있도록 도와줄 수 있다.

■ 프레드와 베스: 문제 해결

그들의 대인관계가 개선됨에 따라, 이제 베스는 프레드가 이해할 수 있는 방식으로 아이들에게 더 많이 도움을 주고 싶다는 자신의 바람을 표현할 수 있었다. 그녀는 남편이 자신의 요청에 응하는 반응을 했을 때 기쁨을 느꼈다. 나는 이를 기반으로 문제의 정의 및 브레인스토밍을 포함하여 방금 설명한 공식적인 문제해결 단계 중 일부를 가르칠 수 있었다. 이러한 점을 무기삼아, 그들은 몇 년 동안 그들을 혼란스럽게 했던 양육 문제를 조금씩 성공적으로 해결하게 되었다. 그들은 공식적인 협업을 통해 아이들의 숙제, 친구집에 가서 자고 오는 것, 집안일 돕기에 대해 기대되는 바를 명확하게 정했다. 다른 부부들처럼 브레인스토밍 단계는 특히 유용했다. 그들이 생각해볼 수 있는 모든 대안을 펼쳐놓으면서, 프레드는 자신이 이전에 가지고 있었던 생각들이 충분히 잘 만들어진 것이 아니라는 한계점을 볼 수밖에 없게 되었다. 그들은 또한 제멋대로인 10대의 딸에게 내릴 엄격한 처벌을 상상해가면서 재미도 느끼게 되고 보다 가까워졌다.

문제해결에 대한 이러한 성공적 경험이 있었기에, 프레드는 베스의 기분에 영향을 주지 못했다는 그가 가진 근본적인 확신(전이 문제)에 도전할 수 있었다. 그는 아내가 분명히 더 행복해졌다는 것을 받아들여야 했다. 그의 부정적인 기대가 줄어들면서 우리는 심리내적 변화와 행동변화가 상호의존적으로 일어난다는 중요한 점을 보게 되었다. 성공적이고 조직적인 문제해결이 이루어짐에 따라 행동변화가 일어난 것이다.

14 긍정적 경험 격려하기

> 부부 상담에는 하나의 숨겨진 가정이 존재해 왔다: 그것은 상담자가 부부
> 의 갈등을 적절하게 다룬다면 일종의 진공 상태가 만들어질 것이고, 긍정
> 적인 정서가 이 빈 공간을 채울 것이라는 가정이다. 우리는 이러한 가정
> 이 잘못되었다고 제안한다. 긍정적인 정서 시스템은 상담 중에 따로 쌓아
> 올려야 한다.
>
> J. M. Gottman & J. S. Gottman(2010, p. 149)

　결혼생활을 회복시키기 위해 상담할 때, 우리는 일반적으로 부부가 공정하게
싸우도록 돕는 것 그 이상의 것을 할 필요가 있다. 상담이 어느 정도 성과가 있었
다면 원만한 룸메이트로 결혼생활이 이어질 수는 있겠지만 한때는 사랑하는 사
이였던 내담자들에게는 충분치 않을 것이다. "긍정심리학"에 관심을 둔 연구자들
은, 이러한 구분을 염두에 두면서, "풍요로운" 결혼과 활력이 없거나 불행한 결혼
을 구분해왔다.(Fincham & Rogge, 2010; Fowers & Owenz, 2010; Gottman,
2011; Pines, 1996; Wallerstein & Blakeslee, 1995). 풍요로운 결혼생활은 즐거운
시간을 충분히 함께 보내고(만족스러운 성생활과 창조적인 활동들을 포함한), 목
표를 공유하며, "우리"라는 지각이 있다는 특징이 있었다. 이러한 연구결과와 다
양한 상담자들의 경험(Atkinson, 2005, 2010; Dimidjian, Martell, & Christensen,
2008; Greenberg & Goldman, 2008; Leone, 2008; Pines, 1996)을 통해 상담자
가 문제가 있는 부부에게 그들의 관계 안으로 우정과 즐거움과 같이 노는 재미를

즉시 되찾아오도록 해야 한다는 점을 분명히 하고 있다. 상담을 받는 부부들은 긍정적인 방향으로 노력하는 것을 조심스러워하기 때문에, 상담자가 긍정적인 작업을 시작하고 안내해야 한다. 이것이 행동적, 교육적 업그레이드가 필요한 이유이다.

■ 추가적인 연구에 기반한 근거들

부부는 갈등을 보다 잘 관리하기 위해서 결혼을 하는 것이 아니라, 연애 기간 동안에 경험했던 즐거움, 즉 앞으로 계속되기 바라는 즐거움 때문에 결혼을 하는 것이다. 재정적인 안정성이나 출산, 사회적 정체성과 같은 다른 목표들도 있지만, 그들은 서로의 동반자와 즐거운 시간을 보내는 만큼 행복감을 느낄 것이다. 함께 하는 즐거움을 잃어버리는 것은 불유쾌한 것일 뿐만 아니라, 실제로 위험해지는 것이다. Gottman과 Levenson(1999)의 연구를 통해 이혼을 하는 일반적인 원인은 강렬한 싸움(40%)보다 두 사람의 사이가 "소원하고 멀어지는 것(60%)"이라는 것을 발견하였다.[1] 반면, "활력을 잃은" 또는 "소진된" 많은 부부들이 이혼을 하지 않고 불행한 결혼생활을 유지하면서 외로운 평행선 같은 삶을 이어가다가 자녀가 가정을 떠나게 되면 이혼의 위기에 처하게 되기도 한다.

John Gottman은 그의 연구에서 갈등에 대하여 다음과 같이 언급하였다 (Gottman & Levenson, 1999). 건강한 부부는 긍정적인 상호작용 대 부정적인 상호작용의 비율이 5:1인 반면 불행하거나 이혼한 부부는 1:1의 비율에 불과하였다. 보다 최근에는, 그의 동료이기도 한 아내와 더불어 결혼생활 중의 긍정성이 왜 중요한지에 대해 강조한 바 있다. 갈등이 있는 상호작용과 갈등이 없는 상호작용 모두에서 긍정성은 중요한 것이기 때문에 그들은 결혼상담의 유익함이 계속 지속될 것으로 확신하였다. 동료애와 친밀감 외에도 그들은 "긍정적인 정서 시스템(예를 들면 놀이, 재미, 유머, 탐험, 모험, 로맨스, 열정, 좋은 성생활)을 구축하고 즐기는 것"의 중요성에 주목하였다(Gottman &Gottman, 2010, p. 140).

Barbara Fredrikson의 연구에서는, "가장 번영하는(flourishing) 개인, 가장 풍요로운 결혼생활, 그리고 가장 번창하는 직업군을 가진 사람들은 모두가 (긍정정서와 부정정서의 비율이 3:1 이상임을 보여주고 있다(Lyubomirsk 2013, p. 56 인용). 이러한 긍정적인 비율은, 때때로 피할 수 없는 부정적인 사건을 완충해주는 "애정은행에 예금된 돈"으로 묘사될 수 있다(Keyes &Haidt, 2003; Pines, 1996). 우리는 긍정적 사건보다 부정적 사건에 의해서 더 영향을 받고, 배우자로부터 얻는 지속적인 혜택에는 익숙해지는 경향이 있기 때문에 1:1 이상이 필요하게 될 수 있다.

그러나 긍정적 정서와 긍정적 상호작용은 부정적 감정을 제거하는 것 이상의 역할을 한다. Atkinson(2005)과 Panksepp(1998)은 즐거움을 주는 신경회로와 그에 반대되는 신경회로 사이의 차이점을 강조한다. 그리고 긍정심리학 학파에서는 긍정적이고 바람직한 보상 경험과 부정적이거나 달갑지 않은 처벌 경험을 구분한다. 그들은 "만족스럽고 유익한 관계는 고통스럽고 해로운 관계의 반대 또는 그런 관계가 없는 상태(Reis & Gable, 2003, p.131)"라는 생각에 분명히 반대하고 있다. 나는 행복과 번영에 관한 이러한 발전적 연구들을 활용하여, 긍정적 부부 경험을 촉진하는 개입에 대해 논의하고자 한다.

■ 즐거움을 가져오는 첫 번째 단계: 우정과 친밀감

결혼에 대한 광범위한 연구들을 요약하면서, Markman(2001) 등은 "삶의 여정을 걸어온 많은 사람들은 남녀노소를 불문하고 결혼의 가장 중요한 목적은 한 사람의 친구를 얻고 한 사람의 친구가 되는 것이다"라고 말했다(p.217). 이에 덧붙여, "부부와의 작업에서 가장 중요한 변화들 중 한 가지는... 그들의 우정을 최우선으로 여기는 것"이라고 하였다(p. 227). 2002년 Smart Marriage Conference에서 Howard Markman과 Scott Stanley가 이러한 점을 언급하는 것을 들은 후에, 나는 부부 상담에서 "우정"과 결혼의 긍정적인 측면을 이전보다 더 직접적이고 더 서둘러서 키우기 시작하였다.

나는 이미 부부에게 이러한 것을 시도하고 있었는데. 이는 거리를 두는 배우자가 서로의 내면의 삶에 대해서 이해하고 보다 긍정적으로 반응하는 것을 배워감에 따라, 쉽지 않았던 자기개방과 솔직함을 강화함으로써 부부가 더 나은 친구가 되도록 도울 수 있었다. 새로운 점은 부부가 연애할 때처럼 즐겁고, 갈등에서 자유로워지고, 상담실 밖에서의 경험을 서로 공유하도록 돕는 것이었다.

■ 볼룸댄스 강사 되기

많은 부부들은 함께 좋은 시간을 보내고 싶다고 말하지만, 자발적으로 그렇게 하는 사람들은 거의 없다. 상담자의 지시나 격려, 구조화 없이는 대부분의 부부가 거리를 유지하고 안전한 방식으로 플레이를 하는 경우가 많았으며, 이는 자신의 긍정적인 욕구를 표현한 후에 거절과 실망을 경험하는 위험을 바라지 않기 때문이었다.

이처럼 뭔가를 하지 않는 현상은 상담을 찾기 전 성관계가 중단된 많은 부부들에게서 가장 쉽게 찾아볼 수 있다. 이러한 부부는 겉으로 드러난 갈등이 줄어들고 진심어린 감정들이 교류되고 난 후에도 자발적으로 성적인 접촉을 하는 것이 어렵다. 내담자들은 공정하게 싸우기 위해 배우자를 신뢰하기는 해도 그들은 여전히 배우자가 문자 그대로 벌거벗은 상태, 즉 사랑과 애정에 대한 강한 욕구를 가지고 있다는 사실을 받아들이기 어려워하였다. 그러한 부부를 예전의 강한 긍정적 정서 상태로 되돌리기 위해 나는 겁을 집어먹은 중학생들에게 볼룸 댄스를 가르치는 교사가 되어서, 자 이제 파트너를 선택할 시간이 되었으니 같이 춤을 추면서 불안감을 정복하자고 말한다. 나는 그들이 공유하는 즐거운 활동이 부족하다는 사실에 주목하도록 방향을 설정하였다. 그리고, 그들이 섹스의 부재에 관해 공개적으로 불평을 하지 않는다고 할지라도, 나는 그것에 대해 질문을 시작하였다. 이 시점에서 나는 대체로 즐거움을 되살리는 것을 분명한 목표로 삼고 있지만, 부정적인 상호작용의 고리를 개선하는 것이 더 중요하다는 것을 잊지 않는다.[2]

■ 타이밍

일단 이러한 목표를 염두에 두고 있다면, 타이밍이 관건이다. 이러한 활동을 너무 빨리 시작하게 되면 부부에게는 불쾌한 감정만 남고 실망스러운 경험만을 하게 될 것이다. 너무 오래 기다리게 되면 부부에게 즐거움을 가져다주는 활동의 좋은 점은 경험하지 못한 채로 상담이 늘어지게 될 것이다. 따라서, 상담이 시작되고 적절한 치료적 동맹을 맺고 난 후에, 부부가 긍정적인 경험을 하는 계획이 얼마나 성공할지 평가하기 시작한다. 나는 그들의 분위기가 긍정적인 활동들을 지지하기에 충분히 우호적인지 아닌지를 가늠해 보기 위해 그들의 전반적인 감정적 분위기가 어떤지 관찰된 분위기와 그들이 말하는 것을 따라가며 작업을 한다. 그들이 준비가 되었다고 느껴질 때, 나는 그들을 격려하고 브레인스토밍하도록 도와준다. 우정을 이끌어내는 좋은 활동은 비교적 간단하다: 외식, 영화보기, 저녁산책 등을 함께 하는 것이다. 이 프로젝트의 목표는 부부가 직장이나 가사, 자녀의 요구에서 벗어나 보다 많은 시간을 부부 둘이서만 보내도록 하는 것이 목표이다.

■ 한계에 대해 논의하기

상담실 안에서 친밀감을 증진시키는데 목표를 두는 논의가 한계에 대한 논의로 이어지는 것처럼, 상담실 밖에서 친밀하게 접촉하기 위한 계획을 이야기하는 것도 마찬가지다. 어떤 한계점은 외적인 것(베이비시터를 찾는 것)이고, 어떠한 것은 내적인 것(타인이 아이를 안전하게 보는지에 대한 믿음을 갖는 것)이다. 오늘날, 가장 일반적인 외적인 한계는 시간이 부족하다는 것이다(Doherty, 2003). Singer와 Skerrett(2014)이 언급한 바와 같이:

> 부부는 일상의 필연성처럼 보이는 것에 가리워져서 그들 자신의 관계에 대한 상대적인 관심과 헌신에 따르는 일련의 선택에 대해서는 잘 알아차리지 못한다. 그들이 시간을 어떻게 분배하느냐 하는 것은 그들이 우선순위로 놓는 요구가 무엇인지를 반영한다. 즉, 부부에게 필요한 것, 고용주의 요구, 아이들의 요구, 시댁 또는 처가의 요구 등 우선순위에 따라 시간을 분배한다(p.73).

그들은 많은 시간이 일이나, 자녀양육, 대가족과 시간을 보내는 것에 필요하기 때문에 부부가 함께하는 시간을 회피하는 것을 합리화하기 쉽다. 많은 부부들이 대가족, 직장, 혹은 지역사회에 의무적인 서비스를 한다. 어떤 사람들은 부부 사이에 아이들이 들어오도록 한다. 말 그대로 부모의 침대에서 함께 재움으로써 성생활을 금지한다는 것이다. 또 어떤 사람들에게는 결혼생활에서는 얻지 못하던 만족감을 얻기 위해 해왔던 외부활동을 줄여나가도록 하는 데 도움이 필요할 수 있다.

친밀한 시간을 함께 보내는 것을 막는 가장 중요한 내부적 제약은 고통스러운 정서들이 갑작스럽게, 특히 공적인 곳에서 드러나지 않을까 하는 두려움이다. 우리는 그러한 부부가 레스토랑 같은 공공장소에서 화를 내는 상황이 생기거나 고통스럽게 참고 침묵하며 앉아있는 경우를 보아왔다. 배우자가 침묵에 대한 두려움을 언급하게 될 때, 우리는 그것을 기회를 포착하는 두려움이라고 이름 붙일 수 있다. 이러한 침묵은 배우자가 인정해주지 않거나 무관심한 반응을 보이게 되는 위험이 생길 때 취약한 자기 자신을 보호해 주는 침묵인 것이다. 일반적으로 우리는 두려움의 시나리오를 발견하고 이를 나누기 위한 시도를 해야 한다.

◼ 싸움이나 실질적인 대화를 금지하기

성공가능성을 높이기 위해 나는 부부에게 데이트 중에는 어떠한 논쟁거리도 대화에 올려서는 안된다고 조언한다. 말싸움이 발생하면 부부는 주제를 바꾸고, 그에 대해서는 다음 상담회기에서 이야기하자고 해야 된다. 문제가 되는 사안들에 대해 상담에서 아직 다루고 있는 중에 좋은 시간을 확보할 수 있는 기회를 만들고자 한다면 이 규칙은 매우 중요한 것이다. 상담에서 이 단계에 처해있는 많은 부부들은 상담시간 밖에서도 이미 갈등을 회피하고 있고, 일반적으로 친밀감 또한 회피하고 있다. 자유롭게 시간을 함께 보내 보라고 격려하면 상담시간에 그랬던 것처럼 갈등이 일어날까봐 두려워한다. 갈등을 금지하는 것은, 그들이 서로 다른 점을 제쳐놓고 그 대신 갈등이 없는 좋은 시간을 보내는데 집중할 수 있다는 희망을 제공한다.

이와 비슷하게 중요한 것은, 부부가 이 시간을 실질적인 문제(주방 리모델링, 딸을 위한 최상의 유치원)들을 논의하면서 보내지 않아야 한다는 것이다. 이러한 대화가 말다툼으로 이어지지 않더라도, 이것은 부부가 그들의 소중한 시간을 온전히 보내는 방법은 아니다.

■ 어려운 대화를 위한 시간을 지정하기

데이트하는 밤 동안 문제해결을 하지 말라고 하는 것 이면에는 부부가 언제 문제에 대해 의논할 것인지 시간을 정하라는 의미가 있다. 많은 부부들이 이를 위한 시스템을 가지고 있지 않고 단지 그들이 더 이상 피할 수 없을 때 항상 부적절한 시간에 심각한 문제들을 논의한다. 다시 말하자면, 자유형식의 부부치료 1.0 에서 보다 더 많이, 그들이 일상에서 심각한 사안을 논의하는 것을 묘사해 보도록 요청하고, 우리는 그것을 개선하는 작업을 한다. 그들이 갈등을 논의하기 위한 구체적인 시간을 하루 30분 이상 되지 않도록 확보하고, 침실에 들기 직전에는 하지 않도록 제안한다.

실제적인 문제들 ("이번 금요일 7시에 도일과 저녁을 먹기로 했다" 혹은 "당신의 주치의가 ~을 말하려고 전화했었다")에 대해 솔직하게 의사소통하기 위해 나는 종이에 씌여진 노트와 문서 혹은 이메일을 권장하는데 이것들은 시간을 절약해주고 소통의 신뢰감을 높여 준다.

■ 일정 잡기의 이점

심각한 결혼생활의 문제를 가지고 있는 부부는 성생활을 포함하여 함께 보내는 즐거운 시간에 대한 계획을 가지고 있지 않다. 일단 그들이 함께 하는 좋은 시간을 계획하기 시작하면("토요일 저녁, 우리는 함께 저녁을 먹고 영화를 볼 거예요" 혹은 "수요일 저녁에 아이들이 잠자리에 들고 나면 우리도 사랑을 나눌 거예요"), 그들은 이벤트를 계획한 것 뿐만 아니라 이벤트를 기대하면서 즐거움을 얻을 수 있다(Lyubomirsky, 2013). 이것은 이벤트에 대한 기대가 문제의 완충 역할을 하도록 도와 줄 것이고, 자신의 욕구충족에 확신이 없는 배우자가 잔소리하는 것을 줄여주는 데도 도움을 줄 것이다. 로맨스를 위해서는 자발성이 필요하다고 여전히 믿고 있는 내담자는 이러한 생각을 내려놓고 일정잡기의 이점을 발견할 수 있도록 우리가 도움을 주어야 할 필요가 있다.

■ 친구처럼 대화하기

우리는 부부가 미리 계획한 즐거운 활동을 하고 있는 동안에는 싸움과 문제해결을 제쳐두고 "친구처럼 대화"하도록 격려한다. 안전감, 재미, 성찰을 유도하기 위해, 나는 그들에게 어렸을 때 친했던 친구를 상상해보도록 제안한다. 야영을 하거나 파자마 파티를 하며 함께 누워 별을 보거나 천장을 보고서 밤이 깊도록 이야기를 나누었던 그런 친구 말이다. 그들의 일상과 관련된 좋은 소식들과 재미있는 이야기, 관찰한 것들 등, 일상의 소소한 내용을 공유하도록 격려한다. 상담이 진행되면서 그들이 전날 꾸었던 꿈 뿐만 아니라 미래에 대한 꿈도 공유하도록 한다. 특히나 친밀감 형성에 문제가 있는 내담자에게는 질문을 하는 방법과 정서적인 지지를 제공하는 방법을 가르쳐줄 수 있다. 목표는 그들로 하여금 서로의 긍정적인 특성들을 재발견하고 그들의 결혼 생활의 유대감을 회복하는 것에 있다.

■ 하루를 돌아보기와 서로에게 "다가서기"

나는 부부가 집을 떠나 즐겁고 특별한 시간을 갖는 것뿐만 아니라, 일상적인 대화를 계획하게 하여 바쁜 일상들로 인해 그들이 떨어져 있는 상황에 놓일 때 접촉을 유지할 수 있도록 도와준다. 이상적으로, 그들은 이를 실행하기 위하여 어느 정도 규칙적인 시간을 설정할 것이다. 좋은 방법은 배우자를 위해 자신의 일상에서 좋았거나 좋지 않았던 경험들을 이야기하는 것이다. 이것은 그들이 나누는 대화가 단지 누가 전기 기사에게 전화를 해야 되는지 스미스의 저녁 초대에 응할 것인지와 같은, 일상적인 것들에만 머물지 않도록 보장한다. 서로를 "향해 다가가기"(Gottman, 2011) 그리고 상대방의 "인생 프로젝트"(Kernberg, 2011)에 관심을 표현하는 부부는, 좋은 친구에게 기대할 수 있는 대화를 나누게 되면서 더 나은 성과를 얻게 된다(Driver, 2007).[3]

부부는 보다 어려운 대화에서와 마찬가지로 하루를 돌아보는 대화에서도 종종 동일한 실수를 범하기도 한다. 청자는 너무 수동적이거나 미성숙함을 보여주거나 조언을 달갑게 여기지 않을 수도 있고 화자는 청자의 요구를 고려해주지 못할 수도 있다. 화자와 청자 모두 자기 자신을 온전하게 보여주는 것을 두려워한다. 이러한 경우, 상담자는 이미 부부에게 설명했던 바와 같이 부부가 더 잘 대화할 수 있도록 도와줌으로써 이를 통해 부부는 긴 시간에 걸쳐 우정이 깊어지면서 많은 유익함을 얻을 수 있다.

■ 즐거움, 새로움, 그리고 놀이

Weingarten(1991)이 강조한 것처럼, "친밀감"은 깊이 있는 대화를 하며 자기개방을 하는 것이라고 좁게 정의되어서는 안되며, "의미를 함께 창조"하는 다양한 활동을 공유하는 것에서 발생하는 것이다. Markman 등(2001)은 결혼한 부부들을 대상으로 전화 설문조사를 실시했는데, "파트너와 함께 한 즐거움의 정도가 그들의 전반적인 결혼에 대한 행복을 예측하는 핵심 요소"라는 어찌 보면 당연한 결과를 얻었다(p. 256).

자연 관찰 연구나 실험 연구 모두에서 나타난 바와 같이, "즐거움"으로 느껴지는 것은 종종 새로운 것들을 포함하는데, 이는 새로움이 긍정적인 정서를 지속적으로 만들어 낸다는 사실을 보여준다(Aron, Norman, Aron, McKenna, & Heyman, 2000; Bradbury & Karney, 2010; Lyubomirsky, 2013; Pines, 1996). 부부관계에서 정서적인 안정감을 보장해주려는 노력이 때로는 권태감과 외로움을 야기하여 혼외관계라는 나쁜 결과를 초래하기도 한다는 이면이 있기도 하다 (Mitchell, 2002; Perel, 2006). 결론적으로, 내가 부부에게 즐거운 활동을 함께 하라고 요청할 때 반복되는 일과와 관례에서 벗어나 새로운 즐거움을 맛보도록 하게 한다.

새로움과 밀접하게 관련되는 개념은 "놀이"이다. 놀이를 할 때 뇌의 "PLAY 회로"가 활성화될 때 내인성 오피오이드가 뇌 전체에 방출되며, 이것이 즐거움과 상관관계가 있고 배우자와 지속적으로 접촉하고 싶어하는 욕구와 관련되어 있다 (Panksepp, 1998). 나는 부부와 함께 브레인스토밍을 할 때, 특히 그들이 과거에 재미있게 놀았던 것에 관해 생각해 보도록 질문을 한다. 어렸을 때, 그들이 서로를 만나기 전, 연애할 때, 그리고 자녀가 있기 전에 재미있게 놀았던 경험에 대해서 질문한다. 또한 다가오는 이벤트가 어떤 것이 있는지 알아보기 위해 신문을 훑어볼 때 그들이 무엇에 끌리는지 생각해 보게 한다.

이러한 활동은 어느 정도의 돈, 노력, 용기와 시간이 필요하지만 무엇을 선택하든 함께 하는 즐거움을 다시 경험하는데 도움이 되어야 한다. 실제적인 문제에 대해 브레인스토밍을 할 때와 마찬가지로, 창의적 분위기를 만들어주고 장단점을 논의하기 전에 모든 제안을 허용해야 한다. 이 문제를 토론하는 것은 재미있을 것이다. 내담자에게 많은 사람들이 재미를 위해 하는 활동을 소개하는 것이 도움이 될 것이다. [표 14.1]에 몇 가지 제안을 제시하였다.

표 14.1 함께 하는 즐거운 활동

- 산책하기 또는 조깅
- 함께 요리하기
- 함께 정원 가꾸기
- 카드놀이와 보드게임
- 짧은 이야기나 책을 소리 내어 읽고 토론하기. 교대로 읽기
- 자전거 타기, 볼링, 카누 타기, 스케이팅, 혹은 크로스 컨트리 스키타기
- 춤추기
- 공공 강연 참석하기
- 콘서트, 경기장, 혹은 영화관 가기
- 관광객처럼 자신이 사는 도시를 탐색하기, 이전에 가본 적이 없는 경치나 전시관 둘러보기
- 캠핑이나 하이킹 가기
- 스포츠를 배우거나 해보기
- 강좌 수강하기: 요리, 댄스, "평생교육", 어떠한 것이든.
- 독서나 영화 토론 집단에 참여하기
- 커뮤니티 공연장 단체에 참여하기
- 인권을 위한 거주공간과 같은, 커뮤니티 봉사프로젝트에 참여하기
- 종교적 커뮤니티에서 조직한 프로젝트나 집단에 참여하기
- 정치적인 캠페인과 행사에 참여하기
- 새로운 언어를 배우기
- 여행하기-새로운 어떤 곳이나 생소한 언어의 나라

부부가 몇 가지 좋은 아이디어를 제안한 후에, 때로는 그들이 이 아이디어를 실천하는 것에 어떤 방해요소가 있는지 논의하도록 돕는 것이 필요하다. 앞서 논

의한 것처럼, 어떤 방해물은 현실적인 것이기도 하고 어떤 것은 안전한 거리를 유지하기 위한 합리화의 수단이기도 하다. 부부가 빠르게 올라타서 거기에 안착하면 좋겠지만, 나의 경험상 부부가 그들의 관계 안으로 장난기와 재미를 다시 불러들이기 위해 위험을 기꺼이 감수하기 전까지 내게 상당한 인내심과 격려가 필요했다.

■ 상담실에서의 즐거움, 놀이 그리고 애정

상담실 밖에서의 즐거운 활동들을 고무시키는 한편, 회기가 진행되는 동안 즐거움과 놀이, 애정의 경험을 키워나가는 기회를 찾기도 한다. 때때로, 새로운 소식을 접하면서 함께 웃거나 삶에서 긍정적인 발전 요소들을 간략하게 토론하면서 좋은 감정이 생겨난다. 이것은 상담에서 어렵고 정서적인 작업을 하다가 잠시 쉬어갈 수 있는 반가운 순간이다. 적절한 때에 나는 예를 들어서 하는 농담을 하거나 내 삶에서 나온 재미있는 예시들을 사용하여 내 자신 또한 삶의 도전에 고군분투하는 동료들 중 한 사람이며, 자기 자신의 실수에서 유머를 찾아내는 사람임을 드러낸다. 이렇게 할 때, 상담은 당연히 여지없이 심각하고 고통스러울 것이라고 두려워하는 부부들이 보다 이완된 편안한 분위기에 대해 고마워하고 그로 인해 그들은 자신의 결점과 약점을 드러내 보이고 재미와 애정에 대해서도 보다 개방적이 된다.

내가 본 많은 부부가 서로 간의 터치를 경계해 왔다. 어떤 사람들은 가족이 서로 안거나 터치하는 경우가 거의 없었기 때문에, 항상 만지는 것을 피하기도 한다. 적당한 때라고 느껴질 때, 나는 내담자에게 상담 중에 손을 잡거나 서로 포옹하도록 제안하고 그 경험이 어떠한지를 물어본다. 이것은 거의 항상 교육적으로 유익하며 대부분 감동을 준다. 그러나, 배우자가 불안해하거나 어색해하는 모습을 보일 때는, 의논을 하는 것이 도움이 된다.

■ 손잡기, 안기, 그리고 성관계

많은 부부에게, 신체적 접촉은 매우 느리게 회복되지만, 회복되면 많은 혜택을 준다. 상담실 안에서 손을 잡거나 포옹하도록 격려하는 것은 무언가 시작되는 것이고, 때때로 이것은 집에서도 지속된다. 상담에서 좀 더 자주 손잡기를 활용할 필요를 느끼기 때문에 손잡기의 긍정적인 효과를 보여주는 MRI 연구를 인용하곤 한다(Coan, Schaefer, & Davidson, 2006). 이 연구에서는 전기 충격에 대한 경고를 받은 기혼 여성들에게 MRI를 측정하였다. 남편의 손을 잡았을 때, 낯선 남자의 손을 잡았을 때보다 두려움과 스트레스에 대한 주관적인 반응과 뇌 반응 모두에서 유의미하게 감소되었다.

낯선 이의 손을 잡는 것이 비효과적이라는 것을 기억한다면, 손을 잡는 것은 단순히 신체적인 것이 아니라, 정서적인 지지와 연결성을 갖는 상징적인 것이라는 것이 분명해진다. 그래서 손을 잡는 것이 결혼생활의 질적인 면과 관련이 있고, 결혼생활의 질이 높을 수록 공포 반응이 감소된다는 사실은 매우 흥미롭다. 더욱이, 이러한 유익한 결과들은 부부상담이 성공했을 때도 나올 수 있다(Greenman & Johnson, 2013). 이러한 결과를 볼 때 내 경험을 덧붙이자면, 일단 부부관계가 "충분히 긍정적"이 되면 손을 더 자주 잡아줄수록 관계에서의 애착과 긍정성 또한 증진될 것이다.

다른 형태의 신체적 접촉, 특히 포옹이나 성관계를 장려하고 난 후에도 이와 유사한 유익함이 있었다. 하루에 6번 최소 6초 동안 포옹하는 "6×6" Stosnys(2006)의 공식을 사용하여 포옹을 처방하였다. 부부가 만나거나 헤어질 때마다 David Schnarch(1997)의 추천에 따라 "평온한 포옹"을 하도록 제안하였다. 혹은 Peter Frankel(2011)의 조언에 따라 포옹, 키스, 등 쓸어주기, 전화 또는 문자 등 무엇을 통해서라도 하루 6번 60초 동안 연락하고 접촉하라고 제안한다. 이렇게 하면 하루 동안 긍정적인 연결성의 일화가 자주 만들어진다.

다른 과제와 마찬가지로, 부부가 얼마나 이 조언을 따르지 않았는지, 그리고 왜 하지 못했는지에 대해 대화하는 것이 얼마나 중요한지 아는 것은 놀라운 일이다. 장애물에 대해 논의할 때, 상담자는 하루에 36초는 정말 짧은 시간임을 강조한 후, 방해가 되고 있는 정서적 요구를 탐색한다. 부부가 인사를 나눌 때, 헤어질 때, 또는 필요하다고 느낄 때("안아주세요") 6×6 과제를 잘 수행하거나 또는 그냥 안아주는 것을 잘 하게 되면, 더 큰 유대감과 따스함, 지지받는 느낌을 보편적으로 갖게 된다.

손을 잡고 포옹하는 동안 즐거움과 안정감을 경험하면서, 부부는 (대부분 청소년 때처럼) 보다 에로틱한 형태의 신체 접촉으로 넘어갈 수 있다. 손잡기나 포옹과는 달리, 성관계는 매력이나 수행과 관련되는 신체적인 부적절감에 대한 두려움을 불러일으킬 수 있다.

초기에 성적인 불만감을 드러내지 않는 커플이라고 하더라도, 성적인 접촉은 회복이 더딘 경우가 많기 때문에, 상담자는 성적인 쾌락의 회복을 돕는 데 능동적으로 개입해야 할 필요가 있다. 성공하게 되면, 보다 많은 호의적인 감정들이 생겨나게 되고, 앞으로의 관계가 극적으로 진전될 것을 기대할 수 있을 것이다. 만족스러운 성관계는 배우자가 괜찮은 사람이고 즐거움을 주고받을 수 있는 사람임을 다시 한번 확인할 수 있게 해준다. 실제 또는 가상의 경쟁자에 대한 두려움을 줄여주고 남성과 여성으로서의 정체성을 증진시켜 줄 것이다. 뇌과학의 지식 덕분에 성적 접촉에 수반되는 옥시토신의 증가가 유대감을 강화하고 공격성을 감소시킬 것이라고 이야기할 수 있다(Pansepp, 1998). 그러나, 성적 접촉의 회복이 가치가 있다는 것을 확신시키고 난 이후에도, 성적인 억제가 지속되는 것은 주의를 기울일 필요가 있다.[4]

■ 칭찬 및 기타 애정 행동

"만일 당신이 큰 사랑을 원한다면, 당신은 매일 매일 작은 것을 생각해야 할 것이다"(Stosny, 2006, p. 287). 이 장에서 앞서 논의했던 고가의 이벤트(데이트하는 밤, 휴가, 성적인 관계)와 같은 계획과는 달리, 배우자들은 일상에 근거한 작은 방법으로 서로에게 베푸는 것이 필요하다. Stosny가 염두에 두는 것은 작은 사랑의 행위들인데, 이는 행동주의 상담자들이 "행동 교환"을 할 때 또는 "사랑의 날"에는 상대방의 요구에 더 많이 주의를 기울이도록 부부에게 요청하는 것을 말한다. 즉, 저녁에 배우자가 좋아하는 음식을 요리해주거나, 집 주변의 부서진 물건을 고치는 것과 같은 행동들을 의미한다(Jacobson & Christensen, 1998, pp.151 – 169).

행동주의 부부상담자는 배우자가 만족스러워 하는 특정 행동을 배우고 수행하는 것을 오랫동안 강조해 왔다. 이 특정 행동들을 촉진하기 위해서, 나는 접수면접에서 그들이 "사랑받는다고 느끼게 하는 것"과 그들이 생각하기에 파트너가 사랑을 "받고 있다고" 느끼게 하는 것이 무엇인지를 설명하도록 요청한다. 대부분의 내담자들은 "대화를 더 많이 하기", "성관계를 더 갖기", "매력적이라고 말해주기", "자녀양육을 더 도와주기"와 같이 질문에 비교적 구체적인 행동으로 대답한다. 그러나 어떠한 구체적 행동이 그들의 배우자에게 특별히 더 사랑받는 느낌이 들게 하는지에 대해 항상 알고 있는 것은 아니다. 이러한 행동을 확인하고 이를 어떻게 달성할지 방법을 탐색하는 것에 목표를 둠으로써 두 사람 사이에 보다 많은 긍정적인 느낌을 창조하도록 도울 수 있다. 특히 일상적인 루틴을 수행할 때 더 위험할 수 있다는 것을 아는 것은 부부가 이러한 행동을 보다 성실하고 안정적으로 수행하는 데 도움이 될 수 있다.

결혼생활에서 두 사람에게 도움이 되는 많은 일상적인 행동(침대 정리, 세탁물 찾기, 청구서 지불)은 좀처럼 기억에 남지 않고 뒷전으로 밀려나거나 당연한 것으로 여기게 된다. 인간 행복에 대한 전문가인 Lyubomersky(2013)는 "우리는 우리에게 일어나는 모든 긍정적인 것을 거의 당연하게 여긴다(p. 18)."라고 말했다. 그리고 우리의 배우자가 못마땅할 때는, 그러한 봉사에 대해 감사를 표현하지 않거나 칭찬 조차하지 않는다. 결론적으로, 나는 단지 부정적인 면을 줄이고 긍정적이고 바람직한 행동을 찾는 것뿐만 아니라, 부부가 평범한 일에 대해 보다 자주 감사를 표현하도록 돕는다.

나는 사랑이나 특별함을 직접적으로 표현하는 것을 격려하고 ("당신이 멋지다고 얘기해줄 때 기분이 그렇게 좋을 수가 없어요"), 자신을 대신해 배우자가 행한 일상의 행동에 대해 노골적인 칭찬("맛있는 저녁 식사를 해줘서 너무 고마워요")을 하도록 강조한다. 나는 부부를 칭찬하거나 그들이 이러한 인정을 즐기고 있는지 짚어주면서, "이건 정말 통찰력 있는 연결이었어요"와 같이 모델로 보여준다. "당연히 해야 한다고 가정된" 일을 하는 것에 대해서는 칭찬을 해 주지 않아도 된다고 생각하거나, 무의식적 원리("나는 당신을 사랑한다고 말해왔다. 내 마음이 변했다면 당신을 떠나겠지!")에 따라 행동하는 배우자들(남성들이 좀 더 그렇다)에게는 좀 더 격려하는 편이다. 그러한 사람일수록 감사하는 것을 언어화하고 그들의 언어적 포용을 자제하지 말아야 한다.

　이것이 사실이라고 확신이 들 때, 나는 때때로 내담자에게 배우자가 "세상에서 가장 중요한 사람"이라고 말하도록 권유한다. 나는 각자가 서로 상대방의 눈동자를 직접 볼 것을 요청하면서 이러한 자리를 마련한다. 부부에게 서로 손을 잡으라고 지시할 때와 마찬가지로, 이러한 지시는 보편적으로 그들의 관계에 놓인 무서운 난관들을 넘어가도록 해주고 서로에게 없어서는 안 될 소중한 가치들에 대해 더 깊이 느끼도록 만든다.

■ 긍정적 부부 정체성 촉진하기(우리라는 의식: We-ness)

　Singer와 Skerrett(2014)이 이 언급한 바와 같이, "사회 및 임상심리학에서 이루어진 근래의 연구에 따르면, 결혼의 안정과 행복감에 대한 가장 강력한 예측요인은 부부가 "우리라는 의식(We-ness)"(p. 2)을 형성하고 유지하는 능력이다. 이것은 긍정적인 경험을 공유하는 것 이상을 말한다. 공유된 부부의 정체성은 아플 때나 건강할 때나 부유할 때나 가난할 때나 기꺼이 서로를 위해 희생하고 서로에게 헌신하는 데 기여하며, 이는 다시 관계의 안정성과 관련된다(Stanley & Markman, 1992; Stanley, Rhodes, & Whitton, 2010). 그 외에도, Gottman의 초기 연구 (Buehlman, Gottman, & Katz, 1992)에서는 우리라는 의식이 성공적인 결혼생활을 강력하게 예측할 뿐만 아니라, 그들의 삶에서 함께 "고통을 승화하는" 부부들이 더 성공적이라는 사실 또한 보여준다. 공유된 부부의 정체성을 발달시켜가면서, 배우자는 "의미를 함께 창조해나가는 것(co-creation of meaning)"(Weingarten, 1991)에 관여하게 된다. 이때 그들은 결혼을 통해 긍정적인 사회적 정체감을 수립해 나가게 되고 이것은 가치있는 자산이 될 것이다.[5]

　공유된 목표에 부합하는 활동은 일상적인 것부터 본질적으로 중요한 것까지 다양하다. 어떤 것은, 자녀를 양육하고 가정을 유지해나가는 것과 같이 평범한 것이지만, 매우 중요한 기초적 뼈대를 제공하는 것이다. 또는 중요한 휴일(종교적 휴일, 일반적 휴일, 또는 부부의 고유한 휴일 등), 의례(생일, 세례성사와 견진성사, 성년 축하, 졸업식, 결혼식, 장례식, 가족의 재회), 그리고 전통(휴가 파티, 게임, 요리, 매년 같은 시간에 좋아하는 비디오 시청) 등을 포함한다. 이 모든 것은 공유된 삶의 구조 속에서 부부와 가족을 결속시킨다. 이것은 분쟁과 불화의 원인이 될 수 있으며, 이처럼 중요한 공유감이 위협을 받을 때 부부는 상담을 찾게 될 수 있다.

인생 계획(아이를 더 가질 것인지, 교외로 이사를 갈지) 혹은 전통(아이를 어떤 종교로 키울 것인지, 추수감사절에 누구의 부모를 방문할 것인지)에 대해 대립하게 될 부부가 상담을 받는다면, 우리는 당면한 특정 문제 자체를 넘어서서 부부 각자가 가지고 있는 인생의 꿈과 기대에 이르는 중요한 범위까지도 이해해야 한다.

■ 다른 사람들과의 우정을 격려하기

세월이 흐르면서 부부의 친구가 좋든 나쁘든 친구의 중요성에 대해 알게 되었다. 심각하고 오래된 결혼생활의 문제를 가진 대다수의 부부는 친구들을 피하고 있었다. 대부분의 내담자는 그들의 힘겨운 생활이 공적인 자리에서 회자되는 것을 원하지 않았고, 잘 가릴 수 있다고 생각하지 않았다. 때로는, 직장이나 가족에 대한 책임으로 인해 건강한 사회적 관계가 줄어들기도 한다. 그렇게 되면, 사회적 소외감을 느끼게 되고 이는 부부로 하여금 친구들과 함께하는 즐거움(이 장에서의 주제가 되는 즐거움)뿐만 아니라, 삶의 도전에 직면했을 때 우리 모두에게 필요한 일종의 완충 효과와 공동체의 지지들도 앗아가게 된다. 한 배우자가 친밀하게 이야기 나누는 것을 너무 지나치게 많이 원한다고 힘들어할 때 이러한 상황은 종종 친구들로부터 소외됨으로써 악화된다(한편, 일부 친구들은 이혼해야 된다고 생각하면서 불안정한 영향력을 행사할 수도 있으므로 상담자는 이러한 가능성에 대해서도 주의를 기울여야 한다). 따라서, 부부의 사회적 네트워크들을 다시 구축하고 활력을 되찾도록 돕는 것은 유익할 것이다.

■ 상담자의 후속 조치와 검토

상담자는 긍정적 이벤트에 대한 계획(대화, 저녁 데이트, 포옹, 칭찬, 친구와의 저녁식사)이 실제로 어떻게 진행되었는지 확인하고 질문해야 한다. 부부는 긍정적인 활동을 더디게 시작할 뿐만 아니라, 그들의 성공과 실패에 대해 보고하지 않기도 한다. 성공의 경험은 "치료적으로" 논의할 만한 가치가 없다고 느끼고, 다른 한편으로 실패를 하게 되면 수치스러워하며 보고하지 않게 된다. 상담자는 그 계획이 어떻게 진행되었는지 물어보고 부부가 그들의 경험을 통해 배울 수 있도록 도와야 한다.

■ 프레드와 베스: 공유하는 즐거운 활동과 우정

프레드와 베스의 다섯 번째 상담 회기에서 즐거운 활동을 공유하는 주제를 다루었다. 부부는 함께 외식을 즐겼으며 이것이 결혼 생활의 긴장을 줄여준다는 것을 알게 되었다. 친구들과 만나는 일이 최근 드물어지게 되었다. 프레드는 최근에 베스의 친한 친구가 먼 도시로 이사갔을 때 특히 슬퍼했다고 전했으며, 이것으로 인해 그들의 결혼생활이 악화되었다는 것을 알게 되었다. 브레인스토밍을 하면서, 그들 각자가 이전에 즐겼던, 특히 아이가 태어나기 전에 즐겼던, 보다 모험적이고 다양한 사회생활과 여가생활을 간절히 바라고 있다는 것을 알게 되었다.

그런 다음, 우리는 사회적인 생활을 다시 만들어 갈 방법과 저녁 데이트와 주말 캠핑을 위한 시간을 확보할 방법에 대한 논의를 하였다. 그렇게 하는데는 몇 가지 장애물이 있었다. 프레드는 베스의 친구들과 공통점이 하나도 없다는 점을 두려워했고, 베스는 자신이 지루해하는 걸 프레드가 알까봐 두려워했다. 우리는 예전에 함께 했던 즐거운 일들, 즉 자녀들과 놀거나, 집을 고치거나 함께 춤을 추는 것과 같이 즐겁게 할 수 있는 활동들을 다른 방식으로 되살리는 것에 대해 이야기했다. 부부가 몇개월 동안 이러한 활동에 참여하면서 경험했던 재미와 즐거움을 분명히 알게 되었고, 그들의 결혼생활이 돌이킬 수 없을 정도로 틀어져서 다시는 행복해질 수 없을 것 같았던 염려를 내려놓게 되었다.

다른 부부와 마찬가지로, 프레드와 베스는 성관계를 자주 하지 않았다. 그러나 성생활이 회복되기 전에, 전반적으로 서로를 기쁘게 할 수 있고 여전히 취약하지만 안전한 상태라는 것에 대해 더 많은 자신감을 가지게 되었다. 그들이 상담에 오게 된 표면적인 의견 불일치가 해결되었을 때, 그들이 여전히 성관계를 드물게 한다는 것을 알게 되었다. 나는 상담실에서 손을 잡는 것을 권장하였고, 그 다음에는 포옹하기, 더 나중에는 감각에 집중하는 연습을 따라하도록 하였는데(Masters & Johnson, 1970, McCarthy & McCarthy, 2003), 그렇게 하면서 신체적으로 다시 접촉하는 것에 대한 확신을 점차적으로 가지게 되었다. 상담을 시작하고 2년이 지나 만족스러운 성관계가 회복되었고, 부부의 행복감은 더욱 높아졌다. 우리는 그 후에 곧 상담을 종결하였다. 다른 경우와 마찬가지로 나는 만족스러운 성관계가 마지막 개척지라는 생각을 가지고 있었고, 그것을 성취한다는 것은 관계의 전반적인 분위기가 긍정적으로 유지될 것이라는 것을 보증하는 역할을 한다고 느꼈다.

■ 선순환, 시너지, 순서를 제시하기

Gurman(2013)이 부부상담에서 통합적 논의를 하면서 주장한 것처럼, 정서중심 부부상담에서는 애착이 증진되면서 결혼 만족도의 개선으로 이어지고, 결혼 만족도의 증가가 또한 애착 증진으로 이어질 수 있다고 가정한다. 보다 많은 재미, 포옹, 칭찬, 성관계, 모든 종류의 친밀한 개입은 부부의 애착 뿐만 아니라 공정하게 싸우고, 그들 스스로를 더 깊이 이해하고, 서로를 받아들이고 용서하는 능력에서도 유익한 변화를 이끌어낸다. 이는 이 책의 앞부분에서도 논의된 개입목표이다. 사실상, 부부생활의 한 영역에서 개선이 이루어지면 다른 영역에서도 개선이 이루어진다. 그렇다면 실질적인 질문은, 가능한 개입들을 어떠한 순서대로 제시할 것인가, 그리고 어떻게 그것들을 특정 부부에게 맞추어 줄 수 있는가 하는 것이다. 모든 도로가 로마로 통할 수도 있지만, 어떤 길은 더 빨리 우리를 데려다 줄 것이다! 이 책의 마지막 장에서, 상담을 수행하고 개입의 순서를 결정하기 위한 몇 가지 일반적인 지침들에 대해 논의할 것이다.

14장 NOTES

1) Paul Amato(2010)의 군집 분석에서 이혼에 이르는 두 가지 경로를 발견하였다. (1) 높은 수준의 갈등과 불행 (2) 낮은 수준의 헌신: 낮은-헌신 집단에는 함께 하는 것에 대한 만족감을 잃어버린 부부들이 포함되었다고 추측된다.

2) Wachtel (2014, p.47)은, 상담실에서 관찰되는 패턴들에 우선순위를 매기면서, 상담자가 "세션-중심"이 되는 경향성에 대해 주목하였고, 반면, 일상생활에서의 다른 패턴에는 주의를 두지 않았다. 상대적으로 조용하게 유지될 수 있는 생활의 한 영역은, 어떤 것이 있더라도, 상담에서 일어나는 보통의 갈등적인 논의 보다 부부 관계에서 더 긍정적일 수도 있는 일이다.

3) Driver(2007)는 부부의 10분 저녁시간 대화를 모아 600분 분량을 분석하였고, "정서적 유대감을 위한 노력"에 대한 반응을 기록하였다. 이것은 "파트너의 주의, 대화, 관심, 열정, 유머, 애정, 장난기, 정서적 지원 등을 얻으려는 언어 외에 비언어적인 시도" 등등이다. 그녀는 "6년 이상 부부생활을 한 커플들이 결혼 첫 해에는 배우자와의 정서적 유대감을 위해 86%의 시간을 할애하고 노력한 반면에, 후에 이혼으로 갈 때에는 배우자에게 33%정도만 시간을 할애하고 노력한다"고 보고하였다.

4) 이 문제는 Leiblum(2007); Levine(1999); Levine, Risen, and Althof(2010); Margolies(2001); B. McCarthy and E. McCarthy(2003); B.W. McCarthy and Thestrup(2008); Perel(2006); and Risen(2010)에서 더 자세하게 논의되었다.

5) 많은 동성-커플의 결혼이 허용된다는 사실을 알고 감정적으로 반응하는 중요한 이유는, 특정한 법적 권리(병원 방문과 같은)를 얻는 것과 관련이 되는 것이 아니라, 결혼에 대한 긍정적인 사회적 정체성을 얻는 것이 보장되는 것과 관련이 있다.

제5부

개입 순서와 결론

15 일반적 지침과 개입 순서

일반적인 모델을 만드는 것보다 이를 진행하는 순서를 정하는 것이 훨씬
어렵다.

Jay Lebow(1997, p. 10)

부부 상담의 과정은 부부에 관한 자료 수집, 가설 설정, 계획, 상담자의 생각을
내담자와 공유하기, 내담자의 피드백 반영하기와 같은 연동적인 활동이 반복적이
고 복잡한 프로세스로 이루어진다. 이러한 활동은 거의 동시에 진행되기 때문에
부부의 문제를 정의하고 이를 돕기 위한 효과적인 개입을 지속적으로 개선하는
것이 가능하다. 상담자들에게 이러한 부부상담의 복합적인 특성은 매력적이지만
압도하는 성격을 가진다. 나는 부부 상담을 할 때 대부분 자동적으로 개입하지만,
그 중 몇가지 태도와 행동은 항상 주의를 기울인다. 여기에서는 상담을 수행하는
과정에서의 몇 가지 권장사항을 안내하고, 다음은 개입의 순서에 대해 자세히 논
의하고자 한다.

■ 협력 관계와 상담자의 마음가짐

많은 연구에서 부부상담에 대한 긍정적인 치료적 동맹의 중요성이 밝혀졌고
(Lebow, 2014; Sparks, 2015; Sprenkle, Davis, & Lebow, 2009), 상담 과정 연구
(process studies)를 통해서 개별적인 상담을 통해 치료 동맹의 수준을 더 높일

수 있다는 것이 밝혀졌다(Norcross & Beutler, 2015).[1] 결과적으로 부부 상담을 할 때 가장 중요한 관심사는 상담자와 내담자 간의 협력관계를 유지하고 강화하는 것이다. 이는 상담 개입의 선택에 자주 영향을 미치게 된다.

나는 상담 관계를 상담자와 내담자 사이의 다리라고 생각하고, 얼마나 큰 무게를 견딜 수 있는지 상담 관계의 강도를 지속적으로 평가한다. 내담자의 저항을 만나면 속도를 늦추고 문제를 살펴야 한다. 대부분의 경우 내담자는 예상되는 위험에서 자신을 보호하고 있다. 어떤 경우에는 상담자가 길을 잃을 수 있다. 이러한 어려움에 대처하려면 재치와 겸손함이 필요하며 내가 그들의 비판을 받아들일 수 있다는 것을 내담자들이 알게 되는 경우도 있다. 나는 훌륭한 개인 트레이너나 운동코치처럼 종종 내담자가 원하는 것보다 더 강하게 상담을 이끌어 가지만 이 때문에 상처 입을 정도는 아닐 것이며, 언제나 상담 관계를 주시하고 있다. 내담자의 저항에 직면했을 때, 나는 중요한 삶의 변화를 가져오는 것이 얼마나 힘든 일인지 나 자신에게 상기시키면서, 유머로 때로는 슬픔으로 내가 겪는 어려움을 내담자와 함께 공유할 수 있다. 우리가 난관에 부딪혔을 때 팀워크 분위기를 조성하기 위해, 나는 종종 내담자에게 도움을 요청하여 탈출구를 찾고 전문가로서의 역할과 그들 자신을 위한 치료법을 스스로 만들어야 할 필요성의 균형을 맞춘다. 때로 이러한 균형을 찾는 것은 매우 어려운 일이다.

내담자와의 상담 관계는 나의 심리적 상태에 영향을 받기 때문에 나는 나 자신의 상태를 모니터링한다. 내담자와 싸우고 싶거나 상담실에서 도망치고 싶은 때를 메모하고(Wile, 2002), 내 자신에게 내담자에게 주는 것과 같은 충고를 한다. "침착함, 호기심, 배려심을 유지하도록 노력하라." 상담에서 침착함과 배려심을 유지하도록 돕는 호기심 어린 태도는 내담자로 인해 발생하는 고통스러운 감정에 주의를 기울이는 것을 포함하여 내담자의 입장이 되어보고자 하는 시도에서 시작된다. 지금 두 사람 사이에 무슨 일이 일어나는지 잘 알고 있다고 확신한다면 호기심을 가지고 관찰하는 것은 힘든 일이다. 그러므로 마음을 열고 새로운 가설을 세워보고 뒤따르는 증거에 대해 검증하도록 노력해야 한다. 특히 이전에 많은 부부들에게 효과가 있었던 것이 지금 상담하는 부부에게 전혀 효과가 없을 때, 호기심을 갖는 태도가 도움이 된다.

"배려"에 관하여 이야기한다면, 나는 내담자에게 따뜻하고 호의적인 태도를 유지하고 내담자가 자신의 고통을 이해하고 이를 줄이는 것을 돕고자 하는 소망을 분명히 전달하려고 노력한다. 또한 당연히 이러한 태도는 내담자의 만족과 호전과도 관련되어 있다(예: Bowman & Fine, 2000). 어떤 내담자가 그들의 배우자나 나를 힘들게 하거나, 단순히 내 상태가 혼란스럽거나 괴로울 때 내담자들에게 온정적인 태도를 보여주지 못할 수 있다. 내담자에게 반복적으로 짜증을 느끼게 될 때, 나는 이러한 감정이 어디에서 비롯되는지 살피려고 노력하며 이 감정을 이해하여 생산적으로 사용한다.

수년 동안의 부부상담을 통해서 얼마나 많은 변화가 가능한가에 대한 나의 생각을 바꾸게 되었다. 결과적으로 나는 바꿀 수 있는 것에 집중하고 바꿀 수 없는 것은 받아들이도록 내담자들에게 가르친다. 이러한 전문가적인 겸손함을 가진다면, 내담자들이 상담 결과에 대해 불만을 제기할 때 덜 방어적으로 대응할 수 있다.

결국, 상담이 중단된다면 나는 기본으로 돌아간다. 내가 상담 과정에서 무엇을 놓쳤는지, 어떻게 상황이 악화되고 있는지, 그리고 내가 가진 다른 대안이 무엇인지 찾아내기 위해 노력한다. 나의 상담 기록을 살펴보고, 특히 상담 초반의 회기와 심각했던 회기를 검토한다. 나는 부부의 프로세스(process), 심리역동, 상담 기술을 평가하고 동료들과 이야기하고 도움이 될 수 있는 다른 이론적 접근의 문헌을 찾아 읽는다.

■ 개입의 범주

[표 15.1]은 이전 장에서 설명한 부부 상담 개입의 주요 범주들이 나열되어 있다. 이러한 상담 개입들은 체스 판의 말이나 연장 통 안에 들어 있는 연장과 같으며, 각각의 고유한 강점과 기능, 한계점이 있다. 우리의 과제는 이러한 개입을 어떤 순서로 제시하여 효과적으로 함께 작동하도록 만드는가를 아는 것이다.

표 15.1 부부 치료 중재의 범주

- 부부가 상담자의 최소한의 도움으로 그들과 관련된 문제에 대해 서로 이야기할 수 있도록 하라(커플 치료 1.0).
- 대인 관계 프로세스(interpersonal process), 특히 부정적인 상호 작용 고리에 초점을 맞추어라.

- 부부의 심리역동, 즉 내재된 근본적인 문제(희망과 두려움), 개인적 의미, 전이와 방어, 투사적 동일시를 통한 대처를 시도하는 것 등에 초점을 맞추어라.
- 수용과 용서에 초점을 맞추어라.
- 의사 소통 기술을 가르쳐라.
- 감정 조절 기술을 가르쳐라.
- 문제 해결 및 협상 기술을 가르쳐라.
- 특정 문제에 대해서는 그 영역에 해당되는 적합한 문제 해결 방법을 가르치고 해결하라.
- 긍정적인 활동에 대해 논의하고 실천하도록 격려하라.

■ 순서의 개요

부부가 당면한 문제의 세부적 특성과 상담의 단계에 따라 개입의 순서는 달라진다. 어떤 상황에서는 순조롭게 상담 개입을 시작할 수 있지만 어떤 때는 기다려야 할 것이다. 부부 상담은 언제나 예측이 불가능한 비연속적인 작업이라 할 수 있으며, 모든 단계를 미리 계획해야하는 건설 현장과는 성격이 다르다. 다양한 임상연구와 현장 경험을 바탕으로 볼 때, 권장하는 개입의 순서가 존재하지만 주의 깊게 개입의 순서를 결정한다면 더 순조롭게 상담이 진행될 것이다.

Scheinkman(2008)이 언급한 것처럼 상담개입 순서의 지침은 초심 상담자와 숙련된 상담자 모두에게 유용할 수 있다. 너무 많은 선택지를 가진 초심 상담자를 위해서는 개입의 지침을 제공하고, 개인적인 선호가 분명한 숙련된 상담자에게는 대안적인 개입을 제공할 것이다.

개입 순서에 대한 지침은 포괄성을 가지는 것이 이상적이지만 실무자가 사용하기 어려울 정도로 많은 내용을 담은 복잡한 내용은 도움이 되지 않는다. 즉, 특정 상황에서 요구되는 다양한 개입을 즉흥적으로 사용할 수 있어야 한다. 이상적인 개입의 지침은 가장 효과적이고 빠르게 작업할 수 있는 개입을 우선시해야 한다(Pinsof, 1995). 나는 일부의 상담자와는 달리 가장 신속한 치료적 개입이 반드시 행동이나 표면적인 문제 또는 약물 치료에 대하여 관심을 보이는 것으로 시작될 것이라고 생각하지 않는다. 나는 부부상담의 개입 지침에 대해 다음과 같이 안내하고자 한다. (a) 상담 초기에 어떤 개입을 시도할 것인지, (b) 첫 번째 개입이 불충분할 경우 그 다음 어떠한 개입을 할 것인지, (c) 상담의 성과가 있을 때 그 토대 위에서 무엇을 해야 하는지에 대해 안내하고, 그에 더하여 내가 선호하는 개입 순서와 그 근거를 설명하고자 한다. [그림 15.1]은 개입 순서에 대한 요약으로서 위쪽으로부터 시작하여 화살표 방향으로 이동하는 개입 순서에 대한 안내도이다.

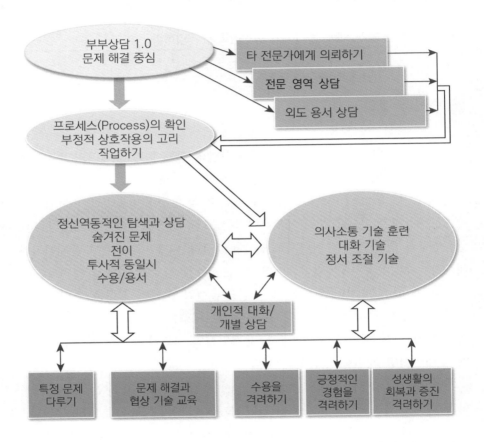

그림 15.1 부부 치료 개입 순서. 일반적으로 부부상담의 개입의 순서는 위에서 아래 쪽으로, 가로 방향으로 진행되며 타원은 초기 및 더 중요한 개입을 나타낸다. 상단의 사각형은 빠른 변경이 필요할 때 결합할 수 있는 방식을 나타낸다. 하단의 항목은 초기 개입 후에 가능해지는 상담의 초점이다. 예외의 경우에는 직사각형에 있는 개인치료나 부부 상담자의 개별 회기가 필요하며 이는 전체 상담 작업을 위한 필수적인 단계 또는 동시에 이루어지는 단계들이다.

■ 부부 상담 1.0 개입

나는 부부의 현재 문제를 다루기 위하여 상담자와 부부가 함께 만나는 구조로 상담을 시작한다. 이것은 다음에 뒤따르는 모든 상담의 기초가 될 것이고 전문성 있고 효과적인 상담 관계를 형성할 수 있는 기초로서 상담의 구조, 안전 및 희망을 제공하게 될 것이다.

1. 부부가 선택한 문제로 시작하라. 부부에게 시급한 문제를 선택하여 시작하는 것이 상담 자체와 후속 회기에 가장 좋다. 나는 부부가 피해왔거나 중요해 보이는 주제를 언급하는 것을 자제하고, 초기에는 때때로 더 실행가능한 주제로 부부를 안내한다. 더 어려운 문제는 부부의 관계와 치료적 관계가 더 깊어질 때까지 남겨둔다.

2. 부부가 상담자의 도움 없이 대화를 시작하도록 하라. 대화의 주제가 정해진 후 그에 대해 부부가 서로 대화하도록 격려하라.[2] 그들이 잘하고 있다면, 치료적 환경의 안정감과 상담자의 존재가 제공하는 최소한의 구조만을 활용하여 부부의 대화를 진행하고, 최소한의 지원을 통해 문제해결의 다음단계로 나아가는 것을 지켜보라. 상담이 잘 진행되지 않는다면 지침 아래쪽의 대안적인 개입을 통해 상담을 진행하라. 이는 중요한 일반 원칙을 알려준다. 상담이 잘 되고 있다면 그런 방식을 벗어나는 것이 좋다. Pinsof(1995)가 지적한 바와 같이, "과도한 상담자의 역량은 부적절하고 성취도가 낮은 의존적인 내담자 시스템을 낳는다(p. 104).

3. 도움을 받아 문제 해결을 시도하라. 어떤 부부는 제한된 주제(십대 자녀 교육의 어려움, 연로한 부모에 대한 문제)에 대해 합리적으로 이야기하기 시작하지만, 주제에 대한 정보가 별로 없거나 문제 해결 능력이 부족하기 때문에 어려움에 빠진다. 나는 이런 상황에서 부부가 필요로 하는 실질적인 도움을 주고, 서로가 상대의 감정과 입장을 더 온전히 들을 수 있도록 돕는다. 이러한 최소한의 실질적인 중재와 안내로 상담이 성공할 수 있다면 본격적인 상담이 필요하지 않을 수도 있다. 실제로 부부 스스로가 타협안이나 해결책을 만들어 낼 수 있는지를 판단할 수 있다.

■ 제시된 문제에 근거한 보조적인 또는 수정된 상담 방식

일반적인 통합 방식의 부부상담은 경우에 따라 즉시 수정되어야 한다.

4. 한 사람의 배우자만이 결혼에 대한 지속 의지를 가지고 있어 이혼이 임박한 것처럼 보인다면, 현명한 판별을 위한 상담(discernment counseling)을 제안한다. Doherty(2011)는 한 배우자가 이혼을 적극적으로 고려하고 있고 다른 배우자는 결혼을 지속하기를 원할 때, 이혼 직전의 "혼합된 문제를 가진 부부"를 위해 약간의 수정사항을 가미한 개입방법을 개발하였다. 몇 번의 부부 상담 공동회기 진행 후 혼합되었던 부부 상담의 주제가 명확해지면 상담자는 각 배우자를 분리하여 동시에 상담을 시작한다. 부부가 a) 자신이 부부문제에 대해 기여하고 있는 부분을 이해하도록 하며, b) 결혼을 지속할 것인지 아닌지를 결정하고 다시 공동 회기 부부상담을 계속하면서 관계를 증진하도록 목표를 세운다. 부부가 이혼하기로 결심한다면, 우리는 그들의 결혼생활이 끝난 것에 애도를 표하고 이혼과 관련된 문제를 다루는 것으로 관심을 전환한다.

Doherty는 이 같은 사례가 보편적인 것에 주목하고 공동회기 부부 상담에 일반적으로 존재하는 구조적 약점을 극복하기 위한 접근 방식을 제시하였다. 이혼을 생각하는 배우자는 솔직하게 이야기하는 것이 배우자에게 상처를 입히고 분노를 증가시킬 뿐이라는 두려움 때문에 자신의 양가감정에 대해 자세히 말하기를 꺼린다. 또한 그들은 자신의 의견을 밝히고 자신이 떠나는 것을 정당화하기 위해 상담의 실패를 이용할 것이다. 그들의 배우자 또한 자신이 속마음을 이야기한다면 상대가 이혼을 결심하게 될 것을 두려워하여 주저하게 될 것이다. 이 때 부부상담을 계속 진행하는 상담자들은 흔히 세 가지의 실수를 범한다. 이혼을 생각하는 배우자를 압박하는 것, 결혼 생활을 되살릴 수 없다는 것에 동의하는 것, 명확한 계약 없이 부부 상담을 하는 것이다. 나는 이러한 모든 실수를 저질렀고 지금은 Doherty의 방식을 사용하여 더 나은 상담 성과를 얻고 있다.

현명한 판별을 위한 상담(discernment counseling) 방식의 단점은 비밀 정보에 관련된 복잡한 문제와 상담자가 어떤 사람의 관심사를 더 중요하게 생각하는가에 대한 불확실성이다. 그럼에도 불구하고 각 배우자와 별도로 상담하는 부부상담을 통해 훨씬 더 직접적이고 교류적인 정보를 얻게 되면서 각 배우자가 개별적으로 상담을 받는 것보다는 상당한 장점이 존재한다. 나는 몇 달 간의 현명한 판별을 위한 상담이 다른 대안보다 더 낫다는 것을 알게 되었다. 더 자세한 정보는 Brink Project 웹사이트의 Minnesota Couples를 참고하라.

www.cehd.umn.edu/fsos/projects/mcb/couples.asp.

5. 심각한 정신병리, 우울증, 약물 남용 또는 지속된 배우자의 폭력이 있는 경우 전문 치료를 위해 적절한 상담 기관에 의뢰한다. 때로는 부부 상담과 동시에 진행될 수 있다.

6. 처음부터 관계를 저버린 배신이 문제의 핵심이라면 용서를 위한 공동상담 회기로 시작하라.

■ 부정적인 프로세스의 확인

대부분의 부부 상담의 경우 1단계에서 3단계(부부 치료 1.0)만으로는 불충분하며 더 많은 도움이 필요하다.

7. 부부의 대인관계 프로세스에 초점을 맞추어라. 나는 비구조화된 부부의 대화 시도와 이에 대한 상담자의 지도만으로 효과가 없을 때 병리적인 집단 프로세스에 초점을 맞추고 부정적인 상호작용 고리의 단계를 확인한다. 대부분의 경우 첫 번째 진단 회기에 이러한 작업을 시작한다. 현재 부부 상담을 하는 거의 모든 상담자들은 이러한 방식으로 상담을 시작할 것이며, 부부 체계의 프로세스를 적으로 분류하고 부부가 관계의 방식을 개선할 때까지 현재의 다른 문제에 대한 상담을 중단한다.

■ 갈림길

부부의 부정적인 상호 작용 고리(예: 추적자－도망자의 고리)에서의 부부의 행동을 확인한 후 다양한 이론적 지향을 가진 상담자들은 서로 다른 경로를 택한다. 행동적 접근을 선호하는 상담자는 의사소통이 필요한 특정 문제를 선택하여 더 나은 의사소통 기술을 가르칠 것이다. 정신 분석 지향의 상담자, EFT 부부 상담자 및 경험적인 접근을 선호하는 상담자들은 대부분 "의사소통 문제" 이면에 있는 정신역동적인 문제에 초점을 맞출 것이다.

우리가 어떤 접근을 선택하든지 부부 중 한사람이 너무 많은 고통을 겪고 있다면 부부가 새로운 행동을 학습하거나 유용한 대화를 나누는 것은 쉽지 않을 것이다. 상담자는 부부에게 더 깊은 정서적 문제를 발견하고 타당화해 줌으로써, 덜 불안정한 방식으로 대화를 이끌어가는 것을 안내하여 그들이 충분히 안정감을 느끼도록 만들어야 한다. 부부가 심리적으로 진정되어야 안전하게 대화할 수 있기 때문이다.

Sprenkle, Davis, Lebow(2009)는 다양한 이론적 접근의 선택에 관한 많은 연구를 검토한 후 다음과 같이 결론지었다. "자기 반성적이고 성찰적이며 내향적인 내담자들에게는 통찰 지향적인 절차를 제공하는 것이 더 효과적이다. 반대로, 충동적이고 공격적인 내담자에게는 기술 훈련 및 증상 중심의 상담을 제공해야 한다"(p. 52).

그들의 조언에 따라, 나는 각 내담자의 성격과 반응에 맞는 실용적인 접근을 취한다. 나는 항상 깊이 탐색하는 정신 역동적인 접근으로 시작한다. 이러한 접근이 효과가 없는 것으로 증명되면 안전한 대화를 위한 규칙과 감정 조절기술을 가르치는 것으로 빠르게 전환한다. 특히 심리적인 마인드가 부족한 부부인 경우, 헌신이나 존중에 대한 더 깊은 불안을 드러내는 것은 위험할 수 있다. 이러한 부부에게 더 효과적으로 대화하는 방법을 가르치면 치료 후반에 더 깊은 문제를 다룰 수 있다. 그러나 불안정한 부부의 경우 이러한 현실적인 훈련을 위해서는 부부의 관계 형성을 위해 공감적인 통역을 해야 할 필요가 있을 것이다.

▇ 정신역동적 개입

8. 부부의 근본적인 문제, 개인적 의미, 전이와 저항에 초점을 맞추어라. 공정한 싸움의 기술을 가르치기 전에 이 부분에 초점을 맞추는 이유는 다음과 같다. 사람들은 자신이 원하지 않는 것을 왜 해야 하는지 이해하지 못할 때,

이를 행하도록 요구받는다면 강요로 느껴질 것이다. 결과적으로, 진정한 정서적인 치유를 돕기 어렵게 된다. 나는 부부가 가지고 있는 부정적 상호작용의 고리가 어떤 요소들로 구성되었는지 정의하고 그 순환을 다룬다. 이후 이러한 고리를 지속하게 만드는 더 깊은 숨겨진 문제에 접근을 시도하는 것을 선호한다.

"의사소통의 어려움"을 다루는 최적의 방법은 부부에게 의사소통 훈련을 사용하는 것이다. 하지만 상담에서 부부의 근본적인 문제를 먼저 해결할 수 있다면 바로 협력적인 소통이 가능해질 것이다. 내가 상담한 어떤 부부는 남편이 자신의 경력을 위해 더 열심히 일을 해야 하는가, 말아야 하는가를 고민하며 끊임없이 싸우고 있었다. 그들은 표면적인 갈등의 내용과 프로세스와 관련된 감정적 문제로 인해 타협이 어려웠다는 것을 알게 된 후 각자의 다른 입장에 대한 대화를 시작할 수 있었다. 남편은 수치심과 무력감을 느끼고 있었고 아내는 어린 시절 겪었던 경제적 어려움을 다시 겪는 것에 대한 두려움을 느끼고 있었다. 이 같은 상황에서 숨겨진 근본적인 문제를 발견하는 상담 전략은 상담의 진행을 빠르게 만들 수 있는 반면, 공감적 경청과 같은 기술을 교육하는 것은 느리게 느껴질 수 있다. 자신들의 불만이 해결되지 않은 채 고통스럽게 그대로 남아 있다면 부부의 불안이 증가할 수 있다. 경험적 접근의 지지자들이 수행한 연구 결과에 의하면, 상담 전략의 선택 상황에서 경험적 접근을 선택하는 것이 행동적, 문제해결적인 개입을 선택하는 것보다 더 나은 결과를 가져온다는 암시적인 증거가 있다(Johnson & Greenberg, 1985).

정신역동적 접근의 초기 목표는 "재구성(reframing)"과 "짧은 이야기를 길게 만들기" 개입을 통해 방어와 비난을 감소시키는 것이다. 이는 부부의 표면적 갈등에 의해 촉발된 개인적인 의미와 거부 반응을 탐색함으로써 가능해진다. 부정적 상호 작용 고리가 야기하는 역기능적 행동을 설명하기 위하여 전이의 희망과 두려움, 개인적인 민감성을 탐색할 수 있다. 먼저 한사람에게 이러한 문제가 발견되고 재구성되면 상대 배우자는 이를 더 잘 이해하게 된다. 이러한 작업이 잘 이루어지기 어렵다면, 상담자는 내담자들이 더 공감적으로 반응하도록 도와 진정한 대화를 할 수 있고 깊은 친밀감을 형성하도록 한다. 상담자는 내면에 부정적인 이미지를 가졌거나 핵심 욕구가 충족되지 못한 사람들이 잘못된 행동을 한다고 믿는 내담자의 신념을 지적할 수 있다. 이 같은 상황에서 흔히 볼 수 있는 퇴행적 행동을 설명하여, 내담자에게 희망을 불러일으키고 추가적인 탐색을 촉진한다.

부부의 숨겨진 문제에 대한 초기 탐색 후 진행은 상담에서 밝혀진 그들의 심리역동과 문제의 내용에 따라 달라진다. 일반적으로 특정한 숨겨진 이슈를 더 안전한 환경에서 탐색함에 따라 투사적 동일시, 수용, 용서 및 원가족에 대한 작업이 유기적으로 진행될 수 있다.

나는 부부의 정신역동적 문제(의미, 희망, 두려움, 방어)를 다룰 때 과거의 원인에 대해 탐색하기 전에 지금—여기에서 작업하면서 부부의 프로세스를 개선하는 것을 선호한다. 예를 들어, 배우자에게 자신을 표현하는 것을 과도하게 두려워하는 내담자에게 어떻게 이러한 두려움이 발전되었는지 생각해 보라고 하기 전에 두려움의 현실을 실험해 보도록 권한다. 나는 내담자들이 교정적인 경험을 잘 할 수 있고 "당신의 어머니를 대하듯이 나를 대한다는 것을 난 이미 알고 있었어요."와 같은 말들이 반복되는 위험성을 줄일 수 있기 때문에 이 방법을 선호한다.

9. 투사적 동일시를 다루기. 투사적 동일시라는 렌즈를 통해 부부 문제를 살펴보게 되면 용납할 수 없는 감정에 대한 자연스러운 탐색이 가능하다. 이 작업은 지속적인 변화를 가져올 수 있는 가능성이 크다. 투사적 동일시 기제는 배우자와 거리를 두려는 동기가 내재되어 있기 때문에 투사적 동일시를 잘 다루게 되면 부부의 의사소통과 친밀감도 향상될 수 있다. 부부의 양극화는 대부분 부부의 프로세스 자체에서 발생하게 된다. 특히, 두 사람이 서로에게 진심을 말하게 될 때 상대방이 가지고 있는 가치를 알아차리지 못한다면 부부는 더욱 강하고 집요하게 자신의 입장을 유지하게 될 것이다. 이러한 귀납적인 과정은 종종 "두 사람 모두 옳다(You're Both Right)" 개입을 사용하여 비교적 쉽게 중단될 수 있다. 고통스런 상태를 부인하는 두 사람에게 투사적인 동일시가 성격적인 방어적 패턴으로 자리잡은 경우 "두 사람 모두 옳다"는 것을 쉽게 인정하기 쉽지 않다. 이제 상담자는 더 깊은 문제를 밝혀내는 데 집중해야 한다.

10. 부부의 원가족과 과거를 탐색하라. 내담자들은 종종 자신이 가지고 있는 숨겨진 이슈, 소망, 두려움에 관해 이해하기 위하여 자발적으로 과거를 떠

올리게 될 것이다. 나는 과거의 사건을 검토할 때 과거의 사건이 현재 어떻게 활성화되고 어떻게 현재를 만들었는지에 초점을 맞춘다(Breunlin, Pinsof, Russell, & Lebow, 2011; Cooper, 1987). 과거에 형성된 외상적인 생활 사건을 자세히 살펴보면, 현재의 민감한 부분에 대해 이해하기 쉽고 모든 사람이 더 공감할 수 있게 된다. 나는 현재의 패턴이 오래 지속되었다는 확신이 들면, 이 패턴이 시작된 기원에 대해 직접적으로 묻는다. "이것은 당신에게 민감한 부분이었습니까? 언제 시작되었습니까?" 또는 특정한 과거의 사건을 발견한 후 "이 사건이 당신과 두 사람의 관계에 어떤 영향을 미쳤다고 생각하십니까?"라고 질문할 수도 있다.

11. 용서와 수용을 위해 노력하라. 최근에 드러나게 된 외도로 인해 고통받는 부부처럼 어떠한 내담자들은 상담의 초기에 용서 작업이 필요하며, 위기 개입으로 상담이 시작된다. 이것이 바로 [그림 15.1]에서 부부 상담 1.0의 한계에서 벗어나 빠르게 진화하는 별도의 치료 형태로 "배신과 용서의 상담"을 도식화한 이유이다. 상담의 주요한 문제가 배신에 관한 것일 때, 상담자는 부부 프로세스의 논의를 빠르게 지나서 10장에서 설명한 치료 지침을 따라야 한다. 일단 문제가 진정되면 부정적인 고리, 정신 역동, 대화 기술의 부족, 신뢰를 깨뜨리게 된 특정한 이슈에 대한 토론 순서로 상담이 진행된다. 다른 경우에는 오래된 배신에 대해 안전하게 다룰 수 있다면 상담 후반에 용서에 대한 작업을 하게 된다.

대부분의 경우 문제 해결과 타협을 시도하는 것이 쉽지 않을 때, 수용하기 작업이 이루어진다. 수용하기는 모든 상담 개입의 기초라 할 수 있다. 그러므로 우리는 내담자가 완벽하지 않은 배우자와 완벽하지 않은 자신과 함께 사는 법을 배우도록 만들기 위해 노력한다. 자신의 부정적인 측면을 받아들일 수 있는 사람은 더 이상 배우자에게 이러한 측면을 찾을 필요가 없기 때문에 자신을 수용하는 작업은 투사적 동일시를 감소시키는 데 중요한 역할을 한다.

■ 행동적/교육적 개입

12. 의사소통과 감정 조절 기술을 가르쳐라. 상담 초기에 효과적인 의사 소통에 대해 설명하는 유인물과 자료를 내담자에게 제공한다. 이러한 자료를 읽는 것은 부부가 대화에서 해야 할 일과 하지 말아야 할 일에 대한 공통 어휘를 만들어가는 데 도움이 된다. 이를 통해 상담이 과학적인 면이 입증되고 상담자가 신뢰할 수 있는 과학자로서의 임상가라는 것을 확인하게 된다.

스포츠, 춤, 음악을 가르치는 개인레슨에서는 특정한 강점과 약점에 초점을 맞추는 것과는 달리 나는 부부에게 의사소통을 가르칠 때 맥락에 맞추어 개입한다. 부적절한 말하기, 듣기 방식을 반복적으로 접하게 될 때는 의사소통 기술을, 정서 조절이 힘든 상황에서는 감정 조절 기술을, 성관계나 돈, 양육에 관한 구체적인 주제를 논의할 때는 문제해결과 협상 기술을 가르친다. 적절한 상황에 맞추어 개별화된 훈련을 제공하는 것이다. [그림 15.1]의 가로 화살표는 상담에서 권장되는 의사소통 규칙을 따르기 위해 정신역동적인 장애물을 탐색하는 것을 포함하여 정신역동과 기술훈련 사이에서 전후로 이동이 가능하다는 것을 의미한다.

앞에서 말했듯이, 기술은 가르치는 타이밍이 중요하다. 타이밍이 너무 빠르다면 상담자가 부부의 고통을 공감하지 못할 수 있다. 하지만 너무 늦어진다면 부부는 부정적인 상호작용의 고리를 멈출 수 있는 방법을 배울 기회를 잃어버릴 수 있다.

나는 의사소통 기술을 가르칠 때 심리적 마인드가 부족한 사고형 부부와 정서적으로 불안정한 부부의 두 유형을 고려하여 더 체계적이고 폭넓은 방식을 사용한다. 구체성을 추구하는 사고형이거나 자기성찰에 익숙하지 않거나 성찰 능력이 부족한 내담자들에게는 공식적으로 치료초기에 의사소통 기술을 가르친다. 이 유형의 부부는 대부분 초기에 명확한 규칙을 제공하는 관계 교육으로 전환하는 것을 선호하는 것 같다. 심리적인 내면을 설명하기 어려운 사람들에게는 규범을 가르치는 것이 도움이 되는 것과 유사하다. 또한 이 부부들은 상대적으로 구체적이고 비심리적인 관계 방식을 유지하면서 실체가 있는 어떤 것을 얻어간다는 느낌을 가지는 것 같다.

나는 또한 불안정한 정서 상태의 부부에게 감정 조절 기술과 타임아웃의 기본 사항을 가르치는 것을 포함하여 체계적인 교육을 빠르게 진행한다. 공동회기 부부상담의 강도를 낮추기 위해 때로 개별 상담을 추가하여 감정적으로 동요하는 내담자를 지원하기도 한다.

■ 특정한 문제-해결을 위한 개입

13. 특정 유형의 문제를 해결하기 위해 노력하라. 부부의 대인관계 프로세스가 더 잘 기능하게 되면 부부 갈등의 구체적인 영역을 대상으로 문제해결을 시작할 수 있다. 물론, 내가 그들의 부적응적인 프로세스, 근원적인 심리 역동, 부족한 의사소통 기술에 관심을 기울이려고 노력했지만, 부부는 그들이 갈등을 겪는 특정한 문제에 대해 계속 논의했을 것이다. 그러나 생산적인 문제해결에 대한 장애물을 제거한 후에 비로소 더 까다롭고 만성적인 부부의 의견 차이를 극복할 수 있을 것이다. 새롭고 만족스러운 방식으로 문제를 논의하는 것은 부부 상담에서 "전환점"의 특징을 보여주고 있다 (Helmeke & Sprenkle, 2000).

이 시점에서 자연스럽게 발생하는 부부의 논쟁은 대부분 실질적인 문제 해결을 전혀 필요로 하지 않는다는 연구 결과를 기억해야 한다. 이러한 언쟁은 대부분 실수로 인해 서로의 핫 버튼을 건드려 발생하게 되기 때문이다. 이 부분이 결혼생활 악화의 핵심이었다면, 부부에게 정신역동적 탐색을 통해 서로의 감수성을 이해하고, 회복을 위한 대화의 핵심 기법인 공감적 사과를 통해 서로 연결되도록 가르치는 것이 중요하다.

많은 경우에 실질적인 문제와 갈등을 다루는 것에는 여전히 주의가 필요하다. 그러나 이제 부부는 대인관계 프로세스와 협력하는 능력이 향상되어 상담 초기 보다 효과적인 의사결정을 내릴 수 있는 가능성이 커졌을 것이다. 부부의 프로세스에 주의하면서 상담자는 현재 진행되고 있는 부부의 분쟁을 본격적으로 다룰 수 있다. 상담자는 1단계에서 3단계로 돌아가서 때때로 부부에게 각 문제에 대한 새로운 대안을 제시하면서 문제 해결을 위해 다른 시도를 허락한다. 이 단계에 있는 부부는 그들이 논의하고 있는 재혼가정의 양육, 재정 계획, 연로하신 부모 돌보기 등의 주제와 관련된 안내서

(self-help readings)를 통해 도움을 받을 수 있다.

14. 문제 해결 및 협상 기술을 가르쳐라. 우리는 좀 더 나은 대인 관계 프로세스를 가지게 되고 구체적인 부부 갈등의 영역에 대해 논의하기 시작하면 부부가 어떻게 이 주제를 다루는지 다시 관찰할 수 있다. 때로는 부부에게 안전하게 대화하기 위한 규칙보다 문제 해결 및 협상 기술을 가르치는 것이 도움이 되지만, 나는 그것이 가치 있다고 판단했을 때에만 이 기술을 가르친다. 이 방법의 장점은 치료가 끝난 후에도 내담자가 이러한 기술을 사용할 수 있다는 것이다.

■ 또 다른 상담 개입

15. 상담 과정에서 긍정적인 상호 작용을 격려하라. 관계가 진전될 수 있는 적절한 기회가 왔다고 생각이 되면 저녁 데이트, 함께 보내는 즐거운 시간 갖기, 갈등과 스트레스가 없는 휴식 시간을 갖도록 권장한다. 14장에서 논의한 바와 같이, 나는 부부가 앞으로 일어날 수 있는 장애물을 다루기 위해 함께 브레인스토밍하고 해결하도록 돕는다. 이 과정에서 부부가 즐거운 시간을 함께 보내는 데 방해가 되고 스트레스를 주게 되는 또 다른 사회적 의무에 도전하는 것이 자주 필요하다.

16. 상담 과정에서 성적 친밀감을 회복시키기 위해 작업하라. 신체적, 성적인 접촉은 내담자들에게 상담의 도움이 필요한 마지막 영역일 수 있다. 상담 중인 부부가 성적 문제에 대해 불만을 제기하지 않더라도 상담자는 성적 만족도를 평가해야 한다. 이는 부부가 잘 지내고 있는지에 대한 지표이며 도움을 받을 수 있는 중요한 대상일 수 있다.

17. 상담 과정에서 개인 상담을 권유하는 것을 고려하라. 내담자들에게 부부 상담을 받는 것은 평생을 거쳐 형성된 감수성과 성격적 단점을 재조직하기 시작하는 최초의 관문이다. 부부 상담 과정을 경험한 많은 내담자들은 배우자를 비난하는 것을 멈추고 결혼생활의 문제에 더 큰 책임을 지게 될 것이다. 또한 이러한 문제가 자신에게서 지속된 정서적인 문제로 인해 발생했다는 것을 인정하게 될 것이다. 이러한 내담자의 경우 개인 상담 또는

정신분석을 권유하고 그들은 이를 기꺼이 받아들일 것이다. 부부상담이 성공적으로 종료되었을 때 개인 상담 의뢰를 요청하는 것은 흔히 일어나는 일이다.

부부상담이 진행되는 동안 개인 상담을 권장하는 것에 대해서는 논쟁의 여지가 있다. 나는 이 같은 복잡한 문제를 만들기보다는 부부 문제가 크게 개선될 때까지 기다리는 것을 선호한다. 심각한 정신과적인, 성격적인 병리가 호전되지 않는 것처럼 보이거나 부부의 상담을 크게 방해하는 경우는 예외적인 상황이라 할 수 있다. 이런 경우 부부 상담이 잘 진행되기 위해 별도의 개인 상담이 필수적이라고 할 수 있다(Graller, Nielsen, Garber, et al., 2001).

반복과 비선형성

지금까지 제시한 의사결정의 선택지는 직선적으로 보이지만 실제 상담은 훨씬 더 순환적이고 혼란스럽고 반복적인 성격을 가진다. 부부상담에서 내담자들의 변화가 안정화되기까지 시간과 연습이 필요하지만 내담자들은 이를 잘 이해하지 못한다. 그들은 배우자가 무엇을 하도록 지시받으면 바로 변할 거라고 기대하지만, 많은 시간과 인내가 필요한 것을 알고 놀라게 된다. 따라서 우리는 더 희망적인 태도를 가지고 내담자들에게 "여기에서 다시 시작합시다"라는 낙담을 다음과 같은 말로 대체하도록 도와야 한다. "좋아요. 분위기가 뜨거워지고 있어요. 지금 우리는 앞으로 더 잘 할 수 있도록 무엇을 배웠을까요?" 또한, 상담자는 부부가 매주 같은 실수를 하고 같은 패턴을 반복한다고 해서 지나치게 실망할 필요가 없다. 대부분 변화는 느리고 어려운 것이다.

정신역동과 관계적/교육적 개입의 혼합

대부분의 상황에서 지금까지 설명한 순서대로 상담 개입을 진행하지만, 숙련된 상담자는 때때로 다양한 접근의 개입을 연계하여 상담하며, 때로 정신역동적 탐색과 교육적 기술 훈련 사이를 오가기도 한다(Wachtel, 2014). 좋은 예로 Leone(2008)은 상담에서 남편에게 더 많이 말로 표현하도록 지시하고 도전한 다음 남편의 반응을 유도하였다.

> 우리는 마이크에 대한 나의 상담 방향과 격려에 대해 이야기하였다. 앤은 그 상담 개입이 18개월 동안 상담하면서 제일 도움이 된 것 중의 하나라고 말하였다. 또한 그녀는 내가 너무 자주 마이크에게 지시를 한다면 그는 앤에게 느낀 것처럼 상담자에게 통제당한다고 느낄 수 있다는 것을 인정하였다. 그러나 이번에는 명령이 아니라 제안이었기 때문에 그는 이러한 방식에 감사하다고 말했다. 또한 그는 상담자가 자신에게 이미 "알았어야 할 것"을 말하는 것이 부끄럽기도 했지만, 자신이 그렇게 할 수 있게 되었다는 것을 내가 알게 된 것에 대해 기쁘고 우쭐해지는 감정을 느꼈다. 마이크는 상담자가 자신에 대해 믿지 못하고 있다고 느꼈으며, 자신이 상담을 망쳐 놓을 것이라고 상담자가 생각할 거라 짐작하였다. 나는 "이러한 일을 잘 못한다"는 마이크의 자기상을 면밀히 탐색하였다. 그리고 그가 가진 자신에 대한 이미지를 과거에 아무도 그를 위로하지 않았고 다른 사람을 위로하는 법을 배우지도 못했다는 사실과 연결하였다.(p. 95)

이러한 사례는 내담자의 피드백을 활용하는 장점을 보여준다. 어떤 내담자는 기술 훈련을 열심히 배우고 흡수하는 반면 다른 내담자는 이것이 피상적이고 통제적이라고 거부할 것이다. 어떤 내담자는 충격적이었던 과거의 사건을 탐색하고 통합하기 시작하면서 문제가 풀리기 시작할 것이다. 반면 또 다른 부부는 이에 대해 저항하고 관련성을 찾지 못할 것이다. Leone이 했던 것처럼 내담자에게 상담에 대한 그들의 소감을 묻는 것은 내담자의 반응에 맞추어 개입을 조정하는 데 도움이 될 것이다.

관계 기술 교육과 정신 역동은 서로 밀접하게 관련되어 있다. 화자-청자의 대화법 기술을 배운 후 내담자들이 잘 수행하지 못할 때 이를 방해하는 근본적인 역동에 대해서 궁금증을 가져야 한다. 부부 상담의 로드맵에서는 다른 대부분의 관계 교육이나 부부 행동치료보다 부부의 의사소통이나 문제해결을 위한 적응적인 규칙을 지키는 것을 어렵게 만드는 심리 내적 문제, 즉 정신 역동을 다루는 작업을 강조한다. 이러한 상담 접근은 "정신분석적 악센트"를 가지고 실행되는 통합적 상담이 될 것이다(Wachtel, 2014, p. 110).

이와 다른 경우는 내담자가 의사소통 방법에 대한 상담자의 지시를 잘 수행한 후 그들의 정신 역동을 더 명확하게 알 수 있게 되는 것이다. 예를 들면, 수줍음이 많은 남편은 평소 아내를 불쾌하게 만들지도 모른다는 두려움을 가지고 있었다. 그는 상담에서 적극적으로 경청을 잘 하는 것이 아내와 성공적인 의사소통을 가능하게 하는 것을 알고 기뻐하였다. 상담에서의 성공 경험은 그에게 실패에 대한 두려움을 벗어날 수 있도록 해주었다. 아내가 화자에게 가능한 최소한의 발언을 하는 소통의 규칙을 잘 지킨 후 두 사람 모두 긍정적인 소통을 경험하였다. 이를 통해 남편은 아내가 자신을 덜 압도하는 경험을 하게 되었고, 아내는 남편이 자신에게 더 잘 호응해주는 경험을 하였다. 아내의 부정적인 기대와는 다르게 남편에 대한 추격을 지연하는 효과를 가져온 것이다. 순수 정신 역동적 접근 방식과는 달리 이 로드맵은 안전한 의사소통을 위한 규칙을 교육하고 권장하는 접근을 사용한다. 의사소통 교육을 통해 애착이론이나 정신역동 접근에 기반한 정서 중심 상담과 여타 상담 접근에서 지향하는 상담성과인 "순화", 방어의 감소, 교정적 경험을 달성할 수 있다.

마지막으로, Fraenkel(2009)이 지적한 바와 같이, 부부상담의 최선의 개입은 관계적/교육적 접근과 정신 역동적 접근이며, 이 이론들은 부부 상담 학계의 목표를 발전시킬 것이다.

부부에게 공평하고 덜 공격적인 의사소통을 하도록 가르치고 격려하는 것은 기술 습득을 촉진하는 인지행동적 접근뿐 아니라 다음과 같은 부부 치료 접근에 의해 지지되고 있다. 부부 사이의 더 평등하고 덜 위협적인 관계를 촉진하려는 여성주의 부부 치료 접근 방식, 부부 사이의 친밀감을 증진시키려는 구조적 부부 치료 접근, 부부가 가진 내면의 취약한 감정을 표현하는 것을 중요하게 생각하는 정서 중심 부부 치료 접근, 부부가 서로의 마음을 성찰할 수 있는 능력을 높이는 데 초점을 맞춘 정신역동 기반에 근거한 부부치료, 신경생리학적인 영향을 받아 감정조절을 개선하는 것을 목표로 하는 애착기반 치료(Atkinson, 2005), 원가족으로부터의 영향을 감소시키고 상호작용을 촉진하는 원가족 접근, 그리고 보다 "더 나은 이야기"를 구성하기 위해 각 배우자가 각자의 관점을 공유할 수 있는 기회를 중요하게 여기는 내러티브 부부 치료에서도 같은 입장을 가진다(p. 238).

▣ 지시 대 비지시

지금까지 설명한 내담자의 피드백과 의사결정 선택지와는 별도로, 우리는 지시적인 개입과 안전한 비지시적인 개입 사이의 적절한 절충 방안을 찾고, 가능한 개입의 즉각적이고 구조적인 장단점을 고려하여 상담의 순서를 선택해야 한다. 정신역동적인 배경을 가진 상담자들이 강조한 것처럼, 내담자에게 직접적인 조언을 한다면 내담자의 내면의 욕구를 가로막는 양가감정과 불안을 발견하고 다루는데 실패할 수 있다. 타인의 권유에 따른 삶의 결정은 그리 오래 지속되거나 충분하지 않을 가능성이 높기 때문에 내담자가 우리의 성급한 조언을 따르건 반발하건 그것은 크게 중요하지 않다. 반면 상담자가 적절한 시기에 효과적인 조언을 제공하지 못한다면 내담자가 선택에 필요한 정보들을 배울 수 있는 기회를 주지 못할 위험이 있다.

상담에서 얼마나 많이 지시하는가의 정도는 내담자에게 영향을 미칠 뿐 아니라 상담자의 사고 방식에도 영향을 주게 된다. 나는 상담중 교육이 필요한 상황에서는 체계적이고 설득력 있게 접근하려고 노력한다. 내가 상담의 모드에 있을 때, 나는 경청하는 정신 분석가의 특징인 자유롭게 떠다니는 호기심과 개방성을 더 많이 느끼게 된다. 두 가지 모두 유용하지만 상반된 성격을 가진다. 나는 균형을 잡기 위하여 어느 하나에 너무 몰입하여 다른 것을 배제하지 않으려고 노력한다.

상담자는 다음에 일어날 일에 대한 계획을 갖는 것과 흐름을 따라가는 것 사이에서 고민할 수 있다. 계획이 없는 상담자는 길을 잃고 이전에 갔었던 이정표를 알아보지 못 할 수도 있는 반면, 해야 할 일정이 너무 많은 상담자는 순간에 발견되는 즉흥적인 기회를 놓칠 수 있다. 다른 삶의 영역과 마찬가지로 최적으로 기능하기 위한 비결은 균형이다.

15장 NOTES

1) 내담자의 개입선호도에 기반을 두는 개인상담과는 달리 부부상담은 Norcross와 Beutler가 검토한 바에 따르면 상담자가 문화적 다양성, 대처 양식, 변화에 대한 내담자의 동기에 주의를 기울였을 때 더 나은 성과를 거두었다.

2) Butler, Harper, and Mitchell(2011)는 부부의 대화법을 가르치는 실험연구를 실시하였다. 그들은 부부가 상담자에 의해 지시된 방식으로 대화를 시작하기보다는 서로 대화하도록 도움을 주어 부부의 문제를 "실연(enactment)"하도록 하고 필요에 따라 도움을 제공하는 데 우선 순위를 두었다. 그들은 무작위로 두 가지 방식의 실험 상황에 참여자를 할당하고 부부에게 상담자가 지시하는 방식대로 대화하거나 그 반대로 수행하게 하였다. 결과는 상담자가 지시하는 방식이 더 효과적이었다.

16 결론

나는 부부치료 1.0이라는 간단한 모델을 설명하면서 이 책을 시작하였다. 이 모델에서 상담자는 부부가 지금 여기에서 해결되지 않은 힘든 문제에 대해 "서로 대화"하도록 돕는다. 이것이 내가 40년 전부터 시작한 방식이며, 여전히 이 방식은 이후의 더 복잡한 모델의 기초가 되었다.

많은 부부를 돕기 위해 기본 모델만을 사용하는 것은 한계가 있었기 때문에 나는 그동안의 상담 경험과 여러 현장 경험을 적용하여 모델을 수정하고 업그레이드하였다. 가장 중요한 업그레이드는 상담 초기에 부부의 대인 관계 과정, 부정적인 상호 작용 고리에 분명히 초점을 맞추는 것이다. 대부분의 경우, 부부가 재정, 자녀, 성 등의 특정한 문제를 해결하기 전에 부부의 부적응적인 춤을 먼저 다루어야 한다. 부부의 부적응적인 춤은 문제를 더 잘못된 방향으로 이끌고 부부의 고통과 무능력감을 커지게 만들기 때문이다. 다른 중요한 업그레이드에는 정신역동에 초점을 맞추어 병리적인 춤을 다루는 것; 수용과 용서를 위해 노력하고; 의사소통, 감정 조절, 문제해결기술을 교육하는 것; 부부가 긍정적인 경험을 더 많이 하게 하는 것 등이 포함되어 있다.

업그레이드의 장점은 이러한 치료 이론을 만든 주창자나 이를 발전시키는 다른 학파와 상관없이 독립적으로 이 상담 접근을 정의하고 사용하고 연구할 수 있다는 것이다. 치료 X가 치료 Y보다 뛰어난 것이 진실일지라도 X와 Y접근 모두 치료적 가치를 가지며, 상담자들은 두 가지 접근을 언제 어떻게 사용해야 하는지, 어떻게 통합시킬지에 대해 고민해야 한다.

이 책의 서문에서 통합적 접근의 이론적 장점에 대해 논의하였다. 그 다음 장에서는 각 접근의 모범 사례와 이를 순서대로 나열하고 통합하는 방법에 대한 나의 견해를 소개하였다. 나는 부부상담 분야에서 창의적인 학자가 다양한 작업을 통해 창조한 "모두에게 적용되는 한 가지 방식의" 협소한 상담 모델을 넘어서서, 이러한 접근들의 장점을 모아 구성한 보다 포괄적인 모델에 동의하는 길을 찾고자 하는 희망과 믿음을 가지고 있다. 이것은 상담 실무자들이 이러한 방법론에 전적으로 동의하거나 연구를 중단해야 한다는 의미는 아니다. 상담자는 물론 지속적으로 상담 기술을 연마해야 하지만, 다양한 부부 상담 기법 중 어떤 개입이 어떤 상황에서 가장 효과적인지 배워야 한다. 또한, 내담자에게 필요한 것 아닌 상담자가 선호하는 접근에 근거하여 제공되는 상담은 중단하는 것이 좋을 것이다.

■ 상담자의 성숙과 웰빙

부부 상담의 성공 여부는 다양한 상담 기술을 사용하고 순서를 정하는 방법에 대한 상담자의 지식으로만 결정되지 않는다. 부부상담의 성과를 결정하는 것은 상담자 요인이 결정적이며 종종 상담 개입보다 더 중요하다는 것이 부부 상담의 성과 연구를 통해 밝혀졌다(Sprenkle, Davis, & Lebow, 2009). 정신분석 훈련의 기본 원칙은 개인의 정신 건강이 상담자의 상담 작업에 필수적이며 이를 위해 상담자의 교육분석이 중요하고 필수적으로 여겨진다. 치료 과정이 진행되어 나가면서 상담자의 발달 수준과 웰빙은 매우 중요하다. 특히 상담자가 힘든 감정을 담는 그릇이 되어야 할 때나 비판적이고 의기소침한 내담자로부터 공격을 받을 때 더욱 중요하다. 다양한 문화적 가치와 차이에 대한 민감성 또한 필수적이다. 독자들에게 마지막으로 당부하는 것은 스스로 노력하라는 것이다. 훌륭한 문헌을 읽고, 나 자신의 고통스러운 문제에 주의를 기울이고, 원가족을 이해하기 위해 노력하고, 자신과 다른 문화와 가치에 대해 배우도록 하라. 나를 둘러싼 관계와 나를 만족시키는 자원을 관리하고 나에게 도움이 되는 것에 주의를 기울이며, 자기 자신과 사랑하는 사람들을 변화시키는 것이 얼마나 어려운지 깨닫고 겸손을 배워라.

▋ 관계 교육 및 내담자 피드백: 추가적인 개입

마무리하기 전에 부부를 더 잘 상담할 수 있는 능력에 대한 추가적인 업그레이드를 언급하고 싶다. 첫째는 사람들이 관계의 문제를 해결하기 위해 상담을 찾기 전에 먼저 다가가서 관계에 관한 교육을 함께 할 수 있는 기회를 만드는 것이다. 관계 교육 프로그램은 의사소통 및 갈등관리 기술을 향상시키고, 결혼에 대한 헌신과 긍정적인 감정을 증가시키며, 이혼 가능성을 줄이는 것으로 나타났다 (Carroll & Doherty, 2003; Stanley, 2001; Stanley, Amato, Johnson, & Markman, 2006). 나의 이상적인 바람은 현재 학교에서 성교육과 출산 준비 수업을 제공하는 것처럼, 초등학교부터 대학까지, 결혼과 출산 전, 그리고 결혼한 부부에게 필요에 따라 인생의 각 단계에서 보편적인 관계 교육을 제공하는 것이다. 현재 진행되는 프로그램은 결혼을 앞두고 있는 예비 부부나 아기를 가질 계획이 있는 부부를 위해 고안된 The First Dance 프로그램(www.thefirstdance.com)과 Bringing Baby Home 프로그램(Shapiro & Gottman, 2005; Gottman & Gottman, 2007)이 있다. PREP(Markman, Stanley, & Blumberg, 2001; www.prepinc.com), Pairs(Gordon, 1993; www.pairs.com), Prepare−Enrich(www.pre−pare−enrich.com) 및 관계 향상 프로그램(Guerney , 1977; www.nire.org) 등은 결혼 전이나 후에 결혼 생활 교육을 원하는 사람들에게 제공된다. 결혼 교육은 결혼 생활에 유익한 것으로 나타났지만, 서로 잘 맞지 않는 부부의 관계 향상을 위해서는 먼저 교육적 접근이 더 효과적이다. 현재 많은 고등학교와 일부 초등학교에서는 관계 교육 프로그램을 제공하며 일부 교육에서는 성인용 프로그램의 구성 요소를 활용하고 있다. 우리 대학은 결혼학 개론 강의를 통해 대학생들에게 이러한 교육을 제공하여(Nielsen, Pinsof, Rampage, et al., 2004), 아직은 활성화되지 않은 젊은 성인을 위한 결혼 교육 분야에 기여하고 있다(Lowe, 2003; Lowe, Scott −Lowe, & Markman, 2003; Stanley, 2001).

마지막으로, 부부상담의 성과를 개선하기 위해 지속적이고 데이터로 저장되는 내담자의 피드백을 사용하는 유망한 발전 상황에 대해 알고 싶다. Sparks(2015)는 이러한 주제와 노르웨이에서 진행된 대규모 임상 연구의 긍정적인 결과에 대해 검토하였다. 노스웨스턴 대학의 가족 연구소에 있는 나의 동료들은 이와 유사한 유망한 연구에 참여하고 있다(Pinsof, Breunlin, Russell, &

Lebow, 2011). 특히 내담자가 상담이나 상담자에 대해 불만이 있더라도 침묵하는 상황에서 지속적인 내담자 피드백이 도움이 될 수 있으며, 일반적으로 모든 내담자들로 하여금 상담에 적극적으로 참여하도록 촉진할 수 있다.

■ 2권

이 책은 현재 부부 상담자가 사용할 수 있는 개입의 기본 범주를 다루었으며, 개입의 순서를 정하고 선택하는 방법에 대해 권장 사항을 포함하고 있다. 그러나 상담을 진행하는 데 있어 핵심적이고도 구체적인 부분에 대해서 이야기할 것이 훨씬 더 많다. 여기에서 감히 이야기하자면, 나의 두번째 책은 가칭 "포괄적인 부부상담의 실제(Comprehensive Couple Therapy in Practice)"이다. 이 책에서 나는 (a) 부부가 직면하는 일반적인 문제(돈, 자녀, 성, 혼외 정사 포함)를 다루는 방법, (b) 정신 병리적인 합병증(우울증이나 심각한 성격 장애가 있는 내담자 포함) 및 (c) 부부 상담의 실제적 측면(진단적 면담 실시, 다른 상담자와의 협력 및 또 다른 기본적인 문제)에 대해 논의하려고 한다.

■ 끝내는 말

부부를 상담하는 것은 모험이다. 상담을 찾는 사람들은 그들의 가장 깊은 상처와 두려움을 우리에게 공유하고 이를 통해, 우리는 그들로 하여금 삶의 고통스럽고 당혹스러운 문제에 대처하는 것을 도울 수 있다. 내담자들은 우리의 삶을 풍요롭게 할 수 있는 선물을 주기도 한다. 부부 상담은 언제나 매력적이고 도전적인 일이다. 또한 때때로 매우 슬프거나 완전히 좌절하게 되지만, 그럼에도 불구하고 상담자들에게는 인생의 숨겨진 드라마를 제일 앞줄에서 볼 수 있는 특권이 있다. 부부와 깊은 관계를 맺으면서 귀중한 지혜와 인생에 대한 새로운 시각을 얻게 된다. 내담자의 삶이 달라지도록 만들었을 때, 우리는 다른 사람을 돕는 데서 오는 깊은 만족감을 얻고, 이러한 이유 때문에 이 행성에 있다는 기쁨을 느끼게 된다.

부부 상담은 언제나 우리의 경험, 직관, 지혜를 전문적 지식에 통합하는 능력에 의존하는 임상적인 예술의 형태가 될 것이다. 지금까지 설명한 부부 상담의 모델을 여러분들이 각자 가지고 있는 지식의 저장고에 추가하여 이후 매력적이고 도전적인 부부 상담에 헌신할 때 가치있게 사용하기 바란다.

찾아보기

비판 265
비판 샌드위치 268, 312
비판단적인 태도 289

ㅅ

사회적 정체감 334
삼각관계 100
삼각관계 부부 78
삼각관계의 고리 95
상쇄 282
상호 불평 80
상호 비난 80
상호 회피형 78, 93
상호비난의 고리 80
상호의존적 309
생활사건 109
서로 대화하기 모델(Talk to Each Other
    Model: TTEO) 9, 14
서로 바라보기 250
선순환 337
선입견 287
성숙 212
성적 친밀감 354
성찰 327
세 가지 태도(calm, curious, caring) 255
소원전이 154
수동-공격 고리 83
수동-공격성 74
수용 207, 209, 351
수용 265
수치심 86, 265, 285, 297
순서를 제시하기 337
순화 246, 285, 302, 357
순환적 인과관계 48, 60
순환적 정신역동 279
숨겨진 이슈 108, 349, 350
승화 334

시간 기근 42
신경생리학 287
실존적 양극화 200
심리 역동 51, 252
심리내적 변화 319
심상 287
심호흡 290, 300
4명의 기수 50

ㅇ

악순환 고리 85, 297
악화 54
안전감 327
안정애착 158
애착 337
애착 욕구 85
애착이론 287
양극화(polarization) 54, 55, 309, 350
어려운 대화 246, 260, 264, 273
억제 288
언어화 333
업그레이드 8, 9
여성성 37
역전이 176, 264
역할 88
연습 292
영향력 수용하기 40
완벽주의 306
외도 351
외재화 대화 58
요구-철수형 부부 78
욕망 118
용서 208, 218, 347, 351
우리 의식 43, 334
우정 322, 328
우회 95
원가족 작업 166

참고문헌

본 QR코드를 스캔하시면
『부부 및 커플상담을 위한 로드맵』의
참고문헌을 확인하실 수 있습니다.

역자 약력

이홍숙

숙명여자대학교에서 교육심리학으로 학사, 석사, 상담심리학으로 박사학위를 받았으며, 현재 홍익대학교 교육대학원에서 상담심리 전공 교수로 재직 중이다. 숙명여대 학생상담센터, 한국가정경영연구소, 이음세움심리상담센터 상담원, LG이노텍 사내상담센터 센터장으로 상담을 해왔으며 상담자 발달, 수퍼비전, 부부, 가족 상담과 관련된 상담과 교육, 연구를 하고 있다.

안성희

한양대학교에서 교육학 학사, 동 대학원에서 상담심리학 석사를 받았으며, 미국 Univ. of Arkansas에서 재활상담학 박사학위를 받았다. 고려대학교 안암병원과 Univ. of Florida에서 연구교수로 재직하였고, 한양사이버대학교 상담심리학부 미술치료전공에서 교수로 재직하였다. 현재 홍익대학교 교수로 재직 중이며 상담심리전공과 미술치료전공을 지도하고 있다. 또한 상담실무자로서 미국 시카고 JP Law Group의 부부상담 사례를 진행하였고, 현재까지 세은심리상담연구소 구로디지털점의 소장으로서 부부 및 가족, 성인 및 아동청소년 상담을 다수 진행하고 있다.

송수민

한양대학교에서 교육학 학사, 동 대학원에서 상담심리학 석·박사학위를 받았다. 홍익대학교 교육대학원 상담심리전공 초빙교수로 재직하고 현재 지수심리상담센터의 대표를 역임하고 있다. 한국청소년상담원(현 한국청소년상담복지개발원)에서 청소년상담과 연구를 수행하였으며, 인터넷중독 청소년을 위한 가족상담 프로그램을 개발하여 현장 상담실무자를 대상으로 가족상담 워크숍을 진행하고 있다. 서울가정법원 상담위원으로 이혼 위기의 부부와 가족을 상담하고 있으며, 대학상담센터에서 상담자 교육 및 슈퍼비젼을 진행하고 있다. 역서로는 <영성과 다문화적 상담의 통합>이 있다.

부부 및 커플상담을 위한 로드맵

초판발행   2023년 11월 30일
지은이   Arthur C. Nielsen
옮긴이   이홍숙·안성희·송수민
펴낸이   노 현

편 집   배근하
표지디자인   BEN STORY
제 작   고철민·조영환

펴낸곳   ㈜ 피와이메이트
             서울특별시 금천구 가산디지털2로 53 한라시그마밸리 210호(가산동)
             등록 2014. 2. 12. 제2018-000080호
전 화   02)733-6771
f a x   02)736-4818
e-mail   pys@pybook.co.kr
homepage   www.pybook.co.kr
ISBN   979-11-6519-481-9 93180

* 파본은 구입하신 곳에서 교환해 드립니다. 본서의 무단복제행위를 금합니다.

정 가   24,000원

박영스토리는 박영사와 함께하는 브랜드입니다.